Crescendo!

A Thematic Approach to Intermediate Italian Language and Culture

Francesca Italiano

University of Southern California

Irene Marchegiani Jones

California State University at Long Beach

D. C. HEATH AND COMPANY

Lexington, Massachusetts   Toronto

Address editorial correspondence to

D. C. Heath and Company
125 Spring Street
Lexington, MA 02173

Acquisitions Editor: Denise St. Jean
Developmental Editors: Ann Goodsell and Sharon Alexander
Production Editor: Karen Wise
Designer: Cornelia Boynton
Photo Researcher: Judy Mason
Production Coordinator: Lisa Merrill
Permissions Editor: Margaret Roll
Cover design: Tama Hochbaum

Cover: Giuliano Giuman, "Stanza," 1993, olio su tela. Courtesy of the artist. In his medieval tower-house in Perugia, Italy, Giuliano Giuman creates the beautiful and varied works of art that have earned him international acclaim for many years. At the age of twenty-two Giuman turned from his formal studies of music and began painting. Nevertheless, music has continued to be an integral part of his works, which explore the relationships between sound and image, acoustics and light, and line and vibration. For the past ten years, Giuman's work has incorporated colored glass, which he fashions into both stationary and movable sculptures. Although "Stanza" is a painting, it offers a translucent presentation similar to his glass sculptures; the viewer has the sense of "seeing through" it rather than "looking at" it. The music staffs and other elements suggest the sound and motion of music.

Published simultaneously in Canada.

Printed in the United States of America.

International Standard Book Number: 0–669–28778–4

Library of Congress Catalog Number: 94–75274

10 9 8 7 6 5 4 3

Immaginiamo e inventiamo

1. Fate un ritratto fisico delle seguenti persone:
   a. un bambino di sei anni
   b. una persona anziana ma in forma (*in good shape*)
   c. un'istruttrice d'aerobica
2. Descrivete la personalità delle seguenti persone:
   a. una dirigente di banca
   b. un artista estroverso
   c. un'adolescente viziata
3. Divisi in gruppi, fate un ritratto fisico e morale del vostro uomo o donna ideali, secondo il seguente schema. Poi riferite e paragonate i risultati.

   Uomo ideale o donna ideale

   Nazionalità
   Età
   Professione
   Statura
   Capelli
   Occhi
   Carattere: qualità importanti
   difetti tollerabili
   difetti intollerabili

Prepariamoci a leggere

1. Quando incontrate una persona per la prima volta, quali aspetti notate di più?
2. Quali aspetti fisici possono rivelare il carattere di una persona?
3. Descrivete il presidente degli Stati Uniti e la sua famiglia.
4. Uno studente sceglie un personaggio famoso. Gli altri studenti fanno domande per indovinare (*guess*) l'identità del personaggio.

Nel brano che segue notate come la descrizione fisica mette in evidenza anche alcuni tratti morali.

A A un incrocio° mi scontrai° faccia a faccia con una ragazza. Era Silvana: i capelli lunghi color miele° sciolti° sulle spalle, tutti bagnati dalla pioggia, il volto purissimo, senza un filo di trucco°, due occhi color nocciola°, di una dolcezza° da cane bastonato°, un povero impermeabile° addosso°.

intersection / **mi...** I ran into
honey / loose
makeup
hazel / mildness / beaten
raincoat / on

— Francesco De Santis, *Grazia.*

Parliamo e discutiamo

1. Chi parla è un uomo o una donna?
2. Dove avviene l'incontro?
3. Che tempo fa?
4. La persona descritta è giovane o vecchia? ricca o povera? sofisticata o semplice? elegante o modesta?
5. Elencate gli aggettivi che l'autore usa nella descrizione.
6. Che cosa suggeriscono le seguenti immagini?
   a. senza un filo di trucco
   b. cane bastonato
   c. povero impermeabile

La famiglia

INTRODUZIONE

Noi siamo cinque fratelli. Abitiamo in città diverse, alcuni di noi stanno all'estero[1]*: e non ci scriviamo spesso. [...] Ma basta, fra noi, una parola [...] per ritrovare a un tratto*[2] *i nostri antichi rapporti, e la nostra infanzia e giovinezza.*

— Natalia Ginzburg, *Lessico famigliare.*

1. abroad 2. a... suddenly

Dai nonni ai nipoti: tre generazioni insieme.

Per parlare della famiglia

La famiglia è sempre stata alla base della società italiana. La famiglia può essere estesa, cioè formata anche di nonni, zii e cugini, o mononucleare, cioè costituita soltanto di genitori e uno o due figli. In ogni caso restano importanti in Italia i vincoli tra i familiari, cioè i rapporti tra i membri o componenti della stessa famiglia.

Parole in contesto

1. I coniugi: il marito e la moglie, la coppia.
2. I genitori: il padre e la madre, la matrigna e il patrigno.
3. I figli: il figlio / la figlia, il figliastro / la figliastra, il fratello, la sorella, la sorellastra, il fratellastro, il figlio unico / la figlia unica, i gemelli / le gemelle.
4. I nonni: il nonno e la nonna, i bisnonni.
5. Gli zii: lo zio e la zia.
6. I nipoti: il nipote e la nipote.
7. I cugini: il cugino e la cugina.

8. I parenti acquisiti: il cognato e la cognata, il suocero e la suocera, la nuora e il genero.
9. Lo stato civile: per lo stato civile una persona può essere sposata, separata, divorziata o vedova. Un uomo che non è sposato è celibe, mentre una donna è nubile.

Descriviamo

1. Secondo voi, chi sono le persone nella foto a pagina 7?
2. Descrivete l'aspetto fisico e l'abbigliamento delle varie persone.

Immaginiamo e inventiamo

1. A gruppi di due, ricostruite l'albero genealogico delle persone nella fotografia a pagina 7, cercando di stabilire i rapporti di parentela tra loro.

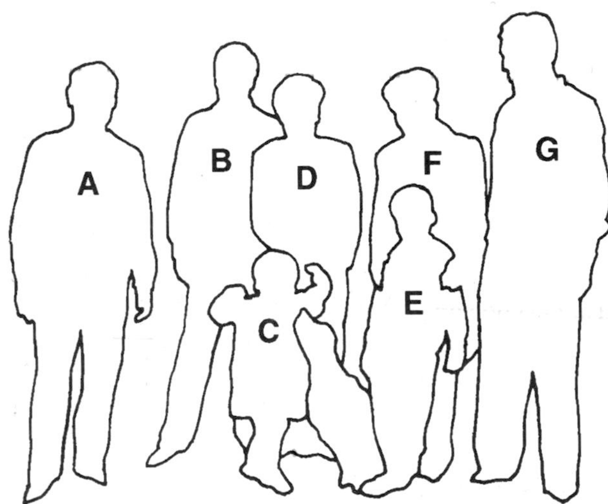

2. Descrivi un componente della tua famiglia secondo lo schema seguente:

    Professione
    Aspetto fisico
    Nazionalità
    Età
    Carattere: caratteristiche positive e caratteristiche negative

Prepariamoci a leggere

1. I genitori verso i figli adolescenti sono spesso o troppo autoritari e severi o troppo permissivi. Indicate se siete d'accordo o no con le affermazioni seguenti e spiegate perché.
   a. La madre deve essere amica dei figli.
   b. I genitori devono sempre sapere dove vanno i figli e cosa fanno.
   c. I genitori devono scegliere (*choose*) gli amici dei figli.
   d. I figli devono confidare i loro problemi ai genitori.
   e. I genitori possono confidare i loro problemi ai figli.
   f. I genitori devono scegliere la scuola dei figli.
   g. I figli hanno il diritto di uscire con chi vogliono anche se i genitori disapprovano.
   h. I genitori scelgono la carriera dei figli.
2. Sei più vicino / vicina a tuo padre o a tua madre? Perché? Quali sono secondo te le qualità più importanti per un padre e una madre?

Nei brani che seguono sono descritti atteggiamenti diversi di alcuni genitori verso i figli.

A Madri da odiare. Da sfuggire°. Da detestare. Perché sono ossessive, troppo presenti: come la mamma giovane, amica e confidente, che invade il campo, si mette gli stessi vestiti della figlia, diventa una rivale.

get away from

— Grazia.

B Poi c'è la madre dei divieti°, dei no: che pone° dei limiti spesso assurdi, autoritari, davanti alla quale si rimane furiose e impotenti.

prohibitions / imposes

— Grazia.

C Aveva da ridire° su tutto. Sui ragazzi che sceglievo. Sui vestiti. Sulla pettinatura°. E poi, più tardi, sulle scelte di vita e di lavoro. Come se io fossi una sua creatura, come se avesse pieno controllo su di me e sulle mie scelte.

criticize
hairstyle

— Grazia.

D Mio padre è una persona fredda, distante: il contrario di mia madre, una persona calda, stupenda, che mi ha dato tutto. Io sono molto orgogliosa di lei.

— *Grazia.*

E Mio padre [...] mi prendeva sulle ginocchia, mi consolava, poi sgridava° i fratelli e diceva severamente: —Lasciate stare Mariannina, guai° a voi se le torcete un capello°!

I fratelli protestavano: —Marianna le ha tutte vinte° e a noi toccano i castighi°: questo non è giusto!

scolded
woe / le... touch a hair of her head / le... always has her way / punishments

— Francesca Sanvitale, *Madre e figlia.*

Parliamo e discutiamo

1. Completate le frasi seguenti usando gli aggettivi della lista per descrivere il carattere dei genitori nei brani letti. Fate i cambiamenti necessari.

dolce	passivo	affettuoso	autoritario
permissivo	arrogante	prepotente	indifferente
espansivo	generoso	insistente	comprensivo
severo	assente	ostinato	indiscreto

   a. Secondo il brano A, alcune madri sono...
   b. Secondo il brano B, una madre può essere...
   c. La madre del brano C è...
   d. Il padre del brano D è..., mentre invece la madre è...
   e. Il padre del brano E è...

2. Quali sono i maggiori punti di conflitto tra te e i tuoi genitori?

3. Divisi in gruppi, paragonate i rapporti tra i vostri nonni e i vostri genitori e tra voi e i vostri genitori. Quali sono le similarità e le differenze?

4. Una ragazza di diciotto anni esce con un ragazzo che non piace alla madre. A gruppi di due:

   a. ricostruite un dialogo tra la figlia e una madre permissiva.
   b. ricostruite un dialogo tra la figlia e una madre autoritaria.

Prepariamoci a leggere

1. Le citazioni, tratte dal racconto che segue, anticipano i temi della lettura. Leggetele e poi rispondete alle domande che seguono.

   «Che sono difficile lo dice, in tono leggero, mia madre.»

   «Passano la metà della loro vita a litigare.»

   «In quei momenti penso che il matrimonio è una cosa ben strana.»

   «Mio padre grida [...] che le bestie danno molte più soddisfazioni dei figli.»

   a. Chi narra il racconto? Immaginate come può essere il suo carattere.

   b. Quali dei seguenti argomenti pensate che siano trattati nel racconto che leggerete?

   ecologia
   viaggi
   rapporti personali tra familiari
   la famiglia moderna
   difficoltà economiche
   il ruolo della donna
   psicologia

2. Immaginate chi sono i personaggi e i rapporti tra di loro.

La scrittrice Brunella Gasperini (1918–1979) con umorismo e affetto racconta come un figlio vede i suoi genitori in una simpatica famiglia di oggi, insolita solo all'apparenza.

Diario di un figlio difficile

Che sono difficile lo dice, in tono leggero, mia madre. Mio padre dice, a gran voce, altre cose, per lo più pesanti. In quanto a mia sorella, se richiesta di un'opinione risponde: —Boh°— Mia sorella. Nicola ha quattordici anni (io diciotto) e se fosse vero che io sono difficile, lei sarebbe un caso clinico. Due anni fa, quando ha cominciato a farsi cavar le parole con l'uncino°, mia madre l'ha portata da uno psicologo. Dopo di che è diventata praticamente muta. Anch'io lo ero, alla sua età. Infatti mia madre ha portato dallo psicologo anche me. Nel mio caso, come poi in quello di mia sorella, il responso del luminare è stato categorico: la persona da curare non erano i figli, era il padre. [...]

Who knows
a... making people drag words out of her

Uscendo dallo studio dello psicologo era tutta intraversata°: la prima volta (con me) come la seconda (con mia sorella). In fondo° non aveva mai pensato che i suoi figli fossero nevrotici o «mentalmente disturbati» o cose del genere; aveva le sue idee in proposito, molto diverse, e voleva solo una conferma. L'aveva avuta. Il disturbato, in famiglia, era mio padre. [...]

angry
In... After all

Mia madre è fatta così. Anche mio padre. Passano metà della loro vita a litigare forsennatamente° ed è chiaro che si considerano a vicenda° completamente pazzi. Ma guai se lo dice qualcun altro. [...] Faccio un esempio. Mia madre scrive (stando in casa) racconti, romanzi, cronache, articoli, ecc., e tiene una rubrica° di corrispondenza su un settimanale femminile a grande tiratura°. Mio padre (che passa otto ore al giorno in banca e da vent'anni sogna di farla saltare in aria°) non perde occasione di disprezzare° furiosamente il lavoro di mia madre e mia madre stessa, chiamandola scrittora, persuasora rosa, contessa azzurra[1], demente al servizio di altre dementi, e così via. Ma se per caso qualcuno critica il lavoro di mia madre [...] ecco che mio padre va fulmineamente in bestia° e grida che quel tale° è un frustrato, un invidioso, un intellettuale fallito, [...] un servo dei potenti°; e sebbene non sia chiaro cosa c'entrino° i potenti, a sentirlo sembra che mia madre sia non solo un astro incompreso della letteratura, ma un pilastro° della libertà d'opinione, un faro° che guida l'umanità attraverso le tenebre°. Mia madre gli versa° da bere e lo consola delle offese

furiously
a... each other
column
circulation
di... to blow it up
scorn
va... suddenly goes crazy / person / powerful people
cosa... what they have to do with it
pillar / beacon
darkness / pours

1. **Scrittora**, **persuasora**, **contessa azzurra** sono qui termini usati con sarcasmo e disprezzo.

a lei arrecate°. In quei momenti penso che il matrimonio è una cosa ben strana. Almeno, il loro lo è.

Questo per darvi solo un'idea preliminare della famiglia in cui vivo. Aggiungete°: due cani [...]. Due gatti fissi° [...]. Un numero variabile di gatti avventizi° [...]. Cristo, certe volte pare di essere in uno zoo. Anche mio padre lo dice spesso. Urlando°. Ma se lo dico io, sommessamente° e di rado°, subito mio padre grida di stare zitto°, che le bestie danno molte più soddisfazioni dei figli, e in particolare dei figli come me.

Indi si butta° in una delle sue menate° a proposito del mio presunto non far niente, essere sfaticato°, essere deficiente, essere lavativo°, essere parassita della società, della famiglia e di me stesso. Urlate° del genere mio padre ne fa in media due al giorno, generalmente prima dei pasti. Poi mangia e gli passa. Ma intanto a me si è rovinato l'appetito, anche se mia madre dice che a vedermi mangiare non si direbbe.

inflicted

Add / permanent

stray

Shouting

softly / **di...** seldom / **stare...** be quiet

Indi... Then he throws himself / scenes / lazy

idle

Scenes

— Brunella Gasperini, «Diario di un figlio difficile», *Storie d'amore e d'allegria.*

Parliamo e discutiamo

1. Parlate della struttura della famiglia del racconto e del ruolo dei vari membri.
2. Descrivete la famiglia del narratore usando tre aggettivi per ogni personaggio.
3. Trovate nel testo elementi per confermare le affermazioni che seguono.
   a. I genitori si vogliono molto bene.
   b. La sorella ha problemi psicologici.
   c. Il padre non capisce il carattere del figlio.
   d. Il padre ammira il lavoro della moglie.
   e. Il gap generazionale provoca incomprensioni.
   f. Il padre odia il suo lavoro.
4. Quali aggettivi descrivono meglio il registro espressivo usato dalla scrittrice?
   a. realistico
   b. tragico
   c. fantastico
   d. serio
   e. sarcastico
   f. drammatico
   g. ironico
   h. comico
5. Trovate un altro titolo per il brano e giustificate la scelta.

Strutture

L'articolo determinativo

The **articolo determinativo** precedes the noun and agrees with it in number and gender. In English the definite article has one form, *the;* in Italian the definite article has seven forms. The correct form depends on the gender, number, and first letter of the noun or adjective that it precedes.

	Masculine		Feminine	
Before:	Singular	Plural	Singular	Plural
a consonant	il viso	i visi	la faccia	le facce
a vowel	l'occhio	gli occhi	l'amicizia	le amicizie
s + *consonant*	lo sguardo	gli sguardi	la statura	le stature
ps	lo psicologo	gli psicologi	la psicologa	le psicologhe
z	lo zio	gli zii	la zia	le zie

Note that it is the word immediately after the article that determines its form.

lo sguardo
the glance

il suo sguardo
his / her glance

gli psicologi
the psychologists

i famosi psicologi
the famous psychologists

A In Italian the definite article is used before each noun in a series.

Amo la bellezza e la serenità del suo sguardo.
I love the beauty and serenity of his / her glance.

B The definite article is used with possessive adjectives and pronouns.

Il suo comportamento non mi piace.
I don't like his / her behavior.

It is not used, however, with singular unmodified nouns denoting family relationships.

Tuo fratello è una persona stupenda.
Your brother is a wonderful person.

C The definite article is used with abstract nouns and nouns used in a generic sense.

L'amore è cieco.
Love is blind.

I nonni viziano sempre i nipoti.
Grandparents always spoil their grandchildren.

D The definite article is used with titles of respect, except when addressing a person directly.

Il signor Ruffini è sempre di buon umore.
Mr. Ruffini is always in a good mood.

La dottoressa Roveri ha un bel carattere.
Doctor Roveri has a nice personality.

Ma:

Signor Ruffini, quanti figli ha?
Mr. Ruffini, how many children do you have?

Dottoressa Roveri, quando posso venire?
Doctor Roveri, when can I come?

E The definite article is sometimes used with surnames when referring to a famous person, or a person previously referred to.

Il Boccaccio scrisse *Il Decamerone.*
Boccaccio wrote The Decameron.

Among friends and within the family, the definite article is sometimes used with a woman's first name.

La Luisa si sposa a maggio.
Luisa is getting married in May.

F The definite article—not the possessive adjective, as in English—is used with parts of the body and articles of clothing.

Mi lavo il viso con un sapone neutro.
I wash my face with a mild soap.

Patrizia si mette il cappotto prima di uscire.
Patrizia puts on her coat before going out.

G In physical descriptions of people, the definite article is used with the verb **avere.**

Lui ha gli occhi azzurri e i capelli castani.
He has blue eyes and brown hair.

H To describe the frequency of a repeated action, the definite article is used with the day of the week in the singular.

Andiamo in palestra il lunedì e il mercoledì.
We go to the gym on Mondays and Wednesdays.

I The definite article is used with names of seasons and times of day.

Preferisco l'inverno.
I prefer winter.

Sono le due.
It is two o'clock.

J The definite article is used to express the concepts *every* and *per*.

Passo tre mesi l'anno con i nonni.
I spend three months a year with my grandparents.

Costa cinquemila lire il chilo.
It costs five thousand lire per kilo.

K The definite article is usually used with the names of languages. It is frequently omitted, however, after the verbs **parlare, insegnare,** and **studiare.**

L'italiano deriva dal latino.
Italian derives from Latin.

Sua madre insegna inglese al liceo.
His mother teaches English in a high school.

Parlano spagnolo e francese.
They speak Spanish and French.

L The definite article is used with the names of continents, countries, regions, states, large islands, oceans, rivers, lakes, and mountains. With feminine singular unmodified geographical names, it is omitted after **in.**

La Francia confina con la Svizzera.
France borders on Switzerland.

In Svizzera si parlano tre lingue.
Three languages are spoken in Switzerland.

Esercizi

A. Sara descrive il suo amico Alberto. Completate con la forma corretta dell'articolo determinativo.

1. Alberto è _____ mio miglior amico. Ha _____ capelli lunghi e lisci, _____ carnagione scura e _____ occhi scuri ed espressivi, ma porta sempre _____ occhiali. Non gli piacciono _____ lenti a contatto.
2. Fa _____ psicologo da due anni. _____ studio dove lavora è in centro ed ha molti clienti.

3. _____ clienti, sia _____ uomini che _____ donne, lo stimano e gli sono affezionati.

B. Alberto racconta cosa fa Sara quando non lavora.

1. _____ lunedì non lavora. Passa sempre _____ fine settimana fuori città con _____ amici. _____ zii di Sara hanno una casa in montagna che lei usa spesso.
2. _____ inverno è _____ stagione preferita di Sara perché le piace _____ sci.
3. _____ estate poi va al mare. Ogni anno passa _____ mese di agosto in una località diversa. Le piacciono molto _____ isole come _____ Sicilia e _____ Sardegna.

I nomi

Il genere dei nomi

In Italian a noun is either masculine or feminine.

A Masculine singular nouns usually end in **-o.**

il corpo *body* l'occhio *eye* lo specchio *mirror*

Feminine singular nouns usually end in -a.

la testa *head* la faccia *face* la bocca *mouth*

B Many singular nouns ending in **-ma** and **-ta** are masculine. Most are of Greek origin.

il clima *climate*
il diploma *diploma*
il fantasma *ghost*
il panorama *panorama*
il poeta *poet*
il problema *problem*
il programma *program*
il tema *theme*
il telegramma *telegram*
il profeta *prophet*

C Some nouns ending in **-a** are masculine.

il collega *colleague* il duca *duke* il papa *pope*

Some nouns ending in **-o** are feminine.

la dinamo *dynamo* l'eco *echo* la mano *hand*

D Some nouns ending in **-a** and **-e** that denote people are identical for males and females. The article indicates the gender.

un / un'atleta *athlete*
il / la collega *colleague*
il / la cantante *singer*
il / la coniuge *spouse*
il / la consorte *mate*
un / un'ipocrita *hypocrite*
il / la pediatra *pediatrician*
il / la nipote *nephew/niece*
il / la parente *relative*

E Nouns ending in **-e** can be either masculine or feminine; their gender must be memorized. However, the following rules can be useful.

1. In general those that refer to males are masculine, and those that refer to females are feminine.

   la madre *mother*
   il padre *father*

2. Nouns ending in **-ore** are usually masculine.

   l'attore *actor*
   il colore *color*
   il direttore *director*
   il genitore *parent*

3. Nouns ending in **-trice** and **-ione** are usually feminine.

   l'attrice *actress*
   la direttrice *director*
   l'opinione *opinion*
   l'educazione *upbringing*

F Nouns ending in **-i, -ie,** or an accented vowel are usually feminine.

la crisi *crisis*
l'ipotesi *hypothesis*
la serie *series*
la moglie *wife*
la virtù *virtue*
la città *city*

Ma:

il brindisi *toast (honor)*
il caffè *coffee*
il tabù *taboo*

G Nouns ending in a consonant are usually masculine. Most are of foreign origin.

l'autobus *bus*
il film *film*
il bar *bar*
lo sport *sport*

H Nouns ending in **-ista** and **-cida** denote people and may be masculine or feminine. The article specifies the gender.

il / la dentista *dentist*
il / la giornalista *journalist*
un / un'omicida *murderer*
il / la protagonista *protagonist*
il / la regista *film director*
il / la suicida *suicide*

I Some masculine nouns that denote people can be changed to the feminine form by replacing the masculine ending with a feminine ending.

Ending	*Masculine*	*Feminine*
-o to **-a**	amico	amica
-ore to **-rice**	attore	attrice
	autore	autrice
	direttore	direttrice
	scrittore	scrittrice
-ore to **-essa**	dottore	dottoressa
	professore	professoressa
-ta to **-tessa**	poeta	poetessa

Il plurale dei nomi

A Most nouns become plural by changing their endings. Nouns ending in **-o** or **-e** change to **-i**. Nouns ending in **-a** change to **-e**.

Ending	*Singular*	*Plural*
-o → -i	l'occhio	gli occhi
	la mano	le mani
-e → -i	l'autore	gli autori
	la scrittrice	le scrittrici
-a → -e	la cugina	le cugine
	la musicista	le musiciste

B There are many exceptions to these rules; the following are some of the most common.

1. Masculine nouns ending in **-a** form the plural in **-i**.

Change	*Singular*	*Plural*
-ca → -chi	il duca	i duchi
-ga → -ghi	il collega	i colleghi
-ista → -isti	il pianista	i pianisti
-ma → -mi	il problema	i problemi
-ta → -ti	il poeta	i poeti

2. Feminine nouns ending in **-ca** and **-ga** add an **-h** to retain the hard pronunciation of the consonant.

Change	*Singular*	*Plural*
-ca → **-che**	l'ami**ca**	le ami**che**
-ga → **-ghe**	la colle**ga**	le colle**ghe**

3. Masculine nouns ending in **-go** and **-logo** add an **-h** to retain the hard pronunciation of the consonant.

Change	*Singular*	*Plural*
-go → **-ghi**	l'alber**go**	gli alber**ghi**
-logo → **-loghi**	il dia**logo**	i dia**loghi**

Masculine nouns ending in **-logo** that denote professions form the plural in **-logi.**

Change	*Singular*	*Plural*
-logo → **-logi**	il bio**logo**	i bio**logi**
-logo → **-logi**	lo psico**logo**	gli psico**logi**

4. The plural form of some nouns depends on where the stress falls in the word.

Stress	*Change*	*Singular*	*Plural*
stress is on syllable preceding **-co**	**-co** → **-chi**	il cuò**co**	i cuò**chi**
stress is on second syllable preceding **-co**	**-co** → **-ci**	il mèdi**co**	i mèdi**ci**
the **-i** is not stressed	**-io** → **-i**	l'orològ**io**	gli orològ**i**
the **-i** is stressed	**-io** → **-ii**	l'add**ìo**	gli add**ìi**
the **-i** is not stressed	**-cia** → **-ce**	la provìn**cia**	le provìn**ce**
the **-i** is stressed	**-cia** → **-cie**	la farma**cìa**	le farma**cìe**
the **-i** is not stressed	**-gia** → **-ge**	la piòg**gia**	le piòg**ge**
the **-i** is stressed	**-gia** → **-gie**	la bu**gìa**	le bu**gìe**

C Some masculine nouns ending in **-o** have a feminine plural form ending in **-a**. Many of these nouns refer to parts of the body.

il braccio *arm*	le braccia
il ciglio *eyelash*	le ciglia
il dito *finger*	le dita
il ginocchio *knee*	le ginocchia (*also* i ginocchi)

il labbro *lip*	le labbra
l'osso *bone*	le ossa
il sopracciglio *eyebrow*	le sopracciglia
l'uovo *egg*	le uova
il paio *pair*	le paia

D A few nouns have irregular plurals that follow no pattern.

il dio *god*	gli dei
la moglie *wife*	le mogli
il tempio *temple*	i templi
l'uomo *man*	gli uomini

E One-syllable nouns and nouns ending in **-i, -ie, -u,** a consonant, or an accented vowel do not change in the plural.

il re *king*	i re
il brindisi *toast (honor)*	i brindisi
la crisi *crisis*	le crisi
la serie *series*	le serie
la gru *crane*	le gru
il computer *computer*	i computer
lo sport *sport*	gli sport
la libertà *freedom*	le libertà
l'università *university*	le università

F Abbreviated nouns do not change in the plural and retain the same gender as the original noun.

l'auto (automobile) *car*	le auto
la bici (bicicletta) *bicycle*	le bici
il cinema (cinematografo) *movie theater*	i cinema
il frigo (frigorifero) *refrigerator*	i frigo
la radio (radiotelefonia) *radio*	le radio

Esercizi

A. Un giornalista della RAI (Radiotelevisione Italiana) descrive agli spettatori un ricevimento che segue la prima (*premiere*) di un film. Modificate i nomi in corsivo dal maschile al femminile e dal femminile al maschile, facendo i cambiamenti necessari.

1. Nel salone ci sono molte persone famose: *il regista* del film con *la moglie* e *il figlio, il produttore* con *la sceneggiatrice,* e *gli attori* protagonisti.
2. C'è anche *un dottore* tedesco di chirurgia plastica molto conosciuto insieme ad *una professoressa* italiana.

3. C'è *il nipote* di *un poeta* contemporaneo con *un'amica scrittrice.*

4. *L'attrice* che ha il ruolo di *protagonista* principale del film è con *un collega.*

5. C'è anche *un artista* d'avanguardia (*avant-garde*) con *l'autrice* di un romanzo importante.

6. *La cantante* della canzone più importante del film è con *un atleta* delle Olimpiadi.

7. Ci sono anche molti *musicisti. Il pianista* e *il violinista* discutono di musica.

B. La signora Brandini parla del matrimonio di una sua nipote. Completate il brano con il plurale dei nomi in parentesi.

1. Gli ______ (sposo) hanno ricevuto molti ______ (telegramma) da tutti i ______ (parente), ______ (amico), ______ (collega *m.*) e ______ (collega *f.*).

2. Gli ______ (ospite) arrivano da tutte le ______ (parte) d'Italia. Hanno prenotato tante______ (camera) in vari ______ (albergo).

3. I due ______ (giovane) hanno già fatto le ______ (valigia) per la luna di miele (*honeymoon*).

4. Per il ricevimento, i ______ (cuoco), le ______ (cameriera) e i ______ (cameriere) sono pronti a casa della sposa per accogliere gli ______ (invitato).

5. I ______ (musicista) e i ______ (cantante) aspettano in giardino.

6. Le ______ (crisi) e i ______ (problema) delle ultime ______ (settimana) sono ormai superati: tutto è a posto per una bella festa!

C. Adesso la signora Brandini descrive la sposa. Completate il brano con il plurale dei nomi in parentesi.

1. La sposa è bellissima. I suoi ______ (lineamento) sono dolci e sereni, e gli ______ (occhio) sprizzano felicità. Le ______ (mano) sono delicate e affusolate (*tapered*).

2. Porta un abito bellissimo con le ______ (manica, *sleeve*) di pizzo (*lace*) da cui si intravedono le ______ (braccio) snelle e bianche.

3. È molto alta di statura; quindi ha scelto delle ______ (scarpa) con i ______ (tacco) bassi.

4. Per il matrimonio la madre le ha regalato due ______ (paio) di ______ (orecchino) antichi che erano della bisnonna.

Gli aggettivi

Il genere degli aggettivi

A In Italian, an adjective agrees in number and gender with the noun it modifies.

B If the same adjective modifies two singular nouns, the plural form is usually used. If the nouns are of different genders, the masculine plural form is used.

Il marciapiede e la strada sono bagnati.
The sidewalk and the street are wet.

C Italian adjectives end in **-o, -e,** or **-ista**. The feminine form of an adjective ending in **-o** is **-a.** Adjectives ending in **-e** and **-ista** have the same form in the masculine and the feminine.

Masculine	*Feminine*
alto *tall*	alta
socievole *friendly*	socievole
egoista *selfish*	egoista

Il plurale degli aggettivi

A Most adjectives form the plural by changing their endings as nouns do.

Change		*Singular*	*Plural*
-o → -i		magro *thin*	magri
-a → -e		magra *thin*	magre
-e → -i		affabile *amiable*	affabili
-ista	**-isti** (*m.*)	altru**ista** *unselfish*	altru**isti** (*m.*)
	-iste (*f.*)	altru**ista** *unselfish*	altru**iste** (*f.*)

B The adjectives of color **beige, blu, rosa** (*pink*), and **viola** (*purple*) are invariable.

Portava i pantaloni blu, un golf rosa e le scarpe beige.
She was wearing blue pants, a pink pullover, and beige shoes.

C Some adjectives change their spelling in the plural according to the same patterns as similar nouns (see pages 19–20).

Change	*Singular*	*Plural*
-go → -ghi	lungo *long*	lun**ghi**
-ga → -ghe	larga *wide*	lar**ghe**

-ca → -che		simpati**ca** *pleasant*	simpati**che**
-co	-chi	stàn**co** *tired*	stàn**chi**
	-ci	magnìfi**co** *magnificent*	magnìfi**ci**
-io	-i	ric**cio** *curly*	ric**ci**
		gri**gio** *grey*	gri**gi**
	-ii	restì**o** *reluctant*	restì**i**
-ia	-e	fràdic**ia** *rotten, soaked*	fràdic**e**
	-ie	restì**a** *reluctant*	restì**e**

Adjectives ending in **-co** change to **-chi** in the plural if the stress falls on the next-to-last syllable. They change to **-ci** if the stress does not fall on the next-to-last syllable. Adjectives ending in **-io** and **-ia** usually drop the **-i** in the plural unless the **-i** is stressed in the singular.

La collocazione degli aggettivi

A Adjectives usually follow the noun they modify.

La sua matrigna è una donna attraente.
Her stepmother is an attractive woman.

B When two adjectives modify the same noun, one usually appears before the noun and the other after.

È una famosa attrice brasiliana.
She is a famous Brazilian actress.

C Adjectives accompanied by **molto** or another adverb always follow the noun.

È un uomo molto orgoglioso.
He is a very proud man.

Ha un atteggiamento troppo disinvolto.
His attitude is too casual.

D Numerals and demonstrative, possessive, interrogative, and indefinite adjectives usually precede the noun.

Il primo incontro è stato difficile.
The first meeting was difficult.

Quanti anni ha il tuo ragazzo?
How old is your boyfriend?

Conosco parecchi amici di quel giovane.
I know several friends of that young man.

E Certain common adjectives, including **bello** (*pretty*), **brutto** (*ugly*), **buono** (*good*), **cattivo** (*bad*), **giovane** (*young*), **grande** (*large*), **nuovo** (*new*), **piccolo** (*small*), and **vecchio** (*old*), typically appear before the noun.

una buona ragione *a good reason*	un brutto pensiero *an ugly thought*
una grande bocca *a large mouth*	un piccolo naso *a small nose*

These adjectives can also appear after the noun for emphasis and/or contrast.

Preferisco le case vecchie e le macchine nuove.
I prefer old houses and new cars.

The adjectives **vecchio** and **nuovo** have different meanings before and after the noun.

Ho una vecchia amica che abita a Francoforte.
I have an old friend who lives in Frankfurt.

Ho un'amica vecchia che suona il pianoforte.
I have an elderly friend who plays the piano.

La mia nuova amica ha quarantacinque anni.
My new friend is forty-five years old.

Dovremo comprare un frigo nuovo.
We will have to buy a new refrigerator.

Bello, buono, grande e santo

A When the adjective **bello** precedes the noun, its form follows the same pattern as the definite article: **il, lo, l', la, l', i, gli, le.**

	Masculine		Feminine	
	Singular	Plural	Singular	Plural
Before: a consonant	bel viso	bei visi	bella faccia	belle facce
a vowel	bell'amico	begli amici	bell'amicizia	belle amicizie
s + *consonant*	bello sguardo	begli sguardi	bella statura	belle stature
ps	bello psicologo	begli psicologi	bella psicologa	belle psicologhe
z	bello zio	begli zii	bella zia	belle zie

When **bello** follows the noun, it has the same four forms as other adjectives ending in **-o.**

bello, belli, bella, belle

B When **buono** precedes the noun, its form follows the same pattern as the indefinite article: **un, uno, un', una.**

	Masculine	Feminine
Before: a consonant	buon bambino	buona bambina
a vowel	buon amico	buon'amica
s + *consonant*	buono studente	buona studentessa
ps	buono psicologo	buona psicologa
z	buono zio	buona zia

When **buono** follows the noun, it has the same four forms as other adjectives that end in **-o.**

buono, buoni, buona, buone

C When the adjective **grande** appears before a noun, it usually means *great* or *big* in the sense of *major.* **Grande** can be shortened to **gran** before nouns beginning with a consonant other than **s** + *consonant,* **ps,** or **z.**

Hanno sempre una gran fretta di uscire.
They are always in a big hurry to go out.

Ma:

Ho fatto un grande sbaglio.
I made a big mistake.

Grande can be shortened to **grand'** before singular nouns beginning with a vowel.

È stato un grand'errore.
It was a big mistake.

When **grande** follows a noun, it generally denotes physical size and has the same two forms as other adjectives ending in **-e.**

È un gran cantante.	È un uomo grande.
He is a great singer.	*He is a large man.*

D The adjective **Santo** (*Saint*) becomes **San** before masculine names beginning with a consonant other than **s** + *consonant* and **Sant'** before masculine and feminine names beginning with a vowel.

San Carlo	Santo Stefano	Sant'Antonio
Sant'Anna	Santa Caterina	

When **santo** is used to mean *blessed, holy,* or *saintly,* it has the four regular forms **santo, santi, santa,** and **sante,** which may precede or follow the noun.

È una santa donna.
She is a saintly woman.

È un luogo santo.
It is a holy place.

Esercizi

A. Completate il brano seguente con la forma corretta degli aggettivi indicati.

1. Mia madre è colt__ e raffinat__. 2. Le piace stare in compagnia, perché è molto socievol__. 3. Mio padre è anche lui istruit__, ma non è molto espansiv__. 4. Infatti è una persona introvers__ e orgoglios__. 5. I miei due fratelli sono molto simpatic__ e gentil__ con tutti. 6. Le mie due sorelle invece pensano solo a sé e sono egoist__ e viziat__. 7. Sono però molto affabil__ con tutti e educat__ con i nostri amici.

B. Riscrivete le frasi seguenti sostituendo gli aggettivi in corsivo con uno della lista che indica l'opposto. Fate i cambiamenti necessari.

roseo	antiquato	minuto	liscio
semplice	grande	calmo	sconosciuto
dolce	lungo	chiaro	piccolo

1. Pochi giorni fa, per una via del centro, mi sono scontrata con una cantante *famosa*. 2. Era vestita in maniera *sofisticata* e *moderna*. 3. Aveva i capelli *corti* e *ricci*, la carnagione *scura* e *olivastra* e la statura *imponente*. 4. Era accompagnata da due cani *grossi* e *nervosi* che avevano occhi *piccoli* e *crudeli*.

C. Completate con la forma corretta di **bello** o **buono.**

1. Mirella ha tre ______ figli. Il figlio maggiore ha ______ occhi verdi e ______ capelli biondi.
2. Il figlio minore è ______ e obbediente. La figlia ha anche lei un ______ carattere. Ha un ______ viso dolce e ______ lineamenti. È sempre di ______ umore; ha veramente un ______ atteggiamento verso la vita.
3. Il marito di Mirella è un ______ uomo sui quarant'anni, con un ______ fisico da atleta.
4. Mirella è una ______ signora alta e snella. Suona il piano da molti anni e ha ______ mani lunghe e affusolate.
5. La domenica vanno tutti in una ______ trattoria di campagna. Dopo un ______ pranzo, spesso vanno al cinema a vedere un ______ film.

Gli aggettivi e i pronomi possessivi

Gli aggettivi possessivi

A **Aggettivi possessivi** express ownership or relationship. The possessive adjective agrees with the object possessed, not with the possessor. Thus there is no distinction in Italian between *his* and *her*.

Paolo e il suo amico
Paolo and his friend

Francesca e il suo amico
Francesca and her friend

B Possessive adjectives agree with the noun in number and gender, and ordinarily precede the noun. Possessive adjectives are usually preceded by the definite article.

	Singular		Plural	
	Masculine	Feminine	Masculine	Feminine
my	il mio	la mia	i miei	le mie
your (*familiar*)	il tuo	la tua	i tuoi	le tue
your (*formal*)	il Suo	la Sua	i Suoi	le Sue
his, hers, its	il suo	la sua	i suoi	le sue
our	il nostro	la nostra	i nostri	le nostre
your (*familiar plural*)	il vostro	la vostra	i vostri	le vostre
your (*formal plural*)	il Loro	la Loro	i Loro	le Loro
their	il loro	la loro	i loro	le loro

Loro is invariable, but the accompanying article agrees in number and gender with the noun.

la loro nonna
their grandmother

i loro nonni
their grandparents

C The possessive adjective **proprio,** meaning *one's* or *one's own,* is used in impersonal sentences or with an indefinite subject.

Si deve fare il proprio dovere.
One must do one's duty.

Non bisogna pensare solo ai propri interessi.
One must not think only about one's own concerns.

Proprio is also used with other possessive adjectives for emphasis.

L'ho fatto con le mie proprie mani.
I did it with my own hands.

D Possessive adjectives are frequently omitted when ownership is clear from the context. This is particularly true of articles of clothing and parts of the body.

Pensa sempre ai figli.
He always thinks about his children.

Mi sono messa la giacca.
I put on my jacket.

Mi sono lavata i capelli.
I washed my hair.

E *Of mine, of yours, of ours,* etc., are expressed with the possessive adjective and an indefinite article, demonstrative adjective, or numeral.

una nostra lontana parente
a distant relative of ours

quella mia cugina
that cousin of mine

questa mia zia
this aunt of mine

due suoi fratelli
two of his brothers

F In certain frequently used expressions, the possessive adjective is used without the definite article. It is often placed after the noun for emphasis.

Sono affari miei!
It's my business!

Dio mio!
My God!

Vieni a casa mia?
Will you come to my house?

È colpa nostra.
It's our fault.

Danno una festa in tuo onore.
They are having a party in your honor.

Mai in vita mia!
Never in my life!

Sarò a vostra disposizione.
I will be at your disposal.

Salutalo da parte mia.
Say hello to him for me.

G When the possessive adjective accompanies a singular, unmodified noun referring to a family member, the definite article is omitted.

Tua cugina porta le lenti a contatto?
Does your cousin wear contact lenses?

1. The article is used when the noun is plural, modified, or altered by a suffix. It is also always used with the word **famiglia**.

la nostra famiglia
our family

tutti i tuoi cugini
all your cousins

il mio fratello minore
my younger brother

la mia sorellastra
my stepsister

2. With **loro,** the article is always used.

il loro zio *their uncle*	la loro cugina *their cousin*

3. The article is always used with **mamma, papà,** and **babbo** (*dad*). With **nonno** and **nonna,** use of the article is optional.

la mia mamma	*ma:*	mia madre
il mio papà	*ma:*	mio padre

I pronomi possessivi

A **pronome possessivo** takes the place of a noun. It agrees in number and gender with the noun it replaces. Possessive pronouns have the same forms as possessive adjectives, and are usually preceded by the definite article.

Mia figlia ha vent'anni. Quanti anni ha la tua?
My daughter is twenty years old. How old is yours?

La nostra macchina è qui. Dov'è la vostra?
Our car is here. Where is yours?

The article is omitted when the possessive pronoun follows the verb **essere.**

Il cappotto è mio. *The coat is mine.*	Questi libri sono suoi. *These books are his/hers.*

Esercizi

A. Completate la lettera seguente con la forma corretta degli aggettivi e dei pronomi possessivi, usando l'articolo quando è necessario.

Cara Marcella,
ho ricevuto ______ carissima lettera pochi giorni fa e ti mando questa ______ al più presto.

Come sta ______ famiglia? Ricordo sempre con affetto ______ cari nonni. ______ fratello è ancora al liceo? E ______ sorelle hanno finito l'università?

Per quanto riguarda ______ famiglia, ______ nonni sono venuti ad abitare a casa ______. La nonna si lamenta spesso di ______ marito, ______ nonno. Dice che è diventato brontolone e che gioca a bocce con ______ amici tutti i giorni.

Sai che ______ sorella minore ha finalmente trovato un lavoro che le piace e si sposerà fra due mesi. ______ fidanzato è medico. Io non ho ancora visto ______ nuova abitazione, ma ______ madre ha detto che è molto piacevole.

Ti riscriverò presto. Intanto tu fammi sapere ______ ultime novità.

Ti abbraccio,

Fabrizia

B. Una giornalista prepara un sondaggio su gusti ed abitudini della famiglia italiana e fa delle domande alla signora Martelli. Completate le domande e le risposte seguenti con gli aggettivi e i pronomi possessivi, usando l'articolo quando è necessario.

1. GIORNALISTA: Qual è ______ professione, Signora? E quella di ______ marito?

   SIGNORA MARTELLI: Io sono pediatra. Mio marito è ingegnere e lavora nello stesso studio con ______ fratelli.

2. GIORNALISTA: Quanti figli ha? Che cosa fanno ______ figli?

   SIGNORA MARTELLI: Ne ho due. ______ figli vanno ancora tutti a scuola.

3. GIORNALISTA: Quante stanze ci sono a casa ______?

   SIGNORA MARTELLI: Abbiamo quattro camere da letto. Ogni figlio ha ______ stanza.

4. GIORNALISTA: Quante macchine avete?

   SIGNORA MARTELLI: Abbiamo due macchine. ______, che uso per andare a lavorare, è piccola e vecchia. Mio marito invece ci tiene alle macchine: ______ è di lusso, molto costosa e di grossa cilindrata.

5. GIORNALISTA: Signora Martelli, quali sono ______ programmi televisivi preferiti?

   SIGNORA MARTELLI: ______ preferito in assoluto è il telegiornale. Invece i figli hanno ______ gusti. Guardano sempre le trasmissioni di eventi sportivi.

6. GIORNALISTA: Va spesso al cinema con ______ famiglia? Quali sono ______ film preferiti?

   SIGNORA MARTELLI: Andiamo spesso tutti insieme e ______ film preferiti sono quelli d'avventura.

7. Giornalista: Dove passate le vacanze?

Signora Martelli: Le passiamo sempre al mare, a Viareggio, in una casetta che è ______ da molti anni.

I verbi essere e avere

A **Essere** (*to be*) and **avere** (*to have*), the two most frequently used Italian verbs, are both irregular.

	essere	avere
io	sono	ho
tu	sei	hai
Lei / lei / lui	è	ha
noi	siamo	abbiamo
voi	siete	avete
Loro / loro	sono	hanno

B Many common idiomatic expressions are formed with the verb **avere**. The equivalent expressions in English often use the verb *to be*.

avere... anni *to be . . . years old*
avere bisogno di *to need*
avere caldo *to be hot*
avere fame *to be hungry*
avere freddo *to be cold*
avere fretta *to be in a hurry*
avere paura di *to be afraid of*
avere ragione *to be right*
avere sete *to be thirsty*
avere sonno *to be sleepy*
avere torto *to be wrong*
avere voglia di *to feel like doing or having something*

Esercizi

A. Renata descrive alcuni suoi amici. Completate con la forma corretta di **essere** o **avere**.

1. Luigi ______ venticinque anni. Spesso ______ arrogante. Quando si discute, dice sempre agli amici: «Io ______ ragione e voi ______ torto. Non capite niente».

2. Paola e Alberto ______ sposati. Loro ______ due figli. Paola e Alberto non vanno mai d'accordo. Quando Paola ______ freddo, Alberto ______ caldo. Quando Paola ______ stanca, Alberto ______ voglia di vedere amici. Però tutti e due ______ spesso fame e ______ sempre pronti ad andare al ristorante.

3. Pietro mi telefona ogni sera e dice: «(Io) ______ bisogno di andar fuori e fare qualcosa. Tu _____ voglia di uscire?»

B. Tina e Lucia hanno caratteri completamente diversi. Tina parla dell'amica. Completate con la forma corretta di **essere** o **avere.**

1. Lucia ______ diciotto anni. ______ un tipo dinamico che ______ sempre fretta, ma ______ anche sempre di buon umore.
2. Io, invece, ______ sedici anni. ______ pigra e sempre di cattivo umore. Non ______ mai voglia di uscire.
3. Lucia non ______ paura di niente. Io ______ paura di tutto.
4. Lucia ______ alta e snella. Non ______ mai fame; io, invece, ______ piuttosto robusta e ______ sempre fame.
5. Lucia non ______ mai sonno. Alla fine di una serata, lei dice sempre a me e agli altri amici: «Ma, come, (voi) ______ già sonno?»

Scriviamo

Come cominciare a scrivere

Quando scrivi hai tempo per pensare e riflettere. Puoi infatti scegliere con cura i vocaboli che userai, organizzare le tue idee secondo una precisa struttura grammaticale, e alla fine puoi rileggere e correggere quello che hai scritto. Nel linguaggio scritto puoi conseguire (*obtain*) una precisione e una correttezza grammaticali maggiori che nel linguaggio parlato, il quale generalmente è più spontaneo e approssimativo.

Le idee scritte, invece, sono organizzate in paragrafi che seguono un preciso ordine logico, strutturale e grammaticale, perché altrimenti è difficile farsi capire. Per esprimere con chiarezza le tue idee, è indispensabile scegliere attentamente i vocaboli e le strutture grammaticali che intendi usare. I seguenti suggerimenti possono aiutarti a migliorare i tuoi componimenti scritti.

Prima di cominciare a scrivere

1. Scegli un argomento che conosci piuttosto bene.
2. Scegli un argomento che corrisponda al tuo livello di conoscenza dell'italiano e sul quale ti puoi esprimere adeguatamente.
3. Prepara una lista delle parole chiave che ti serviranno per trattare l'argomento che hai scelto.
4. Controlla sul dizionario il significato dei vocaboli su cui hai dei dubbi.
5. Prepara una lista di idee e pensieri che vuoi includere nella tua composizione.
6. Prepara uno schema, o scaletta (*outline*), per organizzare le tue idee e i tuoi pensieri in maniera logica.
7. Adesso scrivi una prima stesura (*draft*).

La prima stesura

1. Scrivi una frase introduttiva che riassuma le idee principali sull'argomento che hai scelto.
2. Scrivi tre o quattro esempi a dimostrazione della tua tesi.
3. Scrivi una frase a conclusione dell'argomento che hai esposto.

Prima di scrivere l'ultima stesura

1. Rileggi la prima stesura. Il contenuto esprime razionalmente e chiaramente le tue idee?
2. Correggi gli errori grammaticali.
   a. Fa' attenzione all'accordo fra articoli, nomi e aggettivi.
   b. Fa' attenzione all'accordo fra il soggetto e il verbo.
   c. Fa' attenzione all'uso dei tempi e dei modi dei verbi.
3. Correggi gli errori di ortografia (*spelling*) e di punteggiatura.
4. Fa' passare un po' di tempo e poi rileggi quello che hai scritto.
5. Quando è possibile, fa' leggere ad un compagno di classe la tua composizione per capire se esprime in modo comprensibile le tue idee.

L'ultima stesura

1. Ricopia attentamente la tua composizione.
2. Rileggi di nuovo quello che hai scritto e correggi gli errori.

Temi

1. Scrivi un brano in cui descrivi tre compagni del tuo corso d'italiano. Descrivi anche il loro carattere.
2. Descrivi un personaggio famoso nel mondo della politica, della televisione o del cinema che ti piace molto o che detesti. Spiega anche perché ti piace o non ti piace. Nella tua composizione da' esempi concreti di comportamento per giustificare la tua opinione.
3. Spesso usiamo metafore e similitudini per descrivere l'aspetto fisico e il carattere di una persona. Le seguenti similitudini e metafore sono molto comuni.

   a. una ragazza dolce come il miele (*honey*)
   b. un padre che è un orso (*bear*)
   c. una figlia furba come una volpe (*fox*)
   d. un figlio che è un diavolo
   e. un nonno buono come il pane

   Conosci qualcuno a cui corrispondono una o più di queste similitudini e metafore? Descrivi il suo carattere e la sua apparenza fisica. Da' esempi concreti per spiegare come e perché la metafora o la similitudine che hai scelto si adatta a lui o a lei. Che cosa fa sempre? Che cosa non fa?

Parole ed espressioni chiave

Per parlare delle persone

l'abbigliamento *clothes, clothing*
l'atteggiamento *attitude*
i capelli *hair*
il carattere *character, personality*
la caratteristica *characteristic*
la carnagione *complexion*
il chiacchierone, la chiacchierona *chatterbox*
il comportamento *behavior*
il corpo *body*
la corporatura *build*
il difetto *defect*
l'educazione (*f.*) *manners, upbringing*
l'espressione (*f.*) *expression*
il fisico *physique*
il gesto *gesture*
l'istruzione (*f.*) *education*
i lineamenti / i tratti *features, traits*
la misura *size*
l'occhio *eye*
la pelle *skin*
la personalità *personality*
il peso *weight*
il portamento *gait, bearing*
la statura *height*
la stima *esteem*
la taglia *size*
il temperamento *disposition*
il vestito *dress, suit*
il viso / il volto / la faccia *face*

abbronzato, -a *tanned*
affabile *amiable*
agile *agile*
allegro, -a *cheerful*
alto, -a *tall*
altruista *altruistic, unselfish*
ambizioso, -a *ambitious*
artistico, -a *artistic*
autoritario, -a *authoritarian*
avaro, -a *stingy*
azzurro, -a *blue*
basso, -a *short*
biondo, -a *blond*
calmo, -a *calm*
calvo, -a *bald*
castano, -a *chestnut-colored*
chiaro, -a *light*
colorito, -a *rosy*
comprensivo, -a *understanding*
coraggioso, -a *brave*
debole *weak*
dinamico, -a *dynamic*
disinvolto, -a *casual, carefree*
dolce *sweet*
duro, -a *hard, tough*
egoista *selfish, egotistical*
elegante *elegant*
emotivo, -a *emotional*
energico, -a *energetic*
espansivo, -a *demonstrative*
espressivo, -a *expressive*
estroverso, -a *extroverted*
fantasioso, -a *imaginative*
forte *strong*
furbo, -a *sly, shrewd*
generoso, -a *generous*
grasso, -a *fat*
impacciato, -a *awkward, ill-at-ease*
introverso, -a *introverted*
lento, -a *slow*
liscio, -a *smooth, straight*
loquace *talkative*
luminoso, -a *bright, shining*
magro, -a *thin*
maleducato, -a *rude, ill-mannered*
medio, -a *average*
morbido, -a *soft, smooth*
nero, -a *black*
olivastro, -a *olive-colored*
ondulato, -a *wavy*
onesto, -a *honest*
orgoglioso, -a *haughty, proud*
ostinato, -a *stubborn*
ottimista *optimist*
pallido, -a *pale*
pensieroso, -a *pensive, worried*
permissivo, -a *permissive*
pessimista *pessimistic*
pigro, -a *lazy*
prepotente *overbearing, arrogant*
rampante *pushy, aspiring*
riccio, -a *curly*
ridente *smiling*
riflessivo, -a *thoughtful*
rilassato, -a *relaxed*
rosso, -a *red*
rugoso, -a *wrinkled*
scuro, -a *dark*
severo, -a *strict*
snello, -a *slender*
socievole *sociable*
spigliato, -a *self-confident*
sportivo, -a *sporty, casual*
svelto, -a *quick*
taciturno, -a *sullen*
teso, -a *tense*
timido, -a *shy*
triste *sad*

verde *green*
vigliacco, -a *cowardly*
viziato, -a *spoiled*
volitivo, -a *willful*
di buon umore *in a good mood*
di cattivo umore *in a bad mood*

eccellere *to excel*
fare amicizia *to make friends*

Per parlare della famiglia

i bisnonni / il bisnonno / la bisnonna *great-grandparents / great-grandfather / great-grandmother*
il cognato / la cognata *brother-in-law / sister-in-law*
il / la coniuge *spouse*
la coppia *couple*
il cugino / la cugina *cousin*
i familiari / i parenti *relatives*
il figlio unico / la figlia unica *only child*
i figli / il figlio / la figlia *children / son / daughter*
il figliastro / la figliastra *stepdaughter / step-son*
il fratello / il fratellastro *brother / stepbrother*
i gemelli / le gemelle *twins*
il genero *son-in-law*
i genitori *parents*
la madre / la matrigna *mother / stepmother*
il marito *husband*
la moglie *wife*
il nipote / la nipote *grandson; nephew / niece; granddaughter*
i nonni / il nonno / la nonna *grandparents / grandfather / grandmother*
la nuora *daughter-in-law*
il padre / il patrigno *father / stepfather*
la parentela *relationship; relatives*
i parenti *relatives*
i parenti acquisiti *in-laws*
il rapporto *relationship*
la sorella / la sorellastra *sister / stepsister*
lo stato civile *marital status*
il suocero / la suocera *father-in-law / mother-in-law*
il vincolo *tie, bond*
lo zio/la zia *uncle / aunt*

celibe (*m.*) *single, unmarried*
divorziato, -a *divorced*
nubile (*f.*) *single, unmarried*
separato, -a *separated*
sposato, -a *married*
vedovo, -a *widower / widow*

Capitolo 2 La vita di tutti i giorni e i rapporti con gli altri

Gente in attesa dell'autobus in un centro cittadino.

Temi

- Le abitudini di una persona
- Come la gente si prepara per affrontare la giornata
- I rapporti personali e sociali

Strutture

- I pronomi personali soggetto
- Il presente indicativo
- Il presente indicativo dei verbi riflessivi
- Le preposizioni
- L'articolo indeterminativo
- I giorni della settimana

La vita di tutti i giorni

INTRODUZIONE

Promemoria
Ci sono cose da fare ogni giorno:
lavarsi, studiare, giocare,
preparare la tavola a mezzogiorno.
Ci sono cose da fare di notte:
chiudere gli occhi, dormire,
avere sogni da sognare,
orecchie per non sentire.

— Gianni Rodari, *Il secondo libro delle filastrocche*

Una giovane donna saluta il figlio e il marito prima di andare a lavorare.

Per parlare delle abitudini giornaliere

Tutti compiamo ogni giorno gli stessi gesti. Quando la vita giornaliera è sempre uguale, si dice che segue una routine. Le abitudini sono le azioni e i gesti che ripetiamo spesso. Chi ama seguire e conformarsi ad una routine stabilita è detto abitudinario. Invece chi non ama la routine è estemporaneo e a volte impulsivo.

Parole in contesto

1. È dormiglione chi la mattina si alza tardi ed è mattiniero chi si sveglia presto.
2. La persona che ha un orario fisso si sveglia tutte le mattine alla stessa ora. Poi va in bagno e si fa la doccia o il bagno. Si lava con acqua e sapone. Si asciuga il corpo con l'asciugamano e i capelli con l'asciugacapelli o il fon. Usa il pettine per pettinarsi o si spazzola i capelli con la spazzola. Si lava i denti con lo spazzolino e il dentifricio.
3. Un uomo si rade, o si fa la barba, con il rasoio e poi si spruzza con il dopobarba. Una donna spesso si trucca. Si mette il fondotinta sul viso, il rossetto sulle labbra e usa l'ombretto e il mascara o rimmel sugli occhi. Molti uomini e donne usano il deodorante e il profumo.

4. Per andare a lavorare o a scuola, tutti si vestono e si preparano con cura. Si tolgono il pigiama, si mettono o indossano i vestiti e si infilano le scarpe. Alla fine si guardano allo specchio.

5. Prima di uscire, alcuni vanno in cucina, fanno colazione, prendono il caffè o bevono il tè. Quando sono pronti, escono di casa. Alcuni preferiscono prendere un caffè o un cappuccino al bar.

6. La gente va a lavorare a piedi, in macchina o prende l'autobus, il treno o la metropolitana.

7. A lavoro o a scuola, a volte ci annoiamo e ci stanchiamo. All'ora di pranzo, qualcuno torna a casa, altri mangiano al ristorante o alla mensa dell'azienda o della scuola. Qualcuno mangia un panino in piedi in un bar o va in un self-service o in una tavola calda.

8. Tutti aspettano la sera per riposarsi o divertirsi e ritrovarsi con gli amici. La gente si aspetta sempre molto dalle ore libere.

9. Nelle città italiane, dopo il lavoro, per distrarsi quasi tutti passeggiano per le strade e le piazze, scambiano due chiacchiere con gli amici che incontrano, prendono un aperitivo al bar, fanno la spesa per la cena o fanno commissioni varie e poi rientrano a casa.

10. Alcuni vanno in palestra per mantenersi in forma. Fanno ginnastica ed aerobica, sollevano pesi e si allenano per fare dello sport.

11. Per rilassarci, spesso ci mettiamo a guardare la televisione o ad ascoltare musica, oppure ci sdraiamo sul divano con un bel libro.

12. Quando abbiamo sonno, ci cambiamo, ci togliamo le scarpe, ci spogliamo, cioè ci sfiliamo i vestiti, ci mettiamo il pigiama o la camicia da notte e la vestaglia. Prima di coricarci, mettiamo la sveglia per la mattina dopo. Infine ci addormentiamo.

Descriviamo

1. Descrivete i disegni alla pagina seguente. Che cosa fanno le persone?

2. Usate alcuni aggettivi per descrivere ogni personaggio.

3. Immaginate che cosa fanno le persone indicate nei seguenti momenti.

   a. Paola e Fabrizio: lunedì mattina
   b. il signor Morelli: all'ora di pranzo
   c. Luca: il pomeriggio
   d. la signorina Bernardi: venerdì sera

Immaginiamo e inventiamo

1. Immagina di prepararti per un colloquio (*interview*) di lavoro. Descrivi cosa fai.
2. Immaginate che due ragazze di sedici anni vadano ad una festa di compleanno. Cosa fanno per prepararsi?
3. Immagina di dover rendere più efficiente la tua giornata. Prepara un orario delle tue attività usando la pagina dell'agenda.

GENNAIO	Mercoledi	23
8		
9		
10		
11		
12		
13		
14		
15		
16		
17		
18		
19		
20		
21		

Prepariamoci a leggere

1. Divisi in gruppi, spiegate ad uno studente italiano come si svolge la tipica giornata degli studenti americani all'università.
2. Descrivi le tue abitudini giornaliere.
3. Paragona la vita giornaliera di una persona abitudinaria e di una estemporanea ed impulsiva.
4. Paragonate due persone pigre con due persone dinamiche. Com'è la loro giornata? Cosa fanno? Cosa non fanno?
5. Immaginate la giornata lavorativa delle seguenti persone:
   a. una casalinga tradizionale
   b. un manager di una grande azienda
   c. una fotoreporter
   d. una famiglia borghese mononucleare

Nei seguenti brani sono ritratti il carattere e alcune abitudini di personaggi diversi.

A È dirigente di una grande industria, ha passato i sessant'anni, ogni mattina si alza alle sei, estate e inverno, alle sette è già in fabbrica dove rimane fino alle otto di sera e oltre°. Anche la domenica va a lavorare, pur se lo stabilimento° e gli uffici sono deserti; ma un'ora più tardi ciò che egli considera quasi un vizio°. È per eccellenza un uomo serio, ride raramente, non ride mai. D'estate si concede°, ma non sempre, una settimana di vacanza nella villa sul lago. Non conosce debolezze° di alcun° genere, non fuma, non prende caffè, non beve alcoolici, non legge romanzi. Non tollera debolezze neppure negli altri. Si crede importante. È importante. È importantissimo.

beyond
plant
vice
allows himself
weaknesses / any

— Dino Buzzati, «Il capo», *180 racconti.*

B Spende il 90 per cento in più rispetto alla media° degli altri consumatori. Ama viaggiare, leggere, si concede ogni genere di comfort. Si mostra sensibile alla novità e cura° il proprio corpo con impegno° e assiduità. Insomma: è un cliente fantastico.

rispetto... than the average
cares for / diligence

— Panorama.

C Marco Risi è un single con fama da «orso»° abitudinario: uno che ama passare il tempo con gli stessi amici, negli stessi posti° a parlare delle stesse cose. Che nei momenti liberi ascolta Springsteen o Beethoven. Che legge molto, va molto al cinema e si sente a suo agio° soprattutto quando lavora.

bear / places / a... at ease

— *Anna.*

Nei due brani che seguono troviamo descritte le abitudini giornaliere di una famiglia.

D Sciacqua° la tazzina del caffè che il marito ha bevuto a letto, la tazza e il piatto del ragazzino, ripone° in frigorifero il barattolo° della marmellata, passa lo straccio° umido sul tavolo.

She rinses / puts back / jar / rag

— Gian Franco Venè, *Vola colomba.*

E La stessa scena si ripete durante il pranzo della sera, perché° il padre e il fratello, già in tuta° o pigiama, devono mettersi subito a sbadigliare° davanti al televisore. La madre, dal canto suo°, provvede a riordinare la tavola e ficcare° i piatti nella lavastoviglie°, mentre la Monica va al telefono. Ognuno per la sua strada, o per il suo elettrodomestico.

since / sweatsuit / yawning / **dal...** for her part / putting / dishwasher

— *L'Espresso.*

Parliamo e discutiamo

1. Indicate a quali brani si adattano le affermazioni che seguono.
   a. Conclude il pomeriggio preparando dolci secondo le ricette tradizionali imparate dalla nonna.
   b. A casa sua troviamo un computer, un fax e uno stereo con il compact disc. Sul sedile della sua BMW c'è sempre il cellulare.
   c. Non ha nessun interesse fuori del lavoro.
   d. A tavola si parla poco, quasi niente, perché non c'è niente da dirsi.
   e. Ha il frigo pieno di confezioni monodose (*single-serving*) di surgelati.
   f. Non ha mai tempo per gli amici o la famiglia.
2. Divisi in gruppi, immaginate le fasi della giornata dei personaggi descritti nei brani, secondo le indicazioni seguenti.
   a. Il week-end dell'uomo importante
   b. La giornata lavorativa del «cliente fantastico»
   c. La serata dell' «orso abitudinario»
   d. La mattinata della persona che «sciacqua la tazzina del caffè»
3. Parlate delle famiglie dei brani D e E.
   a. Identificate i personaggi.
   b. Descrivete i ruoli dei componenti della famiglia.
   c. È una famiglia tradizionale o moderna? Motivate le vostre risposte.

4. A gruppi di due, preparate una lista di prodotti da vendere ai diversi componenti della società italiana rappresentati nei brani precedenti. Motivate le vostre risposte.

L'individuo e gli altri

INTRODUZIONE

La vita è te e me, due stelle scisse[1], *in lenta opposizione.*

– Maria Luisa Spaziani, *La stella del libero arbitrio.*

1. divided

Un uomo solo in un ristorante all'ora di cena osserva gli altri che mangiano in compagnia.

Per parlare dei rapporti tra individui

La personalità degli individui e i rapporti tra loro si rivelano attraverso le abitudini, le azioni e i gesti. Molto importante è come ognuno percepisce e reagisce agli atti e al comportamento degli altri. Le nostre impressioni e le nostre azioni sono anche condizionate dal nostro ruolo nella famiglia e nella società.

Parole in contesto

1. I rapporti tra le persone possono essere amichevoli, affettuosi e cordiali o formali, professionali e distanti.
2. Consideriamo intimo un amico che sentiamo molto vicino. Le persone invece con cui entriamo in rapporto solo superficialmente sono semplici conoscenti.
3. Quando ci troviamo bene con qualcuno ci sentiamo a nostro agio. Non ci sentiamo soli e non soffriamo la solitudine.
4. Quando un uomo e una donna si innamorano improvvisamente, si dice che è stato un colpo di fulmine. Spesso si frequentano e se stanno bene insieme, si fidanzano e poi si sposano. Se invece non si vogliono bene, si lasciano.

5. Qualche volta un matrimonio può non andare bene. Se i coniugi hanno abitudini e caratteri diversi spesso non vanno d'accordo, litigano e bisticciano. Allora la coppia può decidere di separarsi ed eventualmente divorziare.

Descriviamo

A B C D

1. Mettete nel giusto ordine le vignette.
2. Ricostruite una storia basata sulla scena.

Immaginiamo e inventiamo

1. Immaginate di conoscere una persona ad una festa. Preparate una lista di domande socialmente accettabili per un primo incontro e una lista di domande che non si fanno a chi non conosciamo bene.
2. Immaginate come si svolge la vita sociale di un / una single che vive e lavora in una grande città.
3. Ricostruite la vita sociale di una famiglia in un paese di provincia.
4. A gruppi di due immaginate una telefonata tra due amici che fanno pettegolezzi (*gossip*) su due loro conoscenti, un ragazzo e una ragazza, che improvvisamente sono sempre insieme.
5. Immaginate che una giovane donna risponda all'annuncio riportato. Descrivete il primo appuntamento. Che cosa fanno e che cosa non fanno? Come si sentono?

> RAGAZZO 33ENNE, bella presenza, agiato, seria personalità, conoscerebbe ragazza scopo amicizia eventuale matrimonio. Scrivere tessera n. 2515 fermoposta Bozzolo, Mantova.

Prepariamoci a leggere

1. Dove e come fate nuove amicizie?
2. Descrivi i tuoi rapporti con ognuna delle persone seguenti:
   a. un tuo vicino di casa antipatico
   b. un professore / una professoressa
   c. un vecchio amico o un'amica d'infanzia
3. Discutete come la frenesia (*frenzy*) della vita moderna può contribuire alla solitudine.

Il seguente brano descrive la vita di una persona completamente dedita al suo lavoro.

A Mi riconosco e mi accetto soltanto sul lavoro, mentre ordino o ricevo ordini, mentre capisco di avere un ruolo, di essere qualcuno, una persona stimata° dai capi° e benvoluta dai subalterni. Dovrebbe bastare, si dice, e forse basterebbe. Ma bisognerebbe abolire le serate, il tempo libero, le noie° delle vacanze, le festività del calendario [...]. A mezzogiorno, almeno, quando mangio alla mensa aziendale sono una persona viva. Certe volte, prima di addormentarmi, decido di cambiar vita da domani. Iscriversi ad un club, giocare al tennis, andare dal parrucchiere°, comprare dei vestiti nuovi. In fondo°, ho un libretto di risparmi° su cui ho versato° ciò che non ho speso per svagarmi°, e su cui verso ciò che mi servirà per la vecchiaia.

respected / bosses
boredom
hairdresser / **In...** After all
savings / deposited / enjoy myself

— Carlo Castellaneta, «A cena col televisore», *Tante storie.*

Il brano seguente presenta alcuni commenti e osservazioni sulla vita di coppia.

B Ma è una gran fortuna vivere con qualcuno che fa il tuo stesso mestiere°. Mentre è molto triste dividere la vita con qualcuno che non sa nulla di quelle che sono le tue aspirazioni e i tuoi problemi. [...] Credo che riuscire a capirsi per una coppia sia molto, molto difficile. Oserei° dire che è quasi impossibile. L'uomo e la donna sono come due Paesi che non si incontrano mai. Entrambi° lasciano una zona del loro cuore chiusa a chiave.°

profession
I would dare
Both
chiusa... locked

— *Gioia.*

Nel brano che segue sono descritti i rapporti tra amici.

C Se ne dicono tante sull'amicizia, ma, insomma, che vuol dire essere amico? Basterà, come feci° io, per cinque anni di seguito°, vedere al bar di piazza Mastai sempre lo stesso gruppo, far la partita° sempre con gli stessi giocatori, discutere di calcio sempre con gli stessi tifosi°, andare insieme in gita, allo stadio, a fiume°, a mangiare e bere insieme alla stessa osteria°?

did / **di...** in a row
far... play cards
fans
river
tavern

— Alberto Moravia, «Gli amici senza soldi», *Racconti romani.*

Parliamo e discutiamo

1. In quali brani sono trattati i seguenti temi?
   a. solitudine
   b. incomunicabilità
   c. vita da single
   d. definizione dell'amicizia
   e. vita nelle grandi città
   f. alienazione
   g. vita di coppia

2. Divisi in gruppi discutete le seguenti affermazioni prese dai brani e rispondete alle domande.
   a. «Ma bisognerebbe abolire le serate, il tempo libero, le noie delle vacanze, le festività del calendario.» Come passa il tempo libero e qual è lo stato d'animo della persona che pronuncia questa frase?
   b. «Ma è una gran fortuna vivere con qualcuno che fa il tuo stesso mestiere.» Quali sono gli aspetti positivi e negativi quando in una coppia le due persone fanno lo stesso lavoro?
   c. «L'uomo e la donna sono come due Paesi che non si incontrano mai.» Quali sono alcuni degli elementi che rendono difficile la comunicazione tra uomini e donne? Che cosa invece può facilitare la comprensione tra i due sessi?

3. Su cosa si basa una vera amicizia? Immaginate una riposta alla domanda del brano C.

4. Una persona sola in una grande città ha pochi contatti umani. Va dallo psicologo per discutere il problema della sua solitudine. Lavorando in due, uno studente fa la parte dello psicologo e fa domande per capire il problema, l'altro studente fa la parte del paziente. Poi riferite i risultati alla classe.

5. Cercate qualcuno con cui dividere l'appartamento. Che cosa chiedete a ogni persona che si presenta? A gruppi di due, ricostruite il dialogo.

Itinerario letterario

Prepariamoci a leggere

Un personaggio pubblico si prepara ad andare in onda.

1. Le citazioni seguenti, tratte dal racconto che leggerete, anticipano i temi della lettura. Dopo averle lette, rispondete alle domande che seguono.

   «Un giorno o l'altro, figlio mio, ti verrà l'infarto (*heart attack*)!»
   «Sono anni che vivo con un taxi in attesa al portone.»
   «I soldi che guadagno neanche li vedo.»
   «Gente importante che mi cerca, [...] che mi corteggia.»
   « ... come se si vergognasse di avere un padre famoso.»

   a. Cosa potete dedurre a proposito del narratore?
   b. Quali dei seguenti argomenti pensate che verranno trattati nel brano? Motivate le vostre risposte.

la salute	i rapporti tra padri e figli
il tempo libero	i passatempi e i viaggi
l'amore	il ritmo frenetico della vita moderna

2. Il titolo del racconto che leggerete è «Guardami alla tivù».

   a. Che cosa suggerisce l'uso dell'imperativo?
   b. Immaginate la professione della persona che parla.
   c. Com'è la vita di un personaggio pubblico? Quali sono i vantaggi e gli svantaggi di questo tipo di vita?

Carlo Castellaneta (1930–) scrive sui problemi dell'individuo nella grande città moderna. Nel racconto che segue parla di un uomo che per il lavoro trascura la sua vita privata.

Guardami alla tivù

—Un giorno o l'altro, figlio mio, ti verrà l'infarto!—Anche se ci scherzo sopra°, so che mia madre ha ragione a dirlo. Sono venuto a farle visita, nella città dove sono nato e cresciuto°, e dopo un'ora me ne devo andare, via di corsa° all'aeroporto.

—La prossima volta stiamo insieme tutto il giorno—la rassicuro, ma sono il primo a sapere che non è vero, non avrò mai tanto tempo a disposizione per raccontarle un po' di cose mie, non quelle che legge sui settimanali illustrati. [...]

—Ciao, mamma. Mi vedrai martedì sera sulla Rete° Uno.

Il taxi è già fuori che aspetta. Sono anni che vivo con un taxi in attesa al portone. Quando sentivo raccontare queste cose non ci credevo: che il successo è duro° da amministrare. Ma il mio è un mestiere così, quando hai raggiunto° la popolarità: o ci sei sempre o non esisti più, la gente fa presto a dimenticarti. [...]

In certi momenti mi dico: ma è vita, questa? E a cosa mi servono i soldi? Forse per quando sarò vecchio, perché ora non ho nemmeno il tempo di spenderli. [...]

Un tempo, prima di andare in onda°, le [a mia figlia] telefonavo dallo studio:—Tesoro, tra dieci minuti sono in diretta° sul secondo canale°!—e lei correva a guardarmi. Adesso invece niente, come se si vergognasse di avere un padre famoso. Sarà stata sua madre a montarla contro di me° dopo che ci siamo separati, e i giornali mi attribuivano ogni giorno una nuova fidanzata. [...]

Gente importante che mi cerca, che mi dà la caccia°, che mi corteggia, mi spia, promette, implora. Ma mai una telefonata di Pucci che dica:—Ti ho visto, papà, sei stato bravissimo!—Una sola volta al telefono mi ha detto: Le mie compagne di scuola mi hanno chiesto la tua fotografia....

Gliene ho fatto spedire una valanga°. Neanche una risposta. Fa niente, io poi dimentico travolto come sono° da mille impegni°. È vero, mi succede di dimenticare qualche ricorrenza°. Il giorno del compleanno di Pucci ero in Sardegna per una serata di beneficenza. Stavo intervistando una cantante e lei a un certo punto dichiara:—Sono felice di essere qui, questa sera che compio gli anni°...—. E di colpo° mi sono ricordato Pucci, dell'orologino che le avevo comprato ma non spedito, e mi sono vergognato come un ladro. [...]

ci... I joke about it
grew up
di... in a hurry
channel
hard
reached
andare... going on the air
in... live / channel
montarla... turn her against me
mi... hunt me down
avalanche
travolto... swept along as I am / obligations / anniversaries, festivities
compio... it is my birthday / **di...** suddenly

Chissà se riuscirò a dormire un pochino, nella macchina che mi aspetta all'uscita dell'aeroporto. Altrimenti stanotte crollo°. E avrà ragione mia madre, un giorno o l'altro ci resti secco°. Magari° mentre sto annunciando a piena gola, col migliore dei miei sorrisi: — Cari amici, ecco a voi....

I'll collapse

ci... you'll drop dead / Maybe

— Carlo Castellaneta, «Guardami alla tivù», *Rapporti confidenziali.*

Parliamo e discutiamo

1. Chi sono i personaggi del racconto?
2. Qual è l'argomento principale del racconto?
3. Quali degli aggettivi seguenti meglio descrivono la vita del narratore?

a. caotico	d. regolato	g. agitato	j. tranquillo
b. tumultuoso	e. sereno	h. stressante	
c. ansioso	f. frenetico	i. disordinato	

4. Immaginate che la figlia descriva ad una compagna di scuola la vita e le abitudini del padre e il suo rapporto con lui.
5. Divisi in gruppi, cercate nel racconto gli elementi che confermano le seguenti affermazioni.
   a. Le persone famose sono circondate da tanta gente, ma in realtà sono sole.
   b. I soldi non sempre procurano la felicità.
   c. Il rapporto tra figli e genitori divorziati è difficile e complicato.
   d. A volte una persona sacrifica la vita privata alla carriera.

Strutture

I pronomi personali soggetto

A The **pronomi personali soggetto** in Italian are:

Singular		*Plural*	
io	*I*	noi	*we*
tu	*you (informal)*	voi	*you (informal)*
Lei	*you (formal)*	Loro	*you (formal)*
lui / egli / esso	*he*	loro	*they*
lei / ella / essa	*she*	loro	*they*
esso	*it (m.)*	essi	*they (m.)*
essa	*it (f.)*	esse	*they (f.)*

Lei and **Loro,** when used formally, are frequently capitalized to distinguish them from **lei** and **loro. Egli** and **ella** are used in place of **lui** and **lei** only in formal written Italian. **Esso** is generally used to refer to animals and objects; **essa** can refer to people, animals, or objects. However, **esso** and **essa** are rarely used in spoken Italian.

B Subject pronouns are used far less frequently in Italian than in English, because verb endings usually indicate the person and number of the subject.

Rientro ogni sera alle otto.
I return home every evening at eight.

Rientriamo ogni sera alle otto.
We return home every evening at eight.

C Subject pronouns are used in the following cases:

1. for emphasis or clarification, after the verb.

Lo faccio io.
I'll do it.

Sei tu, Fabio?
Is that you, Fabio?

2. to emphasize a contrast between two subjects.

Io prendo il taxi e lei prende l'autobus.
I'm taking a taxi and she is taking a bus.

3. to emphasize the subject after words like

anche, perfino, pure *also, even, too*
neanche, neppure, nemmeno *not even, neither*
solo, solamente, soltanto *only*

Anche lui si mantiene in forma.
He stays in shape too.

Nemmeno lui ha molto tempo libero.
He doesn't have a lot of free time either.

4. with **stesso** and **altri,** to emphasize the subject. **Stesso** agrees in number and gender with the subject pronoun. **Altri** is used with **noi** and **voi** (frequently written as a single word: **noialtri, voialtri**) to indicate a group of people.

Lo ha fatto lei stessa.
She did it herself.

Noialtri mangiamo fuori. Che cosa fate voialtri?
We're eating out. What are you guys doing?

5. to clarify the subject when the verb ending is ambiguous, particularly in the subjunctive.

   Credo che lei faccia il footing ogni giorno.
   I think she jogs every day.

   Penso che lui non faccia nessuno sport.
   I don't think he plays any sports.

Esercizi

Alessandra abita in un grande condominio. Parla della routine dei suoi vicini di casa. Completate le frasi che seguono con i pronomi personali soggetto corretti.

1. I signori Martelli abitano nell'appartamento proprio sopra il mio. ______ è mattiniero, invece ______ non si alza mai prima delle dieci. ______ fanno grandi rumori mentre si preparano e ______ sento tutto, anche l'acqua che scorre.
2. La signora Olivieri è anziana. Anche ______ si sveglia presto.
3. I bambini dei Risti litigano sempre. Per esempio, la madre chiede: «Siete stati ______ a finire tutta la torta?». Carlo dice: «È stata ______!» e Renata grida: «No, non sono stata ______, sei stato ______!».
4. I ragazzi Niccoli, nemmeno ______ vanno d'accordo, ma sono gentili con la signora Olivieri. Quando prendono la macchina, le offrono di accompagnarla: «Signora, va anche ______ in centro?». E ______ a volte risponde: «Grazie, ragazzi, ______ siete veramente educati».

Il presente indicativo

I verbi regolari

A Italian has three verb conjugations. The present tense is formed by dropping the infinitive endings **-are**, **-ere**, and **-ire**, and adding the following endings to the verb stems:

	First conjugation	Second conjugation	Third conjugation	
	parlare	scrivere	dormire	finire
io	parl**o**	scriv**o**	dorm**o**	fin**isco**
tu	parl**i**	scriv**i**	dorm**i**	fin**isci**
Lei / lei / lui	parl**a**	scriv**e**	dorm**e**	fin**isce**
noi	parl**iamo**	scriv**iamo**	dorm**iamo**	fin**iamo**
voi	parl**ate**	scriv**ete**	dorm**ite**	fin**ite**
Loro / loro	parl**ano**	scriv**ono**	dorm**ono**	fin**iscono**

B There are two types of third-conjugation verbs. Verbs like **dormire** are conjugated by adding the present-tense endings directly to the verb stem. In verbs like **finire, -isc** is inserted before all endings except the first- and second-person plural. These are some common verbs conjugated like **finire:**

capire *to understand*
colpire *to hit*
costruire *to construct*
favorire *to favor*
ferire *to wound*
fornire *to furnish*
guarire *to heal*
inserire *to insert*
obbedire *to obey*
preferire *to prefer*
proibire *to prohibit*
pulire *to clean*
restituire *to give back*
riferire *to relate, to refer*
sparire *to disappear*
stabilire *to establish*
suggerire *to suggest*
trasferirsi *to move*
unire *to unite*

These are some common verbs conjugated like **dormire:**

aprire *to open*
avvertire *to inform, to warn*
divertire *to amuse*
fuggire *to flee*
offrire *to offer*
partire *to leave*
scoprire *to discover*
seguire *to follow*
sentire *to hear*
servire *to serve*
soffrire *to suffer*
vestire *to dress*

C Verbs that end in **-care** and **-gare,** like **cercare** (*to look for*) and **pagare** (*to pay for*), add an **h** in the second-person singular and the first-person plural to retain the hard pronunciation of the **c** and **g**:

cerco, cerc**h**i, cerca, cerc**h**iamo, cercate, cercano
pago, pag**h**i, paga, pag**h**iamo, pagate, pagano

Other verbs conjugated like **cercare** and **pagare** are:

comunicare *to communicate*
dedicare *to dedicate*
dimenticare *to forget*
giocare *to play*
giudicare *to judge*
indicare *to indicate*
mancare *to miss; to lack*
pregare *to pray*
toccare *to touch*

D Verbs that end in **-ciare, -giare, -gliare,** and **-sciare,** like **cominciare** (*to begin*), **mangiare** (*to eat*), **sbagliare** (*to make a mistake*), and **lasciare** (*to leave*), maintain the soft palatal sound throughout the conjugation. The **i** of the stem is dropped in front of verb endings that begin with **i**.

comincio, cominci, comincia, cominciamo, cominciate, cominciano

E Verbs that end in **-cere,** like **convincere** (*to persuade*), and **-gere,** like **leggere** (*to read*), do not retain the soft pronunciation of the **c** and **g** in the first-person singular and third-person plural. Instead, their pronunciation becomes guttural:

convin**co,** convinci, convince, convinciamo, convincete, convin**cono**
leg**go,** leggi, legge, leggiamo, leggete, leg**gono**

Other verbs conjugated like **convincere** and **leggere** are:

accorgersi *to notice*
conoscere *to know*
costringere *to compel*
crescere *to grow*
distruggere *to destroy*
nascere *to be born*
raggiungere *to reach*
spingere *to push*
svolgere *to carry out*

F Most verbs that end in **-iare,** like **studiare** (*to study*), drop the **i** of the stem in the second-person singular. If the **i** is stressed, however, as in **inviare** (*to send*) and **sciare** (*to ski*), it is retained in the second-person singular.

studio, studi, studia, studiamo, studiate, studiano
invio, inv**ii,** invia, inviamo, inviate, inviano
scio, sc**ii,** scia, sciamo, sciate, sciano

I verbi irregolari

Italian has many irregular verbs. Memorizing is the only way to learn them; however, some do follow recognizable patterns.

A Some verbs form the present indicative by adding regular present-tense endings to the stem of an archaic form of the infinitive.

	dire (dicere)	bere (bevere)	porre (ponere)	tradurre (traducere)
io	dico	bevo	**pongo**	traduco
tu	dici	bevi	poni	traduci
Lei / lei / lui	dice	beve	pone	traduce
noi	diciamo	beviamo	poniamo	traduciamo
voi	**dite**	bevete	ponete	traducete
Loro / loro	dicono	bevono	**pongono**	traducono

Note the exceptions **dite**, **pongo**, and **pongono**. Compound verbs formed with **-dire**, **-porre**, and **-durre**, such as **contraddire** (*to contradict*), **proporre** (*to propose*), and **ridurre** (*to reduce*), follow the same pattern.

B Some verbs follow the same pattern as **porre**, above, adding a **g** in the first-person singular and third-person plural, except that their stems are regular.

	rimanere *to remain*	**salire** *to ascend; to get on*
io	**rimango**	**salgo**
tu	rimani	sali
Lei / lei / lui	rimane	sale
noi	rimaniamo	saliamo
voi	rimanete	salite
Loro / loro	**rimangono**	**salgono**

C Some verbs add a **g** in the first-person singular and third-person plural and an **i** in the second- and third-person singular:

	tenere *to hold; to keep*	**venire** *to come*
io	tengo	vengo
tu	tieni	vieni
Lei / lei / lui	tiene	viene
noi	teniamo	veniamo
voi	tenete	venite
Loro / loro	tengono	vengono

Compound verbs that end in **-tenere** and **-venire,** like **ottenere** (*to obtain*), **mantenere** (*to support; to maintain*), and **avvenire** (*to happen*), follow the same pattern.

D In some verbs ending in **-gliere,** the **gl** of the stem becomes **lg** in the first-person singular and the third-person plural.

	scegliere *to choose*	**togliere** *to take off*
io	scelgo	tolgo
tu	scegli	togli
Lei / lei / lui	sceglie	toglie
noi	scegliamo	togliamo
voi	scegliete	togliete
Loro / loro	scelgono	tolgono

Other verbs of this type are **cogliere** (*to pick*), **accogliere** (*to receive*), **raccogliere** (*to gather*), and **sciogliere** (*to melt; to dissolve; to untie*).

E Some frequently used verbs follow no pattern at all.

1. Among these verbs are **dovere** (*to have to*), **potere** (*to be able*), **volere** (*to want*), and **sapere** (*to know*), which are often used with an infinitive.

	dovere	**potere**	**volere**	**sapere**
io	devo	posso	voglio	so
tu	devi	puoi	vuoi	sai
Lei / lei / lui	deve	può	vuole	sa
noi	dobbiamo	possiamo	vogliamo	sappiamo
voi	dovete	potete	volete	sapete
Loro / loro	devono	possono	vogliono	sanno

Devi metterti gli occhiali.
You must put on your glasses.

Sai usare il computer?
Do you know how to use a computer?

2. The frequently used verbs **andare** (*to go*), **dare** (*to give*), **fare** (*to do; to make*), **stare** (*to stay*), and **uscire** (*to go out*), also follow no pattern.

	andare	dare	fare	stare	uscire
io	vado	do	faccio	sto	esco
tu	vai	dai	fai	stai	esci
Lei / lei / lui	va	dà	fa	sta	esce
noi	andiamo	diamo	facciamo	stiamo	usciamo
voi	andate	date	fate	state	uscite
Loro / loro	vanno	danno	fanno	stanno	escono

L'uso del presente indicativo

A The **presente indicativo** is used to describe actions and situations in the present. It has three English equivalents:

Guardo il telegiornale. { *I am watching the news.* / *I watch the news.* / *I do watch the news.* }

B The present indicative is also used for actions that occur repeatedly.

Ogni mattina esco di casa e prendo un caffè al bar.
Every morning I leave the house and have a cup of coffee at the bar.

C The present tense is frequently used for future actions that are fairly certain to take place.

Domani sera rincasiamo alle otto.
Tomorrow evening we will return home at eight.

D The present tense also describes actions that began in the past and continue into the present. Such actions can be expressed in three ways.

1. *verb* + **da** + *duration*

Vivo a Roma da dieci anni.
I have been living in Rome for ten years.

Conosco Carlo da un anno.
I have known Carlo for a year.

2. **è/sono** + *duration* + **che** + *verb*

È un anno che conosco Carlo.
I have known Carlo for a year.

Sono dieci anni che vivo a Roma.
I've lived in Rome for ten years.

3. **è** + **da** + *duration* + **che** + *verb*

È da un anno che conosco Carlo.
It's been a year that I have known Carlo.

È da dieci anni che vivo a Roma.
It's been ten years that I've been living in Rome.

E As in English, the present tense is sometimes used to make past events seem more vivid and immediate. This usage is called the **presente storico.**

Nel 1960 si trasferisce in America e si sposa.
In 1960 he moves to America and gets married.

Esercizi

A. Paola Mancini è una giovane professionista che vive sola. Leggete come passa le serate e completate le frasi con la forma corretta del presente indicativo dei verbi in parentesi.

1. Dopo il lavoro Paola _______ (passare) dal negozio vicino casa e _______ (comprare) dei surgelati. Poi _______ (tornare) a casa, _______ (inserire) la chiave nella serratura, _______ (aprire) la porta ed _______ (entrare) in salotto.
2. _______ (Mettere) la cartella (*briefcase*) sul divano e in fretta _______ (scorrere) la posta.
3. _______ (Accendere) la televisione e _______ (seguire) con attenzione il telegiornale.
4. _______ (Telefonare) agli amici e insieme (loro) _______ (discutere) il programma per la serata. Qualche volta _______ (decidere) di ritrovarsi al caffè. Paola generalmente _______ (raggiungere) gli amici dopo cena.
5. A volte, invece, Paola _______ (rimanere) a casa e _______ (finire) il lavoro arretrato (*overdue*). Infatti _______ (svolgere) un'attività molto impegnativa (*demanding job*).

B. Giulia è una ragazza italiana che è andata a studiare per un anno in America. Nel diario racconta le sue esperienze. Completate le frasi con la forma corretta del presente indicativo dei verbi in parentesi.

1. Descrive la famiglia e le abitudini delle persone.
   a. (Io) _______ (vivere) in America ormai da sei mesi con la famiglia Bloom. I signori Bloom _______(avere) due figli. La figlia minore, Judy, e il figlio maggiore, Ryan, _______ (frequentare) l'università.
   b. Ogni mattina Ryan _______ (andare) in palestra o _______ (correre) per un'ora. A volte anch'io _______ (andare) con lui.
   c. Judy invece non _______ (fare) nessuna attività sportiva. _______ (Preferire) leggere o ascoltare musica.
   d. Il signor Bloom _______ (uscire) di casa ogni mattina alle sei, perché _______ (dovere) recarsi molto lontano. Lui _______ (costruire) villette in periferia. La mattina _______ (bere) solo un caffè in piedi.
   e. La signora Bloom _______ (fare) l'avvocato in un importante studio del centro. _______ (Condurre) una vita frenetica. La mattina _______ (stabilire) con il marito e i figli le attività della giornata e dopo _______ (fuggire) di corsa al lavoro.
2. Giulia descrive anche una sua tipica giornata.
   a. Io non _______ (fare) altro che andare a scuola e ogni giorno _______ (conoscere) nuove persone. Purtroppo ancora non _______ (capire) bene l'inglese e _______ (dovere) seguire corsi di lingua.
   b. Ogni mattina Larry _______ (venire) a prendermi in macchina e insieme _______ (andare) all'università. Larry _______ (sapere) un po' d'italiano ed io ancora _______ (preferire) chiacchierare nella mia lingua. (Io) _______ (Proporre) sempre a Larry di conversare in italiano. A scuola però il professore d'inglese mi _______ (proibire) di parlare italiano.
   c. Larry _______ (dire) che ogni giorno (io) _______ (diventare) più brava. Infatti a scuola _______ (ottenere) sempre buoni voti e _______ (mantenere) una media alta.

Il presente indicativo dei verbi riflessivi

A A **verbo riflessivo** is one whose subject acts on itself.

I ragazzi si divertono fuori casa.
The kids are amusing themselves outside the house.

La signora si prepara per uscire.
The woman gets (herself) ready to go out.

B Reflexive verbs are far more common in Italian than in English. Some are genuinely reflexive in meaning, while others are reflexive only grammatically.

Carlo si veste.
Carlo gets dressed (dresses himself).

Luigi si lamenta sempre di qualcosa.
Luigi is always complaining about something.

C Reflexive verbs are conjugated like other verbs. The reflexive pronoun precedes the conjugated verb.

	pettinarsi	mettersi	vestirsi
io	mi pettino	mi metto	mi vesto
tu	ti pettini	ti metti	ti vesti
Lei / lei / lui	si pettina	si mette	si veste
noi	ci pettiniamo	ci mettiamo	ci vestiamo
voi	vi pettinate	vi mettete	vi vestite
Loro / loro	si pettinano	si mettono	si vestono

In the infinitive form, the pronoun is attached to the end of the verb, which drops its final **e**.

Aiuto il bambino a spogliarsi.
I help the child get undressed.

A noi piace riposarci dopo pranzo.
We like to rest after lunch.

D Reflexive verbs are also used for reciprocal actions, expressed in English with the phrase *each other.*

Vi telefonate spesso?
Do you call each other often?

Sì, ci telefoniamo ogni sera.
Yes, we call each other every evening.

Si vedono domani.
They will see each other tomorrow.

E Some verbs have a reflexive and a nonreflexive form with the same meaning.

Dimentichiamo tutto.
We forget everything.

Ci dimentichiamo di tutto.
We forget about everything.

F Ordinary verbs are often used reflexively for emphasis.

Ci compriamo un computer portatile.
We are going to buy ourselves a portable computer.

Mi faccio un bel sonnellino.
I am going to take myself a nice little nap.

G When reflexive verbs are used with parts of the body and articles of clothing, the definite article is used. Possessive adjectives are used only to clarify ownership.

Mi trucco gli occhi.
I put makeup on my eyes.

Ti metti la giacca?
Are you putting your jacket on?

Ti metti la mia giacca o la tua?
Are you putting on my jacket or yours?

H When a reflexive verb is used with **dovere, potere,** or **volere,** the reflexive pronoun can be attached to the infinitive or placed in front of the conjugated verb.

Ti vuoi misurare il vestito? Vuoi misurarti il vestito?
Do you want to try on the dress?

Ci dobbiamo togliere le scarpe. Dobbiamo toglierci le scarpe.
We have to take our shoes off.

Si possono cambiare? Possono cambiarsi?
Can they change (clothes)?

Esercizi

A. Un presentatore televisivo intervista un famoso attore del cinema. Completate con la forma corretta del presente indicativo dei verbi.

1. Gli fa domande sulla sua vita personale.
   a. Domanda: Lei, da quanto tempo _______ (fare) l'attore?
   Risposta: _______ (Fare) questo mestiere da dieci anni.
   b. Domanda: Come _______ (svolgersi) la Sua vita?
   Risposta: La mia vita _______ (essere) molto movimentata, sempre fra un aeroporto e l'altro. Ogni mattina, quando _______ (svegliarsi), _______ (domandarsi) in che città _______ (trovarsi).
   c. Domanda: Come _______ (potere) definire la Sua vita privata?
   Risposta: Io e mia moglie _______ (vedersi) raramente, ma ogni giorno, quando io _______ (viaggiare), noi _______ (sentirsi) al telefono. _______ (Ritenersi) molto fortunato, perché mia moglie non _______ (lamentarsi) mai.

2. Poi il presentatore chiede all'attore dei suoi rapporti con i figli e la moglie.

   a. DOMANDA: Come _______ (essere) i Suoi rapporti con i figli?
   RISPOSTA: Io e i miei ragazzi _______ (andare) molto d'accordo. (Noi) _______ (giocare) a tennis insieme, _______ (discutere) di tutto e _______ (raccontarsi) ogni cosa. Insomma, _______ (volersi) molto bene. Noi _______ (rendersi) conto di avere una famiglia eccezionale.

   b. DOMANDA: Sua moglie _______ (lavorare) nello stesso campo, vero? Lei _______ (essere) contento di questo?
   RISPOSTA: Quando due persone _______ (fare) lo stesso mestiere, _______ (capirsi) meglio. (Io) _______ (sapere) che mia moglie mi _______ (volere) bene. Noi due _______ (riuscire) a mantenere un rapporto sereno.

B. In «Lui ed io», la scrittrice Natalia Ginzburg descrive una coppia che non sembra avere niente in comune. Completate con la forma corretta del presente indicativo.

Lui _______ (avere) sempre caldo; io _______ (sentire) sempre freddo. (Lui) _______ (Sdegnarsi, *to get angry*) se _______ (vedere) che (io) _______ (infilarsi), la sera, un golf.

Lui _______ (sapere) parlare bene alcune lingue; io non ne _______ (parlare) bene nessuna.

Nelle città straniere, dopo un giorno, lui _______ (muoversi) leggero come una farfalla (*butterfly*). Io _______ (sperdersi, *to get lost*) nella mia propria città; (io) _______ (dovere) chiedere indicazioni per ritornare alla mia propria casa. Lui _______ (odiare) chiedere indicazioni; quando noi _______ (andare) per città sconosciute, in automobile, (lui) mi _______ (ordinare) di guardare la pianta topografica. Io non _______ (sapere) guardare piante topografiche, (io) _______ (imbrogliarsi, *to get confused*) su quei cerchiolini rossi e (lui) _______ (arrabbiarsi).

Lui _______(amare) il teatro, la pittura e la musica: soprattutto la musica. Io non _______ (capire) niente di musica, e _______ (annoiarsi) a teatro. (Io) _______ (amare) e _______ (capire) una sola cosa al mondo, ed _______ (essere) la poesia.

— Adattato da Natalia Ginzburg, «Lui e io», *Le piccole virtù.*

Le preposizioni

The most frequently used **preposizioni** in Italian are **a, con, da, di, in, per, su,** and **tra (fra)**. Prepositions cannot always be translated literally, since they have variable meanings.

in campagna *in the country*	in cima a *on top of*	in fondo a *at the bottom / end of*
a sinistra di *to the left of*	a teatro *at the theater*	al telefono *on the telephone*
alla televisione *on television*	alla radio *on the radio*	sul giornale *in the paper*
davanti a *in front of*	dietro a *behind*	vicino a *next to / near*

A The prepositions **a, da, di, in, su,** and sometimes **con** contract with the definite article to become a single word.

	Definite article						
	il	l'	lo	la	i	gli	le
a	al	all'	allo	alla	ai	agli	alle
da	dal	dall'	dallo	dalla	dai	dagli	dalle
di	del	dell'	dello	della	dei	degli	delle
in	nel	nell'	nello	nella	nel	negli	nelle
su	sul	sull'	sullo	sulla	sui	sugli	sulle
con	col				coi		

Con is sometimes, but not always, combined with **il (col)** and **i (coi)**. **Per** rarely contracts, and **fra** and **tra** never do.

B For destinations, expressed in English with the preposition *to,* Italian uses **a** and **in**. **A** is used for cities and small islands; **in** is used for continents, countries, regions, states, and large islands.

Vado a Roma. *I am going to Rome.*	Vado in Germania. *I am going to Germany.*
Passo l'estate a Capri. *I spend the summer on Capri.*	Passo l'estate in Sardegna. *I spend the summer in Sardegna.*

When names of continents, countries, regions, states, and large islands are modified, an article is used.

Vivo in Toscana. *I live in Tuscany.*	**ma:**	Vivo nella bella Toscana. *I live in beautiful Tuscany.*
		Abitiamo negli Stati Uniti. *We live in the United States.*

C **Di** is used to express possession. It is also used to specify what something is made of.

È la stanza del figlio.
It is her son's room.

Luciano sciacqua le tazzine di porcellana.
Luciano is rinsing out the porcelain cups.

D **Da** is used with a person's name, a noun referring to a person, or a pronoun to express *at the house of* and *at the place / business of.*

Vado da Cinzia.
I am going to Cinzia's house.

Vengo da te.
I am coming to your house.

Porto la macchina dal meccanico.
I am taking the car to the mechanic.

E **In** is used with modes of transportation.

Vengo in macchina.
I'm coming by car.

Parto in treno.
I'm leaving by train.

Esercizi

A. Un ragazzo parla della sorella con un amico. Completate con la forma corretta delle preposizioni semplici o articolate.

1. Mia sorella vive ______ Francia del sud. Lei abita di fronte ______ giardini pubblici e dietro ______ università.
2. ______ suo palazzo ci sono venti appartamenti.
3. Vicino ______ suo palazzo c'è un grande supermercato. A sinistra ______ supermercato c'è un teatro molto famoso.
4. Qualche volta io vado ______ mia sorella e noi andiamo insieme ______ teatro.
5. A destra ______ teatro c'è un museo di arte moderna. Davanti ______ museo c'è la fermata ______ autobus.
6. Mia sorella va ______ ufficio ______ autobus ogni giorno ______ sette e mezza.

B. Il signor Giuliani viaggia molto per motivi di lavoro. Completate le frasi con le preposizioni semplici o articolate corrette.

1. Il signor Giuliani lavora ______ televisione. Vive ______ New York, non lontano ______ ufficio.

2. Porta sempre abiti eleganti ______ stoffe (*fabric*) pregiate (*valuable*) fatte ______ Italia.

3. Per lavoro si reca spesso ______ Europa. Minimo una volta ______ mese sale ______ un aereo che parte ______ Italia.

4. ______ Milano va sempre ______ stesso albergo e ogni sera cena ______ Mario, una trattoria vicino ______ stazione. Occupa sempre un tavolo in fondo ______ sala.

5. Spesso parte ______ Milano e va ______ altre città ______ Italia ______ nord. Viaggia sempre ______ treno.

L'articolo indeterminativo

The **articolo indeterminativo** is used, like *a / an* in English, to indicate nonspecific objects and people. The indefinite article always precedes the noun and agrees with it in number and gender. Like *a / an,* its form also depends on the first letter of the noun it precedes.

Masculine	*Feminine*
un ragazzo	**una** ragazza
un amico	**un'**amica
uno studente	**una** studentessa
uno zaino	**una** zebra
uno psicologo	**una** psicologa

Uno is used before masculine nouns that begin with **s** + *consonant*, **z**, or **ps**.

A The indefinite article is omitted before nouns denoting profession and adjectives denoting nationality.

È medico.
He is a doctor.

Sua madre è francese.
His mother is French.

The indefinite article is used, however, when such nouns are modified.

È un americano molto socievole.
He is a very sociable American.

È una presentatrice televisiva molto conosciuta.
She is a very well-known television announcer.

B When professions are specified using the verb **fare,** the definite article is used.

Paolo fa l'avvocato.
Paolo is a lawyer.

Sua moglie fa il medico.
His wife is a doctor.

C The indefinite article is omitted before **cento** (*a hundred*), and **mille** (*a thousand*).

> Hanno invitato più di cento ragazzi.
> *They invited more than a hundred kids.*
>
> Stasera in piazza c'erano più di mille persone.
> *This evening there were over a thousand people in the square.*

Esercizi

A. Laura e Fabio vanno a cena insieme. Completate con la forma corretta dell'articolo indeterminativo quando è necessario.

1. Fabio è ______ studente e Laura è ______ insegnante molto paziente in ______ asilo (*nursery school*) privato.
2. Si incontrano in ______ ristorante. Si siedono ad ______ tavolo vicino alla finestra. Prima del pranzo, prendono ______ aperitivo.
3. Laura racconta che sta cercando ______ casa più vicino al lavoro. Fabio le dice che ha ______ zio che fa l'agente immobiliare (*real estate agent*) e le dà il suo numero di telefono. Laura lo scrive su ______ tovagliolo di carta.
4. Alla fine della cena prendono ______ caffè e ______ fetta di torta.

B. Fabio parla di alcuni suoi amici. Completate con la forma corretta dell'articolo indeterminativo quando è necessario.

1. Mario è ______ italiano. Lui è ______ professore in ______ liceo americano. Mario è sposato e ha ______ moglie molto simpatica.
2. Luisa è ______ giovane avvocatessa. Lei ha ______ studio legale in centro.
3. Giovanna ha ______ figlio di sei anni e ______ figlia di otto anni. I bambini frequentano ______ scuola privata.
4. Giuseppe ha ______ azienda commerciale. ______ cento persone lavorano nella sua azienda.

I giorni della settimana

I giorni della settimana (*the days of the week*) are **lunedì, martedì, mercoledì, giovedì, venerdì, sabato,** and **domenica.**

A In Italian the days of the week are not capitalized. They are all masculine except **domenica.**

B To specify the day of the week on which a particular event occurs, no preposition is used.

Lunedì vado dal medico.
On Monday I am going to the doctor.

Partiamo martedì.
We leave on Tuesday.

To describe a habitual action, the definite article is used with the singular form of the day of the week.

Il sabato resto sempre a casa.
On Saturdays I always stay home.

La domenica andiamo spesso al cinema.
On Sundays we often go to the movies.

Esercizi

Fiorenza e Daniela fanno programmi per la settimana. Completate le frasi con l'articolo determinativo quando è necessario.

1. FIORENZA: Questa settimana ______ lunedì e ______ martedì devo studiare, perché ______ mercoledì ho un esame di anatomia. Da ______ giovedì sono libera. Andiamo al cinema ______ giovedì?
2. DANIELA: Mi dispiace, ma ______ martedì e ______ giovedì vado sempre a lezione d'inglese.
3. FIORENZA: Allora incontriamoci ______ venerdì in centro per una pizza.
4. DANIELA: Purtroppo generalmente ______ venerdì devo restare in ufficio fino a tardi.
5. FIORENZA: Cosa fai di solito ______ domenica?
6. DANIELA: Di solito resto in città, ma questa ______ domenica abbiamo deciso di fare una gita in montagna.
7. FIORENZA: Quindi in genere sei libera solo ______ sabato?
8. DANIELA: Sì. Quindi, per questa settimana, possiamo vederci ______ sabato sera.

Come scrivere una lettera

Una lettera serve per comunicare a distanza con qualcuno. Fra le altre cose, in una lettera parli di ciò che può interessare la persona a cui la indirizzi, dai tue notizie, ringrazi di qualcosa o chiedi informazioni. Quando scrivi una lettera è importante usare un linguaggio chiaro, semplice e preciso.

Puoi scrivere a persone che conosci bene e a familiari, o a persone che non conosci molto. Prima di cominciare una lettera, è bene definire il tipo di rapporto che hai con la persona a cui la indirizzi. Quando scrivi ad un amico o ad un familiare usi il tu, mentre se scrivi ad una persona con cui hai rapporti formali usi il Lei e forme diverse di intestazione e di saluti.

In una lettera puoi usare le seguenti espressioni che sono tra le più comuni.

Intestazione familiare	*Formale*
Caro, -a + nome	**Distinto, -a** + titolo + cognome
Carissimo, -a + nome	**Egregio, -a** + titolo + cognome
Mio, -a caro, -a + nome	**Gentile** + titolo + cognome
	Gentilissimo, -a + titolo + cognome

Saluti familiari	*Formali*
Ti, vi saluto affettuosamente	**Distinti saluti**
Con affetto	**Cari saluti**
Ti, vi abbraccio	**Cordiali saluti**
A presto	
Un abbraccio	

In una lettera puoi attenerti al seguente formato.

Lettera familiare

Luogo e data — Bari, 23 aprile 1994

Intestazione — Caro Giorgio,

Testo (Usa il tu) — ho appena ricevuto la tua carissima lettera e mi affretto a risponderti. Mi fa molto piacere sapere che tu e la tua famiglia state bene. Come va la scuola? E i tuoi nuovi amici? Che fate?
Scrivimi presto e fammi sapere tue notizie.
Quando ci vediamo?

Saluti — Un abbraccio,

Firma — Lisetta

Lettera formale

Luogo e data — Napoli, 30 ottobre 1994

Intestazione — Gentilissima Dottoressa Mammoli,

Testo (Usa il Lei) — Le scrivo per ringraziarLa delle informazioni e dei documenti che mi ha mandato. Mi sono molto utili per l'esame che devo dare a dicembre. Mi auguro di poter ricambiare il Suo favore.

Saluti — Sperando di rivederLa presto, Le invio cari saluti,

Firma — Lisetta Tornabuoni

Temi

1. Sei lontano, -a da casa. Scrivi una lettera a tuo padre o a tua madre.
   a. Racconta cosa fai ogni giorno.
   b. Descrivi i tuoi sentimenti.
   c. Chiedi notizie sulla famiglia e gli amici.
2. Scrivi una lettera di risposta all'annuncio qui riportato.
   a. Parla di te e delle tue abitudini.
   b. Indica che cosa potete fare insieme tu e la persona dell'annuncio.
   c. Spiega che cosa non potete fare insieme e perché.

> SONO UN RAGAZZO di 20 anni estroverso e sempre allegro. Vorrei corrispondere con ragazzi di tutta Italia che amino la musica, lo sport e i viaggi. Rocco Porretta, via Giuriolo, 7, 40062 Molinella (BO).

Parole ed espressioni chiave

Per parlare delle abitudini giornaliere

l'abitudine (*f.*) *habit*
l'asciugacapelli / il fon *hairdryer*
l'asciugamano *towel*
la camicia da notte *nightgown*
la commissione *errand*
il dentifricio *toothpaste*
il deodorante *deodorant*
il dopobarba *aftershave*
il doposhampoo / il balsamo *conditioner*
il dormiglione, la dormigliona *late riser*
il fondotinta *foundation, makeup*
il gesto *action, gesture*
il mascara / il rimmel *mascara*
la mattina *(in) the morning*
il mattiniero, la mattiniera *early riser*
la mensa *cafeteria, dining hall*
la notte *(at) night*
l'ombretto *eyeshadow*
l'ora di pranzo *mealtime, lunchtime*
l'orario *schedule*
le ore libere *free time*
il pettine *comb*
il pigiama *pajamas*
il profumo *perfume*
il rasoio elettrico *electric razor*
il rossetto *lipstick*
la routine giornaliera *daily routine*
il sapone *soap*
la schiuma da barba *shaving cream*
lo shampoo *shampoo*
la spazzola *hairbrush*
lo spazzolino da denti *toothbrush*
lo specchio *mirror*
la sveglia *alarm clock*
la tuta *sweatsuit*

abitudinario, -a *predictable, set in one's ways*
estemporaneo, -a *spontaneous*
fisso, -a *fixed, firm*
giornaliero, -a *daily*
impulsivo, -a *impulsive*
stabilito, -a *settled, decided, fixed*
uguale *same, the same, equal*

abituarsi *to get used to*
addormentarsi *to fall asleep*
allenarsi *to train, to practice, to get in shape*
alzarsi *to get up*
andare a spasso *to go for a walk, to go out*
andare in palestra *to go to the gym*
annoiarsi *to get bored*
asciugarsi i capelli *to dry one's hair*
aspettarsi qualcosa da *to expect something from*
cambiarsi *to change clothes*
coricarsi *to go to bed*
distrarsi *to amuse oneself*
divertirsi *to have fun, to have a good time*
essere abituato, -a a *to be used to*
fare aerobica *to do aerobics*
fare dello sport *to play a sport*
fare ginnastica *to work out*
fare i compiti *to do homework*
fare il footing *to jog*
fare la spesa / le spese / le compere *to go grocery shopping, to shop*
fare una commissione *to run an errand*
fare una passeggiata / passeggiare *to take a walk*
fare un sonnellino / pisolino *to take a nap*
farsi il bagno / la doccia *to bathe / to shower*
farsi la barba / radersi *to shave*
guardare la televisione *to watch TV*
guardarsi allo specchio *to look at oneself in the mirror*
incontrarsi *to meet*
indossare *to put on (clothes), to wear*
infilarsi le scarpe / i vestiti *to slip on one's shoes / clothes*
lavarsi i denti *to brush one's teeth*
lavarsi le mani / il corpo *to wash one's hands / body*
mantenersi in forma *to stay in shape*
mettere la sveglia *to set the alarm*
mettersi a fare una cosa *to start to do something*
mettersi i vestiti *to put on one's clothes*
mettersi il profumo / profumarsi *to put on perfume*
passeggiare per la strada *to walk along the street*
pettinarsi/spazzolarsi i capelli *to comb / to brush one's hair*
pranzare *to have lunch*
prendere appunti *to take notes*
prendere l'autobus / il treno / la metropolitana *to take the bus / the train / the subway*
prendere un aperitivo *to have a drink*
rientrare / rincasare *to go home*
rilassarsi *to relax*
riposarsi *to rest*
ritrovarsi con *to get together with*
sbadigliare to yawn
scambiare due chiacchiere con *to chat with*
scrivere a macchina *to type*
sdraiarsi *to lie down*
sfilarsi le scarpe / i vestiti *to slip off one's shoes / clothes*
sollevare pesi *to lift weights*
spogliarsi *to get undressed*
spruzzarsi il profumo *to splash on perfume*
stancarsi *to get tired*
svegliarsi presto / tardi *to wake up early / late*
togliersi le scarpe / i vestiti *to take off one's shoes / clothes*
truccarsi *to put on makeup*
vestirsi *to get dressed*

con cura *carefully*
in piedi *on foot; standing up*

Per parlare dei rapporti con gli altri

l'amico intimo, l'amica intima *close friend*
l'appuntamento *date*
il / la collega *colleague*
il colpo di fulmine *love at first sight*
il compagno, la compagna di stanza *roommate*
il / la conoscente *acquaintance*
la coppia *couple*
il rapporto *relationship*
la solitudine *loneliness*

affettuoso, -a *affectionate*
amichevole *friendly*
cordiale *cordial*
distante *distant*
formale *formal*
professionale *professonal*
superficiale *superficial*
vicino, -a *close, near*

andare d'accordo con una persona *to get along with someone*
bisticciare, bisticciarsi *to quarrel*
condizionare *to modify, to influence*
conoscere una persona *to meet a person, to know a person*
conoscersi *to know each other*
divorziare *to divorce, to get divorced*
fidanzarsi *to get engaged*
frequentare una persona *to go out / hang out with someone*
innamorarsi *to fall in love*
litigare *to argue*
odiare una persona *to hate someone*
reagire *to react*
sentirsi a proprio agio *to feel comfortable*
sentirsi soli *to feel alone*
separarsi *to separate*
sposarsi *to get married*
stare / trovarsi bene con una persona *to be at ease with someone*
volere bene ad una persona *to love someone*
volersi bene *to love each other*

improvvisamente *suddenly*

Capitolo 3 I giovani e il tempo libero

Alcuni giovani seduti intorno alla fontana di Piazza Navona.

Temi

- Gli interessi, i valori e i gusti dei giovani di oggi
- Il gap generazionale
- Il tempo libero
- Lo sport e i passatempi

Strutture

- Il passato prossimo
- Il negativo
- I pronomi diretti
- I pronomi indiretti
- L'ora

I giovani

INTRODUZIONE

Quant' è bella giovinezza,
che si fugge tuttavia[1]!
Chi vuol esser lieto[2], sia:
di doman non c'è certezza[3].

— Lorenzo dei Medici,
«Trionfo di Bacco e Arianna».

1. nevertheless 2. happy 3. certainty

Alcuni ragazzi s'incontrano in piazza dopo la scuola.

Per parlare della gioventù di oggi

I giovani hanno valori, interessi e gusti spesso diversi da quelli delle generazioni precedenti. Quasi sempre si ribellano e spesso non vogliono seguire in nulla il modo di essere e lo stile di vita dei genitori.

Parole in contesto

1. Spesso i giovani fanno parte di una comitiva, cioè un gruppo di coetanei, amici della stessa età. Fra di loro condividono emozioni, interessi, valori e gusti: insomma tutta una cultura propria della loro generazione.
2. Per gap generazionale si intendono tutte le differenze che separano una generazione dall'altra.
3. Alcuni giovani si interessano di problemi attuali e sociali e di politica, cioè sono intellettualmente impegnati. Si preoccupano ad esempio di problemi ecologici, dell'inquinamento dell'ambiente e delle nazioni in via di sviluppo.
4. Altri invece sono disimpegnati. Sono indifferenti ed egoisti, cioè non si interessano degli altri e spesso sono materialisti.
5. Alcuni giovani non hanno grandi ambizioni di carriera. Non hanno nessuna intenzione di fare sacrifici per il lavoro.

6. Per alcuni il guadagno e i soldi sono meno importanti delle soddisfazioni personali. Cercano soprattutto un lavoro stimolante e interessante.
7. Altri giovani invece sono molto ambiziosi e rampanti, cioè vogliono più che altro fare carriera.
8. I giovani si distinguono dal loro look e dai gusti in comune come la musica, le macchine, i film, i passatempi e gli svaghi.
9. Tanti giovani ci tengono alla marca e scelgono certi oggetti soprattutto per la popolarità del nome.
10. In quanto al comportamento, un giovane può essere maturo o immaturo, precoce, indipendente, conformista, ribelle, obbediente o disobbediente.

Descriviamo

1. Descrivete i giovani delle foto.
2. Immaginate il loro carattere.
3. Immaginate cosa hanno fatto i giovani della prima e della seconda foto prima di uscire di casa.

Immaginiamo e inventiamo

1. Immagina di intervistare una donna di mezza età che ha fatto carriera e che ti racconta come è arrivata al successo. Che domande le fai? Che cosa ti risponde?
2. Immagina un'altra intervista con un uomo che ha rinunciato a fare carriera per la famiglia. Gli chiedi che cosa ha fatto, che cosa ha scelto di non fare e che cosa non ha mai potuto fare. Immagina le sue risposte.
3. Divisi in gruppi, immaginate gli interessi e le idee dei giovani italiani nei riguardi di:
   a. svaghi e passatempi
   b. amicizie
   c. rapporti familiari
4. Immaginate una serie di motti (*mottoes*) che esprimano le aspirazioni e le ideologie della vostra generazione.

Prepariamoci a leggere

1. Descrivete i gusti della vostra generazione nei riguardi di:

a. musica	d. sport	g. aspirazioni
b. dieta	e. letture	h. motociclette e macchine
c. vestiti	f. ideologia politica	i. svaghi e passatempi

2. Nelle tabelle che seguono sono riportati i risultati di un sondaggio condotto fra alcuni giovani italiani. Che cosa rivelano le risposte sui loro rapporti con i genitori e la famiglia e sulle loro idee sulla vita?

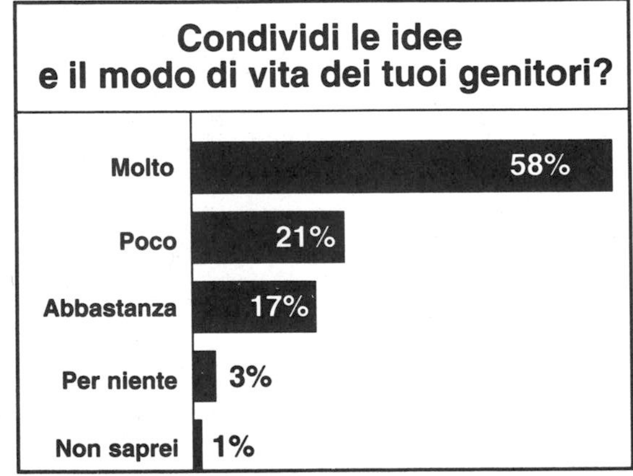

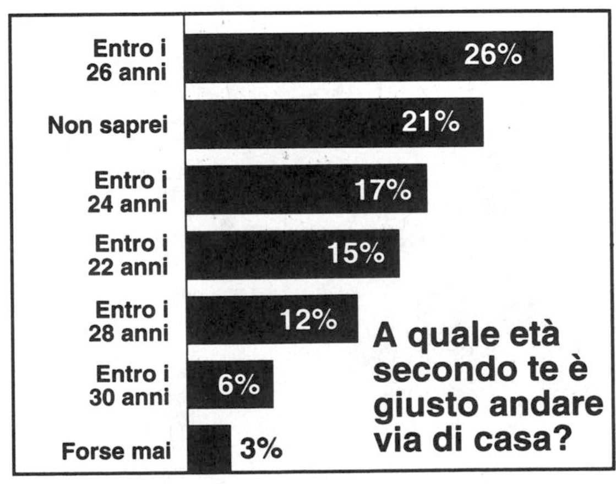

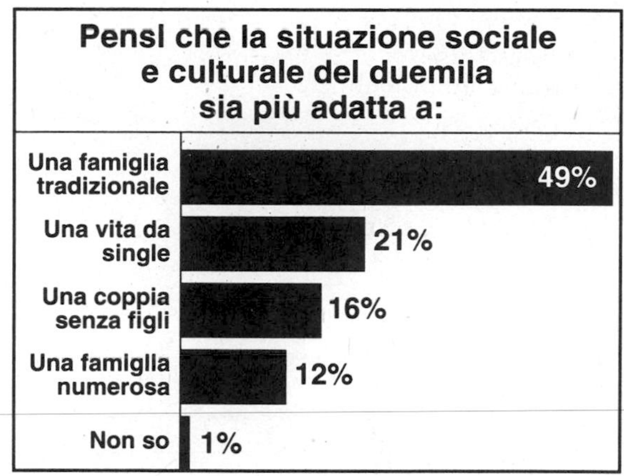

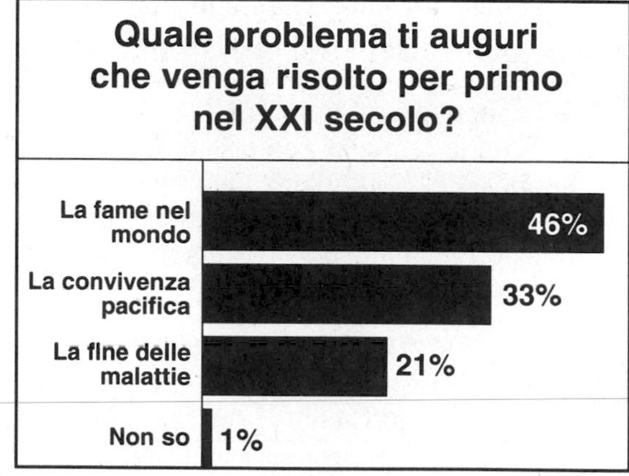

3. Rispondete voi alle stesse domande ed immaginate le possibili risposte dei vostri genitori.
4. Divisi in gruppi, paragonate i risultati dei sondaggi fra di voi e fra i giovani italiani e discutete che cosa indicano sui valori diversi delle due culture.
5. Quali oggetti e marche sono attualmente di moda tra i giovani?

I seguenti brani rivelano alcuni atteggiamenti e abitudini di giovani italiani.

A Vestono casual uno, punk l'altra, decisamente preppy gli ultimi due. Avrebbero insomma tutte le carte in regola° per essere considerati dei «giovani». Eppure° la pensano da° vecchi: al futuro chiedono poco, di grandi progetti non ne hanno, le emozioni forti li spaventano°. [...]

—Viaggiare? No... E poi mi piace stare nel mio paese, col mio gruppetto di amici, che li conosco tutti—. [...] Lavoro? —Non se devo fare dei sacrifici. I soldi non mi interessano, basta che ci siano° quelli per star bene. Far carriera? Solo se non mi fa star male.

tutte... all the necessary qualifications / And yet / like

frighten

basta... as long as there is enough

— *Panorama.*

B Sono forse i più numerosi. Quelli che si danno appuntamento in piazza, di fronte al bar preferito, e che affollano l'entrata delle discoteche. Vanno al sodo° (la diciottenne Allegra Boromo, liceale romana, alla vita chiede francamente: —Successo, soldi, potere—).

al... to the point

Poche illusioni e molto principio del piacere:—Oggi sono giovane, è giusto che mi diverta, che non mi ponga troppi problemi a parte° studiare—dice Francesco Martufi, 19 anni, iscritto a Roma alla facoltà di Economia e commercio.

a... except

Con la famiglia non esistono conflitti, si sentono capiti. In tasca hanno soldi a sufficienza per soddisfare abbondatemente desideri e capricci. [...] Alla marca tengono come segno di appartenenza, come sicurezza della propria immagine.

— *Panorama.*

C Se avesse un motto sarebbe:—Non bisogna temere di essere migliore—. A 15 anni ha già le idee precise sul futuro. A 20 si è piazzato° in ottima posizione per realizzare i suoi sogni concretissimi. Ed è pronto, per questi sogni, a sacrificarsi, studiando più materie° e più a lungo degli altri, cominciando a lavorare mentre i coetanei prolungano l'adolescenza.

placed

subjects

— *Panorama.*

Parliamo e discutiamo

1. Indicate in quali brani sono trattati i seguenti temi.
   a. importanza di guadagnare molto
   b. atteggiamento indifferente delle nuove generazioni
   c. bisogno dell'appoggio del gruppo
   d. ambizioni di carriera
   e. volontà di sacrificarsi
   f. desiderio di successo
   g. attaccamento alla famiglia
2. Trovate nei vari brani elementi per giustificare le seguenti affermazioni sui giovani.
   a. La pensano da vecchi.
   b. I soldi, bastano quelli sufficienti per star bene.
   c. Ha la vita programmata per arrivare al successo.
   d. L'ultima cosa che gli viene in mente è spostarsi.
3. Che cosa non farebbero mai i giovani dei vari brani letti?
4. Paragonate i giovani della vostra generazione a quelli descritti nei brani. Discutete i seguenti punti.
   a. look
   b. interessi sociali
   c. atteggiamento verso traslochi e spostamenti
   d. atteggiamento verso i soldi
   e. importanza della marca
   f. atteggiamento verso il lavoro, la carriera e i soldi

Il tempo libero

INTRODUZIONE

Questo di sette è il più gradito giorno,
Pien di speme[1] e di gioia:
Diman[2] tristezza e noia
Recheran[3] l'ore, ed al travaglio usato[4]
Ciascuno in suo pensier farà ritorno[5].

— Giacomo Leopardi, «Il sabato del villaggio».

1. hope 2. **Domani** 3. Will bring
4. **travaglio...** usual work 5. **farà...** will return

Una partita di calcio. La domenica migliaia di italiani vanno allo stadio per vedere la loro squadra giocare.

Per parlare del tempo libero

Per quanto riguarda il tempo libero, in genere le persone possono essere sedentarie o attive e dinamiche. I sedentari amano rilassarsi e gli attivi sono appassionati di sport e attività varie.

Parole in contesto

1. Alcuni sono appassionati di un determinato sport e fanno amicizia tra coloro che amano la stessa attività. Tanti giovani italiani giocano a calcio per divertimento. Molti giocano a tennis e l'inverno vanno a sciare, mentre l'estate fanno la vela.
2. Alcuni sport si giocano a squadre, come la pallacanestro e la pallavolo. Altri sport si praticano individualmente, come il pattinaggio e l'equitazione.
3. Chi non è sportivo, ma sedentario, sceglie passatempi come la lettura e il gioco delle carte. Può essere un assiduo lettore di libri o di stampa periodica, cioè di giornali e riviste. Quasi a tutti piace ascoltare musica, classica o leggera e rock.
4. Ai giovani piace soprattutto stare insieme in comitiva. Spesso si ritrovano in discoteca, luogo d'incontro molto popolare.

5. Per alcuni gli impegni serali sono di natura culturale, come una mostra d'arte, il teatro o una conferenza. A teatro si va per uno spettacolo o per l'opera, un balletto o un concerto.
6. Qualche volta stiamo in famiglia e facciamo giochi da tavolo, come le carte e il Monopoli.
7. Molti italiani lavorano il sabato e sono liberi soltanto la domenica. Spesso la domenica vanno a fare una gita in macchina. Hanno voglia di evadere dalla città, dopo una settimana faticosa di lavoro. Chi resta in città spesso la domenica pomeriggio va allo stadio per la partita di calcio.
8. Nelle città italiane quasi sempre i negozi sono chiusi la domenica e spesso la gente sta a casa. Molti la domenica provano noia e malinconia.

Descriviamo

Le foto precedenti sono state scattate domenica scorsa.

1. Come hanno passato la giornata le persone della prima foto?
2. Come hanno trascorso (*spent*) la serata i due giovani della seconda foto? Come si sono preparati prima di uscire di casa?

Immaginiamo e inventiamo

1. Divisi in gruppi, immaginate come le seguenti persone hanno passato lo scorso week-end.
   a. un giovane di vent'anni molto attivo e sportivo
   b. un dirigente dalla vita frenetica che vuole rilassarsi
   c. una single in una grande città italiana
   d. una famiglia tradizionale in un piccolo paese americano
2. Immaginate come trascorrono il sabato e la domenica gli abitanti di una città italiana. Cosa fanno spesso il mattino, il pomeriggio e la sera? Che cosa non fanno quasi mai?
3. A gruppi di due ricostruite una conversazione telefonica tra due amici che vogliono organizzare il fine settimana. Stabilite che cosa vogliono e non vogliono fare e indicate a che ora.

Prepariamoci a leggere

1. Elencate alcune attività che si adattano ad una persona sedentaria e altre proprie di una persona attiva.
2. Che cosa invece non farebbero mai i sedentari e che cosa non farebbero mai gli attivi?
3. Descrivete una serata che avete passato con un gruppo di amici.
4. Raccontate cosa avete fatto l'ultimo giorno in cui non avevate impegni né di scuola né di lavoro e vi siete dedicati ad uno sport.
5. Fate delle domande a un compagno / una compagna per cercare di indovinare come ha trascorso il week-end.
6. Descrivi il sabato e la domenica nel tuo Paese. Come sono le città? Cosa fa la gente? Che cosa non fa mai?

I brani seguenti descrivono come persone diverse tra loro passano il tempo libero.

A L'altro giorno, al mare per il week-end, mi sono spaventato°. Mi sono accorto che non stavo facendo niente. Avevo letto alcune pagine di un libro, avevo fatto una nuotata°, e mi trovavo sdraiato sul letto senza neppure la voglia di accendere il televisore. [...] Poi mi sono detto che avevo avuto una settimana snervante°, e forse mi faceva bene poltrire°.

Mi... I got scared
una... a swim
exhausting / be idle

— Umberto Eco, *L'Espresso.*

B Verso le due si va a mangiare, a gruppi, alla trattoria sotto. Sono pranzi allegri, rumorosi di battute°, scherzi, risate. [...]

Il gruppo dei napoletani mi sostiene e mi organizza quasi tutto il tempo libero. La sera mi portano di qua e di là per cene, impegni culturali o mondani, nelle case più straordinarie che abbia mai visto. [...] La compagnia è talmente totale che faccio fatica° a chiudermi in casa e ritagliare° un po' di spazio alla mia intimità o stanchezza.

rumorosi... witty remarks

faccio... I have trouble

find

— Ida Faré, «Un dolce napoletano di sapore pesante», *Racconta.*

C Il ballo, che passione! Dopo una notte di gente e di musica, un sabato ruggente° di discoteche a Riccione, una veglia° lunga fino all'alba° e oltre°—un oltre lunghissimo—ecco che Lisa, finalmente, è tornata a casa. [...] Dice Lisa:—La discoteca è il luogo d'incontro fondamentale per i giovani di oggi. La danza è l'unico modo per esprimere quello che si è e quello che si prova.

roaring / all-night party / dawn / beyond

— *Panorama.*

Il brano seguente illustra alcuni dati su come i giovani passano il tempo libero.

D I 18–24enni sono oggi in Italia i più accaniti° frequentatori di cinema, i più assidui ascoltatori di radio private, i più regolari lettori—le donne soprattutto—di stampa periodica. [...]

La lettura regolare di un quotidiano d'informazione resta un'abitudine poco diffusa. Ma i 18–24enni sono oggi i più assidui frequentatori di librerie, di biblioteche e di mostre d'arte.

dogged

— *Panorama.*

Parliamo e discutiamo

1. Indicate a quali brani si adattano le seguenti affermazioni.
   a. In comitiva tutto è più divertente.
   b. A volte abbiamo anche bisogno di stare soli.
   c. Chi non è abituato a riposarsi mai si sente in colpa quando lo fa.
   d. È appassionata di musica e di ballo.
   e. I giovani italiani hanno molti interessi culturali.
2. Immaginate come hanno passato la serata le persone dei brani B e C.
3. Immaginate come hanno passato il sabato pomeriggio i giovani del brano D.

4. Discutete le seguenti affermazioni. Che cosa rivelano della vita di queste persone?
   a. «Mi sono spaventato quando mi sono accorto che non stavo facendo niente.»
   b. «Il gruppo... mi sostiene e mi organizza tutto il tempo libero.»
   c. «La discoteca è il luogo d'incontro fra i giovani di oggi.»
5. Divisi in gruppi, paragonate i passatempi vostri e dei vostri amici a quelli dei brani letti.
6. Indica con quale persona dei brani letti ti identifichi di più e perché.

Prepariamoci a leggere

Una piazza in un piccolo paese italiano il pomeriggio della domenica.

1. Come sarà la domenica nel paesino della foto? Che cosa farà la gente?
2. Immaginate la vita di una persona che vive in questo paese.
3. Pensate al titolo del racconto, «Gita domenicale», e immaginate i vari posti dove si può fare una gita in una giornata d'estate e in una giornata d'inverno.

Carlo Cassola (1917–1987) nei suoi scritti ricerca sempre il significato poetico e più profondo degli elementi della vita quotidiana, anche nei dettagli più minuti. Nel racconto che segue parla dei sentimenti e delle reazioni di una persona che va a fare una gita in un paesino.

Gita domenicale

Il pomeriggio della domenica, specie° dopo la partita e il primo spettacolo cinematografico, le strade si riempiono° di una folla annoiata e triste: annoiata delle lunghe ore vuote, triste per una vaga consapevolezza° di aver sprecato° l'unico giorno di libertà. Chi possiede l'automobile, è difficile che si sottragga° alla tentazione di allontanarsi per qualche ora. [...]

Oggi ero deciso a passare la giornata chiuso in casa, ma alle tre una scampanellata°: sono dei lontani parenti che m'invitano a una gita in macchina. Accetto senza entusiasmo.—Dove vogliamo andare?—mi dicono. E enumerano le località che possono essere raggiunte° in un'ora di macchina. [...] Nominano un paesino dove non sono mai stato: scelgo quello, pur sapendo che non sarà diverso dagli altri. [...]

Entriamo in paese [...] e giungiamo° sulla piazzetta. A piedi ridiscendiamo in fondo al paese perché vogliono farmi vedere la chiesina romanica. Eccola infatti. [...] Mi interessa più guardare le donne che siedono fuori delle porte o stanno affacciate° alle finestre. Per esse, qualunque età abbiano, siano giovani, mature o vecchie, la domenica si è svolta come gli altri giorni, salvo l'andare alla messa la mattina. Gli uomini non si vedono in giro: saranno tornati a lavorare il campicello° o si saranno chiusi nelle botteghe° di alimentari che fanno anche da osterie?

Il mio sguardo si ferma su una donna ancora giovane, con un fazzoletto° nero in testa, le ciabatte° ai piedi, che sta filando° la lana seduta sullo scalino della porta. Due bambini fra i due e i quattro anni giocano sul selciato°. Immagino che sia una donna sposata da qualche anno, il marito farà come gli altri il bracciante°, quelli sono i loro figli. Ella ha alzato appena gli occhi su di noi, e subito li ha riabbassati° sul lavoro, non per timidezza, ma perché evidentemente la nostra presenza non la interessa. La sua vita, lo si vede bene, è circoscritta entro le faccende° di casa, la cura dei bambini, il marito che deve essere soddisfatto nei suoi elementari bisogni di assistenza e di amore. Eppure non so staccare gli occhi da lei°, quasi ci fosse un segreto nella sua vita che dovrei penetrare. Nulla è più stupefacente di un'esistenza comune, di un cuore semplice...

especially
si... fill up
awareness / wasted
resist
ring of the doorbell
reached
we arrive
leaning out
small field
shops
scarf / slippers / spinning
pavement
day laborer
lowered again
chores
staccare... take my eyes off her

Mi decido a distogliere° gli occhi da lei solo perché mi sento osservato. Ma una vecchia che se ne sta in piedi con le mani sui fianchi°, e guarda in fondo alla strada, attrae con la stessa intensità la mia attenzione. Ella chiama:—Maurizio! Marcello!—Son certo i bambini che la figlia o la nuora ha affidato° alla custodia della nonna. Nessuna risposta: la vecchia rientra in casa. Io continuo a pensare alla sua vita. Posso facilmente immaginarne le vicende°. Ma il senso di quella vita?

detach / hips / entrusted / events

Torniamo indietro, risaliamo in macchina e usciamo dal paese. Solo dei ragazzini hanno fatto caso° a noi e ci hanno gridato° qualcosa dietro.

fatto... paid attention / yelled

— Carlo Cassola, «Gita domenicale», *La visita.*

Parliamo e discutiamo

1. Chi narra il racconto?
2. Rileggete il primo paragrafo. Quali delle sensazioni seguenti vi suggerisce riguardo all'ambiente in cui si svolge il racconto e sullo stato d'animo del narratore?

   a. gioia e. noia
   b. tristezza f. allegria
   c. sorpresa g. malinconia
   d. sconforto h. perplessità

3. Quale registro espressivo usa l'autore nel racconto?

   a. comico e. ironico
   b. nostalgico f. drammatico
   c. sarcastico g. tragico
   d. melanconico h. idillico

4. Immaginate che il lunedì seguente il narratore torni a lavoro e racconti ad un amico che cosa ha fatto la domenica. Ricostruite il suo racconto.
5. Il narratore immagina che la domenica per le donne del paese «si è svolta come gli altri giorni». Immaginate una tipica giornata della donna giovane.
6. Ricostruite il passato della donna anziana.
7. Individuate, attraverso elementi del racconto, il periodo storico in cui è stato scritto.

Strutture

Il passato prossimo

The **passato prossimo** is used to relate actions completed in the recent past. It has three English equivalents.

Abbiamo cenato in trattoria. { *We ate in the trattoria.* / *We have eaten in the trattoria.* / *We did eat in the trattoria.* }

The present perfect is a compound tense: it consists of two words, a present-tense form of the auxiliary verb **essere** or **avere** and a past participle (**participio passato**). The past participle of regular verbs is formed by adding the appropriate ending to the verb stem.

Infinitive	*Ending*	*Past Participle*
parl are	-ato	parlato
vend ere	-uto	venduto
dorm ire	-ito	dormito
fin ire	-ito	finito

Attenzione: The past participle of all regular third-conjugation verbs is formed by adding **-ito** directly to the verb stem, without inserting **-isc.**

A Many verbs have irregular past participles. Among the most common of these verbs are:

Infinitive	*Past Participle*
accendere *to turn on*	acceso
accorgersi *to notice*	accorto
aggiungere *to add*	aggiunto
apparire *to appear*	apparso*
aprire *to open*	aperto
assumere *to hire, to take on*	assunto
bere *to drink*	bevuto
chiedere *to ask*	chiesto
chiudere *to close*	chiuso
concludere *to conclude*	concluso

conoscere *to know*	conosciuto
correre *to run*	corso
crescere *to grow*	cresciuto*
decidere *to decide*	deciso
dire *to say*	detto
discutere *to discuss*	discusso
esprimere *to express*	espresso
essere *to be*	stato*
fare *to do, to make*	fatto
leggere *to read*	letto
mettere *to put*	messo
morire *to die*	morto*
muovere *to move*	mosso
nascere *to be born*	nato*
nascondere *to hide*	nascosto
offendere *to offend*	offeso
offrire *to offer*	offerto
perdere *to lose*	perso (perduto)
piacere *to be pleasing*	piaciuto*
piangere *to cry*	pianto
porre *to put, to place*	posto
prendere *to take*	preso
produrre *to produce*	prodotto
ridere *to laugh*	riso
rimanere *to remain*	rimasto*
rispondere *to answer*	risposto
rompere *to break*	rotto
scegliere *to choose*	scelto
scendere *to descend, to get off*	sceso
scoprire *to discover*	scoperto
scrivere *to write*	scritto

soffrire *to suffer*	sofferto
sorridere *to smile*	sorriso
spendere *to spend*	speso
spegnere *to turn off*	spento
stendere *to stretch out*	steso
succedere *to happen*	successo*
svolgere *to carry out*	svolto
togliere *to take off*	tolto
vedere *to see*	visto (veduto)
venire *to come*	venuto*
vincere *to win*	vinto
vivere *to live*	vissuto

B Transitive verbs—verbs that can take a direct object—are usually conjugated with **avere.** The past participle of verbs conjugated with **avere** does not agree with the subject.

	parlare	vendere	finire
io	ho parlato	ho venduto	ho finito
tu	hai parlato	hai venduto	hai finito
Lei / lei / lui	ha parlato	ha venduto	ha finito
noi	abbiamo parlato	abbiamo venduto	abbiamo finito
voi	avete parlato	avete venduto	avete finito
Loro / loro	hanno parlato	hanno venduto	hanno finito

C **Avere** is also used with a few intransitive verbs (verbs that cannot take a direct object), like **ridere** (*to laugh*), **sorridere** (*to smile*), and **dormire** (*to sleep*), and the verbs of movement **camminare** (*to walk*), **passeggiare** (*to stroll*), **sciare** (*to ski*), **viaggiare** (*to travel*), and **nuotare** (*to swim*).

Hanno dormito tutto il week-end.
They slept the whole weekend.

Quest'anno avete viaggiato molto.
This year you traveled a great deal.

---

*These verbs are always conjugated with **essere** in compound tenses.

D Intransitive verbs are usually conjugated with **essere**, but there are many exceptions. See pages 502–503 of the Appendix for a list of verbs conjugated with **essere**. The past participle of verbs conjugated with **essere** always agrees with the subject.

	ritornare	partire
io	sono ritornato / -a	sono partito / -a
tu	sei ritornato / -a	sei partito / -a
Lei / lei / lui	è ritornato / -a	è partito / -a
noi	siamo ritornati / -e	siamo partiti / -e
voi	siete ritornati / -e	siete partiti / -e
Loro / loro	sono ritornati / -e	sono partiti / -e

Verbs that describe physical movement are usually conjugated with **essere**.

> Letizia è andata a ballare.
> *Letizia went out dancing.*
>
> Paolo e Pietro sono già rientrati.
> *Paolo e Pietro already went home.*

E Reflexive verbs are always conjugated with **essere**. The past participle agrees with the subject.

> I ragazzi si sono dimenticati di venire.
> *The boys forgot to come.*
>
> Ci siamo sentiti ieri.
> *We spoke to each other yesterday.*
>
> Anna si è addormentata alle nove.
> *Anna fell asleep at nine.*

F Some verbs can be conjugated with either **essere** or **avere**, depending on how they are used.

1. Certain verbs are conjugated with **avere** when used transitively and with **essere** when used intransitively. Common verbs that follow this rule are **cambiare** (*to change*), **cominciare** (*to start*), **finire** (*to finish*), **passare** (*to spend time, to pass by*), **salire** (*to ascend, to get on*), and **scendere** (*to descend, to go down*).

Verb	*Transitive*	*Intransitive*
cambiare	Ho cambiato comitiva. *I have changed my group of friends.*	I miei amici sono cambiati. *My friends have changed.*
cominciare	Ha cominciato a giocare a tennis. *He started playing tennis.*	La partita è cominciata. *The game has started.*
finire	Ha finito la partita di pallacanestro. *He finished the basketball game.*	La partita è già finita. *The game is already finished.*
passare	Ho passato la serata in famiglia. *I spent the evening with my family.*	Sono passata da Lisa. *I stopped by Lisa's house.*
salire	Hanno salito le scale. *They went up the stairs.*	Sono salita in macchina. *I got into the car.*
scendere	Hanno sceso le scale. *They descended the stairs.*	È scesa in strada. *She went down into the street.*

2. Some verbs are conjugated with **avere** when they describe the action itself and with **essere** when they indicate the direction of the movement. The most common of these verbs are **correre** (*to run*), **saltare** (*to jump, to skip*), and **volare** (*to fly*).

Verb	*avere*	*essere*
correre	Ho corso tanto oggi. *I ran so much today.*	Sono corsa a casa. *I ran home.*
saltare	Il bimbo ha saltato di gioia. *The child jumped for joy.*	È saltato giù dal letto. *He jumped down from the bed.*
volare	Abbiamo sempre volato con l'Alitalia. *We have always flown on Alitalia.*	Marisa è volata a casa. *Marisa flew home.*

3. Some verbs that describe weather conditions can be conjugated with **essere** or **avere** without changing the meaning.

È piovuto. *It rained.*	*or*	Ha piovuto.	È nevicato. *It snowed.*	*or*	Ha nevicato.

G **Dovere** (*to have to*), **potere** (*to be able*), and **volere** (*to want*) can be conjugated with either **essere** or **avere**, depending on how they are used. If these verbs are accompanied by an infinitive, the infinitive determines which auxiliary verb is used.

Avete ascoltato dei dischi? — No, non abbiamo voluto ascoltare dischi.
Did you listen to some records? No, we didn't want to listen to any records.

Siete andati allo zoo?—No, non siamo potuti andare.
Did you go to the zoo? No, we couldn't go.

Note that when **dovere, potere,** and **volere** are conjugated with **essere,** the past participle agrees with the subject. In conversational Italian, however, it is becoming increasingly common to use **avere** even with intransitive verbs.

Sono voluti uscire. Hanno voluto uscire.
They wanted to go out.

1. With reflexive verbs, **dovere, potere,** and **volere** are conjugated with **essere** if the reflexive pronoun is placed in front of the conjugated verb, and with **avere** if it is attached to the infinitive.

   Si è dovuta sacrificare per la carriera.
   Ha dovuto sacrificarsi per la carriera.
   She had to make sacrifices for her career.

2. When they are used without an infinitive, **dovere, potere,** and **volere** are always conjugated with **avere.**

   Sei uscita?—No, non ho potuto.
   Did you go out? No, I couldn't.

   Ti sei messa a studiare?—No, non ho voluto.
   Did you start studying? No, I didn't want to.

Esercizi

A. Piero telefona al suo amico Giorgio e gli racconta che cosa ha fatto venerdì pomeriggio dopo la scuola. Completate le frasi con la forma corretta del passato prossimo dei verbi in parentesi.

1. Alle tre (io) ______ (aspettare) Giulio e Martina davanti alla scuola. Martina ______ (suggerire) di andare al bar a bere qualcosa. Quando (noi) ______ (arrivare), ______ (ordinare) un tè e ______ (mangiare) delle paste alla crema.

2. Dopo un paio d'ore (io) ______ (ritornare) a casa. (Io) ______ (entrare) nel soggiorno e ______ (salutare) i miei genitori.

3. Mia madre mi ______ (domandare): «Dove (tu) ______ (andare) dopo la scuola? (Tu) ______ (incontrare) gli amici?» (Io) ______ (rispondere) di sì.

4. Quando (noi) ______ (finire) di cenare, ______ (arrivare) mia zia. Quindi (noi) ______ (giocare) a carte tutta la sera.

B. Il week-end scorso la signora Bandelli è andata in montagna con la sua famiglia. Ora racconta alla madre che cosa hanno fatto. Completate con il passato prossimo dei verbi in parentesi.

1. Le racconta come si sono preparati per la gita.
   a. Io ______ (svegliarsi) molto presto e poi ______ (svegliare) tutti gli altri.
   b. Renata ______ (lavarsi) e ______ (vestirsi) in fretta. Paolo e Giuseppe ______ (farsi) la doccia e ______ (mettersi) un maglione di lana pesante e i pantaloni.
   c. Anche mio marito ______ (prepararsi) in fretta. (Lui) ______ (farsi) la barba e ______ (pettinarsi).
   d. Dopo noi tutti ______ (fare) colazione. Mio marito ______ (volere) bere solo un caffè e ______ (rifiutare) di mangiare pane e marmellata.
   e. Poi noi ______ (mettere) tutto in macchina.

2. Le parla del viaggio.
   a. Noi ______ (partire) di casa molto presto. ______ (Guidare) mio marito.
   b. Verso le nove (noi) ______ (fermarsi) alla stazione di servizio per fare benzina. Io e mio marito ______ (prendere) un caffè e i ragazzi ______ (bere) una cioccolata calda.
   c. Alle dieci (noi) ______ (arrivare) sulle piste da sci. (Noi) ______ (sciare) tutto il giorno. (Io) ______ (stancarsi) molto. Mio marito ______ (cadere) parecchie volte.
   d. A mezzogiorno (noi) ______ (andare) al ristorante. Mio marito e i ragazzi ______ (ordinare) un gran pranzo.
   e. Alle sei di sera (noi) ______ (tornare) a casa. Noi ______ (divertirsi) molto. Io ______ (addormentarsi) alle nove. I ragazzi ______ (addormentarsi) alle otto e mezza e (loro) ______ (dormire) dodici ore di fila.

C. Ieri Marcella è andata a teatro con alcuni conoscenti. Descrive agli amici la serata. Completate con il passato prossimo dei verbi in parentesi.

1. Gli descrive come si è preparata.
   a. Rodolfo mi ______ (telefonare) all'ultimo momento e mi ______ (invitare) a teatro.
   b. Io ______ (prepararsi) in fretta. (Io) ______ (togliersi) la vestaglia e ______ (mettersi) un bel vestito elegante. (Io) ______ (truccarsi) e ______ (pettinarsi), e poi ______ (infilarsi) un paio di scarpe con i tacchi alti. (Io) ______ (volere) vestirmi con cura.
   c. (Io) ______ (scendere) giù in strada. Rodolfo ______(passare) a prendermi alle otto. (Io) ______ (salire) in macchina e noi ______ (correre) a teatro.

2. Gli narra la serata.
   a. (Noi) ______ (arrivare) a teatro in pochi minuti. ______ (Salire) la rampa di scale velocemente e ______ (entrare) in sala.
   b. (Noi) ______ (trovare) i nostri posti e ______ (sedersi) in silenzio. Lo spettacolo ______ (cominciare) pochi minuti dopo.
   c. Una cantante ______ (cantare) un'aria bellissima. Quando lei ______ (finire) di cantare, tutti ______ (applaudire).
   d. Lo spettacolo ______ (finire) a mezzanotte. (Noi) ______ (uscire) dalla sala, ______ (scendere) le scale e ______ (volare) a casa.
   e. (Noi) ______ (passare) una bella serata, ma la mattina dopo io mi ______ (dovere) svegliare molto presto.

D. Riscrivete il brano seguente cambiando i verbi in corsivo dal presente al passato prossimo. Iniziate il nuovo paragrafo con «Ieri, domenica... ».

Oggi, domenica, le strade *si riempiono* di gente. Chi non *va* a passeggio, *prende* la macchina e *fa* una gita nei dintorni. *Scelgono* una località abbastanza vicino. Molti *preferiscono* paesini di campagna e *passano* la giornata in una trattoria. Altri *decidono* di andare al mare. Appena arrivati, *si spogliano* e *si tuffano* in acqua, poi *si stendono* sulla sabbia e *si asciugano* al sole. Tanti *trascorrono* la giornata cercando di riposarsi. *Si devono* preparare per un'altra settimana di scuola o di lavoro.

Il negativo

A In Italian a negative sentence is formed by placing the adverb **non** before the verb.

I giovani non hanno sempre fiducia negli adulti.
Young people don't always trust adults.

B Other expressions are also used with **non** to form negative sentences. **Non** always comes before the verb, and the other expression follows the verb. In Italian, unlike English, two negative expressions can be used together.

Non vedo mai nessuno dopo cena.
I never see anyone after dinner.

non... affatto *not at all*	Non mi annoio affatto. *I am not at all bored.*
non... ancora *not yet*	Non ha ancora trovato un impiego. *He hasn't yet found a job.*
non... che *only*	Non ha che un giorno libero. *She has only one day off.*
non... mai *never*	Non vado mai in discoteca. *I never go to the discotheque.*
non... mica *not at all, not in the least*	Non voglio mica scoraggiarti. *I don't want to discourage you in the least.*
non... né... né *neither . . . nor*	Non sono né conformista né rivoluzionario. *I'm neither a conformist nor a revolutionary.*
non... neanche non... nemmeno non... neppure *not even, not either*	Non gli interessano neanche i soldi. *Not even money interests him.* Non ha voluto sacrificarsi nemmeno per la carriera. *He didn't want to sacrifice himself even for his career.*
non... nessuno *no one, not . . . anyone*	Non seguo i consigli di nessuno. *I don't follow anyone's advice.*
non... nessun / -o / -a *not . . . any*	Non ho nessun'intenzione di dedicarmi alla carriera. *I have no intention of dedicating myself to my career.*
non... niente non... nulla *nothing*	Non abbiamo fatto niente oggi. *We didn't do anything today.*
non... più *no longer, no more*	Non frequento più quei ragazzi. *I no longer hang out with those kids.*

1. A negative expression may appear before the verb, either for emphasis or because it negates the subject of the verb. In these cases, **non** is not used.

   Nessuno mi ha invitato a cena.
   No one invited me to dinner.

   Neanche lui gioca a biliardo.
   He doesn't play pool either.

2. With compound tenses, the negative expressions **ancora, mai, mica,** and **più** usually appear between the auxiliary verb and the past participle.

   Non ha ancora visto quel film.
   He hasn't seen that film yet.

3. *Not any* is expressed using the adjective **nessun / nessuno / nessun' / nessuna** before a singular noun. As an adjective, **nessuno** has the same forms as the indefinite article **un / uno / un' / una** and is used in the same way. The correct form depends on the gender and first letter of the noun.

   Non ho nessuno zio che gioca a calcio.
   I don't have any uncles who play soccer.

   Non ho nessun'amica che fa aerobica.
   I don't have any friends who do aerobics.

Esercizi

A. Il signor Giuliani ha una visione negativa della gioventù di oggi. Completate le frasi con un'espressione negativa e usate **non** quando è necessario.

1. I ragazzi di oggi ______ vogliono fare ______. ______ studiano ______ lavorano e ______ rispettano gli anziani.
2. I miei figli ______ mi parlano ______ della loro vita. ______ mi ascolta quando parlo. ______ mia moglie mi ascolta ______.
3. Il mio figlio più piccolo ______ va ______ a scuola. La mia figlia più grande frequenta l'università da cinque anni e ______ si è ______ laureata.
4. Ho già lavorato abbastanza. Io ______ ho ______ intenzione di lavorare ______ per loro. ______ ho ______ capito quello che vogliono dalla vita. Forse ______ lo sanno ______ loro.

B. George descrive al suo amico italiano Paolo la domenica in una grande città americana. Paolo risponde ai commenti di George spiegando che la domenica in una città italiana è molto diversa. Immaginate le battute di Paolo e usate una o più espressioni negative.

1. In America in molte città tutti i negozi sono sempre aperti, anche la notte.
   In Italia, invece, ____________________________.
2. Tutti fanno le spese la domenica.
   ____.
3. La gente si veste sempre molto casual.
   ____.
4. Tanta gente lavora il sabato e anche la domenica.
   ____.
5. All'università le biblioteche sono quasi sempre aperte.
   ____.
6. Gli studenti universitari studiano sempre in biblioteca.
   ____.
7. Tutti fanno sempre molti sport.
   ____.
8. Tanta gente si sveglia sempre molto presto per fare dello sport.
   ____.

I pronomi diretti

A direct object is a person or thing that directly receives the action of the verb. It answers the implied question "who?" or "what?".

Io vedo Luigi. *I see Luigi.*	Compriamo gli sci. *We buy skis.*

Luigi and **gli sci** are direct objects. A direct object is never preceded by a preposition.

A Direct object pronouns take the place of the direct object.

Incontriamo gli amici in discoteca.
We meet our friends at the discotheque.

Li incontriamo in discoteca.
We meet them at the discotheque.

The forms of the direct object pronoun are:

Singular	***Plural***
mi *me*	ci *us*
ti *you (informal)*	vi *you (informal)*
La *you (formal)*	Li (*m.*), Le (*f.*) *you (formal)*
lo *him, it*	li (*m.*) *them*
la *her, it*	le (*f.*) *them*

B When a direct object pronoun precedes a verb in a compound tense, the past participle agrees with the direct object in number and gender. Agreement is mandatory with **lo, la, li,** and **le.** It is optional and less common with **mi, ti, ci,** and **vi.**

Hai comprato i dischi?—Sì, li ho comprati.
Did you buy the records? Yes, I bought them.

Hai preso le carte?—Sì, le ho prese.
Did you get the cards? Yes, I got them.

Vi hanno invitato / -i? — Sì, ci hanno invitato / -i.
Did they invite you? Yes, they invited us.

C Direct object pronouns are frequently elided before verbs that begin with a vowel sound (including a silent **h**).

Vuoi ascoltare la radio? L'accendo io.
Do you want to listen to the radio? I'll turn it on.

Ha spento la tv?—Sì, l'ha spenta.
Did he turn the TV off? Yes, he turned it off.

1. If the vowels of the pronoun and the verb are not identical, elision is optional.

Lo abbiamo comprato. *or* L'abbiamo comprato.
We bought it.

2. The plural pronouns **li** and **le** are never elided.

Li invito.
I'll invite them.

Le escludiamo.
We'll exclude them.

3. With **mi, ti, ci,** and **vi,** elision is optional and colloquial.

Mi invita a cena. *or* M'invita a cena.
He invites me to dinner.

D A direct object pronoun is always placed near the verb on which it depends.

1. It precedes conjugated verbs.

   Hai aiutato Carlo a lavare i piatti?—Si, l'ho aiutato a lavare i piatti.
   Did you help Carlo wash the dishes? Yes, I helped him wash the dishes.

2. The direct object pronoun is attached to the end of infinitives, gerunds, and the informal imperative. The final **-e** of the infinitive is dropped.

   Ti ha detto di portare le carte?—Sì, mi ha detto di portarle.
   Did she tell you to bring the cards? Yes, she told me to bring them.

   Facendolo, imparerai.
   By doing it, you will learn.

   Fallo!
   Do it!

3. The direct object pronoun can either precede a conjugated form of **dovere, potere,** and **volere** or be attached to the infinitive that accompanies it.

   Lo devo guardare. *or* Devo guardarlo.
   I have to watch it.

   Le posso trovare io. *or* Posso trovarle io.
   I can find them.

   Li voglio vedere. *or* Voglio vederli.
   I want to see them.

E When a direct object precedes the verb for emphasis, a pronoun must also be used.

Dove sono le carte?—Le carte le porta Mario.
Where are the cards? Mario is bringing the cards.

Chi ha preso i biglietti? I biglietti, chi li ha presi?
Who took the tickets? The tickets, who took them?

F The expression **ecco** (*here is, here are*) always takes a direct object. When used with a direct object pronoun, the pronoun attaches directly to **ecco.**

Eccoli! Eccomi! EccoLa!
Here they are! Here I am! Here you are!

G Some verbs used with a preposition in English take a direct object in Italian. The most common are:

ascoltare *to listen to*
aspettare *to wait for*
cercare *to look for*
chiedere *to ask for*
guardare *to look at*
pagare *to pay for*

Chi paga la cena?—La pago io.
Who is paying for dinner? I'll pay for it.

Cerco una nuova comitiva.
I'm looking for a new group of friends.

H The invariable pronoun **lo** can be used to replace an adjective, a noun, or an entire phrase.

È divertente?—Sì, **lo** è.
Is it fun? Yes, it is.

È un gioco nuovo?—Sì, **lo** è.
Is it a new game? Yes, it is.

Sapevi che Pino si era laureato?—Sì, **lo** sapevo.
Did you know that Pino had graduated? Yes, I knew it.

Hai detto a tutti di venire?—Sì, l'ho detto a tutti.
Did you tell everyone to come? Yes, I told everyone.

Esercizi

A. Paolo chiede a Fabio come ha passato il fine settimana scorso. Rispondete alle domande di Fabio e sostituite ai nomi in corsivo i pronomi diretti.

1. Hai incontrato *i tuoi amici* in piazza?
2. Avete visto *quel nuovo film*?
3. Avete mangiato *la pizza* insieme?
4. Avete ordinato anche *l'antipasto*?
5. Hai preso *la birra* con la pizza?
6. Chi ha pagato *il conto*?
7. Hai offerto *il gelato* a Giovanna?
8. Hai dovuto accompagnare *Giovanna e Rosalba* a casa?

B. Luigi racconta come ha organizzato una festa a sorpresa per Carlo. Completate le frasi con i pronomi diretti corrispondenti ai sostantivi in corsivo e fate l'accordo con il participio passato.

1. Prima di tutto abbiamo scritto *gli inviti.* Poi ______ abbiamo spedit___ con diversi giorni di anticipo. Abbiamo invitato venti ragazze e venti ragazzi. Tutti sono stati contenti di ricevere *il nostro invito* e ______ hanno accettat___ con entusiasmo.
2. Gianfranco ha portato *i dischi,* e ______ ha scelt___ con molta cura. Ludovico ha comprato *le bevande,* perché conosce un rappresentante che ______ vende all'ingrosso (*wholesale*).
3. Altri ragazzi hanno portato varie cose da mangiare. *I panini,* ______ ha preparat___ Roberto. *La torta,* ______ ha portat___ Paola.
4. Abbiamo decorato la sala con *palloncini colorati:* volevamo metter___ anche fuori del portone, ma abbiamo deciso di usar___ soltanto dentro casa.
5. Giuliana ha detto: «(*Io*) sono proprio felice che voi ______ abbiate invitato. Grazie». E Luciano ha aggiunto: «Sono stato io ad invitar___».
6. *La festa* è riuscita proprio bene e tutti si sono divertiti. Pensiamo di rifar___ per il compleanno di Luciano.

I pronomi indiretti

An indirect object answers the implied question "to whom?" or "for whom?" the action of the verb is directed. Indirect objects are almost always people (or animals). In Italian, an indirect object noun is always preceded by the prepositions **a** or **per**.

> Ho prestato la macchina a Francesco.
> *I lent the car to Francesco.*

La macchina, which answers the question "what (did I lend)?" is the direct object. The phrase **a Francesco,** which answers the question "to whom (did I lend it)?" is the indirect object.

A An indirect object pronoun takes the place of the indirect object.

> Quando avete telefonato a Carlo?—Gli abbiamo telefonato ieri.
> *When did you call Carlo? We called him yesterday.*

> Hai parlato a Giulia?—No, non le ho parlato.
> *Did you speak to Giulia? No, I didn't speak to her.*

The forms of the indirect object pronoun are:

Singular	*Plural*
mi *me*	ci *to us*
ti *to you (informal)*	vi *to you (informal)*
Le *to you (formal)*	Loro *to you (formal)*
gli *to him*	loro (gli) *to them*
le *to her*	loro (gli) *to them*

Note that first- and second-person indirect object pronouns are identical to first- and second-person direct object pronouns. In everyday conversation, **gli** is often used instead of **loro** for the third-person plural.

Hai comprato le cassette ai ragazzi?
Did you buy the cassettes for the kids?

—Sì, gli ho comprato le cassette. Sì, ho comprato loro le cassette.
—Yes, I bought them the cassettes.

B Placement of indirect object pronouns follows the same rules as do direct object pronouns. However, the pronoun **loro** always follows the verb.

Chiedo loro dove vanno. *or* Gli chiedo dove vanno.
I ask them where they're going.

1. An indirect object pronoun precedes a conjugated verb.

   Gli ho telefonato.
   I called him.

2. The indirect object pronoun attaches to the end of infinitives, gerunds, and the informal imperative. The final **e** of the infinitive is dropped.

   Lisa, rispondigli!
   Lisa, answer him!

   Ho detto a Lisa di rispondergli.
   I told Lisa to answer him.

3. The indirect object pronoun can either precede a conjugated form of **dovere, potere,** and **volere** or attach to the infinitive that accompanies it.

   Gli ha dovuto scrivere. *or* Ha dovuto scrivergli.
   She had to write to him.

   However, **loro** always follows the infinitive and never attaches to it.

   Ha dovuto scrivere loro.
   She had to write to them.

C Indirect object pronouns are never elided.

Le abbiamo detto di accompagnarci.
We told her to come with us.

D The past participle of a verb in a compound tense never agrees with indirect object pronouns.

Le abbiamo parlato ieri.
We spoke to her yesterday.

E Certain verbs that take a direct object in English require an indirect object in Italian. Many of these verbs involve oral or written communication.

chiedere *to ask*
consigliare *to advise*
dire *to say*
domandare *to ask*
insegnare *to teach*
parlare *to speak*
rispondere *to answer*
somigliare *to resemble*
telefonare *to call*

Gli ho telefonato alle sette.
I called him at seven.

Insegna loro a sciare.
She teaches them to ski.

Esercizi

A. La signora Bellini e la signora Nunzi parlano dei figli e dei giovani in generale. Completate con i pronomi indiretti corrispondenti ai sostantivi in corsivo.

1. *Mia figlia Patrizia* studia tanto. Spesso io ______ consiglio di riposarsi un po' e di distrarsi.
2. (*Io*) rispondo sempre di studiare e prepararsi alla vita quando i miei ragazzi ______ chiedono un consiglio.
3. *I giovani* hanno bisogno di incoraggiamento e appoggio. Io spero proprio di riuscire a dar______ tutte e due le cose. Quando *mia figlia* è lontana, io ______ scrivo spesso, per continuare a comunicare. Se non scrivo, ______telefono appena posso.
4. È importante anche non dare *ai giovani* tanti soldi. Non bisogna dar______ troppo, per non viziarli. Dobbiamo invece trasmettere ______ i nostri principi.
5. *Le ragazze,* poi, devono imparare ad essere indipendenti. Dobbiamo insegnar______ ad essere autonome e forti.

B. Roberta telefona alla sua amica Serena per parlare di una gita che Serena e i suoi amici hanno fatto con la bici. Rispondete alle domande di Roberta e sostituite ai nomi in corsivo i pronomi diretti o indiretti.

1. Chi ha organizzato *la gita*?
2. Dove avete affittato *le bici*?
3. Dove avete messo *le provviste per il pranzo*?
4. Avete visto *la piazzetta* in centro?
5. Avete portato *le vostre macchine fotografiche*?
6. Hai potuto fare *una fotografia* della chiesa normanna?
7. Avete visitato anche *i monumenti medievali*?
8. Luigi ti ha chiesto di spiegare *a lui* la loro storia?
9. Hai detto *a Luisa* di comprare *le cartoline* per sua madre?
10. Luisa vi ha chiesto di dare *a lei* dei soldi per le cartoline?
11. Hai mandato una cartolina della città *a tuo cugino*?
12. Avete assaggiato *le specialità* della zona?
13. Vuoi rivedere *la città*?

L'ora

A For everyday unofficial time, the twelve-hour clock is used in Italy.

1. The hour is always accompanied by the feminine definite article.

   È l'una di mattina.
   It is 1:00 A.M.

   Sono le sei.
   It is six o'clock.

2. To express A.M. and P.M., Italian uses the expressions **di mattina (del mattino)**, **del pomeriggio**, **di sera**, and **di notte**.

   Sono le due e cinque del pomeriggio.
   It is 2:05 P.M.

   Sono le sette di sera.
   It is 7:00 P.M.

   Sono le undici e mezza di notte.
   It is 11:30 P.M.

3. **Meno** (*minus, less*) is used to express the minutes remaining before the hour. The verbs **manca** and **mancano** can also be used.

   Sono le sette meno venti. Mancano venti minuti alle sette.
   It is twenty to seven.

   E is used to express the minutes elapsed since the hour.

   Sono le nove e cinque di sera.
   It is 9:05 P.M.

4. **Mezzo (mezza)** and **un quarto** are frequently used to express *half past* and *quarter past.*

   Sono le nove e mezza (mezzo).
   It is 9:30.

   Sono le cinque e un quarto.
   It is 5:15.

5. **Mezzogiorno** and **mezzanotte** are used for noon and midnight.

   È mezzogiorno.
   It is noon.

   Era mezzanotte.
   It was midnight.

6. **Che ora è** and **che ore sono** are used interchangeably to ask the time.

   Che ora è? Che ore sono?
   What time is it?

   A che ora? is used to express *at what time?*

   A che ora apre la sala giochi?—Alle otto.
   At what time does the video arcade open? At eight.

7. The imperfect is used to express times of day in the past.

   Che ora era? Erano le due.
   What time was it? It was 2:00.

B The 24-hour clock is used for official business in Italy, such as bus, train, theater, and radio and television schedules. To translate from a 24-hour clock to a 12-hour clock, subtract 12. Add 12 to translate from a 12-hour clock to a 24-hour clock.

Il negozio apre alle diciassette.
The store opens at 5:00 P.M.

Sono le quattordici.
It is 2:00 P.M.

Esercizi

Due amici organizzano la serata e il week-end. Completate le frasi scrivendo in lettere l'ora indicata fra parentesi. Usate tutti gli elementi necessari.

1. Che ore sono? Mancano ______ (12,40).
2. Devo correre. A casa mia mangiamo ______ (13,00) in punto. Ci vediamo questo pomeriggio.
3. Il film che vogliamo vedere comincia ______ (16,45) e finisce ______ (18,00).
4. Poi ce ne andiamo in centro. I negozi restano aperti fino ______ (20,00), vero?
5. Domani mattina prendiamo l'autobus per il mare. Parte ______ (8,00) in punto.
6. Per il ritorno, possiamo prendere quello delle ______ (19,45).

Come tenere un diario

Sul diario annoti le tue attività giornaliere, sia personali che di lavoro. Puoi raccontare gli eventi della giornata, i tuoi sentimenti, le occasioni speciali, le attività scolastiche, le esperienze e i ricordi di viaggi e gite.

Il diario è uno strumento molto utile per lo studio delle lingue straniere, perché dà la possibilità di praticare in maniera sistematica e continua la lingua scritta. L'abitudine infatti di annotare ogni giorno in italiano le tue esperienze ti aiuta a scrivere meglio. Quando scrivi sul diario generalmente usi la forma di una lettera familiare e cominci ogni annotazione con «Caro Diario». Ecco alcuni suggerimenti pratici per tenere un diario.

1. Annota le tue esperienze in un unico quaderno.
2. Stabilisci un'ora particolare della giornata in cui ti dedichi a scrivere sul diario e fanne un'abitudine.
3. Adopera uno stile naturale, espressivo e personale. Concentrati sulle idee che vuoi comunicare e non preoccuparti eccessivamente della correttezza grammaticale o dell'ortografia.
4. Impara a semplificare e riformulare i tuoi pensieri usando strutture, espressioni e vocaboli che conosci. Evita il più possibile di usare il dizionario.

Temi

1. Immagina di esserti appena trasferito / trasferita in una nuova città. Scrivi sul tuo diario come hai passato il primo week-end con alcuni nuovi amici.
2. Racconta nel tuo diario l'ultima volta che ti sei ritrovato / ritrovata fra amici per divertirti e il risultato è stato disastroso.

Parole ed espressioni chiave

Per parlare della gioventù di oggi

l'ambiente (*m.*) *environment, surroundings*
l'atteggiamento *attitude*
il coetano, la coetana *a contemporary, a person of the same age*
la comitiva *group of friends*
il comportamento *behavior*
l'ecologia *ecology*
i giovani *young people*
la gioventù *youth*
il guadagno *earnings*
i gusti *tastes*
l'ideologia di destra / di sinistra *right-wing ideology / left-wing ideology*
l'immagine (*f.*) *image*
l'inquinamento *pollution*
gli interessi *interests*
il look *the look*
la marca *brand name*
i valori *values*

ambizioso, -a / rampante *ambitious / aspiring*
attuale *contemporary, current*
casual *casual*
chic *stylish*
conformista *conformist*
conservatore, -trice *conservative*
disciplinato, -a *disciplined*
disimpegnato, -a *uncommitted*
disinvolto, -a *free-and-easy*
disordinato, -a *untidy*
disobbediente *disobedient*
elegante *elegant*
fine *refined*
immaturo, -a *immature*
impegnato, -a *committed*
indifferente *indifferent*
materialista *materialist*
maturo, -a *mature*
obbediente *obedient*
ossequioso, -a *respectful*
precoce *precocious*
ribelle *rebel*
servizievole *obliging*
sportivo, -a *sports fan, athletic*
trascurato, -a *slovenly*

avere intenzione di *to intend to do something*
condividere *to share*
distinguersi da *to distinguish oneself from*
essere appassionato, -a di qualcosa *to be fond of something*
fare carriera *to advance in one's career, to be successful*
far parte di *to be part of*
fare sacrifici / sacrificarsi *to make sacrifices / to sacrifice oneself*

interessarsi di qualcosa *to be interested in something*

preoccuparsi (di) *to worry (about)*

ribellarsi *to rebel*

stare insieme *to be with, to go out with, to date*

tenerci a *to value, to care about*

Per parlare del tempo libero

il balletto *ballet*

il concerto *concert*

il divertimento *pastime, amusement*

l'equitazione (*f.*) *horseback riding*

il giocatore, la giocatrice *player*

l'hobby *hobby*

la lettura *reading*

la mostra d'arte *art exhibit*

l'opera *opera*

il passatempo *pastime*

la squadra *team*

lo spettacolo *performance*

lo svago *amusement*

il tempo libero *free time*

il tifoso, la tifosa *fan*

sedentario, -a *sedentary*

sportivo, -a *athletic*

andare in discoteca *to go to the discotheque*

andare a teatro *to go to the theater*

ascoltare musica classica / leggera / rock *to listen to classical / pop / rock music*

fare giochi da tavolo *to play board games*

fare una gita *to go on an excursion*

giocare a carte / a dama / a scacchi *to play cards / checkers / chess*

guardare una partita *to watch a game, match*

guardare la televisione *to watch television*

leggere un giornale / un libro / una rivista *to read a newspaper / a book / a magazine*

andare a cavallo / in bicicletta *to go horseback riding / bicycle riding*

annoiarsi *to get bored*

fare il tifo per *to be a fan of, to root for*

fare dello sport / praticare uno sport *to play a sport*

giocare a calcio / a golf / a pallacanestro / a pallavolo / a tennis *to play soccer / golf / basketball / volleyball / tennis*

fare il pattinaggio / lo sci d'acqua / il surf / la vela *to skate / water-ski / surf / sail*

nuotare al mare / in piscina *to swim in the ocean / in the pool*

pattinare *to skate*

sciare *to ski*

trascorrere *to pass, to spend*

Capitolo 4 Ricordi d'infanzia e d'adolescenza

Una festa di famiglia alla fine degli anni '50.

Temi

- I ricordi
- Le persone e i luoghi del passato
- I sentimenti suscitati dai ricordi
- I ricordi di scuola

Strutture

- L'imperfetto indicativo
- Il verbo **piacere** e altri verbi simili
- **Ci**
- **Ne**

Rimembranze

INTRODUZIONE

Vecchia fotografia

Io sono stata quel sorriso, il lampo[1]
spiritoso di quegli occhi a mandorla[2].
Che anno? che stagione?
a chi mai sorridevo?

— Maria Luisa Spaziani, *La stella del libero arbitrio.*

1. flash 2. a... almond-shaped

Modigliani, «Maria, figlia del popolo».

Per parlare di cose e di persone del passato

I ricordi sono immagini presenti nella nostra memoria, che a volte sceglie che cosa ricordare e che cosa dimenticare. In certi momenti basta un profumo o un'impressione a richiamare alla memoria volti, sensazioni e immagini del passato che pensavamo persi per sempre.

Parole in contesto

1. La memoria ci permette di ricordare e rammentare il passato e a volte rimpiangere ciò che non abbiamo più. Le persone che hanno una memoria di ferro ricordano tutto perfettamente.
2. È facile richiamare alla memoria e rievocare le cose belle del passato. I ricordi però possono anche essere brutti e spiacevoli, come per esempio il ricordo di un compagno di scuola che ci faceva dispetti e brutti scherzi, o ci prendeva in giro con cattiveria.
3. Ognuno ricorda con affetto i luoghi e le persone della propria infanzia. Tutti ci rammentiamo delle case in cui abitavamo quando eravamo bambini o adolescenti. Le stanze, i giardini, le cucine, i cortili, le sale, i corridoi delle case del passato nel ricordo sembrano più grandi, vasti, lunghi e larghi di come erano effettivamente.

4. Tutti ricordiamo anche il quartiere o la zona della città dove vivevamo. Un quartiere può essere ricco, di lusso e borghese, o povero, squallido e malfamato, centrale o periferico, grigio e triste o soleggiato e pieno di verde.
5. Spesso i ricordi delle case in cui abbiamo vissuto corrispondono alle tappe della vita e alle diverse età: l'infanzia e la fanciullezza, quando eravamo bambini; l'adolescenza, quando eravamo ragazzi; poi la gioventù, la maturità e infine la vecchiaia.
6. Al ricordo delle cose passate proviamo nostalgia, malinconia, tenerezza, felicità, gioia e piacere, ma anche tristezza per il passare del tempo e rimpianto per tutto ciò che non possiamo più avere.

Descriviamo

1. Che cosa facevano i bambini quando è stata scattata la foto?
2. Descrivete il quartiere e la strada in cui i bambini giocavano.

Immaginiamo e inventiamo

1. Immaginate come era la vita in una famiglia tradizionale di tanti anni fa. Come era la struttura familiare? Qual era il ruolo di ogni componente della famiglia?
2. Immagina come era la tua città all'inizio del secolo. Come erano i vari quartieri?

3. Immaginate che un signore anziano / una signora anziana descriva ad un ragazzino / una ragazzina di oggi come era la sua infanzia negli anni quaranta, secondo lo schema seguente.
   a. Com'era la sua casa.
   b. Che cosa gli / le piaceva fare e che cosa non gli / le piaceva fare.
   c. Che cosa lo / la faceva felice e che cosa gli / le mancava per essere felice.
   d. Che cosa faceva di solito i giorni di scuola e i week-end.
   e. Che sentimenti prova al ricordo della sua infanzia.

Prepariamoci a leggere

1. Descrivi un vicino di casa che ti piaceva e uno che non ti piaceva quando eri piccolo / piccola.
2. Descrivi un amico o un'amica d'infanzia, facendo un ritratto fisico e morale (qualità e difetti). Perché era speciale? Che cosa facevate insieme? Che cosa lo / la distingueva dagli altri amici?

Nei brani che seguono scrittori diversi rievocano luoghi e persone della loro infanzia.

A La strada era tranquilla, di solito piuttosto deserta. La casa era a due piani [...]. Era una casa né nuova, né vecchia, una casa senza carattere e senza età. Si entrava, per quel portoncino°, in un ingresso a piastrelle° marmorizzate, e ci si infilava° su per una scala grossa, con una ringhiera panciuta°; a pianterreno c'era una cucina, un bagno e un ripostiglio° [...]; al piano di sopra c'era una serie di stanze, né grandi né piccole, messe l'una in fila all'altra, lungo un corridoio a piastrelle marmorizzate: tutte le stanze guardavano sulla strada.

small door
tiles / **ci...** we entered
ringhiera... round banister
storeroom

— Natalia Ginsburg, «La casa», *Mai devi domandarmi.*

B Sovente indugio° a ricordare gli anni della mia fanciullezza. [...]

Per esempio il mio quartiere: un insieme di case grigie, vasti fabbricati° con cortili sempre in ombra°, strade ugualmente grigie, monotone e tristi: muri grigi, in alcuni punti ravvivati° da cartelloni° colorati annuncianti i film. Due cinema. Una strada dove passano i tram, più ampia e molto più affollata°, con sfilate° di negozi. [...]

Sovente... I often stop
structures / **in...** shadowed
brightened up / posters
crowded / rows

Il giardino dove trascorrevo tante ore del giorno era quadrato e racchiuso° tra la mia casa, due muri che mi davano l'impressione di una grande altezza, e una rete metallica°. Durante il pomeriggio il mio giardino era sempre in ombra.

enclosed
rete... chain-link fence

— Carlo Cassola, «Il mio quartiere», *La visita.*

C Tu eri vestito da marinaio°, tutto lindo° e pulito, ed apparivi eccitato per la partenza imminente; io ero un po' impacciato° e confuso. [...]

Quel giorno tu non avevi giocato con noi e avevi preso fin dal mattino un'aria distaccata°: ritornavi a Milano dopo la lunga villeggiatura° estiva e ritornavi alle tue signorili° abitudini cittadine° e ti sentivi già lontano da noi, ragazzi di paese, che avevi per necessità eletti a compagni dei tuoi giochi. Tornavi in città, e noi rispettavamo il tuo impeccabile vestito blu e l'inconsueta° bianchezza delle tue mani.

sailor / tidy
uneasy
detached / vacation
refined / urban
unusual

— Piero Chiara, «Lettera ad un amico d'infanzia», *Gli anni e i giorni.*

D Passavamo sempre l'estate in montagna. Prendevamo una casa in affitto°, per tre mesi, da luglio a settembre. Di solito, eran° case lontano dall'abitato°; e mio padre e i miei fratelli andavano ogni giorno, col sacco da montagna sulle spalle°, a far la spesa in paese. Non c'era sorta° di divertimenti o distrazioni. Passavamo la serata in casa, attorno° alla tavola, noi fratelli e mia madre. Quanto a mio padre, se ne stava a leggere nella parte opposta della casa; e di tanto in tanto s'affacciava° alla stanza, dove eravamo raccolti° a chiacchierare e a giocare.

in... rented / **erano**
settled area
shoulders
Non... There wasn't any kind / around
appeared / gathered

— Natalia Ginzburg, *Lessico familiare.*

Parliamo e discutiamo

1. Indicate quali brani letti parlano:

   a. di amicizie d'infanzia.
   b. dell'interno di una casa.
   c. dell'esterno di un'abitazione.
   d. di abitudini familiari.

2. I brani A, B e C rievocano distinte sensazioni. Tra le parole seguenti indicate quelle che meglio si adattano a ciascuno dei tre.

   a. allegria
   b. contentezza
   c. indifferenza
   d. malinconia
   e. rimorso
   f. rimpianto
   g. nostalgia
   h. tristezza

3. Nel brano B l'aggettivo **grigio** è usato più di una volta. Che cosa suggerisce? Che sensazioni risveglia? Quali altre immagini nel brano suggeriscono le stesse sensazioni?

4. Immaginate com'era il rapporto tra il bambino di città e i compagni di paese del brano C. Quali erano le differenze fra loro? Quali immagini usa l'autore per descrivere questo rapporto? Con quali colori l'autore descrive la distanza tra le due diverse realtà?

5. Descrivete come passava l'estate la famiglia del brano D. Cosa facevano le diverse persone? Come passavano le serate? Com'era il carattere del padre?
6. Divisi in gruppi, discutete se la famiglia nel brano D era:
   a. una famiglia socievole che amava la compagnia.
   b. una famiglia solitaria che preferiva una vita austera.

Ricordi di scuola

INTRODUZIONE

Ci sono impressioni e sensazioni che il tempo, dopo avercele concesse[1]*, si affretta a nascondere nel folto*[2] *della memoria. Tocca a noi*[3]*, allo scoccare*[4] *di un ricordo, andarle a cercare nel passato. E allora i momenti già vissuti tornano a scorrere*[5]*, ma in un altro modo, come dietro il velo di un sogno.*

Piero Chiara, «Era d'inverno», *Con la faccia per terra e altre storie.*

1. given 2. depth 3. **Tocca...** It's up to us 4. darting 5. flow

Una lezione di scienze nel laboratorio di un liceo.

Per parlare dei ricordi di scuola

Gran parte dei nostri ricordi riguarda la scuola e le attività che usavamo svolgere comunemente. Nel ricordo anche eventi spiacevoli a volte diventano divertenti e li rammentiamo con nostalgia. Tutti ricordiamo con chiarezza i nomi degli insegnanti e di alcuni compagni, i giochi che facevamo insieme, le gioie e le paure dei giorni di scuola, e a volte anche i disagi, le incertezze e le difficoltà di quel tempo.

Parole in contesto

1. Prima di cominciare la scuola elementare, qualche volta i bambini di 4 o 5 anni vanno all'asilo, o scuola materna. Poi frequentano la scuola elementare dai 6 ai 10 anni. Quindi i ragazzi dagli 11 ai 13 anni vanno alla scuola media. Dai 14 ai 18 anni i giovani frequentano il liceo. Ai ragazzi si chiede: «Che classe fai?» per sapere quale anno di scuola frequentano.
2. Gli insegnanti delle elementari si chiamano maestri, mentre tutti gli altri sono professori. Gli alunni o gli scolari sono i ragazzi che vanno a scuola.
3. I bambini delle elementari spesso portano il grembiule sopra al vestito. Il grembiule può essere bianco, blu o nero, rosa o celeste.
4. Gli studenti portano i libri in uno zaino o in una cartella, e mettono penne, matite e colori in un astuccio.
5. Non tutte le scuole italiane hanno un cortile o un giardino per giocare. In molte scuole elementari i ragazzi mangiano alla mensa.
6. A metà della mattinata di scuola, i ragazzi si riposano per dieci o quindici minuti. Durante questo intervallo, chiamato anche la ricreazione, mangiano la merenda.
7. Le materie che si studiano a scuola sono tante e variano secondo il tipo di scuola. Materie fondamentali sono sempre l'italiano, la matematica, la storia, la geografia e le scienze.
8. La disciplina resta importante in tutte le scuole, così come il rispetto verso gli insegnanti.
9. Ognuno può essere particolarmente portato per una materia o per un'altra. Alcuni per esempio sono bravi in matematica e altri sono bravi in materie letterarie.
10. I ragazzi che studiano e a scuola vanno bene prendono bei (o buoni) voti e sono promossi. Quelli che non studiano spesso sono rimandati a settembre in una materia o due, e a volte sono bocciati, cioè non passano all'anno successivo e devono ripetere l'anno appena finito.
11. Alla fine del liceo gli studenti devono sostenere gli esami di maturità. Tanti adulti ancora si ricordano di quegli esami come di un incubo (*nightmare*). Il giovane che finisce il liceo si diploma, cioè ottiene un diploma.
12. Lo studente che finisce l'università si laurea, cioè prende la laurea.

Descriviamo

1. Descrivete l'aula, l'ambiente, e gli scolari nella foto.
2. Descrivete le attività che si svolgevano in classe al tempo in cui la foto è stata scattata.

Immaginiamo e inventiamo

1. A gruppi di due, immaginate un'intervista con un giovane ingegnere italiano. Fra le altre cose chiedete:
   a. per quali materie era più portato e in quali riusciva di meno
   b. quali sport gli piacevano e quali praticava
   c. chi era il suo più caro amico
2. A gruppi di due, immaginate un dialogo fra un ragazzo / una ragazza e il padre o la madre sui loro anni di scuola. Preparate una domanda su ognuno dei seguenti argomenti ed immaginate le risposte.
   a. sulla scuola elementare
   b. sul liceo
   c. sui compagni
   d. sulla scuola media
   e. sugli insegnanti
   f. sui passatempi
3. Immaginate di descrivere il sistema scolastico del vostro Paese ad uno studente italiano / una studentessa italiana indicando:
   a. le materie studiate
   b. i diversi tipi di scuola
   c. l'orario delle lezioni
   d. i passatempi e gli sport
   e. il sistema dei voti
   f. gli anni di scuola obbligatoria

Prepariamoci a leggere

Quella che segue è una vecchia pagella di scuola elementare. Dopo averla osservata, rispondete alle domande.

MATERIE	Classi per le quali si assegna il voto	1° trimestre	2° trimestre	3° trimestre	Risultato dello scrutinio
Religione	tutte	nove	nove	nove	nove
Comportamento ed educazione morale e civile	tutte	dieci	dieci	dieci	dieci
Educazione fisica	tutte	otto	nove	nove	nove
Lettura, scrittura ed altre attività espressive	1ª e 2ª	-	-	-	-
Lingua italiana	3ª e succ.	nove	nove	dieci	dieci
Aritmetica e geometria	tutte	nove	nove	dieci	dieci
Storia, geografia e scienze	3ª e succ.	nove	nove	dieci	dieci
Disegno, recitazione e canto	3ª e succ.	nove	sette	sette	sette
Attività manuali e pratiche	tutte	otto	otto	otto	otto
Assenze giustificate	tutte	5	3	5	13
Assenze ingiustificate	tutte				

Firma del genitore

1° trim. Fazi Marchegiani

2° trim. Fazi Marchegiani

3° trim. Fazi Marchegiani

Si attesta che l'alunno (1) Marchegiani Alfredo

(2) è (3) *stato*

promosso alla IV *classe.*

Data 20 giugno

DIREZIONE DIDATTICA Circolo n. 22 - FIRENZE

1. Che classe frequentava l'alunno di questa pagella? Quali materie studiava?
2. Che voti prendeva? In quali materie aveva i voti più alti? In che materia aveva il voto più basso?
3. Per quali materie era più portato? Per quali era meno dotato?
4. Quando frequentavi la scuola elementare, che cosa non ti piaceva della scuola? Che cosa ti piaceva? Quali materie ti piacevano di più?
5. Rievoca i primi giorni di asilo. Com'era la maestra? Che cosa ti mancava? Come ti sentivi?

Nel primo dei brani seguenti si racconta un'esperienza di liceo e nel secondo si parla degli anni dell'università.

A In liceo mi incontrai per la prima volta con Zaltròn. [...]

Per quanto riguarda la scuola, di latino non capiva niente, né di greco, non essendo disposto alle lingue per natura, né di filosofia che considerava una astrusità°, tanto meno di italiano e storia; la matematica era per lui una ragnatela° di segni° di lunario°, assolutamente indecifrabili. Fin dal primo trimestre di quella sua entrata in liceo venne bocciato con voti che salivano dallo zero al tre; tuttavia Zaltròn non se ne rammaricava°, oh, no!

absurdity
web / symbols / almanac
complained

— Goffredo Parise, «Un mestiere di fantasia», *Opere.*

B Ho ripreso ad andare all'università, quasi solo per sottrarmi° agli sguardi di mia madre quando veniva a buttarmi giù dal letto° la mattina. Ci andavo a piedi, ogni volta sperando di incontrare un imprevisto° lungo la strada: un edificio in fiamme o una ragazza straordinaria, qualsiasi cosa potesse deviare la mia vita dal suo corso ripetitivo e inutile.

All'università guardavo nelle bacheche° degli istituti°, passavo oltre le aule dove si svolgevano le lezioni, camminavo per i corridoi grigi illuminati al neon, salivo e scendevo rampe° di scale. [...]

Ogni tanto per rassicurare i miei° dicevo che stavo preparando un esame; ogni tanto lo preparavo davvero, ma non è che facesse molta differenza.

escape
buttarmi... throw me out of bed
unexpected event
showcases / departments
flights
i... my parents

— Andrea De Carlo, *Due di due.*

Parliamo e discutiamo

1. Come andava Zaltròn a scuola? Quali materie studiava? Per quali non era portato?
2. Alla fine, Zaltròn si è diplomato?
3. Basandovi sul brano B, indicate se le seguenti affermazioni sono vere e correggete quelle false.
   a. All'università in Italia la frequenza non è obbligatoria.
   b. Il narratore andava all'università perché non sapeva che altro fare.
   c. Il narratore seguiva i corsi con passione.
   d. Ai genitori del narratore non interessava quello che faceva il figlio.
   e. La vita del narratore era ricca di imprevisti.
   f. Il narratore frequentava con assiduità le lezioni.
   g. Il narratore aveva un rapporto onesto e aperto con i genitori.

4. Qual era l'atteggiamento del narratore del brano B verso l'università? Date esempi dal testo per giustificare la vostra risposta.

Prepariamoci a leggere

1. Immagina di frugare (*rummage*) fra le vecchie scatole in soffitta (*attic*) e di trovare un oggetto che ti era caro quando eri ragazzino / ragazzina. Descrivi l'oggetto e quali sensazioni rievoca. Racconta quale ricordo bello o brutto ti suscita.

2. In ordine di importanza, indicate fra le caratteristiche seguenti quali possono essere le cause per cui un ragazzo / una ragazza va male a scuola e perché.

   a. buona memoria
   b. ostinazione
   c. mancanza di volontà
   d. indolenza
   e. orgoglio
   f. pigrizia
   g. severità degli insegnanti
   h. intelligenza
   i. svogliatezza

3. Pensando al titolo del racconto che leggeremo, «La pagella», immaginate quali possibili argomenti saranno trattati.

Piero Chiara (1913–1986) nei suoi scritti descrive con realismo e semplicità la realtà quotidiana della provincia italiana. Il suo tono nostalgico si rivela in particolare in racconti come quello che segue in cui l'autore descrive ricordi e sensazioni suscitati dal ritrovamento di una vecchia pagella.

La pagella

Nella soffitta della casa dove visse mio padre negli ultimi quarant'anni di sua vita è stata trovata di recente, in occasione di alcuni lavori, una cassa piena di cartacce° della quale il nuovo abitatore ritiene, per sua cortesia, che io possa disporre°. Frugando tra quelle carte, mi dice, un suo figliolo di dieci o dodici anni avrebbe trovato una mia pagella di terza elementare dalla quale risulto bocciato con un quattro in composizione. [...]

Ero, nell'anno di quella pagella, ripetente° di terza elementare e recidivo° nei quattro, nei tre e negli zeri, per una specie di ostinazione a non capire e a non fare, che mi aveva preso come una malattia. Ricordo che mio padre, per non farmi ripetere l'anno una seconda e una terza volta fino a quei passaggi di classe che venivano concessi° per anzianità°, garantì ai maestri, mettendosi una mano sul petto°, che se mi avessero promosso, mi avrebbe mandato in collegio° dai Salesiani di Intra, sollevandoli° d'un bel peso°, perché ero recalcitrante e ribelle non solo negli studi.

All'esame finale, il maestro Giuseppe Lazzarini, che era il babau° della scuola, dimessa° la sua solita severità e ormai deciso a promuovermi ad ogni costo, mi chiamò alla lavagna e mi pose° un facile problema, legato°, per stimolarmi la mente, a fatti reali, immaginando il Lazzarini o credendo di divinare° che avrei finito col vendere cappelli nel magazzino° di mio zio e mia madre. Il problema era il seguente: —Tuo zio compera dieci cappelli a dieci lire l'uno. Se vuole guadagnare in tutto venti lire, a quanto deve vendere ciascun cappello?

Rimasi a lungo col gesso in mano senza scrivere nulla sulla lavagna, non avendo afferrato° il problema che mi pareva più che un problema un indovinello°.

Il Lazzarini, che presiedeva la commissione°, era disgustato e confuso davanti al mio silenzio. Voleva, per promuovermi, la soluzione d'un quesito°, anche il più facile.

Dopo un'attesa straziante° più per lui che per me, mi propose° lo stesso problema in forma semplificata:—Se tuo zio compra un cappello per dieci lire, a quanto deve venderlo per guadagnare due lire?

Continuai nel mio silenzio, essendomi accorto° che il problema, posto in quel modo, era un'offesa per me che venivo considerato un

- old papers
- have
- held back
- fallen back
- allowed
- advanced age / chest (heart)
- boarding school
- relieving them / burden
- monster
- abandoned
- gave
- connected
- guess
- wholesale store
- grasped
- riddle
- committee
- problem
- **attesa...** agonizing wait / asked
- **essendomi...** having noticed

asino°, e per mio zio, che vendeva a dozzine e a «grosse»[1] e non a singoli capi° come un piccolo commerciante° qualsiasi. [...]

Ricordo tutto, e anche che l'anno dopo, in collegio e in quarta elementare, ero il secondo della classe e gareggiavo° col primo, che finì prete°, nei temi° e nel mandare a memoria poesie e brani interi del libro di lettura, benché in quinta ritornassi all'ignavia°, tanto da risultare il penultimo° o il terzultimo della classe.

Ecco perché non voglio rivedere quella pagella e quei quaderni trovati nel solaio°. Mi pare, mettendovi gli occhi, di peccare° d'indiscrezione verso quel povero fanciullo che lottava° con tutte le sue forze° contro la malavoglia e la malinconia. E non vale dire che quel fanciullo ero io, il medesimo° che ora riesce a far di conto° e a raccontare anche per scritto le sue vicende° e traversie°. Quel fanciullo l'ho abbandonato per le strade del paese, dove vaga° ancora, stordito° e assorto. [...]

Non lo incontro mai, ma non vado neppure in cerca e lo lascio al suo mondo, nel quale sta come rinchiuso dal tempo e dal rigore degli inverni di una volta°.

ass
articles / merchant
competed
priest / compositions
laziness
next-to-last
attic / sin
struggled / strength
same / **far...** do sums
experiences / misfortunes
wanders / disoriented
di... of long ago

— Piero Chiara, «La pagella», *40 storie negli elzeviri del «Corriere».*

Parliamo e discutiamo

1. Identificate il narratore.
2. Perché non vuole rivedere la pagella e i vecchi quaderni?
3. Mettete in ordine logico le fasi del racconto qui riportate.
   a. In terza elementare il narratore andava male a scuola.
   b. Il narratore è diventato un famoso scrittore.
   c. Il narratore era stato preso da una specie di ostinazione ad andare male a scuola.
   d. I primi tempi in collegio il ragazzo era fra i più bravi.
   e. Il padre aveva promesso ai maestri che il figlio sarebbe andato ad una scuola privata se lo avessero promosso.
   f. Il maestro Lazzarini voleva promuovere il ragazzo a tutti i costi.
   g. Il ragazzo non voleva risolvere il problema di matematica perché lo trovava offensivo.
   h. È stata trovata la pagella del narratore di quando era in terza elementare.
4. Il narratore, a proposito di se stesso fanciullo, dice: «Non lo incontro mai, ma non vado neppure in cerca e lo lascio al suo mondo.» Perché il narratore si sente lontano dal fanciullo del passato? Come è cambiato?

1. **Grossa** è una quantità che corrisponde a 12 dozzine.

5. Definite il registro espressivo del racconto scegliendo tra le parole seguenti.

   a. sarcastico c. nostalgico e. satirico g. drammatico
   b. malinconico d. umoristico f. ironico h. comico

6. Racconta un episodio spiacevole dei tuoi giorni di scuola.

Strutture

L'imperfetto indicativo

The **imperfetto** is a simple past tense used to describe repeated actions or conditions that last for an indefinite time. The **imperfetto** is equivalent to the English *used to* or *was,* and sometimes to *was* (*were*) plus the *-ing* form of the verb (*was trying, were laughing*).

> Passavamo sempre l'estate in montagna.
> *We always used to spend the summer in the mountains.*
>
> Il cielo era azzurro.
> *The sky was blue.*

The **imperfetto** of all regular verbs is formed by adding the characteristic verb endings to the verb stem.

	parlare	ripetere	dormire	finire
io	parlavo	ripetevo	dormivo	finivo
tu	parlavi	ripetevi	dormivi	finivi
Lei / lei / lui	parlava	ripeteva	dormiva	finiva
noi	parlavamo	ripetevamo	dormivamo	finivamo
voi	parlavate	ripetevate	dormivate	finivate
Loro / loro	parlavano	ripetevano	dormivano	finivano

A **Essere** is one of the few verbs that are irregular in the **imperfetto.**

	essere
io	ero
tu	eri
Lei / lei / lui	era
noi	eravamo
voi	eravate
Loro / loro	erano

B The verb stems of **bere, dire, fare, porre** (*to put, to place*), **trarre** (*to draw*), and **tradurre** (*to translate*) are derived from archaic forms of the infinitive. Compound verbs based on these verbs follow the same pattern.

	bere (bevere)	dire (dicere)	fare (facere)
io	bevevo	dicevo	facevo
tu	bevevi	dicevi	facevi
Lei / lei / lui	beveva	diceva	faceva
noi	bevevamo	dicevamo	facevamo
voi	bevevate	dicevate	facevate
Loro / loro	bevevano	dicevano	facevano

	porre (ponere)	trarre (traere)	tradurre (traducere)
io	ponevo	traevo	traducevo
tu	ponevi	traevi	traducevi
Lei / lei / lui	poneva	traeva	traduceva
noi	ponevamo	traevamo	traducevamo
voi	ponevate	traevate	traducevate
Loro / loro	ponevano	traevano	traducevano

C While the **passato prossimo** describes specific completed actions, the **imperfetto** is used to describe past actions that are repeated, incomplete, or not limited in duration.

L'anno scorso ho rivisto un vecchio amico d'infanzia.
Last year I saw an old childhood friend again.

L'anno scorso vedevo spesso un vecchio amico d'infanzia.
Last year I often saw an old childhood friend.

Ci siamo parlati per due ore.
We talked for two hours.

Ogni giorno ci parlavamo per ore.
We used to talk for hours every day.

The **imperfetto** is used to describe:

1. repeated, habitual, or ongoing actions.

   Ogni pomeriggio veniva a casa mia.
   He used to come to my house every afternoon.

Giocavamo spesso insieme.
We frequently played together.

Ho sentito i bambini che litigavano.
I heard the children quarreling.

Sempre, spesso, ogni, di solito (*usually*), and **qualche volta** (*sometimes, at times*) indicate repeated actions and frequently call for the imperfect.

2. physical characteristics of people, places, and things.

   Mio nonno era alto. Aveva i capelli corti e ricci.
   My grandfather was tall. He had short curly hair.

   Portava un grande cappello nero.
   He wore a big black hat.

   La casa era grande; aveva dieci stanze.
   The house was large; it had ten rooms.

3. psychological characteristics.

   Era un tipo prepotente. Non era mai felice.
   He was a domineering guy. He was never happy.

4. health.

   Non stavo bene; avevo il raffredore.
   I didn't feel well; I had a cold.

5. age.

   Avevano diciannove anni quando si sono conosciuti.
   They were nineteen years old when they met.

   Era ormai vecchio quando si sono rivisti.
   He was already old when they saw each other again.

6. time, dates, and seasons.

   Era tardi; erano già le due.
   It was late; it was already two o'clock.

   Era inverno... mi ricordo che era il 21 gennaio.
   It was winter . . . I remember that it was January 21.

7. the weather.

   Nevicava raramente, però tirava sempre vento.
   It rarely snowed, but the wind was always blowing.

8. states of being.

   Sergio era occupato; non aveva tempo per divertirsi.
   Sergio was busy; he didn't have time to enjoy himself.

9. two actions going on at the same time.

   Gli scolari parlavano mentre l'insegnante spiegava la lezione.
   The students talked while the teacher explained the lesson.

10. an action that was going on when another interrupted it.

   Sono entrati quando noi parlavano dei vecchi tempi.
   They came in when we were talking about old times.

D The **imperfetto** is also used in the following circumstances:

1. in place of the present conditional, to express a polite request.

   Volevo un caffè. Vorrei un caffè.
   I'd like a cup of coffee.

2. in place of the past conditional, to express a future action from the point of view of the past.

   Ieri ha detto che arrivava oggi. Ieri ha detto che sarebbe arrivato oggi.
   Yesterday he said he was coming today.

3. in place of the past conditional, with the verbs **potere, dovere,** and **volere** to express *could have, should have,* and *would have* (when the action did not take place).

   Dovevo (Avrei dovuto) vedere Mario, ma lui aveva troppi impegni.
   I was supposed to see Mario, but he had too many commitments.

   Volevano (Sarebbero voluti) venire, ma erano stanchi.
   They wanted to come, but they were tired.

   Potevano (Avrebbero potuto) farlo, ma non hanno avuto tempo.
   They could have done it, but they didn't have time.

Attenzione: If the action actually took place, the **passato prossimo** or **passato remoto** is used.

Potevo aiutarla, ma non l'ho fatto. *I could have helped her but I didn't.*	*ma:*	Ho potuto aiutarla, e l'ho fatto. *I was able to help her and I did.*

4. to describe an action that began in the past and continued until a certain point in the past.

   Studiavo all'università da due anni quando ho incontrato Gianni.
   Erano due anni che studiavo all'università quando ho incontrato Gianni.
   I had been studying at the university for two years when I met Gianni.

Attenzione: If the action continues into the present, the present tense is used.

Viviamo in questa casa da venti anni.
We've lived in this house for twenty years.

E The meanings of some verbs change with changes in tense. Compare the meanings of **sapere** and **conoscere** in the **imperfetto** and the **passato prossimo.**

Conoscevo Carlo da molto tempo.
I had known Carlo for a long time.

Ho conosciuto Carlo ieri.
I met Carlo yesterday.

Sapeva fare tutto in casa.
She knew how to do everything in the house.

Ha saputo della sua partenza ieri.
She found out (heard) about his / her departure yesterday.

Esercizi

A. Il signor Lamberti parla con il suo giovane nipote della propria infanzia. Completate con la forma corretta del verbo.

1. Descrive il paese e la gente.
   Quando io ______ (avere) cinque anni, la mia famiglia ______ (vivere) in un paese nel sud d'Italia. ______ (Essere) un paese piccolo dove tutti ______ (conoscersi). Non ______ (esserci) nemmeno un cinema. La domenica la gente ______ (riunirsi) in piazza e ______ (passeggiare) lungo il Corso Garibaldi. Le persone prima ______ (andare) in chiesa e poi ______ (fermarsi) al bar in Piazza del Duomo. (Loro) ______ (comprare) le paste e ______ (chiacchierare) con gli amici. Il proprietario ______ (essere) un uomo molto simpatico e geniale. Gli ______ (piacere) parlare con tutti. Spesso ______ (comporre) dei sonetti ironici per i suoi amici. Tutti gli ______ (volere) un gran bene.

2. Descrive cosa facevano i ragazzi la domenica.
   Per noi ragazzi, la domenica ______ (essere) il giorno più bello della settimana. (Noi) ______ (vestirsi) con i nostri abiti più eleganti e mio padre ci ______ (portare) a fare una passeggiata. Mio padre ci ______ (comprare) il gelato, e poi se ______ (fare) bel tempo (noi) ______ (andare) ai giardinetti del paese. Mio padre ______ (sedersi) su una panchina con gli amici. Mentre mio padre ______ (parlare), io e i miei fratelli ______ (giocare). Noi ______ (correre) fra i viali, e

qualche volta io ______ (cadere) e ______ (piangere). A mezzogiorno mio padre ______ (dire) sempre che (noi) ______ (dovere) tornare a casa a mangiare. Io ______ (proporre) spesso di mangiare un altro gelato prima di tornare a casa, ma mio padre di solito ______ (rifiutare) di accontentarmi.

3. Descrive la casa e la famiglia.
   La nostra casa ______ (avere) più di dieci stanze. Io ______ (essere) molto felice in quella casa. I miei fratelli ______ (essere) più grandi di me e loro ______ (andare) a scuola ogni giorno. (Loro) ______ (frequentare) la scuola elementare nel nostro paese. Mio padre ______ (lavorare) nelle nostre campagne. Lui ______ (coltivare) ortaggi che poi (lui) ______ (vendere) al mercato il sabato. Le terre non ______ (produrre) molto, ma noi non ______ (essere) poveri.

4. Descrive il padre.
   Mio padre ______ (svegliarsi) ogni mattina alle cinque. La mattina ______ (bere) solo il caffè. Non ______ (volere) mai mangiare niente. (Lui) ______ (mettersi) una giacca pesante, perché la mattina ______ (fare) sempre molto freddo, e ______ (uscire). A quei tempi noi non ______ (avere) una macchina e lui ______ (dovere) camminare a piedi per più di un'ora. Comunque, mio padre non ______ (lamentarsi) mai. (Lui) ______ (passare) tutto il giorno in campagna e non ______ (stancarsi) mai. (Lui) ______ (tornare) a casa quando ______ (essere) buio (*dark*).

5. Descrive la madre.
   Mia madre ______ (restare) a casa con me tutto il giorno. Lei ______ (essere) una donna forte, ma allo stesso tempo ______ (dimostrarsi) affettuosa e paziente. Ogni giorno (lei) ______ (pulire) la nostra grande casa e ______ (fare) il bucato (*wash*). Quando ______ (esserci) il sole, (lei) ______ (stendere) i panni sulla terrazza. Mia madre non ______ (sembrare) mai stanca. Mentre ______ (fare) le faccende di casa ______ (cantare) e a volte mi ______ (raccontare) qualche fiaba. Noi ______ (divertirsi) insieme. Quando (lei)______ (finire) di pulire la casa, ______ (giocare) con me in giardino.

B. A settembre il signor Testa torna al lavoro e racconta ad un collega che cosa ha fatto durante l'estate. Completate con il passato prossimo o l'imperfetto dei verbi indicati.

1. Racconta i preparativi ed il viaggio.
   a. Ti ricordi il caldo insopportabile che ______(fare) a giugno e l'afa (*mugginess*) che ______ (esserci) in città? Per questo (noi) ______ (decidere) di partire per la montagna.

b. Quando (noi) _______ (essere) ragazzi _______ (passare) le vacanze al mare, ma quest'anno (noi) _______ (scegliere) di andare in montagna.
c. Così (noi) _______ (partire) da casa il 15 luglio. Quella mattina io e mia moglie _______ (svegliarsi) molto presto e _______ (preparare) tutto ciò che ci _______ (servire) per il viaggio.
d. Alle sei e mezzo i bagagli _______ (stare) già nel portabagagli e i bambini _______ (sedere) ai loro posti, mezzo addormentati.
e. Quando (noi) _______ (arrivare) in paese, _______ (essere) molto tardi.

2. Poi il signor Testa racconta la villeggiatura.
   a. L'estate _______ (passare) in fretta e piacevolmente.
   b. Ogni mattina (io) _______ (recarsi) al piccolo mercato in piazza a comprare tutto ciò che ci _______ (occorrere) per la gita del giorno.
   c. (Noi) _______ (camminare) sempre tanto e anche i bambini _______ (seguire) senza stancarsi troppo.
   d. Infatti (loro) _______ (irrobustirsi, *to grow stronger*) e _______ (crescere) tanto tutti e due. Loro _______ (divertirsi) molto.
   e. Insomma, _______ (essere) un'estate tranquilla e riposante. Tutti noi _______ (rilassarsi).

Il verbo piacere ed altri verbi simili

A The verb **piacere** means *to like* something or somebody. In construction, it is equivalent to the English *to be pleasing to:* the thing liked is the subject of the sentence, and the person who likes it is the indirect object. Thus **piacere** is usually used in the third-person singular or plural.

Mi piace questa foto.
I like this photo. (Literally: This photo is pleasing to me.)

A Carlo piace lo sport. Gli piace lo sport.
Carlo likes sports. He likes sports. (Literally: Sports are pleasing to him.)

Ti piacciono i compagni di scuola?
Do you like your classmates? (Literally: Are your classmates pleasing to you?)

Uses of **piacere** other than in the third person express affection between individuals.

Tu mi piaci.
I like you. (Literally: You are pleasing to me.)

Le piacciamo.
She likes us. (Literally: We are pleasing to her.)

1. **Piacere** is irregular in the present tense.

	piacere
io	piaccio
tu	piaci
Lei / lei / lui	piace
noi	piacciamo
voi	piacete
Loro / loro	piacciono

2. In compound tenses, **piacere** is always conjugated with **essere.** The past participle, **piaciuto,** agrees in number and gender with the subject (the thing liked).

   Mi sono piaciute quelle tue amiche.
   I liked those friends of yours.

3. The negative of **piacere** is **non piacere,** *to not like, to be displeasing.*

   Il pattinaggio non mi piace.
   I don't like skating.

4. The verb **dispiacere**, conjugated like **piacere,** means *to be sorry,* in the sense of both apology and sympathy.

   Mi dispiace. Mi è caduto il portafotografie.
   I'm sorry. I dropped the picture frame.

   Mi è dispiaciuto sentire che Giulio va male a scuola.
   I was sorry to hear that Giulio is not doing well in school.

   In the negative, **dispiacere** can also mean *not to mind.*

   Non ci dispiace affatto parlare del passato.
   We don't mind at all discussing the past.

B Several frequently used verbs are identical to **piacere** in construction. That is, they are frequently used in the third-person singular or plural with an indirect object.

1. **bastare** *to be enough, to suffice*

   Non gli basta quello che guadagna.
   What he earns isn't enough for him.

2. **mancare** *to miss, to be lacking, to need, to be out of*

   Tu mi manchi molto.
   I miss you a lot.

   Le mancano ancora due esami.
   She still needs to take two exams.

3. **occorrere** *to need; to be necessary*

   Ci occorre il Suo indirizzo.
   We need your address.

4. **restare** *to remain*

   Ti restano ancora alcuni giorni di vacanza.
   You still have a few days of vacation left.

5. **servire** *to be useful; to need; to be necessary*

   Oggi mi serve la macchina.
   I need the car today.

In compound tenses, these verbs are conjugated with **essere**. Their past participles thus agree with the subject in number and gender.

I nostri amici ci sono mancati.
We missed our friends.

Il tuo consiglio mi è servito molto.
Your advice has been very useful for me.

Esercizi

A. Adriana si è appena trasferita con la famiglia in una nuova casa di campagna. Discute le sue impressioni con Roberta, una compagna di scuola della città che ha lasciato. Completate con la forma e il tempo corretto di uno dei verbi della lista, e con il pronome indiretto appropriato dove è necessario.

bastare	dispiacere	occorrere	mancare
piacere	restare	servire	

1. Parlano della campagna e della nuova casa.
   a. ADRIANA: Non sono affatto contenta di vivere in campagna. Non ______ ______ la natura. Sono molto triste qui. ______ ______ la vita movimentata della città. Per essere felice ______ ______ molto di più. Tu e tutti gli amici ______ ______ molto.
   b. ROBERTA: Tu non sei mai contenta. La casa in città non ______ ______. Dicevi sempre che era troppo piccola e che ______ ______ più spazio. L'anno scorso sei andata in Francia e neanche la Francia ______ ______. Perchè ______ ______ così tanto esserti trasferita?
   c. ADRIANA: Devo ammettere che la casa è molto bella, e non ______ ______ affatto. Anche i vicini ______ ______. Loro sono molto simpatici e sempre premurosi.
   d. ROBERTA: Cosa pensa tuo fratello della nuova casa e dei vicini? ______ ______?

e. ADRIANA: Lui è molto contento qui in campagna. La casa ______ ______ molto. Lui è un tipo solitario. Non ______ ______ gli amici. ______ ______ poco per essere felice. ______ ______ un po' di pace e tranquillità.

2. Poi Adriana descrive a Roberta i nuovi amici e la nuova scuola.
   a. ROBERTA: Non ______ ______ la nuova scuola?
   b. ADRIANA: La scuola non ______ ______ affatto. Ho conosciuto una ragazza molto simpatica che abita qui vicino. Lei si accontenta di poco e ______ ______ cose semplici per essere felice. Ieri siamo andate al cinema con due compagni di scuola. Abbiamo visto due film. I film ______ ______. I due ragazzi invece si sono annoiati, perché i film non ______ ______ per niente.
   c. ROBERTA: Come vi muovete? ______ ______ sempre la macchina?
   d. ADRIANA: Per muoversi, qui in campagna, più di tutto, ______ ______ una bicicletta. Non ci sono mezzi pubblici. A mia madre tutto questo ______ molto, non ______ ______ niente della città.
   e. ROBERTA: Cerca di venire in città più spesso a trovarmi. Anche tu ______ ______ molto.

Ci

A **Ci** has several meanings and functions. It is both a direct and an indirect object pronoun, equivalent to the English *us* and *to us* (pages 97 and 101), and a reflexive pronoun, meaning *ourselves* (page 60).

Ci is also an adverb, and it has several idiomatic usages. Occasionally **vi** is used in place of **ci** to avoid ambiguity. **Vi** is not very common, however, and has a literary flavor.

1. The adverb **ci** substitutes for prepositional phrases with **a, in,** and **su** that refer to physical locations.

   Quando andate in montagna?—Ci andiamo domani.
   When are you going to the mountains? We are going (there) tomorrow.

   Che cosa metti nello zaino?—Ci metto i libri e i quaderni.
   What are you putting in the knapsack? I am putting our books and notebooks in it.

2. **Ci** can also substitute for an entire phrase governed by the prepositions **a, in,** and **su.**

   Pensi mai al vecchio quartiere?—Ci penso spesso.
   Do you ever think about the old neighborhood? I often think about it.

   Contavi sulla sua amicizia?—Sì, ci contavo.
   Were you counting on his friendship? Yes, I was counting on it.

3. **Ci** can take the place of an infinitive phrase governed by the preposition **a.**

   Siete riuscite a risolvere quel problema di matematica?—Sì, ci siamo riuscite.
   Were you able to solve that math problem? Yes, we were.

   Hai provato a parlare con il professore?—Sì, ci ho provato.
   Did you try to speak with your professor? Yes, I tried.

B **Ci** has an idiomatic function when used with certain verbs. In these expressions, it has no specific meaning and cannot be separately translated.

1. **c'è / ci sono** *there is, there are*

   Qui ci sono molte persone.
   There are a lot of people here.

2. **ci vuole / ci vogliono** *it takes, one needs*

   The expression **ci vuole / ci vogliono** is impersonal; that is, it is always phrased in the third-person singular or plural. The singular is used when the object is singular, and the plural when the object is plural.

   Quanto tempo ci vuole per andare da Roma a Milano?
   How long does it take to go from Rome to Milan?

   Ci vogliono sette ore per andarci in macchina.
   It takes seven hours to get there by car.

   Ci vogliono buoni voti per passare agli esami.
   One needs good grades to pass the exams.

   In compound tenses, the verb **volerci** is conjugated with **essere.**

   Ci sono voluti cinque giorni per finire quella ricerca.
   It took five days to finish that research project.

3. **metterci** *to take*

   The expression **metterci** has the same meaning as **ci vuole,** but it is not impersonal; it is used when talking about specific people. In compound tenses, **metterci** is conjugated with **avere.**

   Quanto tempo ci mettete per andare da Roma a Milano?
   How long does it take you to go from Rome to Milan?

   Ci abbiamo messo sette ore per andarci in macchina.
   It took us seven hours to get there by car.

4. **vederci** *to be able to see* and **sentirci** *to be able to hear*

   Con questo buio non ci vedo per niente.
   In this darkness I can't see anything.

   Devi parlare più forte. Mio nonno non ci sente affatto.
   You have to speak louder. My grandfather can't hear at all.

5. **entrarci** *to have to do with something*

   Io non c'entro niente con le tue questioni di famiglia.
   Your family matters have nothing to do with me.

6. **averci** *to have,* **avercela con** *to be angry at*

   Ce l'hai ancora il suo numero di telefono?
   Do you still have his phone number?

   No, non ce l'ho più.
   No, I don't have it anymore.

   Ce l'hai con me?
   Are you angry at me?

7. **caderci** or **cascarci** *to fall for it*

   Mi ha creduto; ci è cascato.
   He believed me; he fell for it.

C **Ci** follows the same rules of placement as other object pronouns. It precedes conjugated verbs and attaches to infinitives, gerunds, and the informal imperative. With the verbs **dovere, potere,** and **volere,** it can either precede the verb or be attached to the accompanying infinitive.

Ecco la chiesa: vogliamo entrarci?
Ecco la chiesa: ci vogliamo entrare?
There's the church: shall we go in?

Ne

A **Ne** substitutes for a direct object accompanied by a number or expression of quantity; this use is equivalent to the English *of it / them.* **Ne** also subtitutes for a prepositional phrase governed by the preposition **di;** this use is equivalent to the English *of it / them, about it / them.* **Ne** also has a number of idiomatic uses.

1. **Ne** can substitute for a direct object accompanied by a number or adjective of quantity.

   Hai molti esami da dare?—Sì, ne ho ancora molti.
   Do you have a lot of exams to take? Yes, I still have a lot (of them).

   Segui parecchi corsi?—Sì, ne seguo parecchi.
   Are you taking many classes? Yes, I am taking many (of them).

   With imprecise quantities, expressed by **di** + *article* to mean *some / any,* the quantity is not repeated with **ne.**

   Hai letto degli articoli su questo soggetto?—Sì, ne ho letti.
   Have you read any articles on this subject? Yes, I've read some.

   Studiate delle materie difficili?—Sì, ne studiamo diverse.
   Are you studying some difficult subjects? Yes, we are studying several.

   In compound tenses, when **ne** substitutes for a direct object, the past participle agrees with the direct object (or the quantity).

   Quante rose hai comprato?
   How many roses did you buy?

   —Ne ho comprat**e** dodici.
   I bought twelve (of them).

   —Ne ho comprat**e** una dozzina. Ne ho comprat**a** una dozzina.
   I bought a dozen of them.

2. **Ne** takes the place of prepositional phrases introduced by the preposition **di.**

   Parla spesso della sua infanzia?—Non ne parla mai.
   Does he often talk about his childhood? He never talks about it.

   Hai paura del cane?—Sì, ne ho paura.
   Are you afraid of the dog? Yes, I'm afraid of it.

   When **ne** takes the place of a phrase governed by the preposition **di,** there is no agreement with the past participle in compound tenses.

   Ha parlato della sua adolescenza a lungo. Ne ha parlato a lungo.
   He talked about his youth for a long time. He talked about it for a long time.

Some common verbs and expressions that take the preposition **di** are:

accorgersi di *to notice, to realize*
avere bisogno / paura / voglia di, ecc. *to need, to fear, to want, etc.*
dimenticarsi di *to forget*
rendersi conto di *to notice, to realize*
ricordarsi di *to remember*
sapere di *to know*

Ti sei accorta di come è cambiato il vecchio quartiere? —Sì, me ne sono accorta.
Did you notice how the old neighborhood has changed? Yes, I noticed it.

Cosa sai dei nostri compagni di scuola? —Io non ne so più nulla.
What do you know about our classmates? I don't know anything about them anymore.

3. **Ne** can also substitute for **da** + *a place.*

A che ora è uscita dal negozio?—Ne è uscita alle nove.
At what time did she leave the store? She left (there) at nine.

B Like **ci, ne** has a number of idiomatic usages that cannot be translated literally. **Ne** is used idiomatically with the reflexive forms of the verbs **andare, ritornare,** and **stare: andarsene, ritornarsene,** and **starsene.** Only **andarsene** changes its meaning (*to leave, to take off*). The other two verbs are identical in meaning to their nonreflexive forms.

Se ne sono ritornati già?
Have they already returned?

Ce ne stiamo a casa.
We're staying home.

Lorenzo se ne è già andato.
Lorenzo already left. Lorenzo already took off.

	andarsene	ritornarsene	starsene
io	me ne vado	me ne ritorno	me ne sto
tu	te ne vai	te ne ritorni	te ne stai
Lei / lei / lui	se ne va	se ne ritorna	se ne sta
noi	ce ne andiamo	ce ne ritorniamo	ce ne stiamo
voi	ve ne andate	ve ne ritornate	ve ne state
Loro / loro	se ne vanno	se ne ritornano	se ne stanno

C **Ne** follows the same rules of placement as other pronouns: it precedes conjugated verbs and attaches to infinitives, gerunds, and the informal imperative.

With the verbs **dovere, potere,** and **volere,** it can either precede the verb or attach to the accompanying infinitive.

Quanti esami dai quest'anno?—Ne do tre.
How many exams are you taking this year? I am taking three (of them).

Tu leggi pochi libri. Leggine di più.
You read few books. Read more of them!

Esercizi

A. La signora Matilda e sua sorella Giulia rievocano insieme la casa dove hanno passato l'infanzia. Però le due donne ricordano le stesse cose in modo diverso. La signora Giulia non è d'accordo con le affermazioni della sorella Matilda. Completate le frasi con **ci** o **ne** e fate l'accordo con il participio passato quando è necessario.

1. MATILDA: Il giardino era bellissimo. Papà _______ piantava sempre dei bei fiori.
2. GIULIA: In giardino? Papà non _______ coltivava mai niente. La mamma qualche volta _______ metteva delle piante.
3. MATILDA: Delle piante? Non è vero. Mamma non _______ metteva mai nessuna in giardino. Le piante le teneva sempre tutte in casa.
4. GIULIA: Papà aveva molta pazienza con i fiori, ma la mamma non _______ ha mai avut___ molta.
5. MATILDA: Ti ricordi il salotto? Io _______ passavo ore e ore ogni giorno a leggere ed a scrivere.
6. GIULIA: In salotto? Noi non _______ potevamo mai entrare perché mamma _______ aveva messo dei bei mobili antichi e ci aveva proibito di entrar___. _______ aveva anche messo dei quadri d'autore (*original paintings*).
7. MATILDA: Dei quadri d'autore? No, non _______ ha mai mess___ in salotto. _______ ha appes___ alcuni solo in sala da pranzo.
8. GIULIA: Ti piacerebbe tornar_______ insieme? Magari un giorno _______ andiamo e _______ passiamo tutta la giornata. Che _______ dici?
9. MATILDA: Papà _______ ha messo una vita per costruire quella casa, e io non voglio vedere che cosa _______ hanno fatto le persone che _______ vivono adesso.

B. Riccardo torna dopo tanti anni a visitare il quartiere dove abitava da ragazzo. Completate le frasi seguenti scegliendo tra le particelle **ci** e **ne.**

1. Non ______ sono più le stesse persone. Riccardo cerca alcuni amici, ma ______ ritrova soltanto uno, Paolo. I due rievocano insieme i vecchi tempi.
2. RICCARDO: Ecco il giardinetto dove giocavamo tutti i pomeriggi! Ti ricordi? ______ stavamo ore ed ore e ______ venivamo via solo all'ora di cena.
3. PAOLO: Ecco la casa di Marinella. ______ passavamo davanti al ritorno da scuola. Com'era bella! Che cosa ne è stato di lei? ______ sai niente?
4. RICCARDO: No, non ______ ho saputo più nulla dopo il liceo. Tante volte la nonna di Marinella preparava delle frittelle calde e noi ______ mangiavamo tante. Mi sembra di sentir___ ancora il profumo.
5. RICCARDO: Hai finito gli esami all'università? Io ______ ho ancora tre e poi potrò dedicarmi alla tesi.
6. PAOLO: Io invece ho finito gli esami. Infatti all'università non ______ devo andare più. ______ vado solo per parlare con il relatore della tesi (*thesis adviser*).
7. RICCARDO: A volte è un po' triste tornare nei luoghi del passato e forse io qui non voglio rivenir___ più. Senza le stesse persone, sembra un altro posto.

C. Il signor Pancrazi parla con il figlio dei suoi giorni scolastici. Il figlio gli fa delle domande e lui risponde. Rispondete alle domande del figlio e sostituite ai nomi e alle espressioni in corsivo **ci, ne, lo, li, la, le, gli** o **le.**

1. Quante *ore* al giorno passavi a scuola?
2. Come andavi *a scuola*?
3. Avevi *molti amici*?
4. Avevi paura *degli esami*?
5. Hai marinato (*cut*) *la scuola* qualche volta?
6. Che cosa hai detto *alla tua professoressa*?
7. Sei riuscito *a convincerla*?
8. Per quanti anni hai frequentato *l'università*?
9. Quanti *esami* hai dato?
10. Quando hai ripreso ad andare *all'università*?
11. Hai più rivisto *i tuoi amici*?
12. Pensi mai *agli anni della tua giovinezza*?

Scriviamo

Come indicare la sequenza temporale

Prima di iniziare a scrivere prepara una lista degli avvenimenti che vuoi raccontare e poi stabilisci la sequenza temporale degli episodi. Quindi scegli le espressioni più adatte a connettere i fatti tra loro in ordine cronologico. Le parole e le espressioni che seguono sono utili per indicare la sequenza delle azioni.

all'inizio / al principio	*at first*
prima / prima di tutto	*first / first of all*
il primo giorno	*the first day*
i primi giorni	*the first days*
la prima settimana	*the first week*
la prima volta	*the first time*
una volta / due volte	*once / twice*
qualche volta	*sometimes*
dopo / dopodiché	*after / after that*
quindi	*afterwards, then*
il giorno dopo	*the day after*
in seguito	*after*
più tardi	*later*
poi	*after*
finalmente	*at last / finally*
alla fine / in fine	*in the end*

Quando scrivi è necessario esprimere i tuoi pensieri in ordine logico. Se scrivi di cose che hai fatto nel passato, in genere racconti in ordine cronologico.

Temi

1. Tutti ricordiamo con dispiacere e a volte anche con rancore una persona che ci ha fatto soffrire. Scegli, fra le figure del tuo passato, un professore / una professoressa, un compagno / una compagna di scuola o un bambino / una bambina vicino / vicina di casa di cui hai ricordi spiacevoli.
   a. Descrivi fisicamente com'era la persona.
   b. Narra che cosa faceva e cosa non faceva.
   c. Racconta un episodio specifico di cui ti ricordi.
2. Parla del tuo primo giorno al liceo o all'università.
   a. Descrivi i tuoi sentimenti.
   b. Descrivi i tuoi compagni e i tuoi insegnanti.
   c. Descrivi la scuola.
   d. Racconta che cosa hai fatto e che cosa hanno fatto i tuoi compagni e i tuoi insegnanti.

Parole ed espressioni chiave

Per parlare di cose e persone del passato

l'adolescenza *adolescence*
l'affetto *affection*
l'allegria *cheerfulness*
l'amico / l'amica d'infanzia *childhood friend*
il bagno *bathroom*
il cortile *courtyard*
la cucina *kitchen*
la delusione *disappointment*
il disagio *discomfort*
il dispiacere *sorrow*
l'emozione (*f.*) *emotion*
la fanciullezza *childhood*
la felicità *happiness*
il giardino *garden*
la gioia *joy*
la gioventù / la giovinezza *youth*
l'imbarazzo *embarrassment*
l'incertezza *uncertainty*
l'insegnante (*f. and m.*) *teacher*
il luogo / il posto *place*
il maestro / la maestra *elementary school teacher*
la malinconia *melancholy*
la maturità *middle age*
la memoria di ferro *good memory*
il migliore amico / la migliore amica *best friend*
la nostalgia *nostalgia*
l'odio *hatred*
il palazzo *building*
il professore / la professoressa *professor*
il quartiere *neighborhood*
la rabbia *rage*
i ricordi *memories*
il rimpianto *regret*
la sala da pranzo *dining room*
il salotto *living room*
la sensazione *sensation*
il sentimento *feeling*
il sobborgo *suburb*
il soggiorno *family room*
la stanza *room*
le tappe della vita *phases of life*
la tenerezza *tenderness*
la tristezza *sadness*
la vecchiaia *old age*
il vicino / la vicina *neighbor*
la zona *area, neighborhood*

antipatico, -a *disagreeable*
borghese *middle-class*
centrale *central*
di lusso *elegant*
fastidioso, -a *annoying*
gradevole *agreeable, pleasant*
malfamato, -a *disreputable*
molesto, -a *bothersome*
odioso, -a *hateful, repulsive*
periferico, -a *in the outskirts*
pieno di verde *full of vegetation*
povero, -a *poor*
ricco, -a *rich*
sgradevole *unappealing*
signorile *elegant, refined*
spiacevole *unpleasant*
soleggiato, -a *sunny*
squallido, -a *bleak*

commuovere / commuoversi *to move, to be moved*
dimenticare / dimenticarsi di *to forget*
provare / sentire *to feel, to experience an emotion*

rammentare / rammentarsi di *to recall*
ricordare / ricordarsi di *to remember*
rievocare *to evoke*
rimpiangere *to regret*

Per parlare dei ricordi di scuola

l'alunno *pupil*
l'asilo / la scuola materna *nursery school*
l'astuccio *pencil box*
l'aula *classroom*
il banco *classroom desk*
il bel voto / il brutto voto *good grade / bad grade*
la cartella *schoolbag*
la cattedra *teacher's desk*
un compagno / una compagna *a school friend*
il diploma *diploma*
gli esami di maturità *high school proficiency exams*
la frequenza obbligatoria *mandatory attendance*
il grembiule *pinafore, smock*
l'interrogazione (*f.*) *oral exam*
l'intervallo *break*
la laurea *university degree*
il liceo *high school*
la materia *course, subject*
la merenda *snack*
la pagella *report card*
la ricreazione *break*
lo scolaro *pupil*
la scuola *school*
la scuola elementare *elementary school*
la scuola media *junior high, middle school*
l'università *university*

andare bene / male a scuola *to do well / badly in school*
dare un esame *to take an exam*
diplomarsi *to graduate from high school*
essere bravo in una materia *to be good in a subject*
essere dotato / portato per *to be gifted at*
essere interrogato *to take oral exams*
essere promosso / bocciato *to pass / to fail*
essere rimandato in una materia *to fail a course*
fare dispetti a una persona *to torment / insult someone*
fare degli scherzi *to play tricks*
laurearsi *to graduate from college*
prendere bei / brutti voti *to get good / bad grades*
prendere in giro una persona *to make fun of a person*
riuscire *to succeed*
scherzare *to joke*

Il lavoro e le prospettive per il futuro

Imprenditori di oggi che programmano il futuro.

Temi

- I progetti per il futuro
- Il lavoro e la carriera
- Le aspirazioni, i sogni e le speranze che potrebbero avverarsi
- I desideri che non possono più realizzarsi

Strutture

- Il futuro
- Il modo condizionale
- I pronomi combinati

Progetti per il futuro: lavoro e carriera

INTRODUZIONE

Noi non sappiamo quale sortiremo[1]
domani, oscuro[2] *o lieto;*
forse il nostro cammino
a non tocche radure[3] *ci addurrà*[4]
dove mormori eterna l'acqua della
giovinezza.

— Eugenio Montale, «Noi non sappiamo».

1. We will draw (as in a lottery) 2. dark
3. a... to untouched meadows 4. will lead us

Una giovane farmacista a Bologna controlla una ricetta medica.

Per parlare del lavoro e della carriera

Tutti, soprattutto i giovani, fanno piani e programmi per prepararsi ad affrontare la vita e ad entrare nel mondo del lavoro.

Parole in contesto

1. Quando cerchiamo lavoro, un impiego o un posto, la prima cosa da fare è preparare un curriculum, in cui indichiamo i nostri titoli di studio, cioè il diploma o la laurea, le nostre esperienze professionali e le diverse qualifiche. Poi facciamo domanda per un determinato posto di lavoro.
2. Per decidere dove e a chi mandare il curriculum, leggiamo gli annunci o le inserzioni sul giornale con le offerte di lavoro, o ci informiamo attraverso agenzie di collocamento.
3. Prima di assumere una persona, il datore di lavoro la chiama a sostenere un colloquio. Durante il colloquio il datore di lavoro fa tante domande sul curriculum e dà informazioni sullo stipendio, sull'orario di lavoro, sui compiti e sulle responsabilità, sui diritti e sui doveri, sulle ferie, cioè le vacanze pagate, e sulle possibilità di carriera.
4. Per molti posti, soprattutto statali, invece del colloquio si deve fare un concorso, che è una specie di esame.

5. Chi non è soddisfatto del proprio lavoro può dimettersi, cioè dare le dimissioni da un posto. Quando non c'è abbastanza lavoro il datore di lavoro può licenziare i dipendenti o metterli in cassa integrazione.

6. La ditta può essere un'azienda privata o pubblica. Un'azienda può essere commerciale, industriale o agricola. Un'impresa edile è una ditta di costruzioni.

7. Il lavoro può essere un mestiere, spesso manuale, una professione o un impiego. Mestieri sono ad esempio quelli dell'idraulico, del meccanico e dell'elettricista. Gli impiegati generalmente lavorano in un ufficio. Avvocati, medici, dentisti, architetti, ingegneri e commercialisti sono professionisti e lavorano in uno studio.

8. Un ragioniere si occupa soprattutto di contabilità. Un imprenditore è chi gestisce la propria ditta o impresa. Chi vende in un negozio fa il commesso o la commessa.

9. In ogni lavoro siamo incaricati di certe mansioni specifiche. Un lavoro può essere a tempo pieno o part-time, stabile e fisso o saltuario e temporaneo.

10. In una fabbrica, dove per esempio si costruiscono le automobili, lavorano manovali, operai, tecnici, ingegneri e dirigenti. Gli operai spesso lavorano alla catena di montaggio. La fabbrica è divisa in reparti. Un reparto è diretto da un caporeparto, ed un ufficio è amministrato da un capufficio.

11. Un tipo di attività ancora molto importante e diffusa in Italia è quella dell'artigiano, che realizza oggetti d'arte e manufatti.

Descriviamo

1. Descrivete la foto.
2. Che lavoro fanno le persone della foto? Dove sono?
3. Come si svolgerà la loro giornata lavorativa?

Immaginiamo e inventiamo

1. Divisi in gruppi, immaginate di essere i datori di lavoro che offrono uno dei posti degli annunci che seguono. Ogni gruppo decide le qualifiche necessarie per il lavoro scelto, prepara le domande da fare ed intervista un compagno / una compagna.

> **impiegati**
>
> **IMPRESA** di costruzioni cerca giovane studente universitario part-time (mattino) per effettuare commissioni varie in Torino. Telefonare al 747.676 o scrivere: Publikompass 7430 - 10100 Torino.
>
> **MOBILIFICIO** cerca giovane architetto o venditore / trice con provata esperienza. Telefonare 901.1386.
>
> **PRIMARIA** azienda commerciale cerca segretaria / o direzione steno / dattilo corrispondente inglese-francese possibilmente pratica lavori ufficio. Inviare curriculum. Scrivere: Publikompass 5048 - 10100 Torino.
>
> **AZIENDA** artigiana meccanica cerca ragioniera giovane referenziata lavori ufficio contabilità, richiesta patente. Telefonare 383.263.

2. Come si saranno preparati i seguenti professionisti per esercitare la loro professione?
   a. un architetto
   b. una dottoressa
   c. un impiegato in un'agenzia di viaggi
   d. un professore universitario
   e. una produttrice televisiva
   f. una dirigente d'azienda
3. A gruppi di due, immaginate il colloquio tra un datore di lavoro e i seguenti personaggi:
   a. un avvocato che cerca lavoro in uno studio prestigioso
   b. uno studente che cerca un lavoro estivo
   c. una signora che non lavora da molti anni, che cerca lavoro in una galleria d'arte
4. Un giovane laureato / Una giovane laureata ha trovato lavoro in una grande ditta. Dopo pochi mesi, comincia ad essere assente molto spesso. Immaginate il dialogo dei colleghi che fanno supposizioni su cosa gli / le sarà successo.

Prepariamoci a leggere

1. Che lavoro cercherai dopo aver finito gli studi? Che tipo di carriera vorresti? Che cosa ti aspetti dal lavoro? Come pensi che si svolgerà la tua settimana lavorativa?

2. Preferiresti lavorare in una grande ditta o in una piccola impresa? Paragona i vantaggi e gli svantaggi del lavoro in una multinazionale e in una piccola azienda, tenendo presente gli elementi seguenti:

   a. rapporti interpersonali
   b. possibilità di carriera
   c. stipendio
   d. organizzazione del lavoro

3. I seguenti dati sono il risultato di un sondaggio fra giovani italiani riguardo al lavoro e alle aspettative per il futuro. Leggili attentamente e rispondi alle domande che seguono.

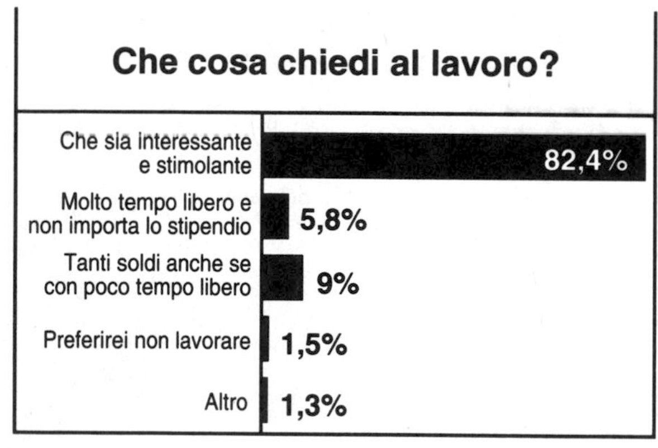

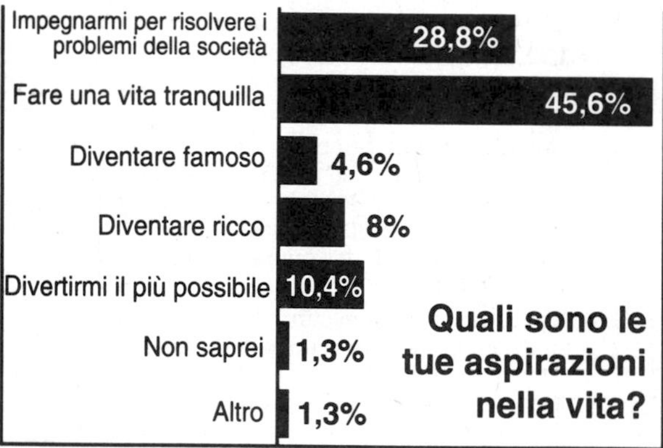

   a. Che cosa rivelano i risultati delle statistiche sul carattere dei giovani italiani? Cosa si aspettano i giovani italiani dal lavoro?
   b. Cosa rende un lavoro interessante e stimolante?
   c. Quali sono gli aspetti positivi e negativi del lavorare molto e guadagnare molto? E del lavorare poco e guadagnare poco?
   d. Cosa faresti tu con molto tempo libero e pochi soldi?
   e. Come risponderebbero i tuoi amici alle stesse domande? Come risponderesti tu?

Il brano che segue parla delle difficoltà che un giovane laureato incontra nel cercare lavoro.

A Marco Spinello, 26 anni, laureato in ingegneria aeronautica al Politecnico di Milano: —Ho inviato cinquanta copie del mio curriculum, anche all'estero°, ma non ho ricevuto nessuna offerta. Piuttosto che starmene a casa, faccio lavoretti° per un'azienda di materie plastiche. Sono molto deluso. Dicevano che una laurea in ingegneria del Poli apre tutte le porte.

abroad
temporary jobs

— *L'Espresso.*

Il brano che segue tratta di alcune differenze tra le grandi e le piccole aziende.

B —Al di là° dello stipendio, scegliere l'azienda giusta vuol dire soprattutto individuare quella che più si adatta alle proprie esperienze e aspirazioni.—Come dire che chi sogna stipendio sicuro e permessi° facili non può seguire gli stessi parametri di chi punta° un giorno a una poltrona da dirigente° [...]. Le grandi imprese o addirittura le multinazionali hanno una struttura complessa e fortemente burocratizzata [...]. La piccola azienda invece offre un clima più «familiare», una ripartizione° dei compiti meno restrittiva.

Al... Aside from
leaves of absence
aspires
poltrona... executive chair
division

— *Anna.*

I due brani che seguono parlano delle donne che lavorano e delle difficoltà di conciliare lavoro e famiglia.

C Hanno cresciuto i figli. Presidiato° la casa. Organizzato cene di famiglia per Pasqua e Natale. E adesso vogliono girare pagina. Così, sulla soglia° dei quarant'anni, molte donne riprendono a leggere le inserzioni sui quotidiani°, [...] frequentano corsi per imparare un mestiere o recuperare vecchie capacità arrugginite° in lunghe giornate di vita casalinga. Il fenomeno è evidentissimo negli Stati Uniti e nei maggiori paesi europei. [...] Ma il desiderio di riscossa° delle quarantenni non può essere spiegato solo in termini economici. Figli grandi. Senso di solitudine. Voglia di mettersi alla prova°. Desiderio di indipendenza economica. Questi sono i motivi che spingono tante donne mature a trovarsi un'occupazione fuori casa.

supervised
threshold
giornali
become rusty
redemption
mettersi... to test themselves

— *Anna.*

D Nelle coppie a *doppia carriera* un pericolo c'è: quello che la psicologa americana Hansen Shaevitz ha chiamato la Sindrome da Superwoman. Ovvero°: fare tutto, essere dappertutto°. Brillare in società, riuscire bene in ufficio ma anche portare i bambini dal pediatra o alle lezioni di nuoto, pagare l'affitto, andare alle riunioni° scolastiche, conciliare il manicaretto domenicale° con la relazione° al Consiglio di Amministrazione°.

In other words / everywhere

meetings

manicaretto... special Sunday dish / report / Board of Directors

— *Grazia.*

Parliamo e discutiamo

1. Secondo il brano A, le affermazioni seguenti sono vere o false?
   a. Il Politecnico di Milano è università prestigiosa.
   b. Il giovane lavorerebbe anche all'estero.
   c. Marco ha molte prospettive per il futuro.
   d. Marco preferisce lavoretti saltuari ad un lavoro stabile.
   e. Non si può mai essere sicuri di trovare lavoro.
2. Secondo il brano B, che cosa si deve prendere in considerazione nella scelta del lavoro?
3. Perché le donne del brano C cercano un lavoro fuori casa?
4. Definite la «Sindrome da Superwoman».
5. Spiegate che cosa significa, nel brano D, «conciliare il manicaretto domenicale con la relazione al Consiglio di Amministrazione».
6. Pensate che la scuola vi prepari per il mondo del lavoro? Sotto quali aspetti sarete preparati e in quali invece non lo sarete?
7. In quali campi (*fields*) oggi si trova lavoro più facilmente e in quali invece è difficile sistemarsi (*get settled in a job*)? Quali categorie di impiego offrono redditi (*earnings*) più elevati nella situazione economica attuale?

Sogni e desideri per il futuro

INTRODUZIONE

Chi immaginava che il mio futuro sarebbe stato quello che ora è il mio presente! [...] Oh, come lo conosco quello che un tempo era il mio futuro!

Saverio Strati, *Cari parenti.*

Un negozio dove puoi comprare i tarocchi.

Per parlare dei sogni e dei desideri

Tutti abbiamo sogni ed aspirazioni e tutti ci sentiamo incerti sul nostro futuro. Tanti consultano l'oroscopo per sapere cosa accadrà. Ma anche coloro che non credono alle stelle si domandano come sarà la loro vita e immaginano i cambiamenti che potrebbero avvenire. Alcuni dei nostri desideri si avverano e altri no, facendo a volte nascere rimpianti e nostalgie.

Parole in contesto

1. Quasi tutti hanno paura delle incognite del futuro, ma molti non amano la vita monotona e si entusiasmano davanti agli imprevisti.
2. Alcuni sognano ad occhi aperti ed immaginano come potrebbe essere diversa la propria vita.
3. Altri credono ai sogni e pensano di poter prevedere, o predire il futuro. Pensano anche di potersi fidare del proprio intuito e dei propri presentimenti su ciò che potrebbe accadere.
4. Altri invece non fanno mai castelli in aria e sono pratici e realisti. Affrontano ad occhi aperti il proprio futuro.
5. A seconda della data di nascita, ognuno ha il proprio segno zodiacale. L'oroscopo predice il futuro e la sorte, cioè il destino di ognuno.

6. Chi crede all'oroscopo e all'astrologia crede anche che la propria vita sia influenzata o determinata dagli astri, cioè dalle stelle e dai pianeti.
7. Quasi sempre gli oroscopi indicano le opportunità positive che si presenteranno. Ma possono anche alludere alle avversità e alle situazioni sfavorevoli.
8. Se non conosciamo il futuro, forse affrontiamo meglio i problemi, con maggiore speranza di farcela a superarli e di cavarcela con i nostri mezzi.

Descriviamo

1. Descrivete il disegno.
2. Che tipo di incidente avrà avuto il ragazzo del disegno? Cosa non avrebbe fatto prima dell'incidente sapendo le conseguenze? Immaginate cosa vorrebbe fare in questo momento.

Immaginiamo e inventiamo

1. Immagina che un lontano parente ti lasci in eredità una grossa somma di denaro. Cosa faresti con i soldi?
2. Descrivi il tuo uomo o la tua donna ideale. Immagina che cosa faresti per farlo / la felice, che cosa farebbe lui / lei per farti felice e come sarebbe la vostra vita insieme.
3. Immagina che cosa avresti o non avresti fatto di diverso nelle seguenti situazioni se avessi saputo le eventuali conseguenze.
   a. Non sei in forma perché da ragazzino / ragazzina non facevi sport di nessun genere.
   b. Hai prestato una grossa somma di denaro ad un amico / un'amica che non te l'ha restituita.
   c. Sei andato / andata ad una festa dove non ti sei divertito / divertita.

Prepariamoci a leggere

1. Credi agli oroscopi e all'influenza degli astri?
2. Qual è il tuo segno zodiacale? Come sono i nati sotto il tuo segno? Con quali altri segni vai più d'accordo?
3. Immagina cosa potrebbe dire il tuo oroscopo ideale per la settimana prossima, per quanto riguarda:

   a. il lavoro
   b. gli imprevisti
   c. gli affetti
   d. i giorni favorevoli
   e. la salute

4. A gruppi di due, uno studente / una studentessa fa la parte di un indovino / un'indovina e predice all'altro / altra come sarà la sua vita fra dieci anni, seguendo il seguente schema:

   a. Cosa farà dopo che avrà finito gli studi.
   b. Come sarà la sua vita familiare e sociale.
   c. In che città vivrà dopo che avrà trovato lavoro.
   d. Come sarà la sua casa.

5. Che cosa rispondevi quando eri bambino / bambina se ti domandavano cosa ti sarebbe piaciuto fare da grande? Come sono cambiate le tue aspirazioni? Che cosa risponderesti tu adesso?

Nelle pagine seguenti è riportato l'oroscopo settimanale per tutti i segni dello zodiaco.

ARIETE

dal 21-3 al 20-4

Una decisione da prendere all'improvviso vi metterà in serio imbarazzo. Ricorrete° all'esperienza e al buonsenso. Siate molto prudenti ed evitate di esporvi° inutilmente a critiche e giudizi. *Affetti:* vi siete avviati per una via decisamente pericolosa. Rifflettete con calma prima di prendere una posizione precisa. *Salute:* disturbi reumatici.

Ricorrete° consult
esporvi° expose yourselves

TORO

dal 21-4 al 20-5

La meta° che volete raggiungere è ambiziosa ma non impossibile. Abituatevi subito alle rinunce che sarete costretti a fare in futuro: così potrete preparare la strada al successo. *Affetti:* una sorpresa movimenterà questo settore finora piuttosto calmo. Ma non agitate troppo le acque: potreste rischiare grosso. *Salute:* abbastanza buona.

meta° goal

GEMELLI

dal 21-5 al 21-6

Un fatto nuovo nell'ambiente di lavoro darà un diverso interesse alla vostra attività. I risultati non saranno immediati, ma non per questo dovrete farvi cogliere° dalla depressione. *Affetti:* continuate nella linea di condotta che avete adottato col *partner* senza curarvi dei consigli altrui. I fatti vi daranno ragione. *Salute:* leggere emicranie.

farvi... give in

Agite con le opportune° cautele e potrete realizzare nel lavoro anche i sogni più ambiziosi. Siate più prudenti nel dare giudizi sui vostri colleghi: rischiate di compromettere gran parte delle vostre aspettative. *Affetti:* non giungete troppo presto alle conclusioni nel giudicare la persona che amate. Riflettete con calma. *Salute:* molto soddisfacente.

CANCRO

dal 22-6 al 22-7

suitable

LEONE

dal 23-7 al 23-8

Guardatevi attorno e scoprirete spunti° pieni di interesse per migliorare la vostra posizione attuale. Tenete gli occhi aperti: c'è qualcuno che sta tramando° nell'ombra. *Affetti:* un incontro decisamente interessante che apre le porte a una nuova relazione amorosa. Evitate un pericoloso passo falso. *Salute:* discreta: avete bisogno di riposarvi.

clues

plotting

Sarà piuttosto modesta la resa° nel lavoro durante tutta la settimana. Ma la colpa non è solo delle circostanze avverse. Cercate di mettere più impegno in quello che state facendo. *Affetti:* l'andamento dei rapporti amorosi vi rende distratti e incapaci di una valida concentrazione. Siate prudenti. *Salute:* discreta. Nel *weekend* riposatevi.

VERGINE

dal 24-8 al 22-9

yield

BILANCIA

dal 23-9 al 22-10

Le vostre previsioni si riveleranno esatte. Avrete su coloro che vi sono vicino il vantaggio di non restarne troppo delusi e, soprattutto, avrete la forza di ripartire da capo immediatamente. *Affetti:* non fate promesse in amore con leggerezza se non volete subirne poi le conseguenze. Siate più diplomatici. *Salute:* pericolo di esaurimento.

Una sorpresa piacevole nel lavoro e quindi particolarmente gradita. Avrete una discussione vivace nell'ambiente di lavoro; ma non preoccupatevi: tutto si risolverà per il meglio e potrete imporvi.° *Affetti:* non date libero sfogo alla fantasia. L'incontro che farete sarà un fuoco di paglia che finirà ben presto. *Salute:* riposate e distraetevi.

SCORPIONE

dal 23-10 al 22-11

to get the upper hand

SAGITTARIO

dal 23-11 al 21-12

Un recente successo nel lavoro non deve farvi perdere il senso della misura. Ora più che mai occorre prudenza. Evitate di riattizzare° discussioni spiacevoli con i collaboratori. *Affetti:* gli astri sconsigliano cambiamenti in questo particolare settore nel corso della settimana. Usate più buonsenso. *Salute:* buona ma non abusatene.

to stir up again

Approfittate° del favore degli astri per tentare la fortuna al gioco senza superare i limiti delle vostre possibilità. La settimana si prospetta tranquilla e rilassante. *Affetti:* sull'orizzonte sentimentale si addensano nuvole di temporale. Ma tutto può ancora essere evitato se saprete dosare parole e atteggiamenti. *Salute:* molto soddisfacente.

CAPRICORNO

dal 22-12 al 20-1

Take advantage

ACQUARIO

dal 21-1 al 19-2

La colpa del mancato° inizio di un progetto di lavoro non è da attribuire alle circostanze ma alla vostra scarsa volontà. Cercate di convincervi che le vacanze sono finite e ritrovate le forze. *Affetti:* non ascoltate altri consigli che quelli del vostro intuito e fidatevi della prima impressione ricevuta. Cautela. *Salute:* lievi disturbi epatici.

unsuccessful

Concentrate tutti gli sforzi per mantenere una perfetta calma apparente. La situazione è decisamente delicata e precaria e può precipitare per una frase troppo impulsiva. *Affetti:* non siete molto interessati ai problemi amorosi di questa settimana. Ma non è assolutamente il caso di esagerare. *Salute:* siete molto stressati: vi occorre riposo.

PESCI

dal 20-2 al 20-3

Parliamo e discutiamo

1. Trova e leggi il tuo oroscopo. Cosa ti predice per il lavoro? Che cosa ti consiglia per migliorare la situazione? Che cosa dice che non dovresti fare?
2. Quale potrebbe essere la sorpresa «piacevole e gradita» prevista per i nati dello Scorpione?
3. Per i nati del Capricorno gli astri prevedono «nuvole di temporale» nel settore degli affetti. Immaginate i possibili problemi sentimentali. Cosa potrebbero fare per evitarli?
4. I nati dei Pesci sono stressati e hanno bisogno di riposo. Immaginate quali potrebbero essere le cause dello stress nel campo del lavoro e degli affetti.

Prepariamoci a leggere

Giovane dirigente al lavoro.

1. Il titolo del racconto che segue è «I consigli di papà». Che consigli potrebbe dare un genitore al figlio o alla figlia per prepararlo/la alla vita e al lavoro?

2. Nel racconto seguente il padre dice al figlio: «Ricordati sempre che sei un borghese (*bourgeois*)». Quali sono le tradizionali classi sociali? Qual è il rapporto tra lavoro e classe sociale?
3. Uno dei personaggi del racconto chiede: «Papà, ma perché tu lavori?» Immaginate le possibili risposte.
4. Il «posto fisso», cioè permanente e stabile, è molto importante per gli italiani. Discutete i vantaggi e gli svantaggi di un posto sicuro. Come è considerato nella vostra società il «posto fisso»?
5. Indicate le differenze tra un lavoro artigianale e creativo e un lavoro d'ufficio o terziario (*in the service sector*). Quali sarebbero le soddisfazioni e i problemi di ognuno?

Lo scrittore Raffaele La Capria (1922–) rappresenta spesso nei suoi lavori l'ansia e lo sconforto psicologico dell'uomo nella vita contemporanea.

I consigli di papà

—Papà, ma tu perché lavori?, si può sapere?

—Te l'ho spiegato mille volte, Pierino: per comprare le cose che ci servono.

—Non le puoi fare da te le cose che ci servono?

—E come faccio da solo un'automobile, il frigorifero, la televisione, la lavatrice e tutto il resto?

—Così tu lavori per comprare queste cose?

—Non l'avevi ancora capito?

—Senti papà... Ma chi lavora per comprare le cose che fai tu quando lavori?

—Chi?... Mah, non saprei...

—Cosa fai quando lavori, cosa sai fare tu insomma?

—Adesso in due parole non è facile a dirsi.

—Non sai fare un'automobile, non sai fare il frigorifero, non sai fare la televisione, non sai fare neppure un coltello o una forchetta, cosa sai fare allora?

—Io? Niente di tutto questo!

—Così gli altri lavorano per fare le cose che ci servono e tu lavori per comprarle?

—Proprio così.

—E ti sembra bello, scusa?

—Perché dovrebbe sembrarmi brutto?

—Perché gli altri non possono comprare le cose che fai tu quando lavori, e tu invece puoi comprare le cose che fanno gli altri quando lavorano?

—Ma io, caro Pierino, sono un impiegato dello Stato, un impiegato di concetto°, e un impiegato di concetto... No, è troppo complicato per spiegartelo stamattina, così sui due piedi°, siamo quasi arrivati a scuola.

di... white-collar
sui... on the spur of the moment

—Lo vedi? Non sai nemmeno tu perché lavori.

—Sì che lo so!

—Allora dillo!

—Te l'ho già detto: per comprare le cose che ci servono.

—Non le puoi fare da te le cose che ci servono?

—Ricominciamo? Sbrighiamoci° su, che si fa tardi! Ti spiegherò tutto quando sarai più grande, Pierino, e allora forse capirai...

Let's hurry up

Ascoltami bene, Pierino, ora stai diventando grandicello e puoi capire meglio. Sono sicuro che farai tesoro delle mie parole. Dunque: ricordati sempre che tu sei un borghese e sei nato con la camicia°, anzi sei nato con la camicia *perché* sei un borghese. Ad ogni borghese nato con la camicia spetta° un colletto° bianco, cioè un impiego, un posto fisso, che come si sa è cosa ben diversa da un vero e proprio lavoro. L'impiego ti spetta perché un borghese può permettersi un titolo di studio e un curriculum, perciò ti mandiamo a scuola. Anzi abituati° sin d'ora°, Pierino, a considerare la scuola come un primo impiego. Più alto è il tuo titolo di studio più grande sarà la tua possibilità di ottenere un impiego migliore, tu mi capisci. Qualsiasi impiego, comunque, ti dà diritto a uno stipendio quasi sempre superiore a quello medio di un operaio, se poi l'impiego è di quelli veramente buoni, lo stipendio quasi sarà dieci volte maggiore ed anche venti. Ora seguimi attentamente ed apri bene le orecchie: Poiché i borghesi sono tanti in questo paese, si cerca in ogni modo, senza per altro riuscirci, di creare un posto per tutti, e così ci sono impieghi che non servono a niente. Tieni conto che quando il rapporto tra il lavoro da svolgere e il numero degli impiegati è da uno a cento, anche con la migliore volontà si è costretti° a lavorare cento volte meno di un ipotetico impiegato a tempo pieno. Considera però che meno lavori, più aiuti un altro borghese tuo pari° ad occupare il posto fisso che gli spetta. Ecco quello che si chiama solidarietà di classe, a parer mio!

nato... born with a silver spoon in your mouth
is due / collar
get used to
sin... from now on
forced
equal

I soldi per pagare i borghesi in eccesso e che comunque non producono beni° ma servizi, li tira fuori° lo Stato. Lo Stato li ricava° in gran parte dal lavoro degli operai che producono beni concreti e valutabili sul mercato, e dovrebbero perciò lavorare sempre più ed essere pagati sempre meno, perché così vogliono le leggi di una sana economia. Solo così infatti lo Stato è in grado di incassare° tanto quanto° occorre per

goods / **li...** lays out the money / gets
collect / **tanto...** as much as

mantenere il posto e lo stipendio a tutti i nati con camicia e colletto bianco. Né potrebbe essere altrimenti°, visto che lo Stato è formato solo da funzionari°, ed è difficile trovare un funzionario dello Stato che sia un operaio. Pierino, ti raccomando, segui i consigli di papà, studia!

otherwise
officials

— Raffaele La Capria, «I consigli di papà», *Fiori Giapponesi.*

Parliamo e discutiamo

1. Quale registro espressivo usa lo scrittore?

   a. sarcastico c. tragico e. comico g. serio
   b. semiserio d. ironico f. realistico h. drammatico

2. Il padre dice al figlio che deve considerare la scuola «come un primo impiego». Quali potrebbero essere i paralleli tra scuola e lavoro?
3. Secondo il padre, quali sono le principali differenze nel lavoro di un operaio e di un funzionario di stato?
4. Quali sono le leggi di una sana economia, secondo il padre?
5. Il padre insegna al figlio che « ... meno lavori, più aiuti un borghese tuo pari ad occupare il posto fisso che gli spetta». Tra le spiegazioni seguenti quali pensate che sia la più corretta?

   a. Chi non lavora abbastanza porta via il lavoro agli altri.
   b. Lavorando meno si contribuisce a creare altri posti di lavoro.
   c. La pigrizia è una bella qualità per chi lavora per lo Stato.

6. Secondo il padre un titolo di studio darebbe la sicurezza di un buon impiego. Divisi in gruppi, discutete fino a che punto questo è vero.

Strutture

Il futuro

Italian has two future tenses, the **futuro semplice** and the **futuro anteriore,** which correspond to the English *will + verb* and *will have + past participle.*

A The **futuro semplice** is used to describe actions that will take place in the future. Its English equivalent is *will + verb* or *going to + verb.*

Domani conoscerò il capo del reparto.
Tomorrow I will meet the head of the department.

1. The **futuro semplice** of regular verbs is formed by dropping the final **-e** of the infinitive and adding the future tense endings. First-conjugation verbs change the **-a** of the infinitive stem to **-e** before the future tense endings are added.

	lavorare	scrivere	seguire	finire
io	lavor**erò**	scriv**erò**	segu**irò**	fin**irò**
tu	lavor**erai**	scriv**erai**	segu**irai**	fin**irai**
Lei / lei / lui	lavor**erà**	scriv**erà**	segu**irà**	fin**irà**
noi	lavor**eremo**	scriv**eremo**	segu**iremo**	fin**iremo**
voi	lavor**erete**	scriv**erete**	segu**irete**	fin**irete**
Loro / loro	lavor**eranno**	scriv**eranno**	segu**iranno**	fin**iranno**

Attenzione: In the first-person singular and third-person singular, the stress falls on the last syllable as indicated by the accent mark.

a. Verbs that end in **-care** and **-gare** add an **-h** before the future tense endings to maintain the hard guttural pronunciation of the **c** and **g.**

	dimenticare	pagare
io	dimenticherò	pagherò
tu	dimenticherai	pagherai
Lei / lei / lui	dimenticherà	pagherà
noi	dimenticheremo	pagheremo
voi	dimenticherete	pagherete
Loro / loro	dimenticheranno	pagheranno

b. Verbs that end in **-ciare** and **-giare** drop the **-i** of the stem before the future tense endings.

	cominciare	mangiare
io	comincerò	mangerò
tu	comincerai	mangerai
Lei / lei / lui	comincerà	mangerà
noi	cominceremo	mangeremo
voi	comincerete	mangerete
Loro / loro	cominceranno	mangeranno

2. Some verbs have irregular stems in the future tense. The endings, however, are regular.

   a. Some **-are** verbs do not change the **-a** of the infinitive stem to **-e**.

dare	**darò**
fare	**farò**
stare	**starò**

   b. Some verbs drop the characteristic vowel of the infinitive ending entirely.

Verb	*Stem*	*Future Tense*
andare	andr-	**andrò**
avere	avr-	**avrò**
cadere	cadr-	**cadrò**
dovere	dovr-	**dovrò**
potere	potr-	**potrò**
sapere	sapr-	**saprò**
vedere	vedr-	**vedrò**
vivere	vivr-	**vivrò**

   c. Some verbs have irregular stems that do not conform to a pattern.

Verb	*Stem*	*Future Tense*
bere	berr-	**berrò**
condurre	condurr-	**condurrò**
essere	sar-	**sarò**
porre	porr-	**porrò**
rimanere	rimarr-	**rimarrò**
tenere	terr-	**terrò**
venire	verr-	**verrò**
volere	vorr-	**vorrò**

Other verbs based on these follow the same patterns.

3. The present tense can be substituted for the **futuro** to describe an action that is fairly certain to occur.

   Domani ci iscriviamo ad un corso d'informatica.
   Tomorrow we're going to sign up for a computer course.

4. The **futuro** is used after **appena, non appena, quando,** and **se,** whereas in its English equivalent the present is used.

   Appena lo vedrò, te lo dirò.
   As soon as I see him, I will tell you.

   Quando tornerà, ti telefonerò.
   When he returns, I will call you.

   Se il colloquio andrà bene, mi assumeranno.
   If the interview goes well, they will hire me.

5. The **futuro** is also used to express probability in the present.

   Dove lavora Mario adesso?—Lavorerà con suo padre.
   Where is Mario working now? He probably works with his father.

B The **futuro anteriore** is used to describe actions that will be completed by a specified time in the future. Its English equivalent is *will have + past participle.*

Avrò finito gli esami prima di martedì.
I will have finished my exams before Tuesday.

1. The future perfect is formed with the future tense of **essere** or **avere** + *past participle.* This chart illustrates the **futuro anteriore** of verbs conjugated with **avere** and **essere.**

	parlare	andare	vestirsi
io	avrò parlato	sarò andato / -a	mi sarò vestito / -a
tu	avrai parlato	sarai andato / -a	ti sarai vestito / -a
Lei / lei / lui	avrà parlato	sarà andato / -a	si sarà vestito / -a
noi	avremo parlato	saremo andati / -e	ci saremo vestiti / -e
voi	avrete parlato	sarete andati / -e	vi sarete vestiti / -e
Loro / loro	avranno parlato	saranno andati / -e	si saranno vestiti / -e

2. When the **futuro anteriore** is used to describe actions that will be completed by a specified time in the future, its English equivalent is *will have.*

   Avranno trovato un posto prima dell'estate.
   They will have found a job before the summer.

The **futuro anteriore** is also used to describe an action that will take place before another future action; this usage is usually introduced by **appena, non appena, dopo che, finché,** or **quando.** The English equivalent typically uses the present tense or the present perfect.

Appena avrò finito gli esami, incomincerò i colloqui.
As soon as I finish (have finished) my exams, I'll start the interviews.

3. The **futuro anteriore** is also used to express probability in the past.

Dove ha conosciuto il suo datore di lavoro?—L'avrà conosciuto durante il colloquio.
Where did he meet his boss? He must have met him during the job interview.

Esercizi

A. Tiziano è appena stato assunto da una grande azienda internazionale. Racconta al suo amico come spenderà il suo primo stipendio. Completate con la forma corretta del futuro.

1. Descrive quello che farà venerdì.
   a. Il 27 del mese _______ (ricevere) il mio primo stipendio. (Io) _______ (andare) in banca e _______ (aprire) un conto corrente (*checking account*). (Io) _______ (depositare) metà dello stipendio in banca e l'altra metà (io) la _______(spendere).
   b. Venerdì (io) _______ (fare) una grande festa a casa. Mia madre _______ (preparare) una bella cena. Tutti i nostri amici ci _______ (venire). Noi _______ (mangiare) e _______ (bere) molto. Carlo _______ (portare) la chitarra e (noi) _______ (cantare) qualche canzone. (Noi) _______ (divertirsi) molto.
2. Descrive quello che farà sabato e domenica.
   a. Sabato (io) _______ (svegliarsi) molto presto. (Io) _______ (fare) delle spese in centro e (io) _______ (telefonare) a Rosetta. Lei mi _______ (raggiungere) e (noi) _______ (vedere) un bel film all'Odeon. Io le _______ (proporre) di andare a cena e lei certamente _______ (accettare). (Noi) _______ (stare) insieme tutta la serata.
   b. Domenica io e Rosetta _______ (passeggiare) lungo il mare, io le _______ (tenere) la mano, le _______ (dire) che le voglio bene e _______ (sapere) se anche lei me ne vuole.

B. Giuseppe, un giovane studente universitario iscritto alla facoltà di Economia e commercio, discute con il padre i suoi piani per il futuro. Completate con la forma corretta del futuro.

1. PADRE: Giuseppe, quando _______(laurearsi)?
2. GIUSEPPE: Quest'anno (io) _______ (dovere) dare altri due esami. Poi _______ (incominciare) a scrivere la tesi. Il mio relatore della tesi mi _______ (aiutare) nelle ricerche necessarie.
3. PADRE: Su che cosa _______ (scrivere) la tesi?
4. GIUSEPPE: (Io) _______ (analizzare) un nuovo sistema per finanziare le aziende statali. Non _______ (essere) una tesi facile. _______ (volerci) molto tempo.
5. PADRE: Quanto tempo _______ (metterci) per finirla?
6. GIUSEPPE: (Io) la _______ (finire) in un paio di anni. Altri studenti _______ (collaborare) a questo progetto.
7. PADRE: Che cosa _______ (fare) voi dopo?
8. GIUSEPPE: Quando (noi) _______ (finire) questo progetto, _______ (cercare) un posto alla Banca d'Italia. (Io) _______ (inviare) il mio curriculum anche ad altre aziende statali.
9. PADRE: (Tu) non _______ (fare) nessun concorso?
10. GIUSEPPE: So che _______ (esserci) un concorso per dei posti al Ministero delle Finanze fra due anni. Se nessuno mi _______ (offrire) un posto prima, io lo _______ (fare) senz'altro.

C. Domani Rita avrà un colloquio importante con il dirigente di una grande azienda commerciale. Lei annota nel diario i suoi sentimenti e le sue aspirazioni. Completate con la forma corretta del futuro e del futuro anteriore.

Caro Diario:

1. Domani io _______ (avere) il mio primo colloquio di lavoro. Chissà che cosa (loro) mi _______ (domandare). Domani a quest'ora il colloquio _______ (finire) già.
2. Se il colloquio _______ (andare) bene, io _______ (essere) molto felice. Comunque, io non _______ (sapere) per almeno una settimana se (loro) mi _______ (assumere).
3. (Loro) mi _______ (telefonare) solo dopo che (loro) _______ (intervistare) tutti gli altri candidati. Finché (loro) non mi _______ (comunicare) qualcosa, (io) non _______ (sentirsi) tranquilla.

4. (Io) ______ (prepararsi) accuratamente per questo colloquio. Dopo che io ______ (vestirsi), ______ (truccarsi) e ______ (pettinarsi).

5. Domani, dopo che (io) ______ (fare) il colloquio, ______ (telefonare) al mio ragazzo e gli ______ (raccontare) tutto.

D. Due giovani discutono di un loro comune amico che non vedono da molto tempo. Cercano di immaginare che cosa gli sarà successo. Completate con la forma corretta del futuro semplice o anteriore.

1. Dov'è Giulio in questi giorni?
   —(Lui) __________ (essere) in città.

2. Con chi vive adesso?
   —______ (vivere) da solo. ______ (Trovare) un piccolo appartamento.

3. Si è finalmente laureato?
   —______ (laurearsi) qualche mese fa.

4. Ha fatto qualche concorso?
   —______ (fare) diversi concorsi prima di trovare lavoro.

5. Gli hanno dato un buon incarico?
   —(Loro) non glielo ______ (dare) ancora ufficialmente.

6. È felice in città da solo?
   —Forse ______ (sentirsi) un po' solo.

7. Che vita fa?
   —______ (conoscere) già molta gente e ______ (uscire) spesso.

Il modo condizionale

The **modo condizionale** is used to express hopes, desires, and aspirations. Italian has two conditional tenses, which correspond to the English *would + verb* and *would have + past participle.*

A The **condizionale presente** corresponds to the English *would + verb.*

Preferirei incominciare subito.
I would prefer to start immediately.

1. The **condizionale presente** uses the same verb stem as the future tense, with conditional endings. First-conjugation verbs change the **-a** of the infinitive stem to **-e** before the conditional tense endings.

	lavorare	scrivere	seguire	finire
io	lavorerei	scriverei	seguirei	finirei
tu	lavoreresti	scriveresti	seguiresti	finiresti
Lei / lei / lui	lavorerebbe	scriverebbe	seguirebbe	finirebbe
noi	lavoreremmo	scriveremmo	seguiremmo	finiremmo
voi	lavorereste	scrivereste	seguireste	finireste
Loro / loro	lavorerebbero	scriverebbero	seguirebbero	finirebbero

Attenzione: The double **m** in the first-person plural distinguishes the **futuro (parler*emo*)** from the **condizionale (parler*emmo*)**. Also note the similarity of the second-person singular (**scriver*esti***) and the second-person plural (**scriver*este***).

a. Verbs that end in **-care** and **-gare**, and those that end in **-ciare** and **-giare**, undergo the same changes in spelling as they do in the **futuro**. An **h** is added to verbs that end in **-care** and **-gare** before the conditional endings. Verbs that end in **-ciare** and **-giare** drop the **-i** of the stem before the conditional endings.

giocare	gioc**h**erei
pagare	pag**h**erei
cominciare	cominc**e**rei
viaggiare	viagg**e**rei

b. Verbs with irregular stems in the **futuro** have the same stems in the **condizionale**. The endings, however, are always regular.

Infinitive	*Future*	*Conditional*
avere	avr**ò**	avr**ei**
dare	dar**ò**	dar**ei**
essere	sar**ò**	sar**ei**
potere	potr**ò**	potr**ei**
venire	verr**ò**	verr**ei**

2. The **condizionale presente** is used to express wishes and desires in the present or the future.

   Mi piacerebbe lavorare per quell'azienda.
   I would like to work for that company.

3. The **condizionale presente** is also used in the following circumstances:

   a. to express a request politely (in the form of a statement or question).

   Vorrei fare una telefonata.
   I would like to make a telephone call.

   Mi darebbe il Suo indirizzo?
   Would you give me your address?

   b. to express doubt.

   Non credo che guadagnerebbe molto di più.
   I don't think he would earn much more.

   c. to express personal opinions.

   Direi che lui non l'accetterebbe.
   I'd say that he wouldn't accept it.

   d. to repeat hearsay and other people's opinions. In English, such statements are typically accompanied by expressions of uncertainty such as *probably, allegedly, supposedly,* and the like.

   Secondo il dirigente, deciderebbero domani.
   According to the manager, they will probably decide tomorrow.

B The **condizionale passato** corresponds to the English *would have* + *verb.*

Ieri vi avrei accompagnato.
Yesterday I would have come with you.

1. The **condizionale passato** is formed with the **condizionale presente** of **avere** or **essere** + *past participle* of the verb. This chart shows the **condizionale passato** of verbs conjugated with **avere** and **essere** and of reflexive verbs.

	parlare	andare	vestirsi
io	avrei parlato	sarei andato / -a	mi sarei vestito / -a
tu	avresti parlato	saresti andato / -a	ti saresti vestito / -a
Lei / lei / lui	avrebbe parlato	sarebbe andato / -a	si sarebbe vestito / -a
noi	avremmo parlato	saremmo andati / -e	ci saremmo vestiti / -e
voi	avreste parlato	sareste andati / -e	vi sareste vestiti / -e
Loro / loro	avrebbero parlato	sarebbero andati / -e	si sarebbero vestiti / -e

2. The **condizionale passato** is used to express a past intention or desire that can no longer be realized.

   La settimana scorsa ti avremmo assunta. Adesso è troppo tardi.
   Last week we would have hired you. Now it's too late.

3. The **condizionale passato** is also used to report hearsay and other people's opinions in the past.

   Secondo il direttore, avrebbero guadagnato parecchio.
   According to the director, they would have earned plenty.

4. The **condizionale passato** is used in indirect discourse with verbs such as **domandare, dire, rispondere, scrivere, telefonare,** and **spiegare** to express a future action from a point of view in the past. English, by contrast, uses the present conditional.

   Ieri mi ha detto che lo avrebbe fatto.
   Yesterday he told me that he would do it.

   Ci hanno risposto che non avremmo avuto ferie.
   They answered that we would not have any paid vacation.

C The verbs **dovere** (*to have to*), **potere** (*to be able to*), and **volere** (*to want to*), used in the **condizionale presente,** are equivalent to the English *should, could,* and *would.* In the **condizionale passato,** they are equivalent to *should have, could have,* and *would have.*

Dovrei inviare il mio curriculum. Avrei dovuto inviarlo.
I should send my resume. I should have sent it.

Potrei fare domanda alla banca. Avrei potuto fare domanda.
I could apply at the bank. I could have applied.

Vorrei trovare un posto più interessante. Avrei voluto trovarne uno più interessante.
I would like to find a more interesting job. I would have liked to find a more interesting one.

Esercizi

A. Claudia fa la cassiera in una banca da tre anni, ma non le piace il suo lavoro. Spesso sogna ad occhi aperti e immagina come sarebbe la sua vita se facesse l'attrice. Completate con la forma corretta del condizionale presente.

1. Immagina i cambiamenti nella sua vita.
   a. (Io) ______ (lavorare) poche ore al giorno e ______ (guadagnare) molti soldi.

b. Tutti mi _______ (cercare). Il pubblico mi _______ (volere) bene. Tutti _______ (venire) a vedere i miei film. I miei film _______ (avere) un enorme successo al botteghino (*box office*). I grandi registi europei mi _______ (pagare) molti soldi per lavorare con loro.
c. Io _______ (vivere) in una grande casa vicino al mare. Ogni mattina _______ (mettersi) un bel costume da bagno e _______ (nuotare) a lungo.
d. (Io) _______ (fare) molti viaggi. _______ (Visitare) tutte le capitali europee.

2. Immagina come cambierebbe la vita dei suoi familiari.

a. Mia sorella _______ (potere) viaggiare con me. (Io) _______ (andare) all'aeroporto anche all'ultimo momento e _______ (dire) all'impiegato: «Per piacere, mi _______ (dare) due biglietti di prima classe?»
b. I miei genitori _______ (essere) molto orgogliosi. (Io) gli _______ (costruire) una grande casa. I miei genitori _______ (preferire) vivere in città. Loro _______ (rimanere) in città durante l'anno e d'estate _______ (andare) in montagna o al mare.

B. Quando il signor Bettini era giovane gli avevano offerto un posto in Germania in una grande azienda pubblicitaria, ma lui lo aveva rifiutato. Ora racconta ai suoi figli come sarebbe potuta essere la sua vita con quel lavoro. Completate con la forma corretta del condizionale passato.

1. Immagina come sarebbe stata la sua vita i primi tempi.

a. Io _______ (dovere) imparare il tedesco. (Io) _______ (andare) a una scuola privata o _______ (trovare) una brava insegnante. In poco tempo _______ (imparare) il tedesco.
b. In Germania (io) _______ (affittare) un piccolo appartamento.
c. Nell'azienda _______ (fare) carriera in poco tempo. (Io) _______ (diventare) un dirigente importante. La ditta mi _______(dare) un bell'ufficio. (Loro) mi _______ (comprare) anche una bella macchina tedesca.
d. I miei clienti _______ (venire) nel mio studio. Io gli _______ (offrire) del caffè italiano. Loro lo _______ (bere) con molto piacere. Dopo, (noi) _______ (discutere) di affari. Le mie idee gli _______ (piacere) molto.

2. Immagina come sarebbe stata diversa la sua vita privata.

a. Certo, io non _______ (conoscere) vostra madre. (Io) _______(incontrare) una donna tedesca. Noi _______ (sposarsi) e _______ (vivere) in Germania. Voi non _______ (nascere).
b. (Io) non _______ (tornare) spesso in Italia. Ogni tanto la mia famiglia _______ (venire) in Germania. Anche i miei amici italiani mi _______ (fare) una visita. Io li _______ (ospitare) a casa mia.

c. (Noi) ______ (visitare) insieme la Germania e noi ______ (divertirsi).
d. Comunque, io ______ (sentire) la mancanza dell'Italia, dei miei amici e della mia famiglia, e io probabilmente ______ (volere) tornare in Italia.

C. La signora Torelli scrive una lettera alla madre e le parla dei piani e progetti dei vari membri della sua famiglia per l'anno prossimo. Completate con la forma corretta dei tempi del futuro e del condizionale.

1. Parla dei suoi programmi per l'estate.

Cara Mamma,

la settimana scorsa ho ricevuto la tua lettera in cui mi dicevi che tu e papà ______ (venire) a trovarci quest'estate. (Io) ______ (volere) sapere la data esatta del vostro arrivo. Tu sai che a giugno noi ______ (partire). Io e i figli ______ (passare) l'estate in montagna. (Noi) ______ (affittare) la solita casa. Mio marito ______ (venire) a raggiungerci ad agosto. Lui ______ (dovere) lavorare tutto giugno e luglio. Quindi fammi sapere quando voi ______ (venire).

2. Parla dei programmi di Giulio e Renata.

Domani Giulio ______ (tornare) da Roma. Lui ______ (laurearsi) quest'anno. Se tutto andrà bene, (lui) ______ (dovere) dare l'ultimo esame a gennaio, e poi ______ (dedicarsi) a tempo pieno alla tesi. Giulio mi ha detto che la ______ (finire) in pochi mesi.

Renata, invece, ______ (diplomarsi) alla fine di giugno. Quest'estate (lei) ______ (riposarsi) e ______ (divertirsi). A settembre ______ (cercare) un posto. (Lei) ______ (volere) lavorare in un'agenzia di viaggi. (Io) ______ (preferire) che lei si iscrivesse all'università. Secondo lei, io ______ (essere) troppo esigente! Mi ha promesso che ______ (frequentare) l'università. Mi ha detto che ______ (lavorare) per due o tre anni e che poi ______ (andare) all'università. Io credo che dopo che lei ______ (lavorare) per qualche mese, ______ (decidere) d'iscriversi all'università.

3. Parla dei programmi di Fabio.

Fabio, invece, ______ (incominciare) a cercare lavoro subito. (Lui) ______ (rimanere) in città. Non ______ (essere) facile trovare un posto interessante nel suo campo. Mi ha detto che ______ (passare) l'estate facendo colloqui di lavoro e leggendo le inserzioni sui giornali. Gli ______ (piacere) trovare posto in una grande azienda.

Allora, mi raccomando, appena (voi) ______ (sapere) la data della vostra partenza, ______ (dovere) comunicarmela, così (io) ______ (potere) organizzarmi. I ragazzi ______ (volere) vedervi al più presto.

Un abbraccio,

Carlotta

I pronomi combinati

When a verb is accompanied by both a direct object and an indirect object pronoun (for example, *He described it to us*), the pronouns undergo certain changes. Similar rules apply when reflexive pronouns accompany direct object pronouns.

A The following chart shows the various combinations of indirect object and direct object pronouns.

Indirect object pronouns	Direct object pronouns				
	lo	la	li	le	ne
mi	me lo	me la	me li	me le	me ne
ti	te lo	te la	te li	te le	te ne
ci	ce lo	ce la	ce li	ce le	ce ne
vi	ve lo	ve la	ve li	ve le	ve ne
Le / le	glielo	gliela	glieli	gliele	gliene
gli	glielo	gliela	glieli	gliele	gliene
Loro / loro	lo... loro	la... loro	li... loro	le... loro	ne... loro

B The indirect object pronoun precedes the direct object pronoun.

Quando mi mostrerai il tuo ufficio?—Te lo mostrerò domani.
When will you show me your office? I'll show it to you tomorrow.

C The indirect object pronouns **mi, ti, ci,** and **vi** become **me, te, ce,** and **ve** before the direct object pronouns **lo, la, li,** and **le.**

Me lo ripeti ogni giorno!
You repeat it to me every day!

Ci manderai il curriculum?—Sì, ve lo manderò.
Will you send us your resume? Yes, I will send it to you.

When used with **ne,** the same indirect object pronouns undergo the same changes.

Quanti soldi vi daranno?—Non ce ne daranno molti.
How much money will they give you? They won't give us much.

D The indirect object pronouns **gli** and **le** become **glie-** before the direct object pronouns **lo, la, li,** and **le.** The combined pronouns are written as one word.

Chi scriverà una lettera di raccomandazione per Carlo?—Gliela scriverà il professore.
Who will write a letter of recommendation for Carlo? The professor will write it for him.

Used with **ne,** the indirect object pronouns **gli** and **le** undergo the same changes.

Quante copie hai spedito al direttore?—Gliene ho spedite due.
How many copies did you send to the director? I sent him two (of them).

Quando hai parlato a tuo padre di quel posto?—Gliene ho parlato ieri.
When did you speak to your father about that job? I spoke to him about it yesterday.

E The indirect object pronoun **loro** follows the verb. It never attaches to the direct object pronoun.

Quando spedirai l'invito a Paolo e a Renata?—Lo spedirò loro più tardi.
When will you send the invitation to Paolo and Renata? I will send it to them later.

In everyday conversation, however, **gli** is preferred over **loro.**

Glielo spedirò più tardi.
I will mail it to them later.

F **Ci (vi)** in the sense of *there, to it,* and *about it* follows the same patterns as the indirect object pronouns **mi, ti, ci,** and **vi** in front of **lo, la, li,** and **le.**

Accompagneresti la signora a casa?—Sì, ce l'accompagnerei volentieri.
Would you take the lady home? Yes, I would gladly take her there.

The direct objects, **mi, ti, ci,** and **vi** precede **ci (vi)** and remain unchanged.

Mi porti a casa?—Sì, ti ci porto.
Will you take me home?—Yes, I will take you there.

G **Pronomi combinati** follow the same placement rules as single pronouns.

1. They precede a conjugated verb.

   Gliela ho scritta.
   I wrote it to him / her.

2. They attach to infinitives, gerunds, and to the informal imperative.

   Mi ha chiesto di spiegarglielo.
   He asked me to explain it to him / her.

   Scriviamogliene!
   Let's write (to) him / her about it!

   Attenzione: In terms of pronunciation, the stress is unchanged by the addition of the pronouns.

3. With **dovere, potere,** and **volere, pronomi combinati** can either precede the verb or attach to the accompanying infinitive (which drops its final **-e**).

   Me la potresti dare subito?
   Potresti darmela subito?
   Could you give it to me right away?

H In compound tenses, the **participio passato** agrees in number and gender with the direct object pronoun.

Ci hai mandato la domanda?—Sì, ve la ho mandata.
Did you mail us your application?—Yes, I mailed it to you.

Vi hanno spedito i risultati del sondaggio?—Sì, ce li hanno spediti.
Did they send you the results of the survey?—Yes, they sent them to us.

I Reflexive pronouns, when used in combination with direct object pronouns, follow the same patterns as indirect object pronouns. The third-person reflexive pronoun **si** becomes **se.** The following chart shows the the various combinations of reflexive and direct object pronouns.

Reflexive	Direct object pronouns				
pronouns	lo	la	li	le	ne
mi	me lo	me la	me li	me le	me ne
ti	te lo	te la	te li	te le	te ne
si	se lo	se la	se li	se le	se ne
ci	ce lo	ce la	ce li	ce le	ce ne
vi	ve lo	ve la	ve li	ve le	ve ne
si	se lo	se la	se li	se le	se ne

Si è messo la nuova giacca per il colloquio? Sì, se la è messa.
Did he wear his new jacket for the interview? Yes, he wore it.

Ti ricordi il suo nome?—Sì, me lo ricordo bene.
Do you remember her name? Yes, I remember it well.

Esercizi

A. La signora Emilia discute con il marito le abitudini dei loro figli. Il marito però non è sempre d'accordo con le affermazioni della signora Emilia. Completate le frasi e sostituite alle parole in corsivo i pronomi.

1. Giulio non ci parla mai *dei suoi problemi.*
   —Non è vero. Lui ______________________ spesso.
2. Giulio darebbe *tutti i suoi soldi agli amici.*
   —Non è vero. ______________________.
3. Ieri ha portato *venti amici al ristorante.*
   —Non è vero. ______________________ (tre).
4. Stamattina ha spedito *dei soldi al suo amico Paolo.*
   —Non è vero. ______________________.
5. Ieri Lisa si è comprata *due vestiti nuovi.*
   —Non è vero. Lei ______________________ (uno).
6. Domani preparerà *una grande cena per i suoi amici.*
   —Non è vero. ______________________.
7. Stamattina si è dimenticata *di telefonarci.*
   —Non è vero. ______________________.
8. Lisa non mi ha mai fatto *un regalo.*
   —Non è vero. ______________________ (molti).
9. Ieri mattina Lisa ha rifiutato di prepararti *il caffè.*
   —Non è vero. ______________________.
10. Non ha voluto comprare *i libri per Giulio.*
    —Non è vero. ______________________.
11. Ieri non ha voluto accompagnare *i fratelli a scuola.*
    —Non è vero. ______________________.

B. Oggi Rosalba ha cominciato a lavorare per una grande multinazionale. Quando va a casa la sua amica Mirella le telefona e le fa molte domande. Rispondete alle domande e sostituite ai nomi in corsivo i pronomi.

1. Stamattina ti sei messa *il nuovo tailleur (suit)*?
2. Tuo padre ti ha prestato *la sua macchina*?

3. Quante *persone* c'erano in ufficio oggi?
4. Ti hanno dato *un grande ufficio*? (No, piccolo)
5. Mi darai *il numero di telefono dell'ufficio*?
6. Ti hanno presentato *i nuovi colleghi*?
7. Hai fatto *molte domande al tuo datore di lavoro*?
8. Ti hanno parlato *delle tue responsabilità*?
9. Quanti *soldi* ti daranno? (pochi)
10. Darai *dei soldi ai tuoi genitori*?
11. Ci porterai *al tuo ufficio*?
12. Potrai portare *i tuoi amici in ufficio?*

Come compilare un modulo

Nella vita di ogni giorno spesso devi compilare dei questionari e dei moduli. Quando noleggi una macchina, apri un conto in banca, cerchi lavoro, fai domanda per una carta di credito, e in mille altre occasioni, è necessario riempire un modulo *(to fill out a form)* dando informazioni su te stesso / -a.

Compilare un modulo non richiede molta immaginazione, infatti i moduli richiedono soprattutto informazioni concrete, ma la terminologia è spesso burocratica e non è sempre facile da capire. La conoscenza di alcune espressioni è indispensabile:

la casella *space, box*
il codice d'avviamento postale (CAP) *ZIP code*
dati anagrafici *personal data*
barrare *to cross out*
scrivere in stampatello *to print*
coniugato, -a *married*
disponibile *available*

Temi

1. Prepara due inserzioni per il giornale: una con un'offerta di lavoro e una con una richiesta. Usa come modello le inserzioni a pagina 143.
2. Il questionario alla pagina seguente è per persone alla ricerca di un lavoro qualificato, cioè un lavoro professionale. Fornisci tutte le informazioni richieste.

DATI ANAGRAFICI

COGNOME

NOME

INDIRIZZO E N° CIVICO

COMUNE DI RESIDENZA **CAP**

TELEFONO

prefisso numero

SESSO

☐ Maschile

☐ Femminile

NAZIONALITÀ

☐ Italiana

☐ Straniera

ANNO DI NASCITA

STATO CIVILE

☐ Coniugato

☐ Non coniugato

SERVIZIO MILITARE

☐ Assolto/esente

☐ Da assolvere

REQUISITI OFFERTI

LINGUE STRANIERE

Indichi, barrando la casella corrispondente, se conosce una o più lingue straniere indicandone anche il grado di conoscenza:

		GRADO DI CONOSCENZA	
Lingua conosciuta	**Scolastico**	**Professionale***	**Madrelingua o equivalente**
Francese =	☐	☐	☐
Inglese =	☐	☐	☐
Spagnolo =	☐	☐	☐
Portoghese =	☐	☐	☐
Tedesco =	☐	☐	☐
Altra** =	☐	☐	☐

*Per conoscenza a livello professionale si intende una conoscenza tale che permetta al candidato di effettuare una conversazione telefonica con una persona di madrelingua.

**Si indichi nelle caselle predisposte il nome dell'altra lingua.

CONOSCENZE INFORMATICHE

Se conosce qualche linguaggio di programmazione e/o qualche procedura di software applicativo ne indichi per esteso i nomi. In caso contrario non scriva nulla.

TITOLO DI STUDIO CONSEGUITO

Indichi il titolo di studio più elevato da lei conseguito:

☐ Licenza di scuola media ☐ Diploma ☐ Laurea

DIPLOMA CONSEGUITO

Indichi il diploma conseguito precisandone il tipo (es. maturità classica, ragioneria, perito meccanico, informatica ecc. ecc.):

anno in cui ha conseguito il diploma

CONDIZIONI RICHIESTE

AREA DI LAVORO

Indichi in quale area desidera lavorare (barrare minimo una casella, massimo cinque caselle):

☐ Amministrativa ☐ Marketing ☐ Servizi

☐ Finanziaria ☐ Vendita ☐ Ricerca

☐ Personale ☐ Produzione ☐ Didattica

POSIZIONE CONTRATTUALE

Indichi quali posizioni contrattuali è disposto ad accettare (possono essere barrate una o più caselle):

☐ Lavoro dipendente

☐ Lavoro autonomo

☐ Lavoro a orario ridotto (part-time)

QUALIFICA PROFESSIONALE RICHIESTA

Indichi quali qualifiche professionali è disposto ad accettare (possono essere barrate una o più caselle):

☐ Operaio ☐ Dirigente

☐ Impiegato ☐ Consulente

☐ Funzionario

SEDE DI LAVORO RICHIESTA

Indichi in quali sedi di lavoro è disposto a lavorare (possono essere barrate non più di due caselle):

☐ Nel comune in cui risiedo ☐ Ovunque in Italia

☐ Nella regione in cui risiedo ☐ All'estero

Parole ed espressioni chiave

Per parlare del lavoro e della carriera

l'agenzia di collocamento *employment agency*

l'annuncio / l'inserzione (*f.*) *advertisement, job listing*

l'architetto, l'architetta *architect*

l'artigiano *artisan*

l'avvocato, l'avvocatessa *lawyer*

l'azienda agricola / commerciale / industriale *agricultural / commercial / industrial firm*

l'azienda privata / pubblica *private / public firm*

il caporeparto *department / office manager*

il capufficio *supervisor*

la cassa integrazione *unemployment fund*

la catena di montaggio *assembly line*

il chirurgo *surgeon*

il collaboratore, la collaboratrice *assistant*

il colloquio *job interview*

il / la commercialista *tax, business consultant, accountant*

il commesso, la commessa *salesman, saleswoman*

i compiti *tasks*

il / la consulente *consultant*

il / la contabile *bookkeeper*

il datore, la datrice di lavoro *employer*

il / la dentista *dentist*

il / la dipendente *employee*

il direttore, la direttrice *director, manager*

il / la dirigente *executive*

la ditta *company, business, firm*

il dottore, la dottoressa *doctor*

l'elettricista (*m. or f.*) *electrician*

l'ente (*f.*) *organization, company*

la fabbrica *factory*

le ferie *paid vacation*

l'idraulico *plumber*

l'impiegato, l'impiegata *clerk*

l'imprenditore, l'imprenditrice *entrepreneur*

l'imprenditore, l'imprenditrice edile *building contractor*

l'impresa edile *construction company*

l'impiego *job, position*

l'incarico *task, duty*

l'ingegnere (*m. or f.*) *engineer*

lavoro a tempo pieno *full-time job*

lavoro part-time / saltuario *part-time / temporary job*

la mansione *duty, task*

il meccanico *mechanic*

il medico *doctor*

il mestiere *occupation, trade*

il modulo *form*

l'oculista (*m. or f.*) *eye doctor*

l'operaio, l'operaia *worker*

l'orario di lavoro *work hours*

l'orario ridotto *part time*

il posto di lavoro *workplace*

la professione *profession*

la qualifica *qualification*

il ragioniere, la ragioniera *accountant*

il reddito *income*

il reparto *department, unit*

la ricerca di lavoro *job-hunting*

il salario *salary*

il segretario, la segretaria *secretary*
la società *company*
lo stabilimento *plant*
lo stipendio *salary, stipend*
lo studio *office*
il tirocineo *apprenticeship*
il titolo di studio *degree, diploma*
l'ufficio *office*

disoccupato, -a *unemployed*
fisso, -a *permanent, fixed*
impiegato, -a *employed*
multinazionale *multinational*
privato, -a *private*
saltuario, -a *temporary, irregular*
stabile *stable*
statale / pubblico, -a *state-run / public*
temporaneo, -a *temporary*

andare in pensione *to retire*
assumere una persona *to hire a person*
cercare un lavoro *to look for a job*
compilare *to fill out*
dare le dimissioni / dimettersi *to resign*
essere assunto *to be hired*
essere incaricato *to be in charge*
essere licenziato *to be fired*
fare carriera *to advance in one's career*
fare domanda *to apply*
fare l'avvocato / l'avvocatessa *to be a lawyer*
fare un concorso *to take a (civil-service) exam*
incaricare *to put in charge*
licenziare *to fire*
mettere una persona in cassa integrazione *to lay off someone*
mettersi in aspettativa *to take a leave of absence*
preparare un curriculum *to prepare a resume*
riempire *to fill out*
sostenere un colloquio *to have a job interview*

Per parlare di sogni e desideri

l'aspirazione (*f.*) *aspiration*
l'astro *heavenly body*
l'astrologia *astrology*
l'avvenimento *event*
l'avversità *adversity*
il destino *destiny*
il futuro *the future*
l'imprevisto *unforeseen event*
l'incognita *the unknown, uncertainty*
l'intuito *intuition*
l'oroscopo *horoscope*
il pianeta *planet*
il presentimento *foreboding, presentiment*
il rimpianto *regret*
il segno zodiacale *sign of the zodiac*
il sogno *dream*
la sorte *fate*
la speranza *hope*
la stella *star*

favorevole *favorable*
incerto, -a *uncertain*

pratico, -a *practical*

realista *realistic*

sfavorevole *unfavorable*

accadere / avvenire / succedere *to occur, to happen*

affrontare *to face*

alludere *to allude*

avverarsi *to come true*

cavarsela *to get by*

determinare *to determine*

entusiasmarsi *to get excited*

farcela *to manage*

fare castelli in aria *to build castles in the air*

fidarsi *to trust*

influenzare *to influence*

predire il futuro *to predict the future*

prevedere il futuro *to foresee the future*

seguire l'intuito *to follow one's intuition*

sognare ad occhi aperti *to daydream*

superare *to overcome*

Capitolo 6 Tradizioni e feste

Firenze. Una rievocazione storica.

Temi

- Le tradizioni e le feste religiose e nazionali
- Le feste di tanti anni fa
- Le credenze e le superstizioni
- La saggezza popolare
- Le favole e le fiabe

Strutture

- Il passato remoto
- I numeri cardinali e ordinali
- I giorni, i mesi, le stagioni, l'anno, le date
- Il trapassato prossimo e il trapassato remoto
- Il tempo

Tradizioni e feste

INTRODUZIONE

Trenta giorni ha novembre,
con april, giugno e settembre,
di ventotto ce n'è uno,
tutti gli altri ne han trentuno.

— Rima popolare.

Il Carnevale a Venezia.

Per parlare delle tradizioni e delle feste

Le tradizioni popolari e la cultura religiosa sono sempre presenti nella vita di gran parte degli italiani. La vita delle città e dei paesi è scandita dalle date delle grandi feste religiose, popolari e nazionali.

Parole in contesto

1. Ogni stagione è associata con particolari feste e tradizioni. L'inverno di solito fa pensare al Natale, la primavera alla Pasqua e alla rinascita della natura, l'estate alle vacanze e l'autunno alla vendemmia.
2. Il Natale in Italia è in genere una festa religiosa e familiare associata con grandi tavolate, pranzi, cene, piatti speciali e lo scambio dei regali. Dolci tipici di Natale sono il torrone e il panettone. Per le feste fra Natale e Capodanno si dice «Buone Feste!» o «Buon Natale!» e «Buon Anno!» o «Felice Anno Nuovo».
3. I bambini italiani ricevono regali e sorprese da Babbo Natale il 25 dicembre, e dalla Befana il giorno dell'Epifania, il 6 gennaio. La Befana è un'immaginaria figura di vecchia, spesso rappresentata come una strega che cavalca la scopa (*broom*) e che porta giocattoli e caramelle ai bambini buoni e carbone (*coal*) ai bambini cattivi.
4. In casa tutti addobbano l'albero di Natale con luci e palle colorate. Molti fanno anche il presepe, o presepio, che rappresenta un'immagine religiosa del Natale.

5. La vigilia è il giorno precedente ad ogni festa importante. La vigilia di Capodanno di solito si fa una grande festa che si chiama veglione. Si fa anche un cenone, che è una ricca cena composta di molti piatti prelibati.

6. Il Carnevale è un periodo di divertimenti, feste e balli in maschera. Il Carnevale finisce il giorno prima del mercoledì delle ceneri con un grande veglione. Il mercoledì delle ceneri è il primo giorno di Quaresima.

7. La Settimana Santa precede la domenica di Pasqua. Il giorno di Pasqua i bambini ricevono uova di cioccolata di tutte le misure. Dentro le uova spesso c'è una bella sorpresa. In quasi tutta l'Italia, a tavola la domenica di Pasqua si mangia spesso l'agnello e un dolce a forma di colomba che simboleggia la pace. Per fare gli auguri di Pasqua diciamo «Buona Pasqua!».

8. Altre feste che si celebrano in famiglia sono i compleanni, gli anniversari e gli onomastici. In occasione di feste e compleanni si dice «Auguri!» Per il compleanno diciamo anche «Buon compleanno!» e qualche volta «Cento di questi giorni!» Si fanno gli auguri anche, per esempio, per la nascita di un bambino e per un matrimonio. Per la laurea o una promozione di lavoro si dice anche «Congratulazioni!».

9. Per ogni festività ed occasione speciale scriviamo e ci scambiamo biglietti di auguri.

10. Oltre alle feste religiose, ci sono feste nazionali e civili, come il 25 aprile (anniversario della liberazione dall'occupazione tedesca durante la seconda guerra mondiale) e il 1° maggio, festa del lavoro.

11. In campagna ci sono periodi importanti collegati con i raccolti agricoli, come la vendemmia, cioè la raccolta dell'uva, e la mietitura, cioè la raccolta del grano.

12. Ogni città e paese, poi, ha il suo santo patrono, o protettore, che si festeggia una volta l'anno. Queste festività si celebrano con fuochi d'artificio, processioni e sfilate.

13. Le sagre sono feste paesane in cui si festeggia il santo patrono o si celebrano i prodotti agricoli speciali della zona. Sono spesso accompagnate da fiere e mercati.

14. Quando c'è una festa, in paese arrivano le giostre o Luna Park, e a volte un circo. In piazza la banda suona pezzi classici e popolari. Per le strade principali del paese si allestiscono bancarelle, che vendono prodotti artigianali, dolci tipici e giocattoli.

Descriviamo

1. Descrivete la foto.
2. Immaginate quale fu l'occasione della festa.
3. Che cosa fecero la sera e la notte della festa gli abitanti del paese? Come avevano allestito le strade e la piazza del paese prima dei festeggiamenti?

Immaginiamo e inventiamo

1. Immagina di essere stato presente alla festa della foto a pagina 176. Racconta che cosa facesti in quel periodo, specificando le attività a cui partecipasti e quelle a cui assistesti soltanto.
2. Immaginate come si scambiarono gli auguri due amici che si incontrarono nelle seguenti occasioni:

   a. Natale e Capodanno   c. compleanno
   b. matrimonio   d. laurea

3. Immaginate come i componenti di una famiglia tradizionale italiana celebrarono le feste natalizie nel 1900. Che cosa fecero la sera della vigilia e il giorno di Natale? Che cosa avevano fatto prima delle feste? Che regali si scambiarono?
4. Immaginate come i vostri nonni passarono un Capodanno ideale. Dove andarono? Cosa fecero? Come si erano preparati alla festa?
5. Divisi in gruppi, immaginate la festa di compleanno di una persona ricca e famosa, del mondo della politica o del cinema o dell'industria. Quale compleanno festeggiò? Chi invitò? Immaginate che cosa aveva fatto prima della festa per organizzarla bene. Cosa fecero gli invitati e gli amici per la persona festeggiata?

Prepariamoci a leggere

1. Un vecchio proverbio italiano dice: «Natale con i tuoi, Pasqua con chi vuoi». Spiegate il proverbio. Che cosa rivela dell'atteggiamento degli italiani verso queste feste?
2. Natale e Pasqua sono importanti nel vostro Paese? Come si celebrano? Quali sono i simboli più comuni di queste feste? Parlate del periodo che precede le festività.
3. Quali sono alcune feste nazionali tipiche del vostro Paese? Indicate la data, la stagione, come si festeggiano e quali sono alcune tradizioni e cibi associati con queste feste.
4. A gruppi di due, preparate una lista delle feste importanti per le vostre famiglie. Per ognuna indicate la data, la stagione e come la festeggiate. Paragonate i risultati fra i vostri compagni.

Il brano seguente descrive come si festeggia il Natale in diverse regioni d'Italia.

A Natale con la famiglia, come vuole la tradizione, ma con la valigia pronta per la «fuga° di Capodanno», come invece sembra la tendenza più diffusa nei «programmi».

escape

La tradizione—Pranzi più lauti° e raffinati degli anni scorsi hanno fatto da contraltare° a regali meno importanti, più che altro «pensierini°» per non elidere° una consuetudine°, ma con occhio attento al portafoglio° e al risparmio, in vista del «Capodanno da Vip» che tutti sembrano voler fare sulle piste abbondantemente innevate° addirittura all'estero.

sumptuous
counterbalance
remembrances / discontinue / custom / wallet
piste... snow-covered ski slopes

Veneto—Pochi i turisti a Venezia, alla scoperta, una volta tanto non resa faticosa° dalla folla, di chiese, calli[1] e musei. Nelle campagne si è bruciata ancora una volta all'aperto, secondo la tradizione, la «socca», il ceppo natalizio°, mentre nelle case il presepio è tornato a dominare sull'albero di natale.

una... for once not made difficult
ceppo... Yule log

Emilia Romagna—Comunità religiose e laiche° mobilitate per un Natale di solidarietà con immigrati e poveri. Un noto ristoratore° ha organizzato una cena della vigilia proprio per i «diseredati°» della città, alla quale ha preso parte anche il cantautore Lucio Dalla[2].

secular
restaurant owner
disinherited (the poor)

---

1. Stradine tipiche di Venezia.
2. Famoso cantautore, cioè un cantante che compone le proprie canzoni.

Umbria—Una regione a letto con l'influenza: il 25 dicembre è stato festeggiato con cappone°, buon vino, panettoni, ma anche tanta aspirina. L'Umbria, infatti, è una delle zone più colpite dalla «cinese°» di quest'anno.

Lazio—Piazza Navona affollatissima, pienone° alla messa di mezzanotte celebrata dal Papa in piazza San Pietro. Per il resto, poca gente a spasso°, scoraggiata dal «grande freddo» e tavolate di famiglia.

capon
più... hardest hit by the Chinese flu
full house
a... strolling

— *La Repubblica.*

B Si avvicina la settimana santa. Così come per le feste di Natale e di fine anno, per quelle dei morti e di Ognissanti°, e anche per ogni domenica qualunque°, il paese si appresta° a vivere l'evento in modo collettivo. In ogni casa, in ogni famiglia, al di là° delle piccole differenze sociali o culturali, tutti si apprestano a fare le stesse cose [...]. Il giorno del Venerdì Santo tutto il paese si raccoglie° attorno alla basilica per la processione del Cristo Morto. Dalle case che si affacciano° sul percorso° le donne espongono°, fin dal mattino, drappi viola o neri, listati a lutto°.

All Saints' Day
ordinary / gets ready
al... aside from
si... gathers
si... face / route / display
listati... edged in black (for mourning)

— Pier Vittorio Tondelli, *Camere separate.*

Parliamo e discutiamo

1. Secondo il brano A, quali delle seguenti affermazioni sono vere? Correggete quelle sbagliate.
   a. La tradizione vuole che si passi il Capodanno in famiglia.
   b. Quest'anno il gran numero di turisti a Venezia ha reso impossibile la visita di chiese e monumenti.
   c. L'albero di Natale è più importante del Presepio nelle case venete.
   d. In Italia ci sono molti immigrati poveri.
   e. In Emilia Romagna soltanto i religiosi s'interessano ai problemi dei poveri e degli extracomunitari.
   f. In Umbria, per lo più, si è festeggiato il Natale a casa.
   g. Quest'anno molti turisti cinesi si sono ammalati in Umbria.
   h. A Roma il Papa ha celebrato la messa di mezzanotte in Piazza Navona.
   i. I romani hanno preferito stare a casa per Natale.
2. Riassumete le abitudini natalizie degli italiani descritte nel brano A (regali, pranzi, vigilia, tradizioni).
3. Come erano i regali che gli italiani si sono scambiati quest'anno? Perché?
4. Secondo il brano B, quali feste vivono tutti insieme gli abitanti di un paese piccolo?

5. Quali sono le tradizioni che si osservano il Venerdì Santo secondo il brano B?

6. Quale festa, a cui partecipasti da bambino / -a, ricordi con più piacere? Dov'eri? Con chi? Che cosa facesti?

Usanze e credenze popolari

INTRODUZIONE

Il motto[1] degli antichi mai mentì.

— Giovanni Verga, *I malavoglia.*

1. saying

A Venezia una cartomante legge i tarocchi.

Per parlare delle credenze popolari

Tutti i Paesi del mondo hanno i propri usi, costumi e credenze popolari. Varie forme di magia e di superstizione inoltre sono presenti fra tutti i popoli e a volte sono connesse ad antiche tradizioni e alla credenza nel soprannaturale.

Parole in contesto

1. Fiabe e favole fanno parte della cultura di ogni nazione. Una fiaba è una storia generalmente per bambini, che racconta fatti irreali che spesso si svolgono in paesi immaginari. Una favola è una fiaba con la morale.

2. I proverbi, che hanno origini antichissime, esprimono la filosofia popolare e la saggezza degli anziani. Essi rivelano spesso una visione ciclica e statica della realtà. Molte credenze popolari rivelano anche pregiudizi radicati nella mentalità di un popolo.

3. In tutto il mondo ci sono molte persone superstiziose. Una forma comune di superstizione è la credenza nel malocchio o iettatura, un influsso malefico che può provenire dallo sguardo di una persona invidiosa e provoca il male di un'altra.
4. Ci sono anche oggetti, talismani e rituali che si pensa portino bene, o fortuna, e che servono contro l'invidia e il malocchio. Ci sono poi numeri, oggetti, gesti ed azioni che si crede portino male.
5. La scaramanzia è un insieme di pratiche superstiziose che dovrebbero servire a prevenire qualcosa di brutto che potrebbe succedere. Questi gesti si chiamano scongiuri: uno dei più comuni è toccare ferro.
6. Alcune persone superstiziose a volte vanno da un mago o una maga per farsi interpretare il passato e predire il futuro, ed anche per fare una fattura (*spell*).
7. Un indovino o chiromante è chi indovina il futuro e pratica varie forme di chiromanzia. Può per esempio leggere la mano o leggere le carte, in particolare i tarocchi. In questo caso si chiama anche cartomante e pratica la cartomanzia.
8. Chi crede al soprannaturale spesso crede anche che esistono fantasmi e spiriti. Una casa si dice stregata quando si crede abitata dagli spiriti.

Descriviamo

1. Quali degli oggetti nel disegno portano male e quali portano bene?
2. Quali numeri sono considerati fortunati e quali sfortunati nel tuo Paese?
3. Ci sono numeri che ti portano fortuna o che sono importanti nella tua vita? Quali sono?

Immaginiamo e inventiamo

1. Immaginate la vita di una persona superstiziosa. Come si svolge la sua giornata? Come sono influenzate le sue scelte?

2. Inventate insieme una storia di fantasmi. Prima descrivete l'ambiente e i personaggi e poi raccontate le vicende (*events*). Ognuno aggiunge una frase a quella dello studente / della studentessa precedente.

Prepariamoci a leggere

1. Sei superstizioso / -a? Quali sono alcune cose irrazionali in cui credi? Hai un oggetto portafortuna?

2. Quali sono alcune forme di superstizione comuni alla tua cultura?

3. Leggete l'annuncio e poi rispondete alle domande che seguono.

counts
Possesses

profit / fakery
result

a. Che cosa promette di risolvere il mago?
b. Chi sono i possibili clienti?
c. Di che mezzi si serve per risolvere i problemi?
d. Dove lavora?

4. Divisi in gruppi, abbinate a ciascuno dei proverbi seguenti la spiegazione appropriata.

a. Meglio un uovo oggi che una gallina domani.
b. Chi lascia la via vecchia per la nuova, sa quello che lascia, non sa quello che trova.
c. Meglio tardi che mai.

1. Siamo influenzati dalle persone che frequentiamo.
2. Meglio fare le cose da soli senza chiedere aiuto a nessuno.
3. È pericoloso cercare di cambiare la propria vita.

d. Chi fa da sé fa per tre.
e. Chi va con lo zoppo (*lame person*) impara a zoppicare.

4. È meglio accontentarsi di quello che possiamo avere sicuramente piuttosto che aspettare di avere di più.
5. È preferibile cominciare un'attività tardi piuttosto che non cominciarla affatto.

5. Quale visione della realtà rivelano i proverbi precedenti? A quali situazioni reali si potrebbero riferire?
6. Ci sono proverbi in inglese che corrispondono a questa visione della realtà?
7. Raccontate e spiegate ad un italiano un famoso proverbio americano.

Il protagonista del brano che segue è molto superstizioso e descrive una serie di superstizioni in cui crede.

A Quando si dice. Tanti non ci credono alla iettatura, ma io ci ho le prove. Che giorno era avant'ieri? martedì diciassette. Che successe quella mattina, prima di uscire? cercando il pane nella credenza° rovesciai il sale. Chi incontrai, per strada, appena uscito? una ragazza gobba°, con una voglia° pelosa di cotica° sul viso, che, nel quartiere, e sì che ci conosco tutti, io non avevo mai visto. Che feci entrando nel garage? passai sotto la scala di un operaio che stava riparando l'insegna° al neon. Chi fu il meccanico che nel garage mi parlò per primo? coso°, tanto per non nominarlo, che tutti lo sanno che porta male con quella sua faccia storta° e quei suoi occhiacci biliosi. Non vi basta? eccovi la giunta°: andando al posteggio per poco non schiacciai° un gatto nero che mi attraversò la strada, sbucato° da non so dove, così che dovetti frenare di colpo° con un cigolio° del diavolo.

cupboard
hunchback / birthmark / thick skin
sign
what's-his-name
crooked
eccovi... there is more
non... I didn't run over / emerged / **frenare...** brake suddenly / squeal

— Alberto Moravia, «La giornata nera», *Racconti romani.*

Nel brano seguente è descritto un incontro immaginario fra tre proverbi che discutono tra di loro.

B I Vecchi Proverbi hanno sempre ragione. [...]

Una volta tre Vecchi Proverbi si incontrarono e avevano appena aperto bocca che cominciarono a litigare:

—Chi bene incomincia è a metà dell'opera—disse il primo.

—Niente affatto,—disse il secondo,—la virtù sta nel mezzo.

—Gravissimo errore,—esclamò il terzo,—il dolce è in fondo.

Si presero per i capelli e sono ancora là che se le dànno°.

se... they are fighting

— Gianni Rodari, «Vecchi proverbi», *Favole al telefono.*

Parliamo e discutiamo

1. Elencate le superstizioni a cui crede il narratore del brano A.
2. Indicate se le seguenti affermazioni relative al narratore del brano A sono vere o false.
   a. Mise troppo sale sul pane.
   b. Per strada incontrò una ragazza sconosciuta.
   c. Ebbe un incidente con la macchina.
   d. Passò sotto una scala.
   e. Un gatto nero gli passò davanti.
3. Immaginate una possibile conclusione per il brano A.
4. Perché i tre proverbi del brano B litigarono?
5. Divisi in gruppi, date una vostra interpretazione dei proverbi del brano B e immaginate una situazione di vita reale a cui si potrebbero applicare.

Prepariamoci a leggere

1. Descrivete la foto. Immaginate la vita giornaliera dei pastori (*shepherds*) in questo ambiente.
2. Quali sono le stagioni e i mesi dell'anno?
3. Descrivete che tempo fa in ogni stagione dell'anno.
4. Che significa secondo voi il proverbio: «Aprile, dolce dormire»?
5. Spiegate e discutete il seguente proverbio: «Marzo pazzerello, un po' ride, un po' porta l'ombrello».

Un pastore in Sardegna con il suo gregge di pecore.

6. Che cosa sono le favole? Perché sono importanti? Chi sono i personaggi tipici delle favole? Che cosa rappresentano?
7. La favola che leggerete è intitolata «Marzo e il pastore». Immaginate possibili argomenti del racconto.

Lo scrittore Italo Calvino (1923–1985) raccolse favole e fiabe della tradizione popolare italiana e le trascrisse dai dialetti originari in lingua italiana.

Marzo e il pastore

C'era un pastore che aveva più pecore° e montoni° di quanti grani di sabbia° ha la riva° del mare. Con tutto questo, stava sempre con l'anima in pena per la paura che gliene morisse qualcuna°. L'inverno era lungo, e il pastore non faceva che supplicare i Mesi:—Dicembre, siimi propizio°! Gennaio, non mi uccidere le bestie col gelo! Febbraio, se sei buono con me ti renderò sempre onore!

I mesi stavano ad ascoltare le preghiere del pastore, e sensibili come sono a ogni atto di omaggio°, le esaudivano°. Non mandarono né pioggia né grandine°, né malattie del bestiame, e le pecore e i montoni continuarono a pascolare° tutto l'inverno e non presero nemmeno un raffreddore.

Passò anche Marzo, che è il mese più difficile di carattere; e andò bene. S'arrivò all'ultimo giorno del mese, e il pastore ormai non aveva più paura di niente; adesso si era all'Aprile, alla primavera, e il gregge° era salvo. Smise il suo solito tono supplichevole, e prese a sghignazzare° e fare il gradasso°:—O Marzo! O Marzo! Tu che sei lo spavento° dei greggi, a chi credi di far paura? Agli agnellini°? Ah, ah, Marzo, io non temo più! Siamo in primavera, non mi puoi fare del male, Marzo dei miei stivali°, puoi andartene proprio a quel paese![1]

A udire quell'ingrato che osava° parlare così a lui, Marzo si sentì saltare la mosca al naso°. Impermalito° corse a casa di suo fratello Aprile e gli disse:

O Aprile mio fratello,
Imprestami° tre dei tuoi dì°
Per punire il pastorello
che lo voglio far pentir°.

Aprile, che a suo fratello Marzo era affezionato, gli prestò i tre giorni. Marzo per prima cosa fece una corsa tutt'intorno al mondo, raccolse i venti, le tempeste e le pestilenze che c'erano in giro e scaricò°

sheep / rams
sand / shore
gliene... one of them could die
siimi... be favorable to me
homage / granted
hail
graze
flock
laugh scornfully / braggart / terror / lambs
dei... third-rate (lit., of my boots) / dared
si... got upset / Offended
Lend me / days
repent
unloaded

1. *Puoi andartene a quel paese* è espressione volgare equivalente a *you can go to hell.*

tutto addosso° al gregge di quel pastore. Il primo giorno morirono i montoni e le pecore che non erano tanto in gamba°. Il secondo giorno toccò° agli agnelli. Il terzo giorno non restò una bestia viva in tutto il gregge, e al pastore rimasero solo gli occhi per piangere.

addosso on
in... in gamba in good shape
toccò it was the turn of

— Italo Calvino, «Marzo e il pastore», *Fiabe italiane.*

Parliamo e discutiamo

1. Identificate e descrivete il personaggio principale della favola. Chi sono gli altri personaggi?
2. Com'era stato all'inizio il rapporto del pastore con i mesi invernali?
3. Come cambiò l'atteggiamento del pastore alla fine di Marzo? Perché?
4. Com'è rappresentato Marzo nella favola?
5. Che cosa fece Marzo per vendicarsi?
6. Parlate della conclusione della favola e dell'immagine finale del pastore.
7. Qual è la morale della favola?
8. Inventate un proverbio basato sulla morale di questa favola.
9. Inventate un'altra favola con una morale simile a questa.

Strutture

Il passato remoto

The **passato remoto** is a simple past tense, used to indicate events in the remote past and more recent past actions that have no continuing effect on the present.

> Calvino raccolse e trascrisse fiabe regionali.
> *Calvino gathered and transcribed regional fables.*
>
> L'anno scorso leggemmo le fiabe raccolte da Calvino.
> *Last year we read the fables gathered by Calvino.*

A The **passato remoto** of regular verbs is formed by adding the characteristic **passato remoto** endings to the verb stem. The following chart shows the **passato remoto** of regular verbs in the three conjugations. Note that regular second-conjugation verbs have two interchangeable sets of endings in the first-person singular and the third-person singular and plural.

	comprare	credere	finire
io	compr**ai**	cred**etti** (cred**ei**)	fin**ii**
tu	compr**asti**	cred**esti**	fin**isti**
Lei / lei / lui	compr**ò**	cred**ette** (cred**è**)	fin**ì**
noi	compr**ammo**	cred**emmo**	fin**immo**
voi	compr**aste**	cred**este**	fin**iste**
Loro / loro	compr**arono**	cred**ettero** (cred**erono**)	fin**irono**

B Though most first- and third-conjugation verbs are regular in the **passato remoto,** many second-conjugation verbs are irregular. Most of these verbs follow the 1-3-3 pattern: they are irregular only in the first- and third-person singular and the third-person plural. The first-person singular always ends in **-i,** the third-person singular in **-e,** and the third-person plural in **-ero.** Thus by memorizing the first-person singular, it is possible to figure out the other forms.

	avere	prendere
io	ebbi	**presi**
tu	avesti	prendesti
Lei / lei / lui	ebbe	**prese**
noi	avemmo	prendemmo
voi	aveste	prendeste
Loro / loro	ebbero	**presero**

Among the other verbs that follow this pattern are:

accendere *to light, to turn on*	**accesi**
accorgersi *to notice*	**mi accorsi**
apparire *to appear*	**apparvi**
cadere *to fall*	**caddi**
chiedere *to ask*	**chiesi**
chiudere *to close*	**chiusi**
cogliere *to pick; to grasp*	**colsi**
conoscere *to know*	**conobbi**
correre *to run*	**corsi**
crescere *to grow*	**crebbi**
decidere *to decide*	**decisi**

difendere *to defend*	**difesi**
dipingere *to paint*	**dipinsi**
discutere *to discuss*	**discussi**
dividere *to divide*	**divisi**
emergere *to emerge*	**emersi**
esplodere *to explode*	**esplosi**
esprimere *to express*	**espressi**
fingere *to pretend*	**finsi**
giungere *to arrive; to join*	**giunsi**
leggere *to read*	**lessi**
mettere *to put, to place*	**misi**
muovere *to move*	**mossi**
nascere *to be born*	**nacqui**
nascondere *to hide*	**nascosi**
perdere *to lose*	**persi**
piacere *to like*	**piacqui**
piangere *to cry*	**piansi**
ridere *to laugh*	**risi**
rimanere *to remain*	**rimasi**
rispondere *to respond*	**risposi**
rompere *to break*	**ruppi**
sapere *to know*	**seppi**
scegliere *to choose*	**scelsi**
scendere *to get off; to go down*	**scesi**
scrivere *to write*	**scrissi**
spegnere *to extinguish; to turn off*	**spensi**
spendere *to spend*	**spesi**
spingere *to push*	**spinsi**
succedere *to happen*	**successe** (*it happened*)
tacere *to be quiet*	**tacqui**
tenere *to hold, to keep*	**tenni**

togliere	*to remove, to take off*	**tolsi**
vedere	*to see*	**vidi**
venire	*to come*	**venni**
vincere	*to win*	**vinsi**
vivere	*to live*	**vissi**
volere	*to want*	**volli**

Compound verbs formed from these verbs follow the same pattern. See pages 504–518 for a complete list of common verbs that follow this pattern in the **passato remoto.**

C The following verbs follow no pattern in the **passato remoto.**

	essere	dare	stare
io	fui	diedi (detti)	stetti
tu	fosti	desti	stesti
Lei / lei / lui	fu	diede (dette)	stette
noi	fummo	demmo	stemmo
voi	foste	deste	steste
Loro / loro	furono	diedero (dettero)	stettero

D In the **passato remoto** as in many other tenses, the verbs **bere, dire, fare,** and compound verbs formed from them, have stems drawn from archaic forms of the infinitive.

	bere (bevere)	dire (dicere)	fare (facere)
io	bevvi	dissi	feci
tu	bevesti	dicesti	facesti
Lei / lei / lui	bevve	disse	fece
noi	bevemmo	dicemmo	facemmo
voi	beveste	diceste	faceste
Loro / loro	bevvero	dissero	fecero

Compound verbs formed with **-durre** and **-porre** also form the **passato remoto** with a stem obtained from archaic forms of the infinitive.

	proporre (proponere)	condurre (conducere)
io	proposi	condussi
tu	proponesti	conducesti
Lei / lei / lui	propose	condusse
noi	proponemmo	conducemmo
voi	proponeste	conduceste
Loro / loro	proposero	condussero

E The **passato remoto** is used to indicate completed actions and events that occurred in the distant past.

Una volta la mia bisnonna consultò una maga.
Once my great-grandmother consulted a sorceress.

F The **passato remoto** is used for completed actions and events that have no continuing effects in the present. The **passato prossimo** is used for past actions and events that occurred in a time period that has not yet ended (*this week, this year*) or that continue to have an effect on the present. (The demonstrative adjective **questo** frequently introduces time expressions that accompany the **passato prossimo.**)

Questa mattina (stamattina) ho visto la processione del Santo patrono.
This morning I saw the procession of the patron saint.

L'anno scorso vidi la processione del Santo patrono.
Last year I saw the procession of the patron saint.

1. In everyday conversation, however, the choice between **passato prossimo** and **passato remoto** is quite subjective. Often the choice of verb tense expresses the degree of psychological distance the speaker feels from the event.

   Incontrai Giulia per la prima volta in una stradina di Roma.
   I met Giulia for the first time on a little street in Rome.

   L'altro giorno ho incontrato tuo fratello in piazza.
   The other day I met your brother in the square.

2. Use of the **passato remoto** in conversation varies regionally. In much of northern Italy, the **passato remoto** is rarely used in conversation. In southern Italy, it is used far more frequently than the **passato prossimo,** even when referring to the very recent past.

3. Though beginning students of Italian will rarely use the **passato remoto** in conversation, it is important to recognize it—especially the irregular forms—for purposes of reading comprehension. Literature and most newspapers and magazines use the **passato remoto** frequently.

4. Consistency is important in the use of the **passato remoto** and the **passato prossimo.** One cannot alternate between them when relating actions and events that occur at the same time.

G The **imperfetto** is used with the **passato remoto** in the same way it is used with the **passato prossimo:** the **passato remoto** is used to indicate specific actions completed in the past, while the **imperfetto** is used to describe habitual and recurring actions, physical and psychological characteristics, the weather, and actions that were not completed in a given span of time.

Avevo sei anni quando andai al Palio di Siena per la prima volta.
I was six years old when I went to the Palio of Siena for the first time.

Festeggiavamo il Natale a Venezia ogni anno fino a quando ci trasferimmo in Sicilia.
We used to celebrate Christmas in Venice every year until we moved to Sicily.

Esercizi

A. Il signor Condotti parla alla moglie di una sagra di paese di molti anni fa. Completate con la forma corretta del passato remoto.

1. Racconta come si prepararono per la festa.
   a. Quella mattina il suono di tamburi nelle strade mi _______ (svegliare). Io _______ (alzarsi), _______ (vestirsi) e _______ (scendere) in cucina.
   b. Mia madre _______ (salire) in camera dei miei fratelli per svegliarli. I miei fratelli _______ (scendere) in cucina e la mia mamma ci _______ (preparare) il caffellatte.
   c. I miei fratelli _______ (bere) tutto il caffellatte, ma io, il mio, nemmeno lo _______ (toccare).

2. Racconta cosa fecero.
   a. Io e mio padre _______ (uscire) insieme in paese. Noi _______ (fare) una passeggiata nel corso. Mio padre _______ (incontrare) uno suo amico e (lui) _______ (mettersi) a discorrere.
   b. Io, invece, _______ (fermarsi) davanti a una bancarella di giocattoli e _______ (ammirare) a lungo un tamburo rosso.

c. Mio padre mi ______ (raggiungere) poco dopo e (lui) ______ (vedere) il tamburo e ______ (capire) che io lo volevo. (Lui) me lo ______ (comprare).

3. Parla della processione.

a. Poco dopo ______ (arrivare) i miei fratelli. Noi ______ (andare) in chiesa per la messa. Quando la messa ______ (finire), le campane della piccola chiesa ______(suonare) a festa a lungo.
b. I preti e il cardinale ______ (uscire) dalla chiesa e tutti i parrocchiani ______ (partecipare) alla processione.
c. Io, mio padre, e i miei fratelli ______ (seguire) la processione che ______ (girare) per tutti i quartieri della città. Tutti ______ (fermarsi) a guardarla.
d. Quando (noi) ______ (arrivare) vicino a casa nostra, (io) ______ (dire) che volevo tornare a casa.
e. A mezzanotte ______ (esserci) i fuochi d'artificio, ma io non li ______ (vedere) perché ______ (addormentarsi) presto.

B. Il signor Giacomini racconta al giovane nipote una gita che fece con la sua famiglia quando aveva dieci anni. Completate con la forma corretta del passato remoto o dell'imperfetto.

1. Spiega perché fecero la gita.

a. Mi ricordo di una gita che (io) ______ (fare) con la mia famiglia. ______ (Essere) d'inverno.
b. Quell'inverno ______ (fare) un freddo insopportabile. Ogni giorno ______ (nevicare) e ______ (tirare) vento.
c. Ogni mattina (noi) ______ (svegliarsi) presto e ______ (mettersi) delle pesanti giacche e degli stivaloni per andare a scuola. Dopo la scuola (noi) ______ (chiudersi) in casa e nemmeno ______ (sognarsi) di uscire.
d. Mi ricordo che le feste natalizie ______ (avvicinarsi) e noi ______ (essere) tristi perché non ______ (vedere) mai né gli amici né i parenti.

2. Racconta del viaggio a casa dei nonni.

a. Noi generalmente ______ (passare) le feste a casa. Quell'inverno invece mio padre ______ (decidere) di portarci dai nonni. I nostri nonni ______ (vivere) in un paesino vicino alle Dolomiti.
b. Così (noi) ______ (partire) da casa il 21 dicembre. Alle otto e mezzo (noi) ______ (andare) alla stazione e ______ (prendere) il treno delle nove. Mio padre ______ (salire) sul treno e ______ (trovare) uno scompartimento vuoto. Mio fratello ______ (mettere) le valige a posto e poi noi tutti ______ (sedersi).

c. _______ (Essere) un viaggio lungo e noioso. A quei tempi i treni ___________ (essere) molto lenti. Il treno _______ (fermarsi) continuamente.

d. Io _______ (dormire) per quasi tutto il viaggio. Mia madre _______ (leggere) molte riviste e le mie sorelle _______ (scrivere) alcune cartoline ai loro amici.

3. Parla dell'arrivo al paese dei nonni.

a. Finalmente dopo dodici ore il treno _______ (arrivare) al paese dei miei nonni. Loro ci _______ (aspettare) da molte ore. Quando (io) _______ (scendere) dal treno, mia nonna mi _______ (fare) molte domande, come sempre.

b. Quel Natale noi _______ (divertirsi) molto. Ogni mattina (noi) _______ (prendere) l'autobus per andare sulle piste da sci. (Noi) _______ (passare) ore a sciare.

c. A mezzogiorno (noi) _______ (prendere) la corriera (*bus*) e _______ (tornare) a casa. Mia nonna _______ (cucinare) molte specialità della zona.

d. Dopo pranzo io _______ (andare) nella mia stanza e _______ (fare) un pisolino.

e. (Noi) _______ (rimanere) dai nostri nonni per più di due settimane.

I numeri cardinali e ordinali

A **I numeri cardinali** (*cardinal numbers*) are used in counting and to indicate a specific quantity. Cardinal numbers are invariable, with the exception of **uno** and **mille.**

1. The cardinal numbers from 1 to 20 are:

1 uno	6 sei	11 undici	16 sedici
2 due	7 sette	12 dodici	17 diciassette
3 tre	8 otto	13 tredici	18 diciotto
4 quattro	9 nove	14 quattordici	19 diciannove
5 cinque	10 dieci	15 quindici	20 venti

2. The numbers from 21 to 30 are:

21 ventuno	26 ventisei
22 ventidue	27 ventisette
23 ventitrè	28 ventotto
24 ventiquattro	29 ventinove
25 venticinque	30 trenta

The numbers from 31 to 99 are formed in the same way.

3. Round numbers from 40 upward are:

40	quaranta	400	quattrocento
50	cinquanta	500	cinquecento
60	sessanta	600	seicento
70	settanta	700	settecento
80	ottanta	800	ottocento
90	novanta	900	novecento
100	cento	1000	mille
200	duecento	1.000.000	un milione
300	trecento	1.000.000.000	un miliardo

Attenzione: In compound numbers ending in **uno** and **otto,** the number representing the tens and hundreds drops its final vowel.

21 ventuno 28 ventotto 88 ottantotto 131 centotrentuno

4. **Uno** has the same forms as the indefinite article **un.**

un gatto *a cat* uno specchio *a mirror* un uomo *a man*
una scala *a ladder* un'insegna *a sign*

Compound numbers formed with **uno** can drop the final **-o** before a masculine plural noun.

ventun gatti quarantun uomini

5. In compound numbers formed with **tre,** there is a written accent on **tre.**

33 trentatrè 83 ottantatrè 103 centotrè

6. **Mille** (*one thousand*) becomes **mila** in the plural.

2000 duemila 8020 ottomilaventi

10.900 diecimilanovecento

7. Numbers are written as a single word in Italian.

345 trecentoquarantacinque 7683 settemilaseicentottantatrè

Milione and **miliardo,** however, usually are not written as a single word.

due milioni quattro miliardi
two million *four billion*

8. When **milione** and **miliardo** are used with a noun, they are accompanied by the preposition **di.**

due milioni di persone quattro miliardi di lire
two million people *four billion lire*

9. With percentages, Italian uses a comma instead of a decimal point.

   Circa il 22,3% (*ventidue virgola tre per cento*) della popolazione festeggia il Natale a casa.
   Around 22.3% of the population celebrates Christmas at home.

10. Instead of a comma, as in English, Italian uses a period between hundreds, thousands, and millions.

    5.250   332.300   10.000.000

11. To indicate approximate quantities, the suffix **-ina** can be added to a round number between ten and ninety after dropping the final vowel. If a noun follows, it is accompanied by the preposition **di.**

    A tavola c'era una decina di persone.
    At the table there were around ten people.

    Un centinaio (plural **centinaia**) and **un migliaio** (plural **migliaia**) indicate approximate numbers in the hundreds and thousands.

    C'erano centinaia di persone per le strade.
    There were hundreds of people on the streets.

    Ci aspettavamo meno di un migliaio di spettatori.
    We expected fewer than a thousand spectators.

B **I numeri ordinali** (*ordinal numbers*), such as *first* and *twelfth,* indicate position in a series.

1. The ordinal numbers from one to ten are:

primo *first*	sesto *sixth*
secondo *second*	settimo *seventh*
terzo *third*	ottavo *eighth*
quarto *fourth*	nono *ninth*
quinto *fifth*	decimo *tenth*

2. Ordinal numbers above ten are formed by dropping the final vowel of the cardinal number and adding the suffix **-esimo.**

undici →	undicesimo	*eleventh*
diciassette →	diciassettesimo	*seventeenth*
ventotto →	ventottesimo	*twenty-eighth*
sessantuno →	sessantunesimo	*sixty-first*
cento →	centesimo	*hundredth*

   In ordinal numbers, **mille** does not become **mila** in the plural.

duemila →	duemillesimo	*two-thousandth*

3. In Italian, ordinal numbers function like other adjectives. They have four forms, and agree in number and gender with the noun they modify. An ordinal number is accompanied by the definite article, which contracts with a preposition.

   Abbiamo prenotato i primi posti nelle prime file.
   We reserved the first seats in the first rows.

   With the name of royalty, rulers, and popes, the definite article is not used.

Elisabetta I (prima) *Elizabeth I (the First)*	Enrico IV (quarto) *Henry IV (the Fourth)*

4. Ordinal numbers are usually written out. They can also be expressed using the cardinal form of the number and a superscript ^{o} with masculine nouns, ^{a} with feminine nouns.

il sesto re *the sixth king*	il 6° re *the 6th king*
la quarta dimensione *the fourth dimension*	la 4^{a} dimensione *the 4th dimension*

C **Le frazioni** (*fractions*) are expressed as in English, using a cardinal number as the numerator and an ordinal number as the denominator.

un terzo *one-third*	un quarto *one-fourth*	due quinti *two-fifths*

Mezzo and **metà** are used to express *one-half.* **Mezzo** is generally used as an adjective and **metà** as a noun. With specific measurements, only **mezzo** can be used.

Ho comprato mezzo chilo di torroni.
I bought half a kilo of torroni.

Ho dato metà del panettone alla nonna.
I gave half of the panettone to my grandmother.

Esercizi

A. Lucia, un'imprenditrice benestante, ha speso molti soldi per i regali di Natale ai clienti della sua ditta. Quando va a casa prepara una lista degli oggetti che ha comprato e di quanto ha speso per ognuno. Immaginate il prezzo in lire di ogni articolo. Scrivete i numeri in cifre e in lettere.

1. una penna stilografica d'oro
2. un maglione di lana di cammello
3. una scatola di cioccolatini

4. un'agenda in pelle di Fendi
5. un libro d'arte
6. una macchina sportiva
7. una camicia di seta
8. una cravatta firmata di Valentino
9. una segreteria telefonica
10. una cassetta di vini

B. Paolo e la sorella parlano di avvenimenti importanti nella loro vita e in quella di alcuni amici e parenti. Paolo non è d'accordo con le affermazioni della sorella. Completate con la forma corretta in lettere dei numeri ordinali o cardinali.

1. Giulio adesso ha ______ (6) anni. La settimana scorsa abbiamo festeggiato il suo ______ compleanno.
2. Non è vero. Giulio ha già ______ (7) anni. La settimana scorsa abbiamo festeggiato il suo ______ compleanno.
3. Rosalba e Mario sono sposati da ______ (10) anni. Il mese scorso mi hanno invitato al loro ______ anniversario.
4. Ma no! Loro sono sposati da ______ (14) anni. Il mese scorso ci hanno invitato al loro ______ anniversario.
5. Mario ha cominciato l'università il settembre scorso. Questo è il suo ______ anno di università.
6. Non è vero. Mario si è iscritto all'università ______ (3) anni fa. Questo è il suo ______ anno.
7. Roberto si è sposato ______ (2) volte. La ______ moglie si chiamava Giulia. La ______ moglie, invece, si chiama Renata.
8. Non è vero. Roberto ha divorziato da tutte e due le mogli. Con la ______ moglie è stato sposato ______ (5) anni. Dalla ______ moglie poi ha divorziato nel ______ (7) anno di matrimonio.

I giorni, i mesi, le stagioni, l'anno, le date

A **I giorni della settimana** (*the days of the week*) are: **lunedì, martedì, mercoledì, giovedì, venerdì, sabato,** and **domenica.** The days of the week are not capitalized.

1. No preposition is used when referring to a specific day.

   Lunedì incominciano a vendemmiare.
   On Monday they will start harvesting the grapes.

2. When referring to a habitual action, the definite article is used with the singular form of the day of the week. The days of the week are masculine, with the exception of **domenica.**

   Il sabato sera andiamo al night. La domenica andiamo in chiesa.
   On Saturday evenings we go to a nightclub. On Sundays we go to church.

3. To inquire what day of the week it is, the phrase **Che giorno è oggi?** is used.

B **I mesi dell'anno** (*the months of the year*) are:

gennaio	aprile	luglio	ottobre
febbraio	maggio	agosto	novembre
marzo	giugno	settembre	dicembre

1. The names of the months are masculine. They are rarely capitalized.

2. **A** (or less often **in**) is used to express *in + the month.*

   A gennaio i bambini italiani ricevono regali dalla Befana.
   In January Italian children receive presents from the Befana.

   In Italia la festa della donna si celebra in marzo.
   In Italy Woman's Day is celebrated in March.

3. When referring to specific dates, the day precedes the month. Cardinal rather than ordinal numbers are used, with the exception of the first day of the month (**il primo**). The masculine singular article precedes the number.

il cinque marzo	il primo giugno	l'undici aprile
March 5	*June 1*	*April 11*

   The use of **di** before the name of the month is optional.

   Il primo (di) gennaio lo passiamo sempre in montagna.
   We always spend January 1st in the mountains.

   When dates are abbreviated, the day also precedes the month.

5/3	1/6	11/4
March 5	*June 1*	*April 11*

4. To ask the date, the expression **Qual è la data di oggi?** and **Quanti ne abbiamo oggi?** are used.

   Qual è la data di oggi?—Oggi è il sei luglio.
   What's the date today? Today is July 6.

   Quanti ne abbiamo oggi?—Oggi ne abbiamo sei.
   What's the date today? Today is the sixth.

C **Le stagioni** (*the seasons*) are:

la primavera	l'estate (*f.*)	l'autunno	l'inverno
spring	*summer*	*fall, autumn*	*winter*

The names of the seasons are not capitalized.

1. **In, a,** or **di** are used, without the definite article, to express *in + the season.*

   in (a) primavera — d' (in) estate
   in (d')autunno — d' (in) inverno

   In primavera, dalla settimana santa in poi, ci sono molti turisti a Firenze.
   In the spring, from Holy Week on, there are many tourists in Florence.

2. The definite article is used when the name of a season is the subject or direct object of the sentence.

   L'inverno lo passiamo sempre in città.
   We always spend the winter in the city.

3. The adjectives **primaverile, estivo/-a, autunnale,** and **invernale** agree in gender and number with the nouns they modify.

   le piogge primaverili — *spring rains*
   i colori autunnali — *fall colors*
   gli abiti estivi — *summer clothes*
   le scene invernali — *winter scenes*

D When referring to a year, the masculine singular definite article is used. The article contracts with prepositions.

Cristoforo Colombo scoprì l'America nel 1492.
Christopher Columbus discovered America in 1492.

Vissi in Italia dal 1976 al 1978.
I lived in Italy from 1976 to 1978.

E Centuries are commonly expressed in hundreds, especially when referring to an artistic or historical era.

1200–1299	il duecento	1600–1699	il seicento
1300–1399	il trecento	1700–1799	il settecento
1400–1499	il quattrocento	1800–1899	l'ottocento
1500–1599	il cinquecento	1900–1999	il novecento

Boccaccio e Petrarca sono due importanti scrittori del trecento.
Boccaccio and Petrarca are two important writers of the 1300s.

La poesia del novecento non è facile da capire.
The poetry of the 1900s is not easy to understand.

1. Centuries can also be expressed as ordinal numbers, as in English. The word **secolo** (*century*) follows the ordinal number.

il quindicesimo secolo *the fifteenth century*	il ventesimo secolo *the twentieth century*

   Leopardi visse nel diciannovesimo secolo.
   Leopardi lived in the nineteenth century.

2. The abbreviations **a.C.** (**avanti Cristo**) and **d.C.** (**dopo Cristo**) are used to express the equivalent of the English *b.c.* and *a.d.*

Esercizi

A. Leggete i seguenti dati riguardo alla famiglia Manfredini e poi rispondete alle domande.

Nella famiglia Manfredini il padre è nato il 25 aprile del 1935. La moglie è nata quattro anni dopo. Il compleanno della loro prima figlia è tre giorni dopo quello del padre. Lei è nata quando lui aveva 25 anni. Quando la bambina aveva sei anni, è nato un fratellino, due giorni prima di Natale. Dopo diversi anni, quando il maschietto aveva otto anni, alla famiglia si è aggiunta un'altra bambina, nata quattro giorni dopo Capodanno.

1. In che anno è nata la signora Manfredini?
2. Quando è il compleanno della prima figlia?
3. In che anno è nata la prima figlia?
4. Quando è nato il secondo figlio?
5. Quando è nata l'ultima bambina?
6. Quanti anni aveva la prima bambina quando è nata l'ultima?
7. Quanti anni aveva la signora Manfredini quando è nata l'ultima figlia?

B. Indicate le date dell'inizio e della fine delle quattro stagioni.

1. primavera ______________________________
2. estate ______________________________
3. autunno ______________________________
4. inverno ______________________________

C. Indicate in quale secolo ebbero luogo i seguenti eventi, e, quando è possibile, in quale anno.

1. Quando arrivò in America Cristoforo Colombo?
2. Quando visse Michelangelo?
3. Quando visse Galileo Galilei?
4. Quando scoppiò la rivoluzione americana?
5. Quando ci fu la rivoluzione francese?
6. Quando finì la seconda guerra mondiale?

Il trapassato prossimo e il trapassato remoto

The two **trapassato** tenses, the **trapassato prossimo** and the **trapassato remoto,** are used to express actions that had already taken place before other past actions occurred. The **trapassato** tenses correspond to the English *had + past participle* (*had celebrated, had recovered*).

> Non è venuto al veglione perché lo avevano già invitato a un'altra festa.
> *He didn't come to the ball because they had already invited him to another party.*
>
> Non gli diedi niente perché gli avevo già fatto un regalo.
> *I didn't give him anything because I had already given him a present.*

A The **trapassato prossimo** is formed with the **imperfetto** of **avere** or **essere** + *past participle* of the verb. The agreement of the past participle follows the same rules as does the **passato prossimo** and other compound tenses.

	festeggiare	andare	vestirsi
io	avevo festeggiato	ero andato / -a	mi ero vestito / -a
tu	avevi festeggiato	eri andato / -a	ti eri vestito / -a
Lei / lei / lui	aveva festeggiato	era andato / -a	si era vestito / -a
noi	avevamo festeggiato	eravamo andati / -e	ci eravamo vestiti / -e
voi	avevate festeggiato	eravate andati / -e	vi eravate vestiti / -e
Loro / loro	avevano festeggiato	erano andati / -e	si erano vestiti / -e

1. The **trapassato prossimo** is used for actions that occurred prior to other past actions expressed in the **imperfetto,** the **passato prossimo,** or the **passato remoto.**

   Non sono entrata perché avevo già fatto gli auguri di Capodanno a tutti.
   I didn't go in because I had already wished everybody a Happy New Year.

2. The **trapassato prossimo** is also used in clauses introduced by conjunctions like **dopo che, quando, poiché** (*since*), **finché** (*until*), **appena** (*as soon as*), and **allorché** (*when*) to describe actions that took place immediately before the action in the main clause.

   Dopo che i bambini avevano aperto i regali, noi abbiamo mangiato.
   After the children had opened the presents, we ate.

   Poiché avevano ricevuto pochi regali, si sono messi a piangere.
   Since they had received few gifts, they started crying.

3. The **trapassato prossimo** can also be used in independent clauses when the subsequent action is implied rather than expressed.

   Hai dovuto comprare un panettone per Giulio?—No, glielo avevo già comprato.
   Did you have to buy Giulio a Christmas cake? No, I had already bought it.

B The **trapassato remoto** is formed with the **passato remoto** of **avere** or **essere** + *past participle* of the verb. The agreement of the past participle follows the same rules as does the **trapassato prossimo** and other compound tenses.

	festeggiare	andare	vestirsi
io	ebbi festeggiato	fui andato / -a	mi fui vestito / -a
tu	avesti festeggiato	fosti andato / -a	ti fosti vestito / -a
Lei / lei / lui	ebbe festeggiato	fu andato / -a	si fu vestito / -a
noi	avemmo festeggiato	fummo andati / -e	ci fummo vestiti / -e
voi	aveste festeggiato	foste andati / -e	vi foste vestiti / -e
Loro / loro	ebbero festeggiato	furono andati / -e	si furono vestiti / -e

The **trapassato remoto** is used only when the verb in the main clause is in the **passato remoto,** and only in dependent clauses introduced by expressions like **dopo che, quando, finché, appena,** and **allorché.**

Le festività cominciarono subito dopo che ebbero allestito le bancarelle.
The festivities began right after they had set up the stands.

Even in this case, the **trapassato prossimo** is commonly used in modern conversational Italian. The **trapassato remoto** is used very rarely and is mostly encountered in formal writing.

Esercizi

A. La nonna racconta a Raffaella una festa in maschera di quando era giovane. Completate con la forma corretta del trapassato prossimo e del passato remoto.

1. Mi ricordo ancora molto bene di una festa in maschera a cui io e tuo nonno ______ (partecipare) nel 1950. Lui mi ______ (invitare) molto tempo prima.
2. Già la settimana precedente, io ______ (andare) a cercare un vestito al guardaroba del teatro vicino all'università. ______ (provare) vari abiti di secoli diversi e ______ (scegliere) un vestito del duecento. La guardarobiera del teatro mi ______ (promettere) di preparare l'abito in tempo.
3. Il giorno del veglione (io) ______ (riprendere) l'abito, ma la guardarobiera lo ______ (accorciare, *to shorten*) troppo e non lo ______ (stirare, *to iron*) affatto. In precedenza un'attrice molto alta ______ (indossare) quello stesso vestito.
4. (Io) ______ (decidere) di non metterlo e ______ (andare) alla festa con un abito autentico regionale che ______ (appartenere) a mia nonna quando era giovane.

B. Raccontate la famosa fiaba di Cenerentola. Completate con i tempi e modi corretti del verbo, usando il passato remoto, l'imperfetto, il trapassato prossimo, il trapassato remoto e il condizionale passato.

1. L'introduzione.

   ______ (Esserci) una volta una ragazza che ______ (chiamarsi) Cenerentola. La madre ______ (morire) quando lei ______ (avere) tredici anni. Qualche anno dopo, il padre ______ (risposarsi) con una donna vedova con due figlie. La matrigna e le sorellastre ______ (essere) molto cattive nei confronti di Cenerentola. La ______ (comandare) sempre tutto il giorno e le ______ (fare) fare tutti i lavori di casa.

2. I preparativi per il ballo.

   Un giorno, il principe di quel paese ______ (decidere) di sposarsi. ______ (Invitare) tutte le ragazze del regno perché ______ (volere) scegliere la sua futura sposa. Le sorellastre di Cenerentola ______ (prepararsi) per il ballo. Cenerentola invece ______ (capire) che non ______ (potere) recarsi al ballo perché non ______(possedere) un bel vestito. Quando ______ (vedere) le sorellastre elegantissime che

_______ (uscire) di casa per andare al ballo, Cenerentola _______(mettersi) a piangere. Improvvisamente _______ (apparire) una buona fata (*fairy*) che _______ (trasformare) una grossa zucca in una carrozza, e _______ (fare) diventare gli stracci (*rags*) di Cenerentola un meraviglioso vestito da ballo. La fata _______ (dare) a Cenerentola anche un paio di scarpine di cristallo. La fata le _______ (ripetere) però che (lei) _______ (dovere) tornare a casa esattamente a mezzanotte.

3. Il ballo e la conclusione.

   Al ballo il principe _______ (innamorarsi) di Cenerentola e i due _______ (ballare) tutta la sera insieme. A mezzanotte precisa Cenerentola _______ (scappare, *to run*), ma _______ (perdere) una delle scarpine di cristallo.

   Il giorno seguente il principe _______ (fare) cercare per tutto il regno la ragazza misteriosa che la sera prima _______ (perdere) la scarpina di cristallo. Le sorellastre _______ (provarsi) la scarpina, ma _______ (avere) i piedi troppo grandi. Timidamente Cenerentola _______ (volere) provare anche lei la scarpina, che le _______(calzare, *to fit*) alla perfezione. Dopo che il principe _______ (ritrovare) la ragazza del suo cuore, _______ (volere) sposarsi immediatamente. Cenerentola e il principe _______ (vivere) sempre felici e contenti.

Il tempo

Many expressions pertaining to the weather use the verb **fare.**

> Che tempo fa? *What's the weather like?*
> Fa bel tempo. Fa bello. *It's nice out.*
> Fa brutto tempo. Fa brutto. Fa cattivo tempo. *The weather is ugly / bad.*
> Fa caldo. *It's hot.*
> Fa freddo. *It's cold.*
> Fa fresco. *It's cool.*

Other weather expressions use **essere.**

> Com'è il tempo oggi? *How's the weather today?*
> Qual è la temperatura di oggi? *What is today's temperature?*
> Oggi c'è il sole. *Today it's sunny.*
> Oggi c'è vento. *Today it's windy.*
> Oggi c'è afa. *Today it's muggy.*
> C'è (la) nebbia. *It's foggy.*
> C'è foschia. *It's hazy.*
> È nuvoloso. *It's cloudy.*
> Ci sono le nuvole. *There are clouds.*
> (Il cielo) è coperto. *It's (The sky is) overcast. It's cloudy.*
> È sereno. *It's clear.*

Other common weather expressions are:

Piove. Piove a dirotto. *It's raining. It's pouring.*
Grandina. *It's hailing.*
Nevica. *It's snowing.*
Tira vento. *The wind is blowing.*
Tuona. *It's thundering.*
Lampeggia. *It's lightning.*
la grandine *hail*
la neve *snow*
la pioggia *rain*
una tempesta, un temporale *a storm*
il tuono *thunder*
il lampo *lightning*
il fulmine *thunderbolt, lightning*
il vento *wind*

Esercizi

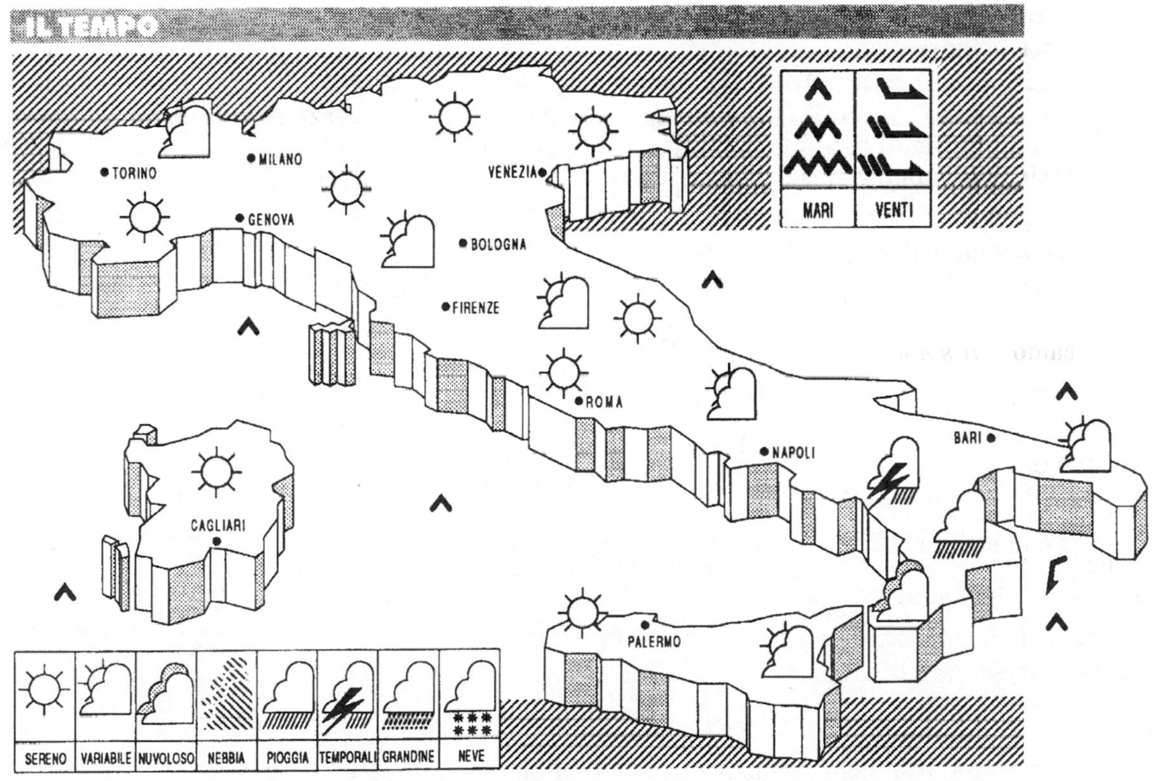

A. Consultate la cartina meteorologica e rispondete alle domande dando tutte le informazioni possibili.

1. Com'è il tempo in Sardegna? in Sicilia?

2. Che tempo fa nell'Italia del Nord? nell'Italia centrale? nell'Italia del Sud?
3. Che tempo fa nella tua città in inverno? in estate? in autunno? in primavera?
4. In quali città americane piove spesso? In quali città americane fa quasi sempre bel tempo?

Come narrare una storia o un aneddoto

È possibile narrare tante cose, come, per esempio, una storia, una favola, una fiaba, un racconto o un aneddoto. È comunque sempre molto importante organizzare le idee in modo chiaro e logico. Quando racconti, cerca di narrare gli avvenimenti in maniera interessante, così da coinvolgere il lettore ed attrarre la sua attenzione.

Prima di incominciare a scrivere è anche bene decidere da quale punto di vista vuoi raccontare la storia. Di solito puoi narrare in prima o in terza persona. Quando racconti in prima persona, dai soltanto un punto di vista, che è generalmente quello di uno dei personaggi della storia. Quando narri in terza persona, invece, puoi dare al lettore un punto di vista più oggettivo e completo.

È bene organizzare gli avvenimenti che vuoi raccontare secondo uno schema definito.

L'introduzione

Qui introduci la storia che vuoi raccontare.

1. Stabilisci il tempo e i luoghi principali dell'avvenimento da raccontare.
2. Introduci i protagonisti. Puoi descrivere il loro carattere e l'aspetto fisico. In genere usi l'imperfetto quando vuoi descrivere al passato i personaggi e l'ambiente della storia.

La parte centrale

In questa parte narri l'azione principale.

1. È bene fare una lista degli avvenimenti ed episodi più importanti e decidere in quale ordine narrarli. È quasi sempre preferibile usare un ordine cronologico.

2. Scegli il tempo principale in cui raccontare la storia. Tieni presente che, per la parte narrativa, per lo più usi il passato remoto, se vuoi stabilire una certa distanza cronologica o psicologica fra te e gli eventi narrati. Usi poi il trapassato prossimo quando vuoi riferirti ad avvenimenti precedenti all'episodio che stai narrando.

La conclusione

Qui riassumi gli avvenimenti e racconti la risoluzione finale.

1. Spieghi come la storia si conclude.
2. A volte puoi trarre una morale o un insegnamento dall'esito del racconto.

Temi

1. Spesso le favole intendono impartire una lezione in modo piacevole e divertente. Immagina un insegnamento importante, una morale, e poi inventa una favola che dimostri questa morale. Prepara uno schema prima di incominciare a scrivere.
2. Molte persone rifiutano di ammettere che sono superstiziose e che credono al soprannaturale. Racconta una storia di fantasmi per convincere queste persone che ci sono degli eventi che non possiamo sempre spiegare razionalmente. Ricordati di preparare uno schema per organizzare bene e in maniera convincente la tua storia. I seguenti vocaboli ed espressioni sono utili per parlare di fantasmi e del soprannaturale.

   il buio *darkness*
   lo scricchiolio *creaking*
   l'urlo *scream*
   aggirarsi *to roam around*
   apparire / comparire *to appear*
   sparire / scomparire *to disappear*
   spaventare *to scare*
   spaventarsi *to get scared*
   urlare / gridare *to yell*
   apparso, -a *appeared*
   scomparso, -a *disappeared*
   stregato, -a *haunted*

Parole ed espressioni chiave

Per parlare di feste e tradizioni

gli addobbi *decorations*
l'albero di Natale *Christmas tree*
l'anniversario *anniversary*
Babbo Natale *Santa Claus*
il ballo in maschera *masked ball*
la bancarella *booth, stall*
la banda *band*
la Befana *kind old witch*
il biglietto di auguri *greeting card*
il Capodanno *New Year's Day*
il Carnevale *Carnival*
il cenone di Capodanno *New Year's Eve dinner party*
il circo *circus*
la colomba *dove*
il compleanno *birthday*
il costume *custom; costume*
l'Epifania *Epiphany*
la festa *holiday*
i festeggiamenti *celebrations*
la fiera *fair*
i fuochi d'artificio *fireworks*
la gara *race, competition*
il giocattolo *toy*
la giostra *merry-go-round*
il Luna Park *amusement park*
il matrimonio *wedding*
il mercoledì delle ceneri *Ash Wednesday*
la mietitura *harvest*
il Natale *Christmas*
l'onomastico *saint's day, name day*
la palla di vetro *glass ball (Christmas tree decoration)*
il panettone *traditional Christmas cake*
la Pasqua *Easter*
il presepe / presepio *Nativity scene, crèche*
la processione *procession*
la Quaresima *Lent*
la raccolta, il raccolto *harvest*
il regalo *gift*
la rinascita *rebirth, rewakening*
il rito *rite*
la sagra *village feast*
il Santo patrono *patron saint*
la Settimana Santa *Holy Week*
la sfilata *parade*
la tavolata *dinner party*
il torrone *nougat*
la tradizione *tradition*
l'uovo di Pasqua *Easter egg*
il veglione *ball, all-night party*
la vendemmia *grape harvest*
la vigilia *eve*

addobbare *to decorate*
allestire *to erect*
augurare Buon Natale *to wish someone a Merry Christmas*
congratularsi *to congratulate*
fare un regalo / regalare *to give a gift*
festeggiare *to celebrate*
scambiarsi regali *to exchange gifts*

Auguri! / Tanti auguri! *Greetings! / Best wishes!*
Buon Anniversario! *Happy Anniversary!*
Buon Anno! / Felice Anno Nuovo! *Happy New Year!*
Buon Compleanno! / Cento di Questi Giorni! *Happy Birthday! / Many happy returns of the day!*
Buone Feste! *Happy holidays!*

Buon Natale! *Merry Christmas!*
Buona Pasqua! *Happy Easter!*
Buon Onomastico! *Happy Saint's Day!*
Congratulazioni! *Congratulations!*

Per parlare di usanze e credenze popolari

il / la cartomante *fortuneteller*
la casa stregata *haunted house*
il / la chiromante *palm reader, palmist*
la chiromanzia *palm reading, palmistry*
la credenza *belief*
il detto *saying*
il fantasma / lo spirito *ghost*
la fattura *spell*
la favola *fable*
la fiaba *fairy tale*
l'indovino / indovina *fortuneteller*
l'influsso *influence*
l'invidia *envy*
la magia *magic*
il mago, la maga *magician, wizard*
il malocchio / la iettatura *evil eye*
il motto *motto, saying*
il pregiudizio *prejudice*
il proverbio *proverb*
il rituale *ritual*
la scaramanzia *superstitious practice*
il soprannaturale *supernatural*
la superstizione *superstition*
il talismano *amulet, charm*
i tarocchi *tarot cards*

ciclico, -a *cyclical*
invidioso, -a *envious, jealous*
irreale *imaginary*
malefico, -a *harmful*
radicato, -a *rooted*
statico, -a *static, unchanging*
superstizioso, -a *superstitious*

credere nei fantasmi *to believe in ghosts*
leggere le carte *to read one's cards*
leggere la mano *to read one's palm*
portare bene / portare fortuna *to bring good luck*
portare male / portare sfortuna *to bring bad luck*
provenire da *to originate in*
provocare *to provoke*
toccare ferro *to touch iron (for good luck)*

Capitolo 7 Gli italiani e le vacanze

Una spiaggia affollata di bagnanti durante l'estate.

Temi

- Le vacanze degli italiani
- Alcuni problemi e inconvenienti delle vacanze
- La scelta delle vacanze
- Le diverse località di vacanza
- Le attività durante le vacanze

Strutture

- Il modo congiuntivo: presente e passato
- L'uso del modo congiuntivo in proposizioni dipendenti
- Altri usi del congiuntivo in proposizioni dipendenti
- Il congiuntivo dopo le congiunzioni
- Il congiuntivo in proposizioni indipendenti
- I pronomi tonici

Gli italiani e le vacanze

INTRODUZIONE

Il Ferragosto è sospensione assoluta, rovesciamento[1] delle abitudini, oblio[2] collettivo delle usanze consuete[3].

— Alberto Bevilacqua, *Una misteriosa felicità.*

1. overturning 2. forgetting 3. usual

Le autostrade italiane durante l'esodo estivo.

Per parlare delle vacanze

Le vacanze sono un periodo di riposo e di svago di cui abbiamo tutti bisogno per rilassarci e distrarci. Ci sono però anche inconvenienti e disagi connessi con le vacanze in Italia. Uno dei problemi principali è che la maggioranza degli italiani va in ferie nello stesso periodo. Infatti quasi tutte le fabbriche e le industrie chiudono contemporaneamente.

Parole in contesto

1. Il periodo di punta per le vacanze estive, cioè il periodo preferito dagli italiani, va in genere dalla fine di luglio alla fine di agosto. Soprattutto durante la settimana di Ferragosto, intorno al 15 agosto, quasi tutte le fabbriche e le industrie chiudono.
2. Durante questo periodo si osserva un esodo generale dalle città ai luoghi di vacanza, sulle coste italiane e in montagna. Oltre agli italiani, anche milioni di stranieri affollano le località di mare della penisola.
3. Sulle autostrade il traffico è caotico. Ci sono lunghe file o code di automobili, e ingorghi che causano rallentamenti. Il traffico provoca numerosi incidenti stradali e tamponamenti.
4. Grandi affollamenti si trovano anche negli aeroporti e nei porti dove si prendono i traghetti per andare sulle tante e bellissime isole italiane.

5. Alcuni pensano che una soluzione a questo problema si possa trovare nelle vacanze a scaglioni, o scaglionate, dette anche vacanze intelligenti. Le fabbriche dovrebbero chiudere in periodi diversi, così non tutti prenderebbero le ferie lo stesso mese.

6. Chi decide tardi dove passare le vacanze spesso trova tutto esaurito. Tanti italiani infatti fanno le prenotazioni per un albergo o una casa in affitto da un anno all'altro.

7. Oltre alla villeggiatura, cioè una vacanza lunga in un posto fisso, molti italiani cercano di fare lunghi week-end. Se un giorno di festa cade per esempio di martedì, gli italiani cercano di avere anche il lunedì di vacanza. Questa abitudine si chiama «fare il ponte».

8. Molti italiani vanno in vacanza non solo d'estate, ma spesso anche una settimana d'inverno, per sciare nelle località di montagna. Questa vacanza invernale è chiamata la settimana bianca.

9. Tanti si aspettano pace e tranquillità dalle vacanze, altri divertimento e spensieratezza, un'alternativa alla routine giornaliera. Sono sempre numerosissimi gli italiani che per le vacanze scelgono di viaggare, per visitare altri paesi anche lontanissimi, e per conoscere culture diverse.

Descriviamo

1. Descrivete la réclame.
2. Di che cosa pensate che faccia la pubblicità? Motivate le vostre risposte.
   a. occhiali da sole
   b. alberghi
   c. vacanze sportive
   d. barche a vela
   e. assicurazione
   f. località di villeggiatura
   g. macchine a noleggio

Immaginiamo e inventiamo

1. Immagina la vacanza ideale dei vari componenti di una famiglia che vive in una grande metropoli. Che cosa supponi che cerchino nelle vacanze? Che cosa dubiti che facciano? Dove pensi che vadano? Che cosa è bene che portino con loro? Come è probabile che viaggino? Cosa vuole la madre che i figli facciano prima di partire e che cosa non vuole che facciano in vacanza?
2. Immagina la vacanza ideale di un giovane di vent'anni. Dove pensi che voglia andare? Che cosa credi che si aspetti dalle vacanze? Che cosa è probabile che faccia? Che cosa invece dubiti che faccia?
3. Una importante dirigente d'azienda sceglie di fare «vacanze intelligenti». Immagina dove va e quando parte.

Prepariamoci a leggere

1. Descrivete le vacanze preferite dai vostri connazionali. Quali luoghi scelgono? In quali periodi dell'anno vanno in vacanza?
2. Che cosa cerchi in una vacanza ideale? Dove pensi di poter trovare quello che desideri? Fa' anche un'inchiesta tra i tuoi amici e riporta i risultati.

   a. la pace e la tranquillità
   b. la natura incontaminata
   c. la vita notturna
   d. l'avventura sentimentale
   e. le avventure in posti esotici
   f. lo sport
   g. la fuga dalla routine
   h. le escursioni con fini culturali

3. Quali sono i mezzi di trasporto che si possono usare per andare in vacanza? Quali ritieni che siano gli aspetti positivi e negativi di ognuno? Quale preferisci tu?
4. Divisi in gruppi discutete se e come i gusti nei riguardi delle vacanze cambiano con il passare degli anni. Che tipo di vacanza pensate che preferiscano le seguenti persone di età ed esigenze diverse?

   a. una famiglia con due figli piccoli
   b. una coppia sui trent'anni
   c. una signora anziana, in pensione

Nei brani che seguono si parla delle diverse scelte degli italiani riguardo alle vacanze.

A Da quando il turismo è entrato fra i beni di consumo° degli italiani i gusti hanno subito° variazioni periodiche: negli anni Sessanta c'erano le solite vacanze sulle coste italiane e c'era il viaggio fine a se stesso°: bastava prendere un aereo e andare oltre confine°, ogni meta° era buona.

I Settanta sono stati gli anni di esplorazione a largo raggio° del mondo e di ricerca dell'avventura a costo di qualunque sacrificio. Nei godereccі° Ottanta erano di moda vacanze edonistiche, per vedere e farsi vedere nei posti «giusti» e contare i flirt°.

E adesso? Sempre più avvelenati° da rumori, traffico, inquinamento, velocità, cemento, i cittadini vivono sempre di più la vacanza come fuga da tutto ciò e desiderano la natura, la pace, la tranquillità.

beni... consumer goods
hanno... have undergone
fine... as an end in itself
border / destination
range
pleasure-loving
flirtations
poisoned

— *Panorama.*

B Niente rigori da naturista°. Niente vita spartana, anzi. Il viaggiatore esigente° che si rituffa° nella natura vuole alberghi pieni di atmosfera per immergersi meglio nel carattere del posto in cui si trova. Vuole mangiare e bere bene. Si diverte facendo dello sport, ma senza scalmanarsi°. Va alla scoperta di antichi borghi°, di arte, di tradizioni non ancora contaminate.

nature-lover
demanding / dives
exerting himself / villages

— *Panorama.*

Il brano seguente descrive i disagi che a volte si devono affrontare durante le vacanze invernali.

C Quasi due ore per percorrere 14 chilometri ed essere costretti poi a fare dietro-front° perché in paese non c'erano più posti per le auto. È successo lo scorso 29 dicembre agli sciatori che volevano raggiungere l'Alpe di Siusi (Bolzano). Ma code, rallentamenti e ingorghi sono stati la norma durante le feste natalizie ai bordi delle piste da sci. [...] Dopo Natale, chi non aveva prenotazione non ha trovato un buco in nessuna località sciistica. E la stessa sorte° toccherà a chi non si organizzerà in tempo per la tradizionale settimana bianca di febbraio e marzo.

about-face
fate

— *Sorrisi e Canzoni.*

Il brano che segue descrive l'esodo dalla città a Ferragosto.

D Roma—Quattro milioni di auto tra ieri e oggi e domani solo sulle autostrade [...]; code all'uscita dalle città; file di stranieri ai valichi°; tutto esaurito dalle Alpi alla Sicilia. E ancora non è esodo. Quello vero, puntualmente come ogni anno, andrà in scena la prossima settimana quando chiuderanno le grandi fabbriche del Settentrione°: da venerdì 26 luglio a domenica 4 agosto si prevede che circoleranno 20 milioni di veicoli. [...] Per cercare di ridurre i disagi agli automobilisti, la Società autostrade ha distribuito un milione e mezzo di dépliants° con tutte le indicazioni utili: evitare le ore di punta, mantenersi addirittura al di sotto del limite dei 130 chilometri orari, osservare la distanza di sicurezza e viaggiare sempre con le cinture° allacciate.

valichi: mountain passes
Settentrione: northern Italy
dépliants: brochures
cinture: seat belts

— *La Repubblica.*

Parliamo e discutiamo

1. Quali dei seguenti argomenti sono discussi nel brano A?
   a. come i gusti degli italiani sono cambiati attraverso gli anni
   b. come scegliere vacanze piacevoli
   c. gli inconvenienti delle vacanze
2. Descrivete una tipica vacanza degli italiani negli anni Sessanta, Settanta ed Ottanta. Quali località sceglievano di preferenza? Cosa portavano con sé? Cosa facevano?
3. Descrivete una tipica vacanza degli italiani di oggi. Quali località pensate che scelgano di preferenza? Che cosa pensate che portino con sé? Che cosa credete che facciano?
4. Secondo il brano B, gli italiani...
   a. cercano di evitare borghi antichi e luoghi incontaminati.
   b. fanno campeggio libero per sentirsi a contatto con la natura.
   c. si dedicano freneticamente agli sport.
   d. amano la natura, ma non i sacrifici e le difficoltà.
5. Immaginate la vacanza ideale del viaggiatore del brano B. Come credete che si sia organizzato prima di partire?
6. Quali sono alcuni problemi che hanno dovuto affrontare gli sciatori del brano C? Come pensate che li abbiano risolti?
7. Secondo il brano D, qual è la settimana di punta delle partenze degli italiani per le vacanze estive? Perché?
8. Quali pensate che possano essere le conseguenze delle vacanze di massa per il Paese?
9. Immaginate che tutta una famiglia parta per le vacanze il primo di agosto. Quali problemi pensate che incontri?
10. Immaginate di lavorare all'Automobile Club Italiano e di dare suggerimenti ai clienti che partono per le vacanze in macchina. Che cosa bisogna che facciano? E che cosa è meglio che non facciano?

Località di vacanza

INTRODUZIONE

Per quest'anno non cambiare
stessa spiaggia stesso mare
per poterti rivedere
per tornare e per restare
insieme a te.

— Piero Focaccia, dalla canzone «Stessa spiaggia, stesso mare».

Turisti in vacanza in un elegante villaggio turistico di Taormina.

Per parlare delle località di vacanza

La gente va in vacanza al mare, in montagna, in campagna o anche in paesi e città di interesse turistico ed artistico. Un altro genere di vacanza sono le crociere e i viaggi all'estero.

Parole in contesto

1. Per decidere dove andare in vacanza o fare un viaggio, spesso ci rivolgiamo ad una agenzia di viaggi o di turismo. Attraverso l'agenzia possiamo prenotare voli aerei, crociere e soggiorni in località turistiche.
2. L'agenzia di viaggi ci fornisce dépliant e opuscoli, che illustrano i vari posti per le vacanze e gli alberghi. Le agenzie ci danno anche informazioni sui prezzi, sui servizi, sulle attrezzature sportive disponibili e sulle attività che si possono svolgere nelle diverse località.
3. Un tipo relativamente nuovo di vacanza è il soggiorno in un villaggio turistico, un complesso residenziale composto qualche volta di un albergo principale e di bungalow, o villette individuali.
4. A volte il villaggio turistico può essere un semplice campeggio. Alcuni oggetti utili per il campeggio sono la tenda, il sacco a pelo per dormire, un fornello per cucinare, una lampada a gas e cibo in scatola.
5. Un altro genere di sistemazione piuttosto nuovo è il residence, che è un complesso di appartamenti arredati, con cucina, i cui servizi sono centralizzati come in un albergo.

6. In un albergo o hotel dormiamo e qualche volta facciamo la prima colazione.

7. La pensione è un albergo non molto grande dove si può anche mangiare. Si dice pensione completa quando facciamo colazione, pranziamo e ceniamo. Si chiama invece mezza pensione quando nel prezzo sono inclusi la colazione e un solo pasto.

8. I complessi turistici possono essere vicino al mare, in montagna e in campagna.

9. In un posto di mare ci sdraiamo sulla sabbia, prendiamo il sole e ci abbronziamo. Se preferiamo stare all'ombra, ci possiamo sedere su una sedia a sdraio sotto l'ombrellone. Ci proteggiamo la pelle dal sole con una crema abbronzante. Al mare possiamo nuotare e fare il windsurf, fare la vela o fare un giro in motoscafo o gommone.

10. In una località di montagna possiamo fare una scalata se siamo molto bravi, fare il trekking e anche andare a cavallo. Qualche volta c'è anche un campo di golf. Per fare il trekking abbiamo bisogno di scarponi. Per andare a cavallo abbiamo bisogno degli stivali e della sella per il cavallo.

Descriviamo

1. Descrivete la foto.

2. Che cosa pensate che abbiano fatto queste persone prima di partire? Che cosa è probabile che abbiano portato con sé?

3. Quali altre attività è probabile che svolgano le persone della foto? Che cosa dubitate che possano fare?

4. Descrivete il villaggio turistico della foto a pagina 218.

5. Come pensate che passino le giornate e le serate le persone in vacanza in un villaggio turistico?

Immaginiamo e inventiamo

1. Immaginate che siano finite le scuole e che stiate facendo i programmi per l'estate. A gruppi di quattro, progettate una vacanza, seguendo lo schema seguente.
   a. luogo di destinazione
   b. tipo di vacanza
   c. mezzi di trasporto
   d. durata del viaggio e del soggiorno
   e. attività in programma
   f. cose da portare
   g. come prepararsi
2. A gruppi di due, immaginate un dialogo tra il direttore di un'agenzia di viaggi e due clienti nelle seguenti situazioni.
   a. Il cliente è esaurito (*exhausted*) ed ha bisogno di riposo. Il direttore dell'agenzia gli prepara il programma per una vacanza.
   b. Il cliente è annoiato ed ha bisogno di distrazione e divertimenti. Il direttore organizza una vacanza anche per lui. Immaginate le possibili obiezioni di un cliente difficile.
3. Due vostri amici misteriosamente scomparsi durante il mese di agosto sono appena tornati in città. Dov'è probabile che siano andati e che cosa è possibile che abbiano fatto? A gruppi di due, immaginate quello che possono aver fatto.

Prepariamoci a leggere

1. Parlate di una gita al mare. Che cosa è necessario portare con sé? Cosa è possibile fare sulla spiaggia?
2. Paragonate il soggiorno in un albergo di lusso e una vacanza in campeggio. Quali sono i vantaggi e gli svantaggi di ognuno?
3. Leggete le informazioni a pagina 221 riguardo alla classificazione di diversi complessi turistici e poi rispondete alle domande.
   a. Che cosa indica il diverso numero di pallini?
   b. Che cosa significa «trattamento familiare» nella prima sistemazione?
   c. Quali sono le principali differenze tra la prima e l'ultima delle sistemazioni descritte? Come pensate che siano le diverse camere?
   d. Immaginate quale possa essere il cliente ideale della sistemazione con due pallini e quella con cinque. Come pensate che si svolgano le loro giornate in vacanza?

Classificazione dei complessi turistici

Classificazione ufficiale

Accanto al testo descrittivo dei complessi è riportata la categoria ufficiale stabilita dai competenti organi amministrativi. Tuttavia nell'ambito della stessa categoria possono coesistere complessi aventi caratteristiche qualitative e conseguentemente prezzi assai diversi tra loro; il prezzo a questo punto diventa utile, seppur non determinante, strumento di scelta. A prezzi più elevati generalmente corrispondono servizi migliori.

Le ville, gli appartamenti e i residence spesso non hanno una classificazione ufficiale, ma anche in questo caso il prezzo diventa un buon elemento su cui basarsi.

Classificazione Alpitour

Oltre alla classificazione ufficiale, Alpitour riporta nelle tabelle prezzi una propria valutazione assolutamente soggettiva sia sugli hotel e i villaggi, sia sulle ville, gli appartamenti e i residence:

●○○○○○
Complessi con sistemazione semplice, trattamento spesso familiare e limitati servizi a disposizione. Sono consigliati a chi guarda soprattutto alla convenienza rappresentata dal prezzo.

●●○○○○
Complessi con sistemazione sostanzialmente semplice, improntati su un discreto standard qualitativo; il prezzo generalmente contenuto rispecchia il limitato livello di servizi e attrezzature.

●●●○○○
Complessi accoglienti e confortevoli, con buona disponibilità di servizi e attrezzature. Sono indicati per chi, pur valutando la componente rappresentata dal prezzo, ricerca nella sua vacanza prestazioni di discreto livello.

●●●●○○
Complessi decisamente validi per trattamento e disponibilità di strutture, adatti ad una clientela abbastanza esigente.

●●●●●○
Complessi assai qualificati, con ottimo trattamento e tutte le caratteristiche per soddisfare anche il cliente più esigente.

●●●●●●
Complessi di lusso con caratteristiche improntate all'esclusività; rappresentano il meglio per quanto concerne strutture e servizi e sono raccomandati alla clientela più selezionata.

4. Siete impiegati in un ufficio del turismo in una cittadina italiana. Esaminate la lista degli alberghi a pagina 222 e rispondete alle domande che seguono.

   a. Spiegate ai vostri clienti quali servizi della lista offrono gli alberghi Grand Hotel Terme e Ambasciatori. Quali servizi non sono offerti dall'albergo Piccolo Hotel?

      1. piscina
      2. solarium
      3. telefono
      4. parcheggio
      5. palestra
      6. permesso per cani
      7. televisore
      8. fax
      9. accesso agli handicappati
      10. campo da tennis
      11. parco o giardino
      12. aria condizionata
      13. frigobar
      14. vista panoramica

   b. Cercate l'albergo o la pensione adatta alle seguenti persone e motivate le vostre scelte:

      1. un ricco industriale di Torino
      2. due studentesse americane in giro per l'Italia
      3. un / una giovane handicappato / -a sulla sedia a rotelle

Castrocaro Terme

Forlì-Cesena 47011 0543

G.H. Terme 767114 768135, via Roma 2 - aperto metà aprile-ottobre
Camere 100 £ 105/160000 £ 15000 - pens. £ 135000
Stabile d'epoca inserito nel bel parco secolare dell'attiguo complesso termale; camere con ogni comodità, installazioni fisioterapiche.

Ambasciatori 767345 767345, via Cantarelli 10 - sauna
Camere 28 - pens. £ 120000
Di nuova costruzione e concezione, arredato con eleganza e compiutezza; piscina con idromassaggio nel prato-giardino; gestione diretta anche del ristorante.

Ariston 767312 767312, via Dante 13 - aperto aprile-novembre
Camere 48 - pens. £ 80000
Classico moderno, in zona verde, non lontano dagli stabilimenti termali.

Eden 767600 768233, via Samorl 11 - aperto aprile-novembre
Camere 40 - pens. £ 80000
Moderno e ben gestito con tono di famiglia, circondato dal verde, scelto anche da chi non fa cure.

Garden 766366 766366, via Cantarelli 14 -
Camere 29 - pens. £ 126000
Confortevole e attrezzato, giardino privato.

Piccolo Hotel 767139, viale Marconi 47 -
Camere 36 - pens. £ 72000
Costruzione lineare, in posizione tranquilla, di fronte al parco termale; gestione familiare da molte stagioni.

Esercizio prenotabile tramite il TCI
Fax
Vista panoramica
Parco o giardino (per albergo)
Accessibile ai portatori di handicap
Autorimessa
Parcheggio
Aria condizionata
Attrezzature congressuali
Spiaggia privata o riservata
Piscina coperta
Piscina scoperta
Campo da tennis
Campo da golf
Cure termali interne
Palestra
Solarium
Discoteca
Animali non accettati
Bagno o doccia in camera
Telefono in camera
Televisore in camera
Radio in camera
Frigobar in camera

LEGGIAMO

Nel brano seguente è descritto un albergo in una caratteristica località di mare.

A *Rocca Nettuno Hotel e Sporting Club*

Complesso bilingue (tedesco/italiano) è situato su un altopiano° roccioso a 40 metri sul livello del mare e a 1 chilometro da Tropea; la spiaggia di sabbia e scogli° è raggiungibile mediante ascensore°.

elevation
reefs / elevator

Camere: situate parte nel corpo centrale e parte in blocchi sparsi° nella vegetazione, dispongono di telefono, televisore via satellite, frigo-bar, servizi e balcone; aria condizionata su richiesta.

scattered

Attrezzature: ristorante a buffet, grill e pizzeria alla spiaggia, 3 bar di cui uno alla piscina, uno alla spiaggia e uno all'anfiteatro, boutique, bazar, salone estetica, parrucchiere° e massaggi, sauna, discoteca, anfiteatro, kinder-garten (3/11 anni), parcheggio custodito° a pagamento.

hairdresser

parcheggio... attendant parking

Sport: piscina con zona per bambini, 4 tennis illuminati, palestra-fitness [...], noleggio barche a vela e a motore, windsurf; corsi collettivi° (a pagamento) di vela, sci nautico, windsurf, catamarano, tennis e immersione subacquea. L'animazione° prevede serate danzanti, pianobar, gare°, tornei°, folklore, [...] ginnastica, aerobica, stretching, jazz-dance, body building.

corsi... group lessons

Activities center

competitions / tournaments

– Alpitour.

Il brano seguente è la descrizione di una località di vacanza in campagna.

B La Fattoria Cerreto è il luogo ideale per chi ama i cavalli e vuole cavalcare° in ogni periodo dell'anno, in mezzo a una natura ancora intatta; [...] è situata in piena campagna abbruzzese, tra ulivi° e vigneti°. Le camere, tutte con servizi, sono distribuite in diverse «case» tipiche, ognuna delle quali è dotata° di soggiorno° ampio e ben arredato° [...]. Il vecchio forno a legna° e il barbecue con i prodotti tipici offerti, tra i quali il pecorino e vini locali, garantiscono una cucina di gusto antico e prelibato° [...]. La scuderia° [...] può ospitare 25 cavalli di razza° sarda°, polacca e russa, addestrati° per le gite nei dintorni.

ride horses

olive trees / vineyards

equipped / living room / furnished / **forno...** wood-burning oven

exquisite / stable / breed / Sardinian / trained

– Alpitour.

Parliamo e discutiamo

1. Elencate che cosa offre nelle categorie seguenti la località descritta nel brano A.

   a. bellezze naturali
   b. comodità
   c. ambiente
   d. sport e attività
   e. paesaggio
   f. vita notturna

2. Ricostruite una giornata di vacanza a Rocca Nettuno, indicando che cosa è probabile che facciano le persone seguenti la mattina, il pomeriggio e la sera.

   a. una famiglia di stranieri con due bambini
   b. un giovane uomo d'affari che vuole mantenersi in forma
   c. una ragazzina di nove anni i cui genitori passano una giornata al mare

3. Quali delle seguenti espressioni descrivono l'atmosfera della vacanza del brano B?

a. rustica	c. culturale	e. avventurosa	g. mondana
b. agreste	d. sportiva	f. romantica	h. solitaria

4. Benché non ci sia vita notturna, pensate che la Fattoria Cerreto possa piacere ai giovani? Quali pensate che possano essere le sue attrattive?

Prepariamoci a leggere

1. Descrivete le foto. In quale periodo dell'anno siamo?
2. Dove è probabile che siano andati gli abitanti di questa città? Perché credete che i negozi siano rimasti chiusi?
3. Che difficoltà pensate che incontrino i pochi abitanti di questa città che non sono partiti?
4. Quali credete che siano gli aspetti positivi del vivere in questa città in questo periodo?
5. Commentate il titolo del racconto, «La città tutta per lui». Pensate che il protagonista sia un uomo o una donna? Dove pensate che viva? Immaginate quale possa essere l'argomento del racconto.

Il racconto che segue è tratto dalla raccolta *Marcovaldo* di Italo Calvino. Il protagonista è Marcovaldo, un povero lavoratore che vive in una grande città. Tutti i racconti della raccolta descrivono la sua ricerca per una vita migliore, genuina e vicina alla natura, in contrasto con la sua povera vita in una grande metropoli.

La città tutta per lui

La popolazione per undici mesi all'anno amava la città che guai toccargliela°: i grattacieli°, i distributori di sigarette, i cinema a schermo° panoramico, tutti motivi indiscutibili di continua attrattiva. L'unico abitante cui non si poteva attribuire questo sentimento con certezza era Marcovaldo; quel che pensava lui—primo—era difficile saperlo data la scarsa comunicativa, e—secondo—contava così poco° che comunque era lo stesso°.

A un certo punto dell'anno, cominciava il mese d'agosto. Ed ecco: s'assisteva° a un cambiamento di sentimenti generale. Alla città non voleva bene più nessuno: gli stessi grattacieli e sottopassaggi pedonali° e autoparcheggi fino a ieri tanto amati erano diventati antipatici e irritanti. La popolazione non desiderava altro che andarsene al più presto: e così a furia di° riempire treni e ingorgare autostrade, al 15 del mese se ne erano andati proprio tutti. Tranne° uno. Marcovaldo era l'unico abitante a non lasciare la città.

Uscì a camminare per il centro, la mattina. S'aprivano larghe e interminabili le vie, vuote di macchine e deserte; le facciate delle case, dalla siepe° grigia delle saracinesche° abbassate° alle infinite stecche delle persiane°, erano chiuse come spalti°. Per tutto l'anno Marcovaldo aveva sognato di poter usare le strade come strade, cioè camminandoci nel mezzo: ora poteva farlo, e poteva anche passare i semafori° col rosso, e attraversare° in diagonale, e fermarsi nel centro delle piazze. [...]

Così, dimenticando la funzione dei marciapiedi° e delle strisce° bianche, Marcovaldo percorreva le vie con zig-zag da farfalla°, quand'ecco che il radiatore d'una «spider°» lanciata a cento all'ora° gli arrivò a un millimetro da un'anca°. Metà per lo spavento°, metà per lo spostamento d'aria, Marcovaldo balzò° su e ricadde tramortito°.

La macchina, con un gran gnaulìo°, frenò° girando quasi su se stessa. Ne saltò fuori un gruppo di giovanotti scamiciati°. —Qui mi prendono a botte°,—pensò Marcovaldo,—perché camminavo in mezzo alla via!

I giovanotti erano armati di strani arnesi°.—Finalmente l'abbiamo trovato! Finalmente!—dicevano, circondando° Marcovaldo.—Ecco dunque,—disse uno di loro reggendo° un bastoncino° color d'argento vicino alla bocca,—l'unico abitante rimasto in città il giorno di ferragosto.

che... God forbid anyone touch it / skyscrapers / screen

contava... it mattered so little / **era...** it didn't make any difference

witnessed

sottopassaggi... pedestrian underpasses

a... by dint of

Except

hedge / rolling shutters / lowered / **stecche...** slats of the shutters / fortifications

traffic lights

to cross

sidewalks / lines

butterfly

sports car / **cento...** 100 km/h / hip / fear

jumped / stunned

whine / braked

in shirt-sleeves

mi... they're going to beat me up

gadgets

surrounding

holding / short stick

Mi scusi, signore, vuol dire le sue impressioni ai telespettatori?—e gli cacciò° il bastoncino argentato sotto il naso.

Era scoppiato un bagliore accecante°, faceva caldo come in un forno, e Marcovaldo stava per svenire°. Gli avevano puntato contro riflettori, «telecamere», microfoni. Balbettò° qualcosa: a ogni tre sillabe che lui diceva, sopravveniva° quel giovanotto, torcendo° il microfono verso di sé:—Ah, dunque, lei vuol dire...—e attaccava a parlare per dieci minuti.

Insomma, gli fecero l'intervista.

—E adesso, posso andare?

—Ma sì, certo, la ringraziamo moltissimo... Anzi, se lei non avesse altro da fare... e avesse voglia di guadagnare qualche biglietto° da mille... non le dispiacerebbe restare qui a darci una mano?

Tutta la piazza era sottosopra°: furgoni°, carri attrezzi, macchine da presa° col carrello, accumulatori°, impianti di lampade, squadre di uomini in tuta° che ciondolavano° da una parte all'altra tutti sudati°.

—Eccola, è arrivata! è arrivata!—Da una fuoriserie° scoperta, scese una stella del cinema.

—Sotto, ragazzi, possiamo cominciare la ripresa° della fontana!

Il regista del «teleservizio» *Follie di Ferragosto* cominciò a dar ordini per riprendere il tuffo° della famosa diva° nella principale fontana cittadina.

Al manovale° Marcovaldo avevano dato da spostare° per la piazza un padellone di riflettore° dal pesante piedestallo°. La gran piazza ora ronzava° di macchinari e sfrigolii° di lampade, risuonava di colpi di martello° sulle improvvisate impalcature° metalliche e d'ordini urlati°... Agli occhi di Marcovaldo, accecato° e stordito°, la città di tutti i giorni aveva ripreso il posto di quell'altra intravista solo per un momento, o forse solamente sognata.

thrust
bagliore... blinding flash
to faint
stammered
jumped in / twisting
banknote
upside down / trucks
macchine... movie cameras / storage batteries / overalls / hung around / sweaty / **fuoriserie...** custom-built convertible
scene, shot
dive / movie star
laborer / move
padellone... a big reflector pan / pedestal / buzzed / sputterings / hammer / scaffolding / shouted
blinded / stunned

— Italo Calvino, «La città tutta per lui», *Marcovaldo.*

Parliamo e discutiamo

1. Descrivete l'atteggiamento degli abitanti verso la loro città durante i mesi lavorativi e come cambia nel mese di agosto.
2. Identificate il protagonista. A quale classe sociale appartiene? Giustificate la vostra risposta.
3. Che cosa fece Marcovaldo il 15 di agosto? Perché? Com'era la sua città quel giorno?
4. Chi incontrò per le strade? Che cosa fecero le diverse persone?
5. Commentate e descrivete i sentimenti di Marcovaldo verso la città in cui vive alla fine del racconto.

6. Individuate nel testo i termini che si riferiscono:

   a. ad una città. b. alle ferie. c. al cinema e alla Tv.

7. Quale registro espressivo usa l'autore in questo racconto?

Strutture

Il modo congiuntivo

The **modo** (*mood*) of a verb expresses how the speaker perceives the events and circumstances being described. The **modo indicativo** (*indicative mood*) expresses certainty and factual reality. All the tenses reviewed in the preceding chapters are in the indicative mood except the conditional tenses, which express wishes and potential outcomes. The **modo congiuntivo** (*subjunctive mood*), by contrast, expresses uncertainty, subjectivity, or emotion, about the events and circumstances described.

The **congiuntivo** is used primarily in **proposizioni dipendenti** (*dependent clauses*) introduced by **che.** *The verb in the main clause determines whether the indicative or subjunctive is used in the dependent clause.* When the main clause expresses uncertainty, volition, necessity, opinion, or emotion, the verb in the dependent clause is in the subjunctive. Compare the use of the indicative and subjunctive moods in these examples:

Io so che Andrea **parte** oggi. *I know that Andrea is leaving today.*	Credo che Andrea **parta** oggi. *I believe that Andrea is leaving today.*
Dice che Andrea **parte** oggi. *She says that Andrea is leaving today.*	Teme che Andrea **parta** oggi. *She is afraid that Andrea is leaving today.*

In the above examples, the choice of **indicativo** or **congiuntivo** reveals the speaker's degree of certainty, or feelings, about Andrea's departure. Use of the **indicativo** indicates certainty and expresses no emotional response; use of the **congiuntivo** expresses uncertainty and emotion, respectively.

The **congiuntivo** has four tenses: the **presente, passato, imperfetto,** and **trapassato.** This chapter will review the **congiuntivo presente** and **passato.** Chapter 8 will explain the other two tenses.

A The **congiuntivo presente** (*present subjunctive*) is used to describe present and future events and circumstances.

Sono contenta che lei arrivi oggi.
I'm happy that she is arriving today.

Pensiamo che loro passino la prossima estate al mare.
We think they are going to spend next summer at the beach.

1. The **congiuntivo presente** of regular verbs is formed by adding the appropriate endings to the verb stem. Third-conjugation verbs that add **-isc** in the present indicative also add it in the present subjunctive.

	parlare	scrivere	dormire	finire
che io	parli	scriva	dorma	finisca
che tu	parli	scriva	dorma	finisca
che Lei / lei / lui	parli	scriva	dorma	finisca
che noi	parliamo	scriviamo	dormiamo	finiamo
che voi	parliate	scriviate	dormiate	finiate
che Loro / loro	parlino	scrivano	dormano	finiscano

Attenzione: In all three conjugations, the first-, second-, and third-person singular forms are identical. Note, too, that the first- and second-person plural end in **-iamo** and **-iate,** respectively, in all conjugations. Note that the endings follow the same pattern as in the present indicative.

a. Verbs that end in **-care** and **-gare** maintain the hard guttural pronunciation of the **-c** and **-g** by adding an **-h** before endings beginning with **-i.**

dimenticare	pagare
dimentichi	paghi
dimentichi	paghi
dimentichi	paghi
dimentichiamo	paghiamo
dimentichiate	paghiate
dimentichino	paghino

b. Verbs that end in **-ciare, -giare,** and **-gliare** drop the **-i** of the verb stem before adding the subjunctive endings.

cominciare	mangiare	sbagliare
cominci	mangi	sbagli
cominci	mangi	sbagli
cominci	mangi	sbagli
cominciamo	mangiamo	sbagliamo
cominciate	mangiate	sbagliate
comincino	mangino	sbaglino

c. Verbs that end in **-iare** drop the **-i** of the stem before adding the subjunctive endings unless the **-i** is stressed in the first-person singular of the present indicative, as it is in **inviare** (*to send*), **obliare** (*to forget*), and **sciare** (*to ski*). Compare **inviare** and **iniziare.**

inviare	iniziare
invii	inizi
invii	inizi
invii	inizi
inviamo	iniziamo
inviate	iniziate
inviino	inizino

2. Verbs that are irregular in the present indicative are also irregular in the present subjunctive. Some irregular verbs use the first-person singular of the present indicative as the subjunctive verb stem, followed by the **-ere / -ire** endings.

bere (bevo)	dire (dico)	fare (faccio)	potere (posso)	volere (voglio)
beva	dica	faccia	possa	voglia
beva	dica	faccia	possa	voglia
beva	dica	faccia	possa	voglia
beviamo	diciamo	facciamo	possiamo	vogliamo
beviate	diciate	facciate	possiate	vogliate
bevano	dicano	facciano	possano	vogliano

a. Some verbs use the first-person present indicative stem only in the first-, second-, and third-person singular and in the third-person plural. The first- and second-person plural are regular.

andare (vado)	dovere (devo)	uscire (esco)
vada	debba (deva)	esca
vada	debba (deva)	esca
vada	debba (deva)	esca
andiamo	dobbiamo	usciamo
andiate	dobbiate	usciate
vadano	debbano (devano)	escano

The following common irregular verbs, and others based on them, follow this pattern.

Infinitive	*Indicative*	*Subjunctive*
cogliere *to grasp*	colgo	colga
condurre (-ducere) *to lead*	conduco	conduca
distrarre (-traere) *to amuse*	distraggo	distragga
piacere *to like*	piaccio	piaccia
porre (ponere) *to place*	pongo	ponga
salire *to ascend, to climb*	salgo	salga
scegliere *to choose*	scelgo	scelga
spegnere *to turn off, to put out*	spengo	spenga
tenere *to keep*	tengo	tenga
valere *to be worth*	valgo	valga
venire *to come*	vengo	venga

b. The stems of some very common irregular verbs are derived from the first-person plural of the indicative.

avere (abbiamo)	dare (diamo)	essere (siamo)	sapere (sappiamo)	stare (stiamo)
abbia	dia	sia	sappia	stia
abbia	dia	sia	sappia	stia
abbia	dia	sia	sappia	stia
abbiamo	diamo	siamo	sappiamo	stiamo
abbiate	diate	siate	sappiate	stiate
abbiano	diano	siano	sappiano	stiano

B The **congiuntivo passato** is used to indicate past actions and events *when the verb in the main clause is in the present tense, the future, or the imperative.*

Dubito che Lisa abbia comprato i biglietti ieri.
I doubt that Lisa bought the tickets yesterday.

È possibile che abbiano già prenotato l'albergo.
It is possible that they already made the hotel reservations.

Penseranno che le camere siano costate troppo.
They will think that the rooms cost too much.

The **congiuntivo passato** is formed with the **congiuntivo presente** of **avere** or **essere** + *past participle* of the verb.

	vedere	partire	mettersi
che io	abbia visto	sia partito / -a	mi sia messo / -a
che tu	abbia visto	sia partito / -a	ti sia messo / -a
che Lei / lei / lui	abbia visto	sia partito / -a	si sia messo / -a
che noi	abbiamo visto	siamo partiti / -e	ci siamo messi / -e
che voi	abbiate visto	siate partiti / -e	vi siate messi / -e
che Loro / loro	abbiano visto	siano partiti / -e	si siano messi / -e

Esercizi

A. Giulia e Roberta parlano di un viaggio che due loro amici stanno progettando per l'estate e immaginano che cosa è probabile che facciano. Completate con la forma corretta del presente congiuntivo.

1. Parlano del viaggio e dei preparativi.
   a. Credo che Maria e suo marito _______ (partire) alla fine del mese. Non credo che i loro figli li _______ (accompagnare). Penso che loro _______ (prendere) un volo diretto per le Maldive (*Falkland Islands*).
   b. Sarà necessario che (loro) _______ (svegliarsi) molto presto. Credo che l'aereo _______ (partire) alle otto del mattino. Bisogna che loro _______ (essere) all'aeroporto almeno due ore prima del decollo (*takeoff*).
   c. Maria vuole che suo marito _______ (prenotare) una villetta in un villaggio turistico. Lei ha paura che un albergo _______ (costare) troppo.

d. Suo marito desidera che Maria _______ (telefonare) ad alcuni loro amici che sono già stati alle Maldive. Lui crede che questi amici _______ (conoscere) le isole molto bene. Vuole che (loro) gli _______ (dare) dei consigli. Penso che _______ (valere) la pena di sentire la loro opinione, però dubito che loro _______ (sapere) molto della vita che si conduce in un villaggio turistico.

2. Parlano della loro sistemazione e delle loro attività giornaliere.
   a. Io penso che in un villaggio _______ (esserci) molte cose da fare. È probabile che loro _______ (potere) giocare a tennis.
   b. È possibile che loro _______ (andare) al mare ogni giorno e che (loro) _______ (prendere) il sole. Credo che i villaggi _______ (avere) una propria spiaggia privata. È bene che (loro) _______ (portare) con sé molta crema abbronzante.
   c. Sembra che a Maria _______ (piacere) nuotare nel mare. Pare, invece, che suo marito _______ (preferire) la piscina.
   d. Non so se loro _______ (scegliere) un villaggio oppure un albergo. Penso che il villaggio _______ (offrire) molti divertimenti in più.
   e. Può darsi che l'anno prossimo anch'io _______ (andare) alle Maldive. Mia madre preferisce che io _______ (fare) il viaggio con qualcuno. Non credo però che lei mi _______ (dare) i soldi per una vacanza così cara.

B. Giulia e Roberta immaginano come Maria e il marito si siano preparati per il viaggio e per le vacanze estive. Completate con la forma corretta del congiuntivo passato.

1. Credo che il marito _______ (comprare) già i biglietti aerei. Penso che lui _______ (prenotare) anche la camera. È probabile che lui _______ (noleggiare) una macchina.

2. È possibile che lui e Maria _______ (andare) all'agenzia di viaggi vicino al Duomo. È probabile che l'impiegato dell'agenzia gli _______ (dare) delle informazioni sulle Maldive.

3. Penso che Maria _______ (leggere) i dépliant e gli opuscoli attentamente prima di scegliere una sistemazione. Credo che l'anno scorso loro _______ (passare) le vacanze in un villaggio. Penso che (loro) _______ (divertirsi) molto.

4. Credo che Maria e suo marito _______ (prepararsi) già per la partenza. Penso che ieri Maria e sua figlia _______ (uscire) di casa molto presto. È probabile che loro _______ (andare) in molti negozi e che (loro) _______ (comprare) tante cose. Dubito che Maria _______ (fare) già le valige.

C. Pietro e Giuliano parlano di cosa faranno loro durante le vacanze estive e poi discutono su come credono che abbiano passato l'estate i loro amici. Completate con la forma corretta del congiuntivo presente o passato.

1. Parlano delle loro vacanze e di quelle di Roberta.
   a. PIETRO: Credo che quest'estate la mia famiglia _______ (rimanere) a casa. Mio padre non vuole che noi _______ (partire).
   b. GIULIANO: Perché tuo padre non desidera che voi _______ (andare) in vacanza?
   c. PIETRO: Lui ha paura che ad agosto _______ (esserci) molto traffico e troppa gente per le strade.
   d. GIULIANO: Credo che quest'estate anche Roberta e la sua famiglia _______ (restare) a casa. Penso che suo padre _______ (dovere) lavorare in città. È probabile che Roberta _______ (leggere) molti libri e che _______ (guardare) la televisione. Credo che tutti gli altri nostri amici _______ (partire) per Ferragosto. Ho paura che Roberta non _______ (avere) nessuno con cui parlare.

2. Parlano delle vacanze di Lucia e Rosalba.
   a. PIETRO: Credo che Lucia e Rosalba _______ (fare) una crociera con la loro famiglia. Non penso che (loro) _______ (tornare) ancora. È possibile che (loro) _______ (ritornare) alla fine di settembre. È facile che (loro) _______ (visitare) anche l'Egitto.
   b. GIULIANO: Beate loro! Immagino che loro si _______ (stare) divertendo proprio in questo stesso momento. È possibile che (loro) _______ (andare) in discoteca ogni sera e che _______ (ballare) fino a tardi. È facile che (loro) _______ (conoscere) già molte persone interessanti e che _______ (fare) molte nuove amicizie. Credo che _______ (esserci) molti stranieri sulla nave.

3. Parlano dell'estate di Maurizio, Giuseppe e Lorenzo.
   a. GIULIANO: Chissà che cosa ha fatto Maurizio. Ho paura che lui non _______ (riposarsi) molto. Credo che la sua famiglia _______(affittare) una casa in montagna. Ma penso che lui _______ (studiare) molto. Suo padre vuole che lui _______ (dare) due esami a settembre. Che cosa hanno fatto Giuseppe e Lorenzo?
   b. PIETRO: Credo che (loro) _______ (andare) al mare. Penso che (loro) _______ (passare) un mese in un villaggio turistico. Spero che loro _______ (venire) alla mia festa domani sera. Io voglio che tutti mi _______ (raccontare) come hanno passato le vacanze.

L'uso del modo congiuntivo in proposizioni dipendenti

The subjunctive is used in a dependent clause only when the subjects of the main clause and the dependent clause are different. If the subjects are the same, the infinitive is used.

Voglio che loro visitino Euro-Disney.	Voglio visitare Euro-Disney.
I want them to visit Euro-Disney.	*I want to visit Euro-Disney.*

In colloquial Italian, the future tense is frequently used instead of the subjunctive if the action is to take place in the future.

Penso che venga domani. Penso che verrà domani.
I think he's coming tomorrow.

However, with verbs that indicate volition, such as **volere** and **desiderare,** the subjunctive is required.

Voglio che venga domani.
I want him to come tomorrow.

A Impersonal expressions that convey necessity, doubt, emotion, opinion, possibility, or probability take the subjunctive in dependent clauses.

Bisogna che voi facciate le valige.
You need to pack.

È facile che loro viaggino in aereo.
It is likely that they will travel by plane.

1. Impersonal expressions are followed by the subjunctive only when the verb has an explicit subject. When there is no specific subject, the infinitive is used (without a preposition).

È necessario che voi rimandiate la partenza.	È necessario rimandare la partenza.
It's necessary for you to postpone your departure.	*It's necessary to postpone your departure.*

2. After impersonal expressions that indicate certainty, the indicative is used.

È chiaro che vengono anche i bambini.
It's clear that the children will come too.

È vero che l'anno scorso hanno viaggiato molto.
It's true that last year they traveled a lot.

3. The following common impersonal expressions usually require the subjunctive in a dependent clause, both in the affirmative and with **non.**

bisogna *it is necessary*
è bene *it is good*
è difficile *it is unlikely*
è facile *it is likely*
è giusto *it is right*
è importante *it is important*
è impossibile *it is impossible*
è improbabile *it is improbable*
è meglio *it is better*
è necessario *it is necessary*
è ora *it is time*
è peccato *it is too bad, it is a pity*
è possibile *it is possible*
è preferibile *it is preferable*
è probabile *it is probable*
è strano *it is strange*
occorre *it is necessary*
pare *it seems*
può darsi *it could be*
può essere *it may be*
sembra *it seems*

B Expressions of emotion or fear require the subjunctive in dependent clauses and in negative statements.

Ho paura che loro non possano noleggiare una macchina.
I'm afraid they won't be able to rent a car.

Non siamo contenti che loro viaggino con noi.
We are not happy that they're traveling with us.

1. When the subjects of the main clause and the dependent clause are the same, the infinitive is used (with the preposition **di**).

Ho paura di non poter noleggiare una macchina.
I'm afraid I won't be able to rent a car.

Noi siamo contenti di viaggiare con loro.
We are happy to travel with them.

2. These common verbs and expressions usually require the subjunctive in a dependent clause, both in the affirmative and with **non.**

avere paura *to be afraid*
dispiacere *to be sorry*
essere contento / scontento } *to be happy / unhappy*
essere felice / infelice

essere sorpreso *to be surprised*
rallegrarsi *to be happy*
rincrescere *to mind*
temere *to be afraid*

C Verbs and expressions of desire, volition, hope, and expectation are followed by the subjunctive in dependent clauses.

Voglio che voi compriate un biglietto a tariffa ridotta.
I want you to buy a discount ticket.

Mi auguro che tutto vada bene.
I hope everything goes well.

1. When the subjects of the two clauses are the same, the infinitive is used.

Voglio comprare un biglietto a tariffa ridotta.
I want to buy a discount ticket.

With the verbs **sperare** and **augurarsi,** the preposition **di** precedes the infinitive.

Mi auguro di trovare posto in montagna.
I hope to find a place in the mountains.

2. These verbs and expressions usually require the subjunctive in a dependent clause, both in the affirmative and with **non.**

aspettare, aspettarsi *to wait for, to expect*
augurarsi *to hope*
desiderare *to desire, to want*
esigere *to demand*
insistere *to insist*
piacere *to like*
preferire *to prefer*
richiedere *to require*
sperare *to hope*
volere *to want*

D Verbs and expressions of opinion, belief, doubt, uncertainty, or supposition require the subjunctive in dependent clauses.

Credo che loro abbiano una tenda in soffitta.
I think they have a tent in the attic.

Suppongo che ce la prestino.
I imagine they will lend it to us.

1. When the subjects of the two clauses are the same, the infinitive is used (with the preposition **di**).

Credono di avere una tenda in soffitta.
They think they have a tent in the attic.

2. These verbs and expressions require the subjunctive in a dependent clause.

(non) credere *to believe*
(non) dubitare *to doubt*
non essere sicuro *to be uncertain*
(non) pensare *to think*
non sapere *not to know*
(non) supporre *to suppose, assume, imagine*

3. **Non sapere** is frequently followed by **se** rather than **che. Se** is also used with the infinitive when the subjects of the two clauses are the same.

Non so se lui resti o (se) venga con voi.
I don't know if he will stay or come with you.

Non so se restare o venire con voi.
I don't know if I should stay or come with you.

Esercizi

A. Laura ha intenzione di fare un viaggio in Turchia. Va in un'agenzia di viaggi e parla con l'impiegata. Completate con i tempi corretti dell'indicativo o del congiuntivo, o con l'infinito.

1. IMPIEGATA: Quando _______ (volere) partire, Signora?
2. LAURA: Penso che _______ (essere) meglio partire dopo il Ferragosto. Il 14 agosto _______ (essere) il compleanno di mio padre. Mia madre _______ (organizzare) già tutto per una grande festa. Credo che lei _______ (invitare) già tutti i nostri parenti. Sembra che _______ (venire) anche i miei nonni. Lei crede che io _______ (potere) trovare un posto dopo il 15 agosto?
3. IMPIEGATA: Non si preoccupi! È facile _______ (trovare) posto dopo Ferragosto. È vero che molte persone _______ (essere) ancora in vacanza, però non penso che _______ (esserci) molte difficoltà. Vuole che io le _______ (prenotare) anche un albergo?
4. LAURA: L'anno scorso alcuni miei amici _______ (andare) in Turchia. Pare che (loro) _______ (sistemarsi) in un villaggio, però ora (io) non _______ (ricordarsi) il nome del posto.
5. IMPIEGATA: Io _______ (conoscere) molti posti bellissimi in Turchia. Bisogna solo che Lei mi _______ (dire) le città che vuole visitare.
6. LAURA: Ho paura di non _______ (conoscere) bene né la storia né la geografia della Turchia. Occorrerà che io _______ (informarsi) bene.

B. A un convegno internazionale sul turismo alcuni operatori turistici discutono dei gusti e delle preferenze dei loro clienti. Unite le seguenti frasi facendo i cambiamenti necessari. Usate l'infinito, l'indicativo o il congiuntivo.

1. I miei clienti sperano...	I miei clienti si riposano.
2. Io desidero...	I miei clienti si distraggono.
3. I miei clienti hanno paura...	I miei clienti spendono molto.
4. Io credo...	I miei clienti cercano posti esotici e nuovi.
5. Mi rincresce...	I miei clienti spesso non sono soddisfatti.
6. Io dubito...	Tutti i miei clienti preferiscono un albergo lussuoso.
7. Può darsi...	Alcuni villaggi offrono molti servizi a prezzi ragionevoli.
8. Io temo...	La sistemazione in campeggio non è sempre confortevole.
9. Mi auguro...	I clienti si troveranno bene.
10. La mia agenzia teme...	L'agenzia non accontenta tutti.
11. È vero...	Ogni anno la nostra agenzia ha più clienti.

C. Luigi e Pietro si preparano per un soggiorno in un campeggio vicino al mare. Completate le frasi con i tempi corretti del congiuntivo o dell'indicativo, o con l'infinito.

1. Luigi pensa che _______ (essere) necessario portare la lozione contro le punture degli insetti.
2. Pietro crede invece che la lozione non _______ (servire) a niente.
3. Tutti e due sono d'accordo che è importante _______ (ricordarsi) della tenda e dei sacchi a pelo.
4. Luigi crede che Pietro _______ (preparare) già la barca e che la _______ (mettere) già sul tetto della macchina.
5. Pietro invece è certo che Luigi _______ (organizzare) già tutto.
6. Comunque tutti e due desiderano _______ (passare) una bella vacanza.
7. Luigi è felice che anche la sorella di Pietro _______ (andare) nello stesso campeggio con le sue amiche.

8. Tutti e due sanno che un fornello e una lampada a gas ______ (essere) indispensabili.

9. Una volta in macchina, Pietro teme che loro ______ (dimenticare) qualcosa a casa.

10. Luigi è sicuro che loro ______ (ricordarsi) di tutto.

Altri usi del congiuntivo in proposizioni dipendenti

A Dependent clauses introduced by the following indefinite forms and expressions generally require the subjunctive, although its use is declining in informal situations.

chiunque *no matter who, whoever*	Chiunque venga, di' che io non ci sono. *Whoever comes, say that I'm not in.*
comunque *no matter how, however*	Comunque mi organizzi, non riesco ad essere pronta in tempo. *No matter how I get organized, I won't be able to be ready on time.*
dovunque (ovunque) *wherever*	Ti accompagnerò, dovunque tu vada. *I'll come with you wherever you go.*
qualunque, qualsiasi *any, whatever, whichever*	Qualunque strada prendiate, vi porterà a Roma. *Any road you take will lead you to Rome.*

B The subjunctive is frequently used in relative clauses that follow:

1. the relative superlatives **il più** + *adjective* (*the most*) and **il meno** + *adjective* (*the least*).

   È il luogo più tranquillo che io abbia mai visitato.
   It is the most peaceful place I've ever visited.

   È il mezzo di trasporto meno affidabile che io conosca.
   It's the least reliable means of transportation I know of.

2. the adjectives **primo** (*first*), **solo** (*only*), **ultimo** (*last*), and **unico** (*only*).

   È il primo viaggio che lei abbia fatto da sola.
   It's the first trip she has taken by herself.

3. an absolute negative.

   Non c'è niente che tu non possa fare.
   There is nothing you can't do.

   Non trovo nessuno che mi aiuti con questa tenda.
   I can't find anyone who will help me with this tent.

C Relative clauses introduced by the indefinite article and by the following indefinite pronouns frequently call for the subjunctive.

un, uno, una *a, an*	Cerco un posto che sia proprio tranquillo. *I'm looking for a place that is peaceful.*
qualcosa *something*	Trovami qualcosa che non costi molto. *Find me something that doesn't cost much.*
qualcuno *someone, anyone*	Conosci qualcuno che possa consigliarmi un buon albergo? *Do you know anyone who can recommend a good hotel?*

Esercizi

A. Due amiche, Rachele e Ilaria, discutono sul tipo di vacanze che preferiscono. Completate le frasi usando il congiuntivo e facendo i cambiamenti necessari.

1. RACHELE: Conosco spiagge bellissime in Calabria.

   Sono le spiagge più belle che io ______ .

2. ILARIA: Tutti quelli che vogliono possono isolarsi in montagna.

   Chiunque lo ______ , può isolarsi in montagna.

3. RACHELE: I miei amici non vanno mai sulle Dolomiti.

   Non ho nessun amico che ______ sulle Dolomiti.

4. ILARIA: Sulle Dolomiti, tutti i posti che vedi sono splendidi.

   Sulle Dolomiti, qualunque posto tu ______ è splendido.

5. RACHELE: Noi preferiamo i posti che offrono molte comodità e tanto sole.

   A noi piace qualunque posto che ______ molte comodità e tanto sole.

6. ILARIA: Una settimana in montagna rilassa completamente.

   La montagna è il solo posto che ______ completamente.

7. RACHELE: Tutto quello che fai in campagna ti annoia.

   Qualunque cosa tu ______ in campagna ti annoia.

8. ILARIA: Io mi diverto e mi riposo solo in crociera.

   La crociera è l'unica vacanza in cui io ______ e ______.

B. Un'amica vuole conoscere i tuoi gusti nei riguardi delle vacanze. Rispondi alle domande usando le espressioni date e il congiuntivo.

1. Dove ti piace passare le vacanze? (dovunque)
2. Con chi vorresti andare in vacanza? (chiunque)
3. Che vestiti porti con te? (qualsiasi)
4. In quale albergo preferisci stare? (qualunque)
5. Che tipo di vacanze preferisci? (il meno...)
6. Che cosa ti può rovinare le vacanze? (niente)

Il congiuntivo dopo le congiunzioni

Some Italian conjunctions and expressions require the subjunctive in the dependent clauses they introduce.

A Certain conjunctions call for the subjunctive *even if the subjects of the two clauses are the same.*

benché, sebbene, malgrado, nonostante, quantunque *although, in spite of, even though, even if*	(Io) partirò stasera benché (io) non abbia prenotato un albergo. *I'm leaving tonight even though I haven't reserved a room.*
purché, a patto che, a condizione che *provided that, on the condition that*	(Io) partirò stasera a patto che lui mi abbia trovato una camera. *I'm leaving tonight provided he has found me a room.*
nel caso che *in case*	(Io) porterò la tenda nel caso che (voi) non troviate una camera. *I'll bring the tent in case you don't find a room.*

B Other conjunctions call for the subjunctive only when the subjects of the main and dependent clauses are different. If the subjects are the same, the infinitive is used.

affinché, perché, cosicché, in modo che + *subjunctive* *in order to, in order that, so that*	Andiamo in un villaggio perché i bambini si divertano. *We're going to a resort so the children will have a good time.*
per + *infinitive*	Andiamo in un villaggio per divertirci. *We're going to a resort to have a good time.*
senza che + *subjunctive* *without*	L'operatore turistico ci sistema in un villaggio senza che io glielo chieda. *The tour operator puts us in a resort without my asking him to.*
senza + *infinitive*	L'operatore turistico ci sistema in un villaggio senza chiederci niente. *The tour operator puts us in a resort without asking us anything.*
prima che + *subjunctive* *before*	Compro i biglietti prima che lui parta. *I'll buy the tickets before he leaves.*
prima di + *infinitive*	Compro i biglietti prima di partire. *I'll buy the tickets before I leave.*

When **perché** means *because,* it is followed by the indicative.

Abbiamo preso un miniappartamento, perché volevamo risparmiare.
We got a small apartment because we wanted to save money.

C After **finché (non)** (*until*), the subjunctive is used only when the action refers to the future. The indicative is used when **finché** means *as long as.*

> Resto al mare finché la scuola non ricominci.
> *I'll stay at the beach until school starts.*
>
> Ho aspettato finché ho potuto.
> *I waited as long as I could.*

In conversational Italian, the future tense frequently replaces the subjunctive after **finché.**

> Resto al mare finché non ricomincerà la scuola.
> *I'll stay at the beach until school starts.*

Il congiuntivo in proposizioni indipendenti

The subjunctive is primarily used in dependent clauses. However, it is sometimes also used in independent clauses.

A The present subjunctive is used in exclamations expressing a heartfelt wish or invocation, sometimes but not always introduced by **che.**

> Che lo trovino loro un posto tranquillo!
> *Let them find a quiet spot!*
>
> Sia benedetto il cielo!
> *May heaven be blessed!*

B The present or past subjunctive is used in questions introduced by **che** to raise a supposition or possibility.

> Perché non abbiamo ricevuto i biglietti? Che ce li diano all'aeroporto?
> *Why haven't we received the tickets? Is it possible they're going to give them to us at the airport?*
>
> Perché non ha telefonato? Che sia già partito?
> *Why hasn't he called? Could it be that he has already left?*

Esercizi

A. Fabrizio e Luca discutono di alcuni problemi delle vacanze in Italia. Fabrizio odia l'estate e le vacanze tradizionali. Unite le seguenti frasi con una delle congiunzioni date che richiedono il congiuntivo. Fate i cambiamenti necessari.

1. Mi piace la città. In città non rimane nessuno. (perché, sebbene)
2. Mi metto sull'autostrada. Non ci sono code di macchine. (purché, sempre)

3. Resto in città. Nessuno mi disturba. (benché, a patto che)
4. Parto sempre il primo agosto. So che tutti si mettono in viaggio lo stesso giorno. (nonostante, perché)
5. Tutti vanno in vacanza contemporaneamente. L'automobile club consiglia di differire le partenze. (nel caso che, malgrado)
6. Prenoto lo stesso miniappartamento da un anno all'altro. Il posto resta mio. (affinché, nel caso che)
7. Mi affascinano le isole. Purtroppo sono affollatissime. (prima che, nonostante)
8. Ad agosto puoi goderti le strade della città. Accetti i disagi della solitudine. (malgrado, a patto che)
9. Non è possibile trovare una farmacia aperta. La cerco per tutta la città. (benché, senza che)
10. A Ferragosto rimaniamo in città. I ristoranti restano quasi tutti chiusi. (prima che, malgrado)

B. Completate le frasi seguenti esprimendo le vostre idee sulle vacanze. Usate il congiuntivo, l'indicativo o l'infinito.

1. Riguardo alle vacanze d'agosto, penso che...
2. Benché io capisca i problemi relativi alle vacanze in Italia, spero di...
3. Non vado mai in campagna, sebbene...
4. Mi piace la città, nonostante...
5. Per fare vacanze intelligenti, partiamo sempre prima che...
6. Le vacanze non sono un privilegio di tutti. Mi auguro...
7. È incredibile che gli italiani...
8. I turisti stranieri in Italia sono milioni, benché...
9. Mi piace la montagna, a patto che...
10. Andiamo in campeggio, purché...

I pronomi tonici

Pronomi tonici (*disjunctive* or *stressed pronouns*) are used as objects of prepositions and, for emphasis, after verbs. Their position in a sentence is usually the same as that of English pronouns.

Singular	Plural
me *me*	noi *us*
te *you (informal)*	voi *you*
Lei / lei / lui *you (formal), her, him*	Loro / loro *them*
esso / essa *it*	essi / esse *them*
sé *yourself (formal), himself, herself, oneself, itself*	sé *yourselves (formal), themselves*

Viene con me.
She is coming with me.

Luciana, i bambini ti chiamano.—No, caro, chiamano te!
Luciana, the children are calling you. No, dear, they're calling you.

A Disjunctive pronouns are used as objects of prepositions.

Prendo la camera per lui.
I'm reserving the room for him.

Veniamo da te domani.
We're coming to your house tomorrow.

L'isola è grande e intorno ad essa ci sono molti isolotti.
The island is large and around it there are many small islands.

1. The following prepositions are usually followed by **di** when used before a disjunctive pronoun.

dentro *inside*	senza *without*
dietro *behind*	sopra *on, on top of, above*
dopo *after*	sotto *under*
fra *between*	su *on*
fuori *outside*	tra *between*
presso *at, near*	verso *toward*

Non voglio partire senza di te.
I don't want to leave without you.

Il bagnino è venuto verso di me.
The lifeguard came toward me.

Possiamo contare su di voi?
Can we count on you?

Fra di noi non c'è più niente.
There is no longer anything between us.

B For emphasis, disjunctive pronouns are used in place of direct and indirect object pronouns. They always follow the verb.

Chi aspetti?—Aspetto voi!
Whom are you waiting for? I'm waiting for you!

A chi scrivi?—Scrivo a lui.
Whom are you writing to? I'm writing to him.

C Disjunctive pronouns can have a reflexive meaning in the phrases **a me,** etc., and **da me,** etc.

Quando siamo in vacanza pensiamo soprattutto a noi.
When we're on vacation we think mostly about ourselves.

Lo faccio da me.
I'm going to do it by myself.

Note that the preposition **da** + *disjunctive pronoun* does not always have a reflexive meaning.

Luciana verrà in vacanza da me.
Luciana will come to my place on vacation.

Sé is used only in a reflexive sense. It is invariable and can be used in the singular and plural, masculine and feminine.

Quando si diverte pensa solo a sé.
When he's having a good time, he only thinks about himself.

The adjective **solo, -a, -i, -e** is frequently used in place of the disjunctive pronoun after the preposition **da.**

Ha organizzato tutto il viaggio da solo.
He organized the whole trip by himself.

The adjective **stesso, -a, -i, -e** is often added for emphasis to disjunctive pronouns used reflexively.

A volte in vacanza mi piace stare solo con me stesso.
At times on vacation I like to be by myself.

Esercizi

A. Un gruppo di amici ha appena fatto una vacanza agreste (*rural*). Rispondete alle seguenti domande e usate un pronome tonico per sostituire le parole in corsivo.

1. Riccardo è partito con *i suoi amici*?
2. Arianna è andata senza *la sorella*?
3. Olivia ha fatto gite a cavallo con *Riccardo*?

4. Luciana stava nel bungalow vicino a *Rossella*?
5. Inviterai anche *me e Giulia,* l'anno prossimo?
6. Se troveremo una fattoria molto grande, verrete con *me*?
7. Se ci sarà posto, potremo venire con *te e la tua famiglia*?
8. Raccoglieremo l'uva insieme *ai contadini*?
9. Metteremo l'uva dentro *le grandi ceste*?
10. C'è un laghetto vicino *alla fattoria*?
11. Possiamo portare anche *i cani*?
12. Posso contare su *Arianna e Armando* per raccogliere le olive?

Come sostenere un'opinione

Spesso nella vita di ogni giorno devi esprimere le tue opinioni e i tuoi giudizi e convincere qualcuno a fare o non fare qualcosa. Anche a scuola scrivi saggi (*essays*) o svolgi temi in cui esprimi i tuoi pensieri, e nel mondo del lavoro spesso devi scrivere lettere e circolari (*memos*) in cui esponi le tue idee e convinci dipendenti e colleghi a seguire i tuoi suggerimenti.

L'arte della persuasione è molto importante in ogni campo, ma per essere convincente bisogna che organizzi attentamente le tue idee. I suggerimenti seguenti possono essere utili per sostenere le tue opinioni.

1. Prima di tutto è necessario esporre chiaramente l'opinione principale che vuoi sostenere e poi devi cercare di motivare le tue convinzioni con una serie di affermazioni che servono a dimostrare la validità della tua tesi.
2. Alcune espressioni che puoi usare per introdurre le tue opinioni e affermazioni sono: **sono sicuro che, penso che, dubito che, è evidente che, a mio avviso, secondo me.**
3. A sostegno della tua tesi, puoi citare altri testi o opinioni ed idee di persone autorevoli, puoi fornire statistiche o dare esempi specifici e convincenti.
4. Per dare un senso di completezza al tuo saggio, lettera o circolare, puoi scrivere una conclusione, in cui riassumi quello che hai già detto, offri suggerimenti concreti, esponi una nuova idea o un nuovo punto, o suggerisci altre strade da seguire basandoti su quello che hai già scritto.

Temi

1. I dati riportati riferiscono le opinioni dei giovani italiani sulla durata ideale delle vacanze e la loro distribuzione. Usa questi dati per sostenere una delle seguenti ipotesi.
   a. Attraverso gli anni il concetto di vacanza si è trasformato da lusso a necessità e diritto.
   b. La vacanza tradizionale degli italiani è cambiata ben poco attraverso gli anni.

Turismo giovanile

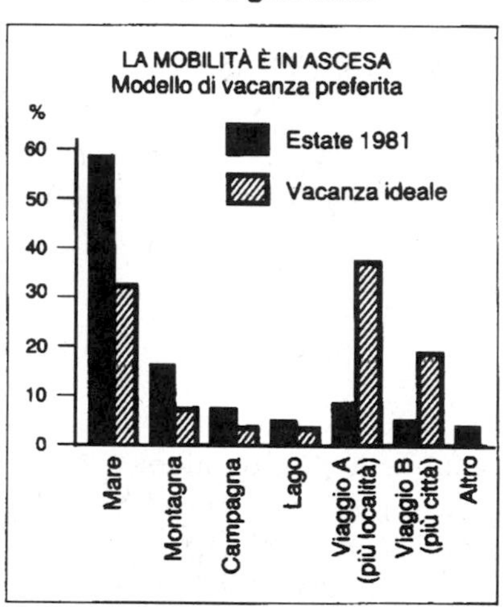

Il «boom» delle vacanze

	Persone andate in vacanza per 100 residenti	Giornate di vacanza	% di vacanze all'estero
1965	21,0	20,9	3,7
1968	26,3	20,5	3,7
1972	31,2	20,5	5,2
1975	35,4	20,5	4,7
1978	37,8	20,4	5,2
1982 (Stime)	43,0	19,5	4,2

2. Sei un / una giornalista. Scegli una località del tuo Paese e scrivi un articolo per convincere un pubblico immaginario a trascorrere lì le vacanze. Prima di cominciare a scrivere è bene preparare uno schema e prendere in considerazione i seguenti fattori.
   a. Chi è il lettore ideale dell'articolo? Identificalo per età, nazionalità, carattere e condizione economica.
   b. Che cosa cercano i tuoi lettori nelle vacanze?
   c. Quali strutture e attrezzature potrebbero interessare i tuoi lettori? Perché?

Parole ed espressioni chiave

Per parlare delle vacanze

l'aereo *plane*
l'aeroporto *airport*
l'automobile (*f.*), l'auto *car*
il bagnino *lifeguard*
la coda / la fila di macchine *line of cars*
il disagio *discomfort, hardship*
il divertimento *fun*
l'esodo *exodus*
le ferie *paid vacation*
il Ferragosto *mid-August vacation*
la folla *crowd*
l'incidente stradale (*m.*) *traffic accident*
l'inconveniente (*m.*) *inconvenience*
l'ingorgo *traffic jam*
la macchina *car*
i mezzi di trasporto *means of transportation*
la nave *ship, boat*
la pace *peace*
il periodo di punta *busiest time*
il porto *port*
il rallentamento *slowdown*
il riposo *rest*
la settimana bianca *winter ski vacation*
il soggiorno *stay, sojourn*
la spensieratezza *carefreeness, lightheartedness*
lo svago *relaxation, diversion*
il tamponamento *collision*
il traghetto *ferry*
la tranquillità *quiet, tranquillity*
la vacanza *vacation*
la villeggiatura *holiday*

caotico, -a *chaotic*
divertente *fun*

affollare *to crowd*
aspettarsi *to expect*
distrarsi *to amuse oneself*
divertirsi *to have fun*
rilassarsi *to relax*
riposarsi *to rest*

andare in vacanza *to go on vacation*
essere in ferie *to be on vacation*
fare il ponte *to take a long weekend*
prendere le ferie *to take one's vacation*
le vacanze intelligenti *carefully thought-out vacations*
le vacanze scaglionate / a scaglioni *staggered vacations*
tutto esaurito *sold out / full*

Per parlare delle attività e delle località di vacanza

l'albergo / l'hotel *hotel*
l'alloggio *lodging*
l'animatore, l'animatrice *activities director, entertainer*
l'animazione (*f.*) *activities center*
l'attività *activity*
le attrezzature *facilities, amenities*
il bungalow *cabin*
la campagna *countryside*
il campeggio *campsite*
il campo di golf *golf course*
il catalogo *catalogue*
la crema / l'olio abbronzante *suntan lotion / oil*
la crociera *cruise*
il dépliant *brochure*
il fornello *camp stove*
il gommone *rubber boat*
la località turistica *vacation resort*
il mare *sea*

la mezza pensione *room and partial board*
il miniappartamento *small apartment*
la montagna *mountain*
il motoscafo *motor boat*
l'ombra *shade, shadow*
l'ombrellone (*m.*) *beach umbrella*
l'opuscolo *pamphlet*
la pensione completa *room and board*
il residence *apartment hotel*
il sacco a pelo *sleeping bag*
lo scarpone *hiking boot*
la sedia a sdraio *chaise longue*
la sella *saddle*
il servizio *service*
i servizi *bathroom, kitchen and bathroom*
la sistemazione *accommodations*
la spiaggia *beach*
lo stivale *boot*
la tenda *tent*
il viaggio *trip*
il villaggio turistico *resort*
la villetta *little house, bungalow*

arredato, -a *furnished*
costoso, -a *expensive*
disponibile *available*
economico, -a *economy*
lussuoso, -a / di lusso *deluxe*

abbronzarsi *to get a tan*
nuotare *to swim*
organizzarsi *to get organized*
prenotare *to make a reservation*
sistemarsi *to get settled*
trovarsi *to be located*

andare in campagna / al mare / in montagna / alla spiaggia *to go to the country / to the sea / to the mountains / to the beach*
andare a cavallo *to go horseback riding*
fare il campeggio *to camp*
fare una crociera *to take a cruise*
fare una prenotazione *to make a reservation*
fare una scalata *to climb*
fare il surf *to surf*
fare il trekking *to hike*
fare la vela *to sail*
fare un viaggio (all'estero) *to take a trip (abroad)*
fare il windsurf *to windsurf*
giocare a golf *to play golf*
prendere il sole *to sunbathe*
proteggersi la pelle *to protect one's skin*
sdraiarsi sulla sabbia *to lie on the sand*

La città italiana e la provincia

Panorama di Roma al tramonto.

Temi

- La città e l'importanza del centro urbano nella vita degli italiani
- Alcuni problemi della vita in città
- I recenti cambiamenti nella vita di provincia
- La qualità della vita in provincia

Strutture

- I comparativi e superlativi
- Gli avverbi
- Il congiuntivo imperfetto e trapassato
- La concordanza dei tempi del congiuntivo

La città italiana

INTRODUZIONE

A Torino anche gli alberi vanno in automobile. Vanno in campagna a respirare[1]*. Gli alberi campagnoli invece vengono in città a fare le compere per le feste. In automobile? Certamente.*

— Gianni Rodari, «Alberi di città e alberi di campagna», *Il secondo libro delle filastrocche.*

1. breathe

Una strada nel centro di Torino.

Per parlare della città italiana

La civiltà italiana è essenzialmente urbana. Il centro urbano per antica tradizione e per motivi culturali è sempre stato il luogo preferito dagli italiani. Il centro urbano può essere grande, come le città metropoli di Roma e Milano, di misura media come Bari, Bologna, Firenze, Genova, Palermo e Venezia, o può essere piccolo, come L'Aquila, Pisa, Ravenna e Siena. Le città, i piccoli paesi e anche i borghi hanno tutti un centro con una piazza principale, una chiesa, un bar e i negozi più eleganti.

Parole in contesto

1. Nelle grandi città all'ora di punta il traffico è caotico. Le strade sono intasate di macchine e il traffico scorre lentamente, creando spesso ingorghi.

2. I segnali stradali indicano agli automobilisti e ai pedoni che cosa possono fare e che cosa invece è vietato. Il semaforo segnala quando si può procedere e quando ci si deve fermare. Il cartello di divieto di sosta indica dove non si può parcheggiare. Altri cartelli poi indicano ad esempio le vie a senso unico.

3. Il vigile urbano, in mezzo al crocevia, dirige il traffico e aiuta le persone ad attraversare la strada ai passaggi pedonali. Il vigile fischia quando un pedone o un automobilista non segue le sue istruzioni. A volte il vigile fa la multa agli automobilisti se per esempio parcheggiano o sostano dove è vietato.

4. Nel centro storico si trovano i monumenti storici ed artistici più importanti di ogni città, cioè le piazze, le chiese, le fontane, le statue e i palazzi antichi con le loro maestose facciate. Le vecchie strade sono strette e non vi si può circolare facilmente. Motociclette e motorini contribuiscono al caos del centro.

5. Il rumore dei clacson e dei motori è assordante. L'aria è spesso irrespirabile. Inoltre i monumenti nelle piazze e nelle vie sono minacciati dallo smog e da altre forme di inquinamento.

6. In molte città il traffico nel centro storico è limitato, o addirittura proibito. Qui ci sono zone pedonali, chiamate anche zone verdi o blu, o isole pedonali, dove le persone possono passeggiare tranquillamente. La gente può lasciare la macchina nei parcheggi custoditi a pagamento e raggiungere il centro a piedi, o può usare i mezzi pubblici di trasporto, come il tram o la metropolitana. I taxi, o tassì, possono circolare nei centri storici.

7. I mezzi pubblici di trasporto sono spesso stracolmi alle ore di punta. Spesso i pendolari, cioè le persone che vivono in periferia e si recano in città per lavoro, sono costretti a viaggiare in piedi.

Descriviamo

1. Descrivete la foto. Che ora era quando è stata scattata? Dove pensate che stesse andando la gente?

2. Immaginate un dialogo tra il vigile urbano e un / un'automobilista impaziente. Che cosa voleva il vigile che l'automobilista facesse? Che cosa aveva paura l'automobilista che facesse il vigile?

Immaginiamo e inventiamo

1. Come vorresti che fosse la tua città ideale?
2. Immagina di essere il sindaco (*mayor*) di una grande città. Proponi un programma per risolvere i problemi del traffico.

Prepariamoci a leggere

1. Trovate sulla cartina dell'Italia all'interno della copertina le seguenti città: Bari, Bologna, Firenze, Genova, L'Aquila, Palermo, Pisa, Ravenna, Siena e Venezia.
2. Si vive meglio in una grande città o in un piccolo paese? Divisi in gruppi, paragonate i vantaggi e gli svantaggi discutendo i seguenti elementi.

   a. esperienze culturali
   b. svaghi
   c. traffico
   d. efficienza dei servizi
   e. crimine
   f. mezzi di trasporto
   g. inquinamento
   h. rapporti umani

3. A gruppi di due, paragonate una città americana e una città italiana. Come sono le strade? i mezzi di trasporto? i palazzi? il traffico? Come guidano le persone? Ci sono tanti monumenti storici in una città americana quanti ce ne sono in una città italiana?
4. Leggete il titolo seguente tratto da un articolo in un settimanale e poi rispondete alle domande.

> La paralisi del traffico
>
> *AIUTO!*
>
> di Enrico Arosio
>
> Ingorghi, inquinamento, stress: l'assedio delle automobili ha cambiato il volto delle città italiane. E' una nuova, drammatica emergenza. Ecco come — da Roma a Milano, da Napoli a Torino — si sta cercando di affrontarla

   a. Di che cosa pensate che parli l'articolo? Come pensate che «l'assedio delle automobili» abbia cambiato il volto delle città italiane?
   b. Quali problemi devono affrontare le grandi città del vostro Paese?

5. Considera la tabella seguente e rispondi alle domande.

MEZZI DI TRASPORTO USATI PER RECARSI AL LAVORO				
	auto	autobus–tram	metropolitana	piedi o due ruote
ROMA	63,2	14,1	12,3	10,4
MILANO	43,7	20,7	20,4	15,2

a. Paragona i mezzi di trasporto che si possono usare per circolare in città. Quale sceglieresti? Perché?
b. Come vanno a lavorare la maggior parte dei romani e dei milanesi? Immagina alcuni motivi per spiegare le loro scelte.

Nel seguente brano sono discussi alcuni problemi che oggi minacciano i centri storici delle città italiane.

A Chiese medievali e palazzi barocchi sono divorati dallo smog. A Milano, nei giorni lavorativi, le automobili viaggiano a 12 chilometri l'ora. A Roma, Napoli e Palermo i sistemi di trasporto pubblico non sono paragonabili a quelli di una media città europea. L'inquinamento dell'aria, da Bari a Torino, supera il livello di guardia°.

Anzitutto, però, una premessa. Le città italiane, ognuna con il proprio grande o piccolo centro storico, non sono di impianto° moderno: la loro storia millenaria, la loro urbanistica° complessa e stratificata, così come i parziali sventramenti° e il fallimento° dei grandi piani regolatori, richiedono soluzioni su misura°. [...]

livello... safety limits
structure
urban design
demolitions / failure
su... custom-made, appropriate

Il tema del momento sono le targhe° alterne: vale a dire un sistema sperimentato per breve tempo nel 1973 in tutta Italia, durante la prima crisi del petrolio. Già allora, per risparmiare° carburante°, una domenica potevano circolare le auto con targa pari°, la successiva quelle con targa dispari. [...]

license plates

save / fuel

even

Nelle città italiane la politica° più diffusa è oggi quella delle isole pedonali e della chiusura progressiva dei centri storici. I primi esperimenti sono stati fatti, in genere dalle giunte° di sinistra, in città piccole nel Centro-Nord. Ma più si sale di scala°, oltre i 400 mila abitanti, più gli interventi restrittivi incontrano resistenze. [...]

public policy

city councils

più... the larger the city

Non si può chiudere una parte di città senza affrontare due punti nodali°: i mezzi pubblici di trasporto e il sistema dei parcheggi. [...]

crucial

Delle grandi città solo Milano e Torino dispongono di sistemi di trasporto pubblico efficienti.

Il secondo punto nodale sono i parcheggi. Qui tutte le città maggiori pagano un ritardo di almeno dieci anni.

— *L'Espresso.*

Nel brano che segue sono delineati alcuni dei motivi per cui la gente abbandona le grandi città.

B Rimanga pure insostituibile, la città, come centro di investimenti culturali, per il miglior teatro, la grande biblioteca, il buon ristorante. ... Ma se la gente se ne va dalle città è perché sono inefficienti, sporche, vulnerabili, invase dalla criminalità quotidiana, economicamente e psicologicamente costosissime.

— *L'Espresso.*

Il seguente brano descrive la città romana alla fine di una lunga giornata lavorativa.

C È sera. Esausta al pensiero di tutte le cose che avrebbe dovuto fare e non è riuscita a fare, o non ha fatto in tempo a fare, o si è dimenticata di fare, o non gli è andato di fare°, Roma si accinge a° godersi il meritato riposo dopo un'altra giornata di frenetica inattività.

non... didn't feel like doing / **si...** is about to

Le auto, che di prima mattina avevano intasato le strade del centro storico, intasano le strade d'uscita per tornare in periferia, e gli automobilisti, dopo una giornata trascorsa a suonare il clacson e respirare ossido di carbonio, suonano il clacson e respirano ossido di carbonio.

Alle fermate, i pendolari attendono gli autobus. Alle stesse fermate, gli autobus non attendono i pendolari e, stracolmi, continuano la corsa senza fermarsi.

— Antonio Amurri, *Dimmi di zi.*

Parliamo e discutiamo

1. Indicate quali delle seguenti affermazioni sono vere secondo il brano A. Correggete quelle sbagliate.
   a. Nelle città italiane gli antichi monumenti artistici sono continuamente danneggiati dallo smog.
   b. Tutte le città italiane sono fornite di infrastrutture moderne.
   c. Solo le città piccole hanno deciso di istituire le isole pedonali nel centro storico.
2. Elencate quali sono secondo il brano A i problemi principali che affliggono le città italiane.
3. Perché secondo il brano A non è facile trovare una soluzione ai problemi che minacciano le città italiane?
4. Discutete la politica delle «targhe alterne» e della chiusura dei centri storici. Perché queste due soluzioni non sono adeguate?
5. Secondo il brano B, quali possono essere i vantaggi del vivere in città?
6. Che tono usa l'autore del brano C? Motivate le vostre risposte.
7. Quali immagini di Roma emergono dal brano C?
   a. una città efficiente e ben organizzata
   b. una grande città caotica
   c. una città con adeguati sistemi di trasporto pubblico
   d. una città di pendolari
8. Paragonate la città descritta nel brano C a una grande città che conoscete.
9. Elencate i pro e contro del vivere in una grande metropoli secondo i brani A, B e C.

La nuova realtà: la vita in provincia

INTRODUZIONE

Tre casettine
dai tetti aguzzi[1],
un verde praticello[2],
un esiguo[3] *ruscello*[4]*: Rio Bo,*
un vigile cipresso.
Microscopico paese, è vero,
paese da nulla, ma però
c'è sempre di sopra una stella.

— Aldo Palazzeschi, «Rio Bo».

1. pointed 2. tiny lawn 3. small 4. brook

Il nuovo provinciale sfrutta i più moderni mezzi di comunicazione.

Per parlare della vita in provincia

Tanti italiani vivono in piccole cittadine di provincia, poiché, invece delle grandi ed impersonali metropoli, preferiscono i piccoli borghi e le cittadine a misura d'uomo, dove è facile spostarsi e tutti si conoscono. Nei piccoli centri provinciali c'è più verde, l'aria è più pulita, la vita è più umana e i rapporti interpersonali sono più autentici.

Parole in contesto

1. Quando si sceglie dove vivere, si parla sempre più spesso non solo di opportunità economiche, ma anche della qualità della vita.
2. Molti pensano che le opportunità di lavoro siano maggiori nei grandi centri urbani dove sono situate le grandi industrie ed imprese. Alcuni credono che ci sia più benessere nelle grandi metropoli a causa del maggior sviluppo economico e sono convinti che il tenore di vita sia più alto.

3. Le piccole cittadine di provincia sono, invece, spesso considerate dagli abitanti delle grandi città, arretrate e prive di stimoli culturali ed economici.

4. La gente che sceglie di trasferirsi nelle città a misura d'uomo generalmente vuole evitare gli inconvenienti che si incontrano nelle grandi città come il traffico, l'inquinamento, il crimine, e l'alto costo della vita.

5. Il provinciale predilige una vita più comoda e tranquilla. I rapporti interpersonali sono molto importanti per queste persone che preferiscono un ritmo di vita più lento e meno stressante. Per loro le grandi metropoli sono invivibili.

Descriviamo

1. Descrivete la foto. Dove sono le persone? Che cosa fanno? Com'è l'atmosfera?

2. Paragonate questa foto e la foto a pagina 253.

Immaginiamo e inventiamo

1. Come immagini che sia e come pensi che si svolga la vita giornaliera di una famiglia americana in una grande metropoli? e in una piccola cittadina?
2. Una famiglia si è appena trasferita da una grande città in una cittadina di provincia. Immaginate le risposte dei genitori alle seguenti domande sui motivi che li hanno portati alla loro decisione.
   a. Quali temevano che fossero i pericoli della città?
   b. Come pensavano che fossero le scuole in città e in provincia?
   c. Cosa speravano per i figli? Che cosa volevano che i figli non facessero?
   d. Come vorrebbero che cambiasse la loro routine giornaliera?

Prepariamoci a leggere

1. Divisi in gruppi, discutete quali dei seguenti fattori pensate che siano importanti nella scelta della località in cui vivere. Perché?
   a. la distanza dal lavoro
   b. il costo della vita
   c. l'inquinamento e la natura
   d. i servizi pubblici
   e. i rapporti interpersonali
   f. gli impianti sportivi
   g. le attività culturali
   h. il crimine
   i. le scuole
   j. le opportunità economiche
2. Quale tendenza della società italiana è evidente dalle statistiche della tabella seguente? Quali pensate che siano alcuni motivi per spiegare questi dati?

LA FUGA DALLE CITTÀ			
	1990	**2002**	**Differenza**
Genova	706.754	631.299	–10,1
Torino	1.002.863	979.511	–4,9
Milano	1.449.403	1.325.896	–8,9
Roma	2.816.474	2.716.466	–2,4
Palermo	731.483	750.162	+1,7

Negli ultimi anni un numero crescente di italiani si va trasferendo dai grandi centri urbani alle piccole città provinciali a misura d'uomo. I brani che seguono descrivono queste nuove tendenze di vita in Italia.

A Sono le città in cui si vive più tranquilli, si perde meno tempo e si guadagna di più. Gli anni Novanta saranno gli anni dei centri piccoli e medi mentre le metropoli [...] diventeranno sempre più invivibili. [...]

Insomma per chi vive in una di queste città d'oro i fastidi° sono dimezzati° e i vantaggi raddoppiati°: è più facile trovare un posto in ospedale [...] e andare al cinema.

Insomma lo sviluppo economico e sociale in Italia si trasferisce dalle grandi città alle piccole dove ormai sono evidenti i segni di un'opulenza che in passato apparteneva alle metropoli.

— *La Repubblica.*

inconveniences
halved / doubled

B Eccola la vera svolta°: dove prima c'era solo qualità della vita, oggi si moltiplicano le opportunità di lavoro, i servizi, la ricchezza. Negli anni Ottanta, mentre tutti erano abbagliati dai successi degli yuppies, i giovani professionisti urbani, i tanto negletti provinciali lavoravano sodo. Tra il 1985 e il 1988 le piccole e medie imprese di provincia hanno fatto innovazione (il 51,2 per cento ha messo sul mercato nuovi prodotti), hanno ristrutturato i loro impianti° (il 70,6 per cento), si sono ammodernate (l'informatica° è entrata nel 34,4 per cento delle aziende). [...]

Il 65 per cento hanno cominciato a esportare direttamente [...]. Risultato: da Parma o da Macerata si guarda direttamente all'Europa. Senza complessi°, e con la voglia di fare concorrenza° ai cugini delle megalopoli.

— *Panorama.*

turning point
plants
computerization
(inferiority) complexes / **fare...** compete with

Il seguente brano descrive il nuovo «provinciale italiano» e la vita che svolge in provincia.

C Enrico Buemi, 45 anni, di San Raffaele di Cimena in provincia di Torino, ex comunista, consulente finanziario per il San Paolo Invest. È lui l'uomo da imitare, il nuovo provinciale che tutti i metropolitani pentiti° vorrebbero essere. Una prova? Chiamatelo al radiotelefono veicolare° che ha sulla sua Bmw nera. Quasi certamente nel corso della conversazione sentirete squillare un altro telefono: quello portatile. E poi un altro ancora: quello, sempre di tipo cellulare, che anche la moglie porta sempre con sé.

Sì, perché il telefonino è uno dei *must* del provinciale anni Novanta, quello che figura in testa a tutte le classifiche di reddito° e benessere. Ed è quindi uno degli strumenti indispensabili per chi vuole

repentant
radiotelefono... car phone
income

entrare a far parte di questa schiera di privilegiati. I meeting coi colleghi, peraltro°, sono solo un ricordo per i più fortunati e coerenti° tra i *new provincial*, che lavorano da casa con fax e computer emancipati dal giogo° del trasferimento quotidiano da casa al lavoro.

besides / consistent

yoke

— *Panorama.*

Parliamo e discutiamo

1. Quali delle seguenti affermazioni sono vere secondo i brani A e B? Motivate le vostre risposte.
   a. La qualità della vita nelle piccole città è ottima, ma le opportunità economiche e culturali sono molto limitate.
   b. Nonostante l'invivibilità delle grandi città, esse continuano ad essere il centro economico e culturale del Paese.
   c. Le piccole e medie imprese di provincia minacciano le grandi ditte delle metropoli.
   d. L'immagine tradizionale della provincia e del provinciale è cambiata considerevolmente negli ultimi anni grazie al nuovo sviluppo economico e sociale e alla qualità della vita.
2. Perché pensate che, secondo il brano A, nei piccoli centri «si perda meno tempo»?
3. Immaginate la vita giornaliera in una di queste «città d'oro».
4. Quale registro espressivo usa l'autore del brano C per descrivere la vita del nuovo provinciale? Motivate le vostre risposte.
5. Elencate gli oggetti che confermano lo stato di opulenza in cui vive il nuovo provinciale italiano.
6. Immaginate come sia la nuova donna italiana che vive in provincia, secondo lo schema seguente:
   a. descrizione fisica e psicologica
   b. livello di istruzione
   c. professione
   d. passatempi
7. Rileggete la descrizione della donna provinciale del racconto «Gita domenicale», a pagina 84. Come pensate che sia cambiata in questi ultimi decenni l'immagine della donna di provincia?
8. A gruppi di due, preparate una lista di prodotti da vendere a un abitante della grande metropoli e una al provinciale tipico. Paragonate la vostra lista a quella dei vostri compagni e spiegate le vostre scelte.

Prepariamoci a leggere

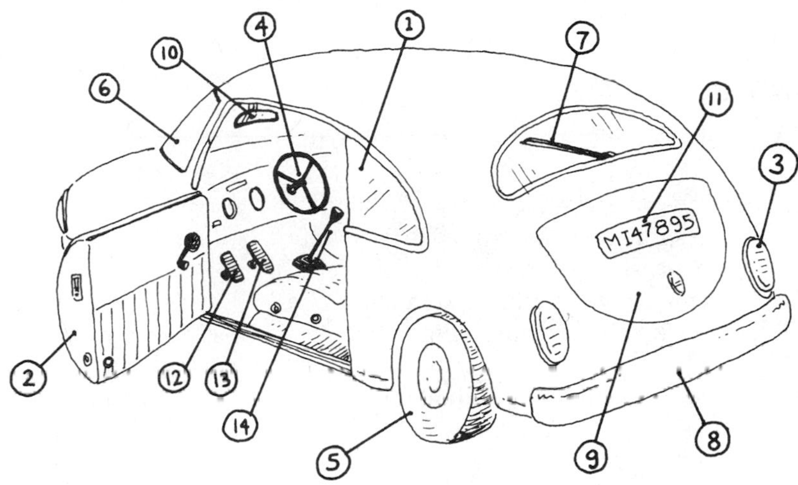

1. Identificate nel disegno le seguenti parti di una macchina.

   a. il finestrino
   b. lo sportello
   c. il parabrezza
   d. il portabagagli
   e. il volante
   f. le ruote
   g. il paraurti
   h. l'acceleratore
   i. i fari
   j. lo specchietto retrovisivo
   k. il tergicristallo
   l. la targa
   m. i freni
   n. il cambio

2. Quale mezzo di trasporto preferisci tu? Perché?

3. Paragona le strade della tua città com'erano al principio del Novecento e come sono adesso. Prendi in considerazione i seguenti elementi:

   a. gli ingorghi
   b. l'inquinamento
   c. l'affollamento
   d. il rumore
   e. la tranquillità
   f. il traffico

4. Il racconto che leggeremo incomincia con la seguente affermazione: «Possedere un'automobile è una bella comodità, certo. Non è però una vita facile.» Immaginate gli aspetti positivi e negativi del possedere una macchina a cui allude l'autore.

Dino Buzzati (1906–1972), l'autore del racconto che segue, nelle sue opere esplora gli aspetti più assurdi della realtà giornaliera e l'angoscia e solitudine dell'individuo costretto a muoversi in essa. Il racconto qui riportato, «Il problema dei posteggi», è tratto dalla raccolta *Sessanta racconti*, pubblicata nel 1958.

Il problema dei posteggi

Possedere un'automobile è una bella comodità, certo. Non è però una vita facile.

Nella città dove vivo, raccontano che una volta adoperare° un'automobile fosse una cosa semplice. I passanti si scansavano°, le biciclette procedevano ai lati, le strade erano pressoché° deserte [...] e ci si poteva fermare a volontà, anche nel mezzo della piazza, non c'era che l'imbarazzo della scelta°. Così dicono i vecchi, con un malinconico sorriso, carico° di reminiscenze. [...]

using / **si...** moved out of the way / almost / **non...** the only problem was choosing / full

Oggi invece, o amici, è una battaglia. La città è fatta di cemento e di ferro, tutta a spigoli° duri che si innalzano° a picco° e dicono: qui no, qui no. Di ferro bisogna essere anche noi, per viverci. [...]

sharp corners / rise up / **a...** vertically

Quando venivo in ufficio a piedi o con il tram, me la potevo prendere comoda°, relativamente. Oggi no, che vengo in automobile. Perché l'automobile bisogna pur lasciarla in qualche sito° e alle ore otto del mattino trovare un posto libero lungo i marciapiedi è quasi un'utopia.

me... I could take my time / place

Perciò mi sveglio alle sei e mezzo, alle sette al più tardi: lavarsi, farsi la barba, la doccia, una tazza di tè bevuta a strangolone°, poi via di gran carriera°, pregando Iddio° che i semafori siano tutti verdi. [...]

a... choked down / **di...** quickly / **Dio**

La macchina, comperata d'occasione°, ce l'ho da pochi mesi, non sono ancora pratico abbastanza, e di posteggi esistono almeno seicentotrentaquattro categorie diverse. [...]

used

Io giro, cercando, nelle straduzze laterali° col mio macinino° sul quale incalzano° da dietro cateratte° di camion° e furgoni° chiedendo via libera con barriti° orrendi. Dove c'è un posto? [...]

straduzze... side streets / grinder (slang for jalopy) / press / floods / trucks / delivery vans / blaring

È tardi. Da un pezzo sarei dovuto essere in ufficio. Ansiosamente esploro una via dopo l'altra, in cerca di un rifugio. Meno male: là c'è una signora che sembra stia per risalire in macchina.

Rallento, aspettando che lei salpi° per ereditare il posto. Un coro frenetico di clacson immediatamente si scatena alle mie spalle. Intravvedo, voltandomi°, la faccia congestionata di un camionista° che si sporge in fuori°, mi urla ingiuriosi epiteti° e con il pugno° pesta° sullo sportello, per dar rumore alla sua collera: Dio come mi odia°.

takes off / turning around / truck driver / **si...** leans out / **urla...** yells outrageous insults / fist / pounds / hates

Sono costretto° a proseguire. [...] Avanti. Qui la sosta è permessa solo per mezz'ora, là soltanto nei giorni dispari (e oggi è il 2 novembre), là soltanto ai soci del Motormatic Club, là ancora il parcheggio è limitato alle macchine provviste della licenza «Z» (enti pubblici e para-

forced

statali). E se io tento di fare l'indiano° fulmineamente° sbuca° un uomo con un berretto° di tipo militare che mi espelle° dal suo dominio. Sono i guardiani dei posteggi: uomini membruti°, alti, con baffi, stranamente incorruttibili, le mance° non fanno su di essi alcuna presa°.

tento... pretend not to understand / like lightning / emerges / cap / expels / stocky / tips / **non...** have no influence on them

Pazienza. Ora bisogna che almeno passi dall'ufficio ad avvertire. [...] Ma proprio mentre sto frenando in corrispondenza del portone, gli occhi mi cadono su di un posto libero lungo l'opposto marciapiedi. Col cuore in gola io sterzo°, rischiando di farmi triturare° dalle valanghe° di veicoli, attraverso la strada, velocemente plano° a sistemarmi. Un miracolo.

swerve / **farmi...** get ground up / avalanches / glide

La pace scende in me. Fino a stasera mi è concesso di vivere tranquillo, dalla finestra dell'ufficio posso anzi vederla e controllarla, la mia macchinetta utilitaria. [...]

Passa un paio di ore, sopra il rombo° ininterrotto dei veicoli mi pare di distinguere un vocío concitato° che viene dalla strada. Con un triste presentimento mi affaccio alla finestra. Oh lo sapevo: doveva esserci un tradimento°, troppo facile era stato. Non mi ero accorto infatti che là dove ho lasciato la mia macchina, a filo della casa, c'era una saracinesca°; la quale è stata aperta e ne sta uscendo un camioncino. Con imprecazioni gutturali, tre uomini in tuta° stanno perciò spostando di peso la mia auto, a gran strattoni°. Con le sole braccia la sradicano° dal comodo buco, tanto è leggera, e la sospingono più in là, che° il camioncino possa uscire. Poi se ne vanno.

rumble

vocío... excited shouting

betrayal, treachery

garage door

overalls

a... in big bursts of effort / uproot / **sospingono...** push further away so that

La mia macchina resta quindi abbandonata di traverso° alla via, così da bloccare il traffico. Già un ingorgo si è formato e due *policemen* sono accorsi, vedo che scrivono sui loro taccuini°.

di... sideways

ticket pads

Mi precipito da basso°, tolgo di mezzo l'auto, non so neppure come, riesco a spiegare l'equivoco° ai due agenti e ad evitar la multa. Ma restare là non posso. Eccomi di nuovo risucchiato nel vortice° che gira, gira e non si può fermare mai perché non c'è posto da fermarsi.

da... downstairs

misunderstanding

risucchiato... sucked back into the whirlpool

È vita, questa? Via, dunque, in direzione della periferia dove la lotta° è meno feroce, più benigno lo spazio. Laggiù° ci sono strade e viali quasi deserti, così come lo erano le vie del centro nei tempi andati, se è vero ciò che i vecchi narrano. Ma sono posti lontani e poverelli. A che serve la macchina se bisogna lasciarla in quell'esilio? E poi, che fare stasera? Stasera verrà il buio e anche le automobili saranno stanche come noi, sentiranno il bisogno di una casa. [...]

battle, struggle / There

Via via, dunque, oltre i sobborghi, attraverso le campagne e le brughiere°, più lontano ancora, con rabbia° tengo premuto° l'acceleratore fino in fondo°. Gli spazi si fanno sempre più vasti e solenni. Ecco le stoppie°, ecco il principio della savana°, poi il deserto, dove la strada si perde nell'infinità uniforme delle sabbie.

heath / anger / pressed

fino... all the way down

stubble / **il...** the beginning of the savannah

Alt, finalmente. Mi guardo intorno, non si scorge° né un uomo né una casa né alcun segno di vita. Solo, alfine. Ed il silenzio.

non... you can't see

Spengo il motore, scendo, chiudo lo sportello.—Addio—le dico—sei stata una brava macchinetta, è vero, in fondo ti volevo bene. Perdonami se ti abbandono qui, ma se ti lasciassi in una via abitata, presto o tardi verrebbero a cercarmi con pile di contravvenzioni°. E tu sei vecchia, e brutta, scusa la sincerità, ormai nessuno ti vorrebbe.

tickets

Lei non risponde. Io a piedi mi incammino e penso: — Che farà questa notte? Verranno le iene°? La divoreranno?

hyenas

È quasi sera. Io ho perso una giornata di lavoro. Forse mi aspetta il licenziamento°, non ne posso più dalla stanchezza. Eppure sono libero, finalmente! [...]

dismissal

Ma c'è un uomo laggiù! È un uomo alto, coi baffi, se non prendo abbaglio°, ha un berretto di tipo militare. E mi fa cenno° in segno di protesta, e urla, urla.

se... if I'm not mistaken / **mi...** is gesturing at me

Ah, no, basta. Io saltello°, io corro, io galoppo sulle mie anziane gambe, scalpito°, mi sento una piuma°. Le grida del guardiano maledetto si perdono a poco a poco alle mie spalle.

I skip

I paw the ground / feather

Parliamo e discutiamo

1. Chi narra il racconto?
2. Dove ha luogo il racconto?
3. Quale registro espressivo usa l'autore? Motivate le vostre risposte.
4. Divisi in gruppi, mettete in ordine cronologico le fasi del racconto qui riportate.
   a. Il narratore gira per le strade della città per trovare un parcheggio per la macchina.
   b. Il narratore si sveglia prestissimo ed esce di casa in fretta e furia.
   c. Il narratore si accorge di aver parcheggiato la macchina davanti ad un garage dove c'è un camioncino che vuole uscire.
   d. Il narratore avvista un parcheggio vicino al palazzo in cui lavora.
   e. Parcheggia la macchina, e felice e soddisfatto, si reca in ufficio a lavorare.
   f. Il narratore decide di liberarsi della macchina e l'abbandona in campagna lontano dalla città.
   g. Due operai spostano di peso la macchina e la mettono in mezzo alla strada. Accorrono due poliziotti pronti a fargli la multa.
   h. Il narratore riesce a convincere i due poliziotti a non fargli la multa e sposta la macchina.
5. Nel racconto l'autore contrappone la città moderna industrializzata alla città del passato. Elencate i riferimenti alle due immagini della città. Che cosa rivelano dell'atteggiamento dell'autore verso questi due modi di vita?
6. Perché alla fine del racconto il narratore si sente come «una piuma»?

7. Che cosa rappresenta nel racconto la ricerca di un posteggio?
8. Divisi in gruppi, discutete quale delle seguenti affermazioni esprime meglio le idee dell'autore. Motivate le vostre risposte.
   a. L'individuo è destinato ad essere sconfitto (*defeated*) dalle strutture alienanti della città moderna, e non può fare altro che arrendersi (*surrender*).
   b. Le strutture alienanti della città condizionano il comportamento delle persone che in essa si muovono.
   c. Siamo schiavi (*slaves*) delle comodità della vita moderna.

Strutture

I comparativi e superlativi

In Italian as in English, there are three types of comparatives:

comparativo di uguaglianza:	Napoli è (così) caotica come Roma. *Naples is as chaotic as Rome.*
comparativo di maggioranza:	Napoli è più caotica di Roma. *Naples is more chaotic than Rome.*
comparativo di minoranza:	Napoli è meno caotica di Roma. *Naples is less chaotic than Rome.*

There are two types of superlatives:

superlativo relativo:	Il centro è la zona più affollata della città. *Downtown is the most crowded part of the city.*
superlativo assoluto:	Il centro è sempre affollatissimo. *Downtown is always very crowded.*

Il comparativo di uguaglianza

The **comparativo di uguaglianza** is used to point out equality or similarity. It is expressed with **così... come** or **tanto... quanto.** In practice, **così** and **tanto** are frequently omitted. It is equivalent to the English *(as) . . . as.*

Roma è così moderna come Milano.
Roma è moderna come Milano.
Roma è tanto moderna quanto Milano.
Roma è moderna quanto Milano.
Rome is as modern as Milan.

A **Così... come** and **tanto... quanto** are used interchangeably with adjectives and adverbs. They precede the adjectives and adverbs they modify and are invariable.

Le strade sono (così) affollate come le piazze. Le strade sono (tanto) affollate quanto le piazze.
The streets are as crowded as the squares.

Paolo guida (così) velocemente come Roberto. Paola guida (tanto) velocemente quanto Roberto.
Paolo drives as fast as Roberto (does).

If **come** or **quanto** precedes a personal pronoun, a disjunctive pronoun must be used.

Cammina lentamente come me.
He walks as slowly as I do.

È stanco della campagna quanto me.
He is as tired of the country as I am.

B **(Tanto)... quanto** is used when comparing nouns. **Tanto** and **quanto** act as adjectives; they precede the nouns they modify and agree with them in gender and number.

Ci sono tanti motorini quante automobili.
There are as many mopeds as there are cars.

In provincia c'è tanta tranquillità quanto benessere.
In the provinces there is as much peace as there is affluence.

C **(Tanto)... quanto** can also mean *as much as.* In this case, it is invariable.

Mi piacciono (tanto) le città medievali quanto le città moderne.
I like medieval cities as much as modern cities.

Odio (tanto) i semafori quanto gli ingorghi.
I hate traffic lights as much as (I hate) traffic jams.

D **Tanto quanto** is also used to mean *as much as* when comparing verbs. In this case it acts as an adverb and is invariable. **Tanto quanto** (undivided) is placed after the verb. **Tanto** is usually omitted.

Passeggia per le vie della città (tanto) quanto te.
He strolls through the streets of the city as much as you do.

Guidano tutti i giorni (tanto) quanto voi.
They drive every day as much as you do.

Il comparativo di maggioranza e di minoranza

The **comparativo di maggioranza e di minoranza** is used to point out inequalities and dissimilarities. The **comparativo di maggioranza** is expressed with **più... di** or **più... che**. The **comparativo di minoranza** is expressed with **meno... di** or **meno... che.**

A **Più di** and **meno di** (undivided) are used with numbers.

In quel palazzo ci sono più di venti appartamenti.
In that building there are more than twenty apartments.

B Comparisons of *two different* things or people with regard to the same quality are expressed with **più.... di** and **meno... di.** The adjective always agrees in gender and number with the first noun.

Questa chiesa è più antica di quel palazzo.
This church is older than that building.

Quella città è meno tranquilla di questa.
That city is less quiet than this one.

Di contracts with the definite article.

La chiesa è più antica del palazzo comunale.
The church is older than the municipal building.

C When nouns, adjectives, adverbs, and verbs are compared with respect to the *same* person or thing, **più... che** and **meno... che** are used.

In questa via ci sono più vigili che macchine.
In this street there are more traffic cops than cars.

Quei pedoni hanno più audacia che buon senso.
Those pedestrians have more daring than good sense.

È più facile lasciare la macchina a casa che cercare un parcheggio.
It is easier to leave the car at home than to look for a parking space.

The second verb in such comparisons is often implied rather than stated.

È meno difficile circolare a piedi che (circolare) in macchina.
It is less difficult to get around on foot than in a car.

Più... che and **meno... che** are also used when the second element of the comparison is preceded by a preposition.

È più comodo viaggiare in treno che in macchina.
It's more comfortable to travel by train than by car.

D In front of a conjugated verb, **più / meno... di quel(lo) che** and **più / meno... di quanto** are used.

Questa città è meno inquinata di quanto dicevano.
This city is less polluted than they said.

Ogni mese mio fratello spende più di quello che guadagna.
Every month my brother spends more than he earns.

At times the subjunctive is used after **più / meno... di quanto.** Frequently **non** is placed in front of the verb. The **non** is not expressed in English.

C'è più traffico di quanto non immaginiate.
There is more traffic than you can imagine.

Il superlativo relativo

The **superlativo relativo** (*the most, the least, the -est*) is used to compare things or people to a group or an entire category.

La metropolitana è il mezzo di trasporto più efficiente della città.
The subway is the most efficient means of transportation in the city.

Sono le strade meno frequentate del quartiere.
They are the least-frequented streets in the neighborhood.

A The **superlativo relativo** is formed with the definite article (**il / la / i / le**) plus **più** or **meno** followed by the adjective. The adjective and the article agree in gender and number with the first element of the comparison. **Di**, or less frequently **tra** (among), is used before the second element of the comparison. **Di** contracts with the definite article that follows it.

I monumenti più importanti della città sono nel quartiere medievale.
The most important monuments in the city are in the medieval section.

È la più bella tra (fra) tutte le piazze italiane.
It's the most beautiful of all the Italian squares.

È la regione più ricca del Paese.
It's the richest region in the country.

B The **superlativo** can either precede or follow the noun. When it follows the noun, the article is not repeated.

I più eleganti negozi della città si trovano nel centro storico. I negozi più eleganti della città si trovano nel centro storico.
The most elegant stores in the city are in the historical quarter.

È il negozio meno costoso del quartiere. È il meno costoso tra i negozi del quartiere.
It is the least expensive store in the neighborhood.

C The subjunctive is often used in a verb clause that follows the **superlativo relativo.**

San Gimignano è la cittadina più pittoresca che io conosca.
San Gimignano is the most picturesque town (that) I know.

Il superlativo assoluto

The **superlativo assoluto** (*very, extremely, the most/least + adjective*) is used to express the highest possible degree of a given quality; it is not used in comparisons. The **superlativo assoluto** always agrees in gender and number with the noun it modifies.

Queste strade medievali sono strettissime.
These medieval streets are very narrow.

A The **superlativo assoluto** is formed by dropping the final vowel of an adjective and adding the suffix **-issimo.**

bello → bell**issimo**
elegante → elegant**issimo**

Adjectives that end in **-io** drop this ending before adding **-issimo.**

vecch**io** → vecch**issimo**

In the case of adjectives that end in **-co** and **-go,** the suffix **-issimo** is added to the masculine plural form after dropping the final vowel.

anti**co** → anti**chi** → antich**issimo**
lun**go** → lun**ghi** → lungh**issimo**

Questa via è lunghissima.
This street is extremely long.

B The **superlativo assoluto** can also be expressed with the adverb **molto** or **assai** before an adjective.

Sono problemi complicatissimi. Sono problemi molto (assai) complicati.
They are very complicated problems.

C The prefixes **arci-, stra-, super-** and **ultra-** added to an adjective or adverb also express the **superlativo assoluto.**

un autobus stracolmo	*an overloaded bus*
un treno superveloce	*an extremely fast train*
una città ultramoderna	*an extremely modern city*

D The **superlativo assoluto** can also be expressed by certain stock phrases and intensifiers.

bagnato fradicio *soaking wet*	brutto da morire *unbearably ugly*	ricco sfondato *filthy rich*
stanco morto *dead-tired*	innamorato cotto *madly in love*	

E The **superlativo assoluto** can at times also be expressed by repeating the adjective or adverb.

È un ragazzo buono buono.	*He is a very good boy.*
È entrato zitto zitto.	*He entered very quietly.*

I comparativi e superlativi irregolari di alto, basso, buono, cattivo, grande e piccolo

A The adjectives **alto, basso, buono, cattivo, grande,** and **piccolo** have irregular forms in the comparative and superlative in addition to their regular forms. The regular form usually indicates physical qualities, while the irregular form designates more abstract characteristics.

		Superlativo	
	Comparativo	Relativo	Assoluto
alto	più alto superiore *higher*	il più alto il supremo *the highest*	altissimo supremo *very high*
basso	più basso inferiore *lower*	il più basso l'infimo *the lowest*	bassissimo infimo *very low*
buono	più buono migliore *better*	il più buono il migliore *the best*	buonissimo ottimo *very good, excellent*
cattivo	più cattivo peggiore *worse*	il più cattivo il peggiore *the worst*	cattivissimo pessimo *very bad*

	Comparativo	Superlativo Relativo	Superlativo Assoluto
grande	più grande maggiore *bigger*	il più grande il maggiore *the biggest*	grandissimo massimo *very big, very great*
piccolo	più piccolo minore *smaller*	il più piccolo il minore *the smallest*	piccolissimo minimo *very small*

B The regular forms of **buono** and **cattivo** are also commonly used to describe the tastes of foods, while the irregular forms are used to refer to quality in general.

Questa pizza è più buona di quella.
This pizza is better than that one.

Questo è il migliore ristorante della città.
This is the best restaurant in the city.

Questi spaghetti sono buonissimi.
This spaghetti is very good.

È un'ottima idea!
It's an excellent idea!

C The regular forms of **grande** and **piccolo** usually refer to physical size. The irregular forms refer to quality in the abstract.

Hanno comprato una casa grandissima in campagna.
They bought a very big house in the country.

I figli minori studiano in città.
The younger children study in the city.

L'inquinamento è il nostro problema maggiore.
Pollution is our biggest problem.

Il traffico è un problema minore.
Traffic is a minor problem.

D **Migliore, peggiore, maggiore,** and **minore** often drop the final **-e** before singular nouns that do not begin with **s** + *consonant* or **z.**

La maggior parte della popolazione vive in periferia.
The majority of the population lives in the suburbs.

Esercizi

A. Filippo vive a Milano. Descrive la sua città ad alcuni amici americani. Completate con la forma corretta di **(tanto)... quanto** o **(così)... come** e fate i cambiamenti necessari.

1. Milano è bella _______ Roma.
2. Milano è _______ importante _______ Londra e Parigi.
3. Milano è _______ bella _______ interessante.
4. I servizi che offre sono _______ moderni _______ efficienti.
5. Per spostarsi i milanesi usano i mezzi pubblici _______ le macchine private.
6. A Milano ci sono _______ strade eleganti _______ palazzi signorili.
7. A Milano ci sono _______ musei _______ teatri.
8. La gente che ci vive è _______ gentile _______ colta.
9. Alla gente piace _______ prendere un aperitivo in Galleria _______ fare una passeggiata in Corso Vittorio.
10. Lo smog a Milano è fastidioso _______ nocivo (*harmful*).
11. I monumenti sono minacciati _______ dallo smog _______ dalla paralisi decisionale.

B. Una ragazza italiana torna a casa dopo una visita negli Stati Uniti e parla delle differenze fra le città americane e le città italiane. Completate con la forma corretta dei comparativi di maggioranza o minoranza e fate i cambiamenti necessari.

1. Paragona la grandezza e il numero di abitanti.

   a. Sono stata in _______ _______ venti città americane.

   b. È chiaro che, in generale, le città metropoli italiane sono _______ grandi _______ città americane.

   c. Roma e Milano, per esempio, sono _______ piccole _______ Los Angeles e New York.

   d. Nelle città italiane ci sono _______ abitanti _______ nelle città americane.

   e. A Los Angeles ci sono _______ _______ otto milioni di abitanti.

   f. A Roma ce ne sono _______ _______ tre milioni.

2. Paragona le strutture e i servizi pubblici.

a. I mezzi pubblici di trasporto in alcune città americane sono ______ moderni ______ quelli delle città italiane.

b. Il centro delle città americane è ______ inquinato ______ centro storico di molte città italiane.

c. In America le strade sono ______ larghe ______ in Italia.

d. Le strade italiane sono ______ moderne ______ strade americane.

e. Gli americani preferiscono ______ andare in macchina ______ camminare.

f. Gli automobilisti americani sono ______ pazienti ______ automobilisti italiani.

g. Nelle strade c'è ______ rumore qui ______ lì.

h. A New York ci sono ______ grattacieli (*skyscrapers*) moderni ______ palazzi antichi.

i. A Roma ci sono ______ monumenti antichi ______ costruzioni moderne.

j. Le città italiane sono ______ pittoresche ______ moderne ed efficienti.

C. Giuseppe vive in una grande metropoli italiana. Parla dei pro e dei contro del vivere in un grande centro urbano. Scrivete delle frasi complete con i seguenti elementi e usate il superlativo relativo. Fate i cambiamenti necessari.

ESEMPIO: musei / bello / mondo

Nella mia città ci sono i musei più belli del mondo.

1. teatri / buono / città
2. infrastrutture / cattivo / Europa
3. centro storico / antico / Italia
4. servizi / efficiente / Italia settentrionale
5. vie / affollato / centro storico
6. ristoranti / elegante / zona
7. negozi / costoso / provincia
8. manifestazioni culturali / importante / anno
9. palazzi / signorile / quartiere

D. Kimberly è a Roma per motivi di studio. Scrive a un'amica in America e le descrive le sue prime impressioni su Roma. Scrivete delle frasi complete con i seguenti elementi e usate una forma del superlativo assoluto.

ESEMPIO: città italiane / bello

Le città italiane sono bellissime.

1. Roma / grande
2. centri / antico
3. piazze / largo
4. strade / affollato
5. negozi / elegante
6. autobus / stracolmo
7. vigili urbani / gentile
8. romani / simpatico

E. Simonetta ha appena traslocato e ricorda la casa dove abitava prima. Completate le frasi usando le forme irregolari del comparativo e del superlativo degli aggettivi in parentesi e facendo i cambiamenti necessari.

1. Quando vivevo in città abitavo al piano ______ (basso) a quello dei Ruggeri.
2. Al piano ______ (alto), sopra al nostro, abitavano i Cioni.
3. Il mio fratello ______ (piccolo) aveva la ______ (buono) stanza dell'appartamento.
4. La mia stanza invece era ______ (cattivo) della casa, perché aveva poca luce e dovevo dividerla con le mie sorelle ______ (grande).
5. Sentivamo ogni ______ (piccolo) rumore dalle altre abitazioni.
6. I servizi del condominio erano ______ (buono).
7. Il portiere purtroppo aveva un ______ (cattivo) carattere.

Gli avverbi

Avverbi indicate time, place, manner, or quantity. They are invariable in form, and can modify verbs, adjectives, or other adverbs.

sempre (*time*)	Gli autobus sono sempre puntuali. *The buses are always on time.*
lontano (*place*)	Abitiamo lontano dal centro. *We live far from downtown.*

così (*manner*)	Fa tutto così bene. *He does everything so well.*
molto (*quantity*)	La vita in provincia è molto tranquilla. *Life in the province is very peaceful.*

A Adverbs of manner ending in **-mente** correspond to English adverbs ending in *-ly*.

Il traffico scorre lentamente.
The traffic is moving slowly.

Such adverbs are formed by adding **-mente** to the feminine singular form of the corresponding adjective.

chiara → chiaramente
lenta → lentamente

Adjectives that end in **-re** and **-le** drop the final **-e** before adding the suffix **-mente.**

difficile → difficilmente
regolare → regolarmente

Other adjectives that end in **-e** add the suffix **-mente** without changing form.

forte → fortemente
veloce → velocemente

B Some common adverbs are identical in form to the corresponding adjectives.

Guida piano!	*Drive slowly!*
Non parlare forte!	*Don't speak loudly!*
Abito qui vicino.	*I live nearby.*
Devi lavorare sodo.	*You have to work hard.*

C Some common adverbs can be modified by adding suffixes after dropping the final vowel.

bene + one	benone *great*
male + uccio	maluccio *not so great*
poco + ino	pochino *a little bit*

D **Di più** and **di meno** are used directly after a verb to express *more* or *less* when no second element of comparison appears.

Devi stancarti di meno.
You must get less tired.

Lavora sempre di più.
He works more and more.

E Many adverbs have comparative and superlative forms.

	Comparativo	Superlativo: Relativo	Superlativo: Assoluto
lontano	più lontano	(il) più lontano	lontanissimo
tardi	più tardi	(il) più tardi	tardissimo
vicino	più vicino	(il) più vicino	vicinissimo
anticamente	più anticamente	(il) più anticamente	antichissimamente

Some very common adverbs have irregular comparative forms.

	Comparativo	Superlativo: Relativo	Superlativo: Assoluto
bene	meglio	(il) meglio	benissimo ottimamente
male	peggio	(il) peggio	malissimo pessimamente
molto	più	(il) più	moltissimo
poco	meno	(il) meno	pochissimo minimamente

The definite article is omitted with the relative superlative unless **possibile** is used.

Abitiamo più lontano degli altri colleghi.
We live further away than the other colleagues.

Vogliamo vivere il più lontano possibile dal centro.
We want to live as far as possible from downtown.

Fanno sempre meno di tutti.
They always do less than anyone else.

Fanno sempre il meno possibile.
They always do as little as possible.

Adverbs that end in **-mente** form the **superlativo assoluto** by adding **-mente** to the feminine form of the superlative adjective.

antica → antichissima → antichissimamente
veloce → velocissima → velocissimamente

La posizione degli avverbi

A Adverbs usually follow the verb.

Va sempre in bici.
He always goes by bike.

Si è fermato velocemente.
He stopped quickly.

For purpose of emphasis, however, an adverb can precede the verb.

Subito lo devi fare.
You must do it right away.

B With compound verbs, the common adverbs **ancora, anche, già, mai, più,** and **sempre** usually appear between the auxiliary verb and the past participle.

Non ho mai visitato Pompei.
I've never been to Pompeii.

Si è già fermato.
He already stopped.

C **Anche** generally precedes the word it modifies.

Mi ha fatto la multa e mi ha anche rimproverato.
He gave me a ticket and he also scolded me.

Anche cannot be used at the beginning of a sentence to mean *besides* or *furthermore;* **inoltre** is used instead.

D An adverb that modifies an adjective precedes the adjective.

È una città molto viva.
It is a very lively city.

Esercizi

A. Giovanna descrive a un'amica una scena a cui ha assistito ad un crocevia in città. Completate le frasi, formando degli avverbi dagli aggettivi in parentesi.

1. Il traffico si muoveva _______ (lento).
2. Gli automobilisti aspettavano _______ (paziente) nelle loro macchine.
3. Un vigile urbano dirigeva il traffico _______ (diligente).
4. _______ (Improvviso) una macchina si è fermata in mezzo al crocevia.

5. L'autista ha aperto ______ (brusco) lo sportello della macchina, ed è sceso ______ (frettoloso).
6. Il vigile urbano ha cominciato a fischiare ______ (energico) e ad agitare le mani ______ (frenetico).
7. L'autista si è mosso ______ (svogliato, *unwilling*) verso il vigile urbano, e ______ (gentile) gli ha chiesto dove poteva trovare un parcheggio custodito.
8. Il vigile gli ha risposto ______ (furioso) che non poteva bloccare tutto il traffico.
9. Nel frattempo gli altri automobilisti suonavano il clacson ______ (isterico).
10. Il vigile ha preso il taccuino e ______ (immediato) gli ha fatto una multa.
11. L'autista ha cercato ______ (inutile) di spiegare che voleva solo un'informazione.

B. Paolo cerca di convincere Giuliana che in provincia ogni cosa è migliore che in città. Completate con la forma corretta di **meglio** o **migliore, peggio** o **peggiore,** e **meno** o **più.**

1. La qualità della vita in provincia è ______ ; è chiaro che si vive ______ .
2. Gli alloggi in città sono ______ che in provincia, e le case in provincia sono ______ . La vita è ______ cara in provincia; in città tutto costa di ______ .
3. La gente in città mangia ______ della gente in provincia.
4. I ristoranti delle grandi città forse sono ______ .
5. In città non funziona niente. Le infrastrutture sono ______ di quelle in provincia.
6. In provincia i rapporti con gli altri sembrano essere ______ .

Il congiuntivo imperfetto e trapassato

The **congiuntivo imperfetto** and **trapassato** are used after expressions of doubt, uncertainty, desire, opinion, emotion, and probability *when the verb in the main clause is in a past tense or in the conditional.* (See pages 227–243 for a complete explanation of the uses of the subjunctive.)

> Speravo che non ci fosse molto traffico.
> *I was hoping there wouldn't be a lot of traffic.*

Avevo paura che avesse avuto un incidente stradale.
I was afraid she had had an accident.

Sarebbe meglio se non venisse stasera.
It would be better if she didn't come tonight.

A The **congiuntivo imperfetto** of all regular verbs is formed by adding the characteristic endings to the verb stem.

	guidare	vivere	servire
che io	guid**assi**	viv**essi**	serv**issi**
che tu	guid**assi**	viv**essi**	serv**issi**
che Lei / lei / lui	guid**asse**	viv**esse**	serv**isse**
che noi	guid**assimo**	viv**essimo**	serv**issimo**
che voi	guid**aste**	viv**este**	serv**iste**
che Loro / loro	guid**assero**	viv**essero**	serv**issero**

1. The verbs **essere, dare,** and **stare** are irregular in the **congiuntivo imperfetto.**

essere	dare	stare
fossi	dessi	stessi
fossi	dessi	stessi
fosse	desse	stesse
fossimo	dessimo	stessimo
foste	deste	steste
fossero	dessero	stessero

2. The verbs **bere, dire, fare, porre, trarre,** and **tradurre** have the same irregular verb stems in the **congiuntivo imperfetto** as they do in the **indicativo imperfetto.** The verb endings are regular.

bere (bevere)	dire (dicere)	fare (facere)	porre (ponere)	trarre (traere)	tradurre (traducere)
bevessi	dicessi	facessi	ponessi	traessi	traducessi
bevessi	dicessi	facessi	ponessi	traessi	traducessi
bevesse	dicesse	facesse	ponesse	traesse	traducesse
bevessimo	dicessimo	facessimo	ponessimo	traessimo	traducessimo
beveste	diceste	faceste	poneste	traeste	traduceste
bevessero	dicessero	facessero	ponessero	traessero	traducessero

3. The **congiuntivo imperfetto** is used when the action in the dependent clause takes place *at the same time or after* the action in the main clause.

   Volevo che venissero in metro.
   I wanted them to come by subway.

   Preferirei che venissero in metro.
   I would prefer that they come by subway.

   Avrei preferito che venissero in metro.
   I would have preferred that they come by subway.

The **congiuntivo imperfetto** can also be used when the main verb is in the present tense to express the equivalent of *used to* or to describe the way something or someone was.

Credo che in passato qui ci fossero molte piccole imprese.
I think that in the past there used to be many small businesses here.

B The **congiuntivo trapassato** is formed with the **congiuntivo imperfetto** of **avere** or **essere** plus the past participle of the verb.

Credevo che mi avesse fatto una multa.
I thought that he had given me a ticket.

Era improbabile che i fatti si fossero svolti così.
It was improbable that things had happened that way.

1. The **congiuntivo trapassato** is used when the action in the dependent clause takes place *before* the action in the main clause.

   Credevo che si fossero già trasferiti.
   I thought they had already moved.

   Avrei preferito che lui non fosse venuto.
   I would have preferred for him not to have come.

	prenotare	venire	riposarsi
che io	avessi prenotato	fossi venuto/-a	mi fossi riposato/-a
che tu	avessi prenotato	fossi venuto/-a	ti fossi riposato/-a
che Lei / lei / lui	avesse prenotato	fosse venuto/-a	si fosse riposato/-a
che noi	avessimo prenotato	fossimo venuti/-e	ci fossimo riposati/-e
che voi	aveste prenotato	foste venuti/-e	vi foste riposati/-e
che Loro / loro	avessero prenotato	fossero venuti/-e	si fossero riposati/-e

C The **congiuntivo imperfetto** and **trapassato** can be used in independent clauses to express regrets and wishes that will probably never be realized. These sentences are usually introduced by **almeno, magari,** or **se.**

Almeno avessi un piccolo giardino!
If only I had a small garden!

Magari vivessimo in periferia!
If only we lived in the suburbs!

Se aveste comprato quel villino!
If only you had bought that cottage!

D After **come se,** only the **congiuntivo imperfetto** and **trapassato** can be used.

Vive come se fosse un miliardario.
He lives as if he were a billionaire.

Spende come se avesse vinto la lotteria.
He is spending as if he had won the lottery.

Esercizi

A. Rita racconta all'amica Laura come si svolgeva la sua vita quando viveva in una grande città. Completate con la forma corretta del congiuntivo imperfetto.

1. Descrive una tipica mattinata.
   a. Era necessario che io _______ (svegliarsi) molto presto ogni mattina. Bisognava che io _______ (fare) una doccia e che (io) _______ (vestirsi) in fretta e furia.
   b. Io volevo che mio marito _______ (alzarsi) presto. Mi sarebbe piaciuto che lui _______ (fare) colazione con la famiglia. Bisognava che lui _______ (arrivare) in ufficio prima delle otto.
   c. Era necessario che io _______ (lavare) i piatti e che _______ (mettere) tutto a posto. I miei figli volevano che io li _______ (aiutare) a vestirsi e a trovare i libri e gli zaini.
2. Parla dei problemi che aveva in città.
   a. Io avrei preferito che mio marito _______ (accompagnare) i ragazzi a scuola. Avevo paura che gli _______ (succedere) qualcosa. Mio marito credeva che i figli _______ (potere) andare a scuola a piedi.
   b. Ogni mattina era necessario che io _______ (prendere) l'autobus per andare a lavorare. Bisognava che io _______ (uscire) di casa alle otto e mezza e che alle nove _______ (essere) in ufficio.
   c. Desideravo da sempre che noi _______ (andare) a vivere in provincia. Credevo che lì la qualità della vita _______ (essere) migliore che in città.
   d. Mio marito non voleva che noi _______ (trasferirsi). Lui pensava che noi _______ (condurre) una bella vita in città.

B. Un dirigente d'azienda si trasferisce da una grande città in una piccola cittadina di provincia. Parla dei motivi del trasloco con alcuni vicini di casa. Completate con la forma corretta del congiuntivo imperfetto.

1. Vorrei che voi ______ (capire) perché ho deciso di non vivere più in città ed io ho insistito che noi ______ (traslocare) in provincia.
2. Era necessario che io ______ (usare) la macchina per andare a lavorare. La mattina era difficile che io ______ (trovare) un parcheggio. Ogni giorno mi aspettavo che i vigili mi ______ (facere) la multa.
3. In città avevo paura che i miei figli ______ (andare) a scuola da soli.
4. Ho pensato che in provincia ______ (esserci) meno inquinamento e che tutti ______ (stare) più tranquilli.

C. Luisa legge alcune pagine dal diario della nonna in cui lei parla della vita in provincia ai suoi tempi, e poi racconta a un'amica le impressioni della nonna. Cambiate le seguenti frasi dal presente al passato e dalla prima alla terza persona. Fate i cambiamenti necessari.

ESEMPIO: Credo che in città si viva meglio.
Mia nonna credeva che in città si vivesse meglio.

1. Penso che la vita in provincia sia molto noiosa.
2. Dubito che le donne in città facciano la stessa vita.
3. Suppongo che in città lavorino soprattutto in grandi fabbriche.
4. Ritengo che guadagnino molti soldi.
5. Credo che spendano molto.
6. Immagino che seguano attentamente la moda e che si vestano sempre molto bene.
7. Dubito che loro stiano a casa tutto il giorno a guardare la televisione.
8. Spero che le ragazze di città siano più emancipate delle ragazze di provincia.

D. Una signora scrive a un'amica d'infanzia che vive in provincia e parla di sè e alcuni loro amici. Cambiate le frasi dal presente al passato.

1. Credo che molti dei nostri amici abbiano casa in provincia.
2. Credo che Luigi se ne sia andato da Roma.
3. Sono contenta che Enzo si sia sposato. Credo che sua moglie sia di Milano. È probabile che loro si siano conosciuti a Roma.
4. Voglio che tu mi scriva e che mi racconti qualcosa della tua famiglia.
5. Mi rincresce che noi non ci siamo viste per tanto tempo. Spero che quest'anno tu e la tua famiglia veniate a trovarmi.

La concordanza dei tempi del congiuntivo

The **congiuntivo** has four tenses: the **presente, passato, imperfetto,** and **trapassato.** The **congiuntivo presente** and **passato** are used when the main verb is in the present, future, or imperative.

Presente	Credo (oggi) che Fabio venga (oggi). Credo (oggi) che Fabio venga (domani). Credo (oggi) che Fabio sia già venuto (ieri).
Futuro	Penserà (domani) che lui arrivi (domani). Penserà (domani) che lui arrivi (il giorno dopo). Penserà (domani) che lui sia già arrivato (oggi).
Imperativo	Non credere che cambino casa (oggi). Non credere che cambino casa (domani). Non credere che abbiano cambiato casa (ieri).

The **congiuntivo imperfetto** and **trapassato** are used when the main verb is in a past or conditional tense.

Passato	Credevo (ieri) che Fabio venisse (ieri). Credevo (ieri) che Fabio venisse (oggi). Credevo (ieri) che Fabio fosse già venuto (il giorno prima).
Condizionale presente	Vorrei (oggi) che lui arrivasse (oggi). Vorrei (oggi) che lui arrivasse (domani). Vorrei (oggi) che lui fosse già arrivato (ieri).
Condizionale passato	Avrei voluto (oggi) che Fabio venisse (oggi). Avrei voluto (oggi) che Fabio venisse (domani). Avrei voluto (ieri) che Fabio fosse già venuto (il giorno prima).

Esercizi

A. Una donna racconta come i suoi sogni e desideri sono cambiati attraverso gli anni. Completate con la forma corretta del congiuntivo presente o imperfetto.

1. Racconta i suoi sogni di una volta.

   a. Quando ero piccola desideravo sempre che la mia famiglia _______ (avere) molti soldi. Speravo che mio padre ci _______ (comprare) una grande casa in città. Volevo che noi _______ (trasferirsi) in una grande metropoli. Credevo che in città noi _______ (potere) divertirci di più. Immaginavo che in città _______ (esserci) più svaghi e divertimenti. Pensavo che la provincia _______ (essere) squallida e noiosa. Mi sarebbe piaciuto che anche noi _______ (divertirci). Avevo sempre paura che io e mia sorella _______ (passare) tutta la vita in provincia. Mi dispiaceva che noi non _______ (andarsene).

2. Parla delle sue speranze di oggi per la famiglia.
   a. Adesso voglio solo che la mia famiglia _______ (essere) felice. Spero soprattutto che un giorno i miei figli _______ (avere) un lavoro che gli _______ (dare) molte soddisfazioni. Vorrei che loro _______ (trovare) un lavoro interessante. Preferirei che i miei figli non _______ (abbandonare) la nostra piccola cittadina. Ho paura che loro _______ (andare) a vivere in una grande città impersonale.
   b. Dubito che nelle grandi città loro _______ (potere) fare amicizia facilmente. È possibile che loro _______ (guadagnare) molto di più, ma non credo che la qualità della vita _______ (essere) migliore.

B. Una giornalista conduce un'intervista sulle preferenze dei giovani circa il luogo di residenza. Completate le frasi usando la forma appropriata dei verbi.

1. I miei genitori vorrebbero che...
2. Io invece avrei preferito che...
3. Prima di trasferirmi in città, pensavo che...
4. Non ero sicuro / sicura che l'università...
5. I miei amici temevano che...
6. Ora invece sembra che...

Scriviamo

Come coordinare le frasi

Se nello scrivere vuoi sviluppare uno stile più articolato, è importante imparare ad usare proposizioni (*clauses*) complesse. Una singola frase indipendente, con solo il soggetto, il verbo e il complemento, non può sempre esprimere in maniera adeguata le tue opinioni ed idee. Un periodo (*sentence*) è più interessante quando è composto da diverse proposizioni, legate fra loro dalle congiunzioni. Le congiunzioni infatti indicano il tipo di rapporto e il nesso logico tra le frasi. È possibile collegare le proposizioni tra loro in vari modi.

1. Per collegare una serie di fatti o idee puoi usare **e** (*and*), **poi** (*then*), **mentre** (*while*), **inoltre** (*in addition, moreover, furthermore*) ed **anche** (*also*).

2. Per motivare un'idea, un'opinione o un ragionamento puoi usare **perché** (*because*), **siccome** (*since*), **dato che** (*since*) e **poiché** (*since*).

3. Per esprimere un contrasto ed un'obiezione puoi usare **ma** (*but*), **però** (*but*), **invece** (*instead*), **anzi** (*rather*), **anche se** (*even if*), **non solo... ma** (*not only . . . but*), **tuttavia** (*nevertheless*), e **comunque** (*anyway*).

4. Per concludere un pensiero, introdurre una nuova frase o indicare una sequenza di fatti o opinioni puoi usare **quindi** (*therefore*), **allora** (*then*), **così** (*thus*), **poi** (*then, after*), **dunque** (*then, therefore*), **d'altronde**, **d'altra parte** (*on the other hand*) e **perciò** (*therefore*).

Temi

1. Immagina di lavorare per un'agenzia immobiliare e di voler vendere un miniappartamento in città e una villa in un piccolo centro provinciale. Scrivi a due clienti diversi esponendo gli aspetti positivi delle due località.

2. In quale tipo di località preferiscono vivere i cittadini del tuo Paese? Perché? Scrivi una composizione paragonando le loro scelte con quelle degli italiani.

Parole ed espressioni chiave

Per parlare della città

l'abitante *(m. or f.) inhabitant*
l'autobus *(m.)* / il pullman *bus / coach*
l'autista / l'automobilista *driver / motorist*
il borgo *village*
il caos *chaos*
il capoluogo *main town of province or district*
il cartello / di divieto di sosta *sign / no-parking sign*
il centro / storico *downtown, historical center*
la chiesa *church*
la città *city*
la cittadina *small city*
il cittadino, la cittadina *citizen / city dweller*
il crocevia / l'incrocio *crossroad*
la facciata *facade*
l'isolato *block*
l'isola pedonale / la zona verde / blu *area closed to traffic*
il marciapiede *sidewalk*
la metropoli *metropolis*
la metropolitana *subway*
il monumento *monument*
l'ora di punta *rush hour*
il parcheggio / custodito *parking / pay parking*
il passaggio pedonale *pedestrian crossing*
il pedone *pedestrian*
il pendolare *commuter*
la periferia *outskirts, suburbs*
la piazza *square*
il posteggio *parking space*
la provincia *province*
il / la provinciale *provincial dweller*
il quartiere *neighborhood, section of a city*
il rumore *noise*
il segnale stradale *traffic sign*
il semaforo *traffic light*

la strada / la via *street*
il tassì / il taxi *taxi*
il tram *tram*
il vigile urbano, la vigilessa urbana *traffic cop*
la zona *section, region*

a misura d'uomo *on a human scale*
artistico, -a *artistic*
assordante *deafening*
caotico, -a *chaotic*
culturale *cultural*
di provincia / provinciale *provincial*
intasato, -a *obstructed*
invivibile *unlivable*
irrespirabile *unbreathable*
maestoso, -a *majestic*
metropolitano, -a *metropolitan*
minacciato, -a *threatened*
proibito, -a *prohibited*
rumoroso, -a *noisy*
storico, -a *historical*
stracolmo, -a *overcrowded, full*
urbano, -a *urban*
vietato, -a *prohibited*
vivibile *livable*

attraversare *to cross*
circolare *to circulate, to move*
dirigere il traffico *to direct traffic*
fare una multa *to give a ticket*
fermare, fermarsi *to stop*
fischiare *to whistle*
parcheggiare *to park*
raggiungere *to reach, to arrive at*
scorrere *to flow, to move*
segnalare *to signal*
sostare *to stop*
suonare il clacson *to blow the horn*
viaggiare *to commute, to travel*

Per parlare della provincia

il benessere *well-being / affluence*
il cellulare / il telefonino / il telefono portatile *cellular phone / portable phone*
il costo della vita *cost of living*
il crimine *crime*
il fastidio *trouble, annoyance*
l'inquinamento / lo smog *pollution, smog*
l'opportunità economica *economic opportunity*
la qualità della vita *quality of life*
il rapporto interpersonale *interpersonal relationship*
il ritmo di vita *rhythm of life, pace*
i servizi *services*
lo stimolo *stimulus*
lo stress *stress*
lo svantaggio *disadvantage*
lo sviluppo economico *economic development*
il tenore di vita *standard of living*
il vantaggio *advantage*

arretrato, -a *backward, underdeveloped*
benestante *affluent*
comodo, -a *comfortable*
efficiente *efficient*
inquinato, -a *polluted*
lento, -a *slow*
privo, -a di *lacking in*
stressante *stressful*
sviluppato, -a *developed*
veloce *fast*

evitare *to avoid*
inquinare *to pollute*
prediligere *to prefer*
trasferirsi *to move*
traslocare *to move*

La dieta mediterranea e la salute

Una cena in famiglia.

Temi

- La dieta mediterranea
- La cucina italiana e le abitudini alimentari degli italiani
- La salute
- Come mantenersi in forma
- Lo stress della vita moderna

Strutture

- Il partitivo
- L'imperativo
- Il periodo ipotetico con **se**
- Altri usi di **se**

La dieta mediterranea

INTRODUZIONE

Il focolare[1] acceso, simbolo della famiglia, ora scoppietta[2] solo in poche fortunate case, ma il riflusso[3] che ci porta oggi a rivalutare ciò che di antico c'è nell'arte culinaria, riporterà forse nelle case l'amore per quella saporita[4], semplice e schietta[5] genuinità della cucina familiare antica.

— Flavia Cerasa Mariotti, *Cosa mangiavi nonna?*

1. hearth, fireplace 2. crackles 3. reversion to the past 4. tasty 5. natural

Un bar a Firenze all'ora di pranzo. Non tutti possono tornare a casa per pranzare.

Per parlare della cucina italiana e della dieta mediterranea

L'alimentazione non è solo una necessità biologica. Ogni popolo infatti ha le proprie tradizioni culinarie che riflettono una particolare cultura e storia. L'alimentazione e i riti e le abitudini associati ad essa sono un indice non solo dei gusti di una società, ma anche di particolari condizioni socioeconomiche.

Parole in contesto

1. Alcuni preferiscono specialità e piatti elaborati che sono preparati con molta cura e a volte sono preparati con ingredienti pesanti. Le ricette possono essere complicate e il cuoco, o la cuoca, deve passare molto tempo a sbattere, tagliare, tritare, grattugiare, mescolare, soffriggere o friggere gli ingredienti.
2. Una cucina che spesso si basa sull'uso di molti grassi animali e vegetali può essere nociva alla salute.

3. Alcuni piatti richiedono molti condimenti, spezie ed odori o erbe aromatiche e sono veramente saporiti. Altri sono molto semplici e qualche volta sono insipidi, cioè non sanno di niente.

4. Alcune persone, soprattutto per esigenze di tempo, adottano una cucina a preparazione rapida. Quest'alimentazione spesso si basa su cibi già pronti: surgelati, scatolame, scatole e cibi precotti o a rapida cottura. Questi cibi non sono freschi e spesso ci sono stati aggiunti conservanti. Il forno a microonde è un elettrodomestico molto utile per questo tipo di alimentazione.

5. La cucina può anche essere schietta, genuina e semplice, cioè può consistere di alimenti, cibi o vivande, naturali e freschi, preparati in modo molto semplice. Questa cucina leggera è anche sana ed equilibrata se si basa sulla pasta e i cereali e sulle verdure fresche che sono ricchi di vitamine e minerali essenziali.

6. Anche le abitudini culinarie variano. In alcuni Paesi il pasto principale è il pranzo che generalmente si consuma in famiglia. In altri Paesi è la cena, e spesso il pranzo si consuma velocemente e consiste di un tramezzino, un toast o un panino. Il «fast food» fa parte di questa tradizione.

7. In Italia, i piatti variano da regione a regione, come variano gli ingredienti di base. Per esempio, al sud si usano più olio e pomodori e al Nord riso e burro, e polenta nel Veneto.

Descriviamo

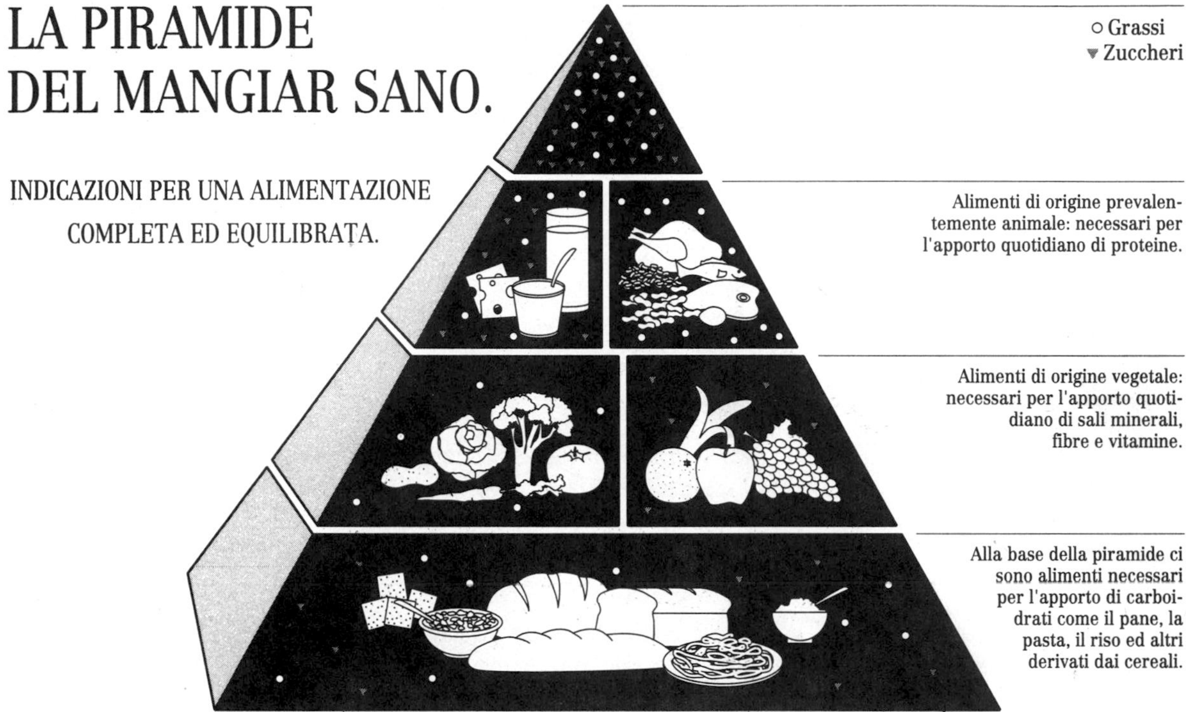

1. Quali delle seguenti affermazioni sono vere secondo la réclame?
   a. Non bisogna mai includere grassi e zuccheri nella dieta.
   b. Anche i prodotti di origine animale hanno una funzione importante in un'alimentazione sana ed equilibrata.
   c. Per un'alimentazione salutare e completa bisogna mangiare molta carne e pochi prodotti derivati dai cereali.
   d. Una dieta sana deve includere prodotti dai vari gruppi nutritivi senza però abusare di alimenti di origine animale e di grassi e zuccheri.
2. Di che cosa pensate che faccia pubblicità la réclame?
3. I principi della piramide del mangiar sano sono alla base della tradizione alimentare italiana. In che cosa pensate che consista questa tradizione?
4. Date degli esempi di alimenti da ogni gruppo nutritivo rappresentati nella piramide.

Immaginiamo e inventiamo

1. Se tu fossi una casalinga tradizionale, come sarebbero i pasti a casa tua?

2. Siete i proprietari di un nuovo ristorante italiano. A gruppi di due decidete il menu completo che servirete per la serata di apertura del locale.

   a. antipasti
   b. primi piatti
   c. secondi piatti
   d. contorni
   e. dolci e frutta
   f. bevande

3. Un amico / un'amica ha degli ospiti a cena. Torna a casa molto tardi e scopre che ha poche cose in casa e poco tempo prima dell'arrivo degli ospiti. Ti telefona e ti chiede cosa può cucinare con i seguenti ingredienti. Spiegagli / le che cosa può preparare e come, per primo, secondo e contorno.

   a. prezzemolo
   b. basilico
   c. una cipolla
   d. formaggio
   e. due pomodori
   f. verdure sott'olio
   g. burro
   h. uova
   i. una scatoletta di tonno
   j. pesce surgelato
   k. un pacco di riso a cottura rapida

4. Immagina di avere degli ospiti a cena e di chiedere loro di aiutarti.

   a. Chiedi ai tuoi amici di apparecchiare (*set*) la tavola.
   b. Di' a un tuo amico / una tua amica che cosa deve fare quando arrivano gli ospiti.
   c. Domanda ad alcuni amici di darti una mano in cucina.

5. Se tu fossi uno dei seguenti personaggi, come si svolgerebbe il tuo pranzo tipico?

   a. un dirigente d'azienda a Milano la cui famiglia vive fuori città
   b. una donna in carriera con una famiglia che mangia a casa a pranzo

6. A gruppi di due, immaginate il dialogo tra un dietologo / una dietologa e una signora che vuole mettersi in forma. Discutete che cosa bisogna evitare e che cosa è bene includere nella dieta.

Prepariamoci a leggere

La dieta mediterranea piace meno nel nostro Paese? Pare di sì, stando ai dati dell'Istituto della nutrizione

Italiani meno spaghetti

Gli italiani amano sempre meno la pastasciutta e sempre più la carne, le uova, il formaggio e il pesce. Agli alcolici (il cui consumo rimane in ogni caso alto) preferiscono i succhi di frutta, le aranciate, le limonate o la Coca-Cola. E nel futuro sceglieranno soprattutto i «prodotti dietetici», in parte naturali e in parte sintetici. Secondo quanto è emerso in un convegno promosso dalla Scuola dello sport del Coni e dalla neonata Associazione «Cibum capere» (che ha il fine di diffondere tra la popolazione una maggiore cultura alimentare), la dieta mediterranea, rilanciata in questo periodo nel resto del mondo, sta sempre più cedendo il passo° nel nostro Paese a una alimentazione ricca di proteine e grassi, tipica degli anglosassoni. Questi sono alcuni dati resi noti dal direttore dell'Istituto nazionale della nutrizione, Eugenio Cialfa: «Negli anni Cinquanta ogni italiano consumava in media all'anno 41 chili di pasta e 110 di pane; oggi ne consuma rispettivamente 34 e 69. Mangiamo, invece, molta più carne e formaggi».

cedendo... giving way

1. Leggete l'articolo e poi, divisi in gruppi, rispondete alle domande.
   a. Quali sono in breve le idee principali dell'articolo?
   b. In che cosa pensate che consista la dieta mediterranea?
   c. A che cosa pensate che sia dovuto il nuovo interesse per la dieta mediterranea in tutto il mondo?
   d. Perché pensate che in Italia ci si allontani sempre di più da questa dieta? Quali pensate che siano alcune cause socioeconomiche?

2. A gruppi di due, ogni studente fa all'altro le seguenti domande:
   a. Qual è il pasto principale a casa tua? Descrivilo. Chi lo prepara? A che ora? In che cosa consiste generalmente?
   b. Se tu vivessi in Italia, a quali ore mangeresti? Quale sarebbe il pasto principale? Che cosa mangeresti più di frequente?
   c. Se ieri sera tu non avessi avuto molto tempo per preparare la cena, che cosa avresti fatto?
   d. Se ieri alcuni tuoi amici si fossero autoinvitati (*invited themselves*) a pranzo a casa tua all'ultimo momento, che cosa avresti fatto?

Il brano che segue è tratto da una guida pratica che cerca di conciliare le esigenze di una cucina buona e genuina con i ritmi frenetici della società moderna.

A Cucinare tutti i giorni, con l'orologio alla mano e l'ansia di non «fare a tempo», con l'angoscia della stanchezza di una lunga giornata di lavoro, non è più qualcosa di gratificante e divertente, ma una schiavitù° a cui ci sottomettiamo malvolentieri. Così la cucina quotidiana scivola° inevitabilmente nel veloce e ripetitivo, diventando la brutta copia di un «fast food».

slavery
slips

La monotonia della pastasciutta e della fettina°, accompagnata dall'insalata, scandisce° l'ora dei pasti, trasformando un momento di allegra convivialità in una banale e triste routine. La necessità quindi di cucinare in fretta, ma cucinare bene, in modo variato e creativo, mi ha suggerito l'idea di «scrivere» quelle ricette che, per anni, ho quotidianamente escogitato col rimorso di essere arrivata in cucina cinque minuti prima della fatidica ora dei pasti. [...] L'industria alimentare ha, inoltre, previsto già da tempo la necessità di trovare ingredienti facili e rapidi da usare, con tempi di preparazione assai inferiori a quelli tradizionali. [...]

thin steak
measures

I negozi sono pieni di interessanti prodotti, genuini e non dannosi, che possono esere usati tranquillamente ed elaborati in poco tempo per cucinare piatti a tempo di record.

— Luciana Pagani, «Cucina superveloce», *Le guide pratiche di Grazia.*

Nel brano che segue, con ironia e sarcasmo, l'autore descrive la rivoluzione del «fast food» che anche in Italia sembra prendere il sopravvento°.

prendere... to get the upper hand

B In queste afose° giornate d'estate si stanno confrontando due stili di vita, quasi due scuole di pensiero: da una parte gli esagitati paladini° del «fast food», cioè il pasto veloce con il cronometro sul tavolo; dall'altra i nostalgici dello «slow food», il pasto lento, che è il banchetto a misura d'uomo, che affina° i piaceri del gusto e resuscita la civiltà della conversazione.

muggy
esagitati... overexcited proponents
refines

L'avete mai scrutato° in faccia un velocista della masticazione, appollaiato° su un trespolo° di McDonald, mentre ingurgita° patatine fritte intinte nel ketchup e bocconi° di hamburger? Ha l'occhio sbarrato°, i glutei° instabili e il piede nervoso, come il fanatico del videogame che simula la guida di una Ferrari in formula 1. Costui è predestinato all'ulcera duodenale.

scrutinized
perched / stool / gulps down
mouthfuls
wide open / buttocks

Purtroppo gli esperti hanno di recente pronosticato per il Duemila una società che siederà sempre meno a tavola; peggio, non si siederà per niente. Sarà la cucina dei «mordi e fuggi°». [...] Tavole calde con l'atmosfera del lager°. Niente musica, niente chitarre e canzoni, niente risate: fanno perdere tempo.

mordi... eat and run
prison camp

— Nantas Salvalaggio, «Che stress i pasti mordi e fuggi», *Oggi*.

Nel seguente brano si discute dell'importanza dell'alimentazione nella salute dell'individuo.

C L'alimentazione degli italiani nel corso di questi ultimi decenni° [...] è cambiata soprattutto in relazione al consumo dei grassi, di cui c'è stato un enorme aumento, [...] e con l'aumento dei grassi animali è aumentato anche il colesterolo. [...] Ebbene oggi tutti i medici sia in Italia che nel mondo dicono: fermatevi, riducete il consumo dei grassi e degli alimenti che contengono colesterolo.

decades

E, nella riduzione dei grassi, fanno una classifica. Prima bisogna ridurre il consumo di quelli animali: a) strutto° e burro; b) latte intero e formaggi (ognuno ha una percentuale in grasso diversa); c) carni rosse e di maiale°; d) carni bianche (pollo, coniglio° e altre) e poi quello dei grassi vegetali, a partire dalle margarine fino agli oli di semi. [...] Quindi ecco la prima regola base: pochi grassi e poco colesterolo.

lard
pork / rabbit

— Federico Fazzuoli, *Oggi*.

Parliamo e discutiamo

1. Basandovi sul brano A, scegliete l'affermazione che meglio completa le seguenti frasi. Citate esempi dal testo per giustificare le vostre risposte.
   a. La persona che scrive è una
      1. casalinga a tempo pieno.
      2. famosa cuoca professionista.
      3. donna con famiglia e un lavoro a tempo pieno.

   b. Il brano vuole dimostrare che
      1. è possibile preparare un pasto sano e buono anche in poco tempo.
      2. la fettina e l'insalata sono le migliori soluzioni per una donna che ha poco tempo.
      3. l'industria alimentare è indifferente ai problemi della famiglia moderna.

2. Secondo il brano A, come può una donna moderna restare fedele alla cucina tradizionale saporita e genuina?

3. Divisi in gruppi, discutete quali sono i due «stili di vita» di cui parla l'autore del brano B. Quali sono le caratteristiche principali di ognuna di queste due «scuole di pensiero»?

4. Quali dei seguenti atteggiamenti si adattano ai «mordi e fuggi» e quali ai nostalgici dello «slow food»?
   a. Consuma un panino in piedi con il telefonino in mano.
   b. Si ferma al supermercato per comprare una monodose di pesce e patatine surgelati.
   c. Si ferma all'enoteca per scegliere un buon vino locale per la cena.
   d. Pranza sempre a casa con la famiglia e poi si fa un bel sonnellino.
   e. La sera non rientra mai dal lavoro prima delle undici.
5. Paragonate i brani A e B. Che cosa hanno in comune? Come sono diversi gli atteggiamenti dei due scrittori?
6. Qual è l'argomento principale del brano C?
7. Secondo il brano C, com'è cambiata l'alimentazione italiana negli ultimi decenni? A che cosa pensate che siano dovuti questi cambiamenti?
8. Secondo i brani A, B e C, quali cambiamenti socioeconomici riflettono i mutamenti in corso nell'alimentazione degli italiani?

La salute e la cura del proprio corpo

INTRODUZIONE

A fare ginnastica in una bella palestra italiana.

Il nostro organismo che sottoponiamo a continuo logorio[1]*, ha bisogno di una alimentazione sana, specialmente oggi che viviamo in un mondo che spesso ci angoscia con il suo dinamismo e il suo progresso.*

— Flavia Cerasa Mariotti, *Cosa mangiavi nonna?*

1. strain

Per parlare della salute e della cura del proprio corpo

Si dice che quando va bene la salute, va bene tutto. Per rimanere in perfetta salute seguiamo una dieta equilibrata e sana e cerchiamo di nutrirci di cibi buoni e genuini.

C'è anche un rapporto tra salute fisica e salute psichica. Ci sentiamo bene, cioè in buone condizioni di salute, solo quando abbiamo raggiunto un certo equilibrio psichico e viceversa.

Parole in contesto

1. Quando una persona gode di un'ottima salute diciamo che ha una salute di ferro. Quando invece una persona sta spesso male, diciamo che è di salute debole o delicata.
2. Per stare bene di salute fra le altre cose è necessario guardarsi dai cibi che possono far male.
3. Tutti poi sentiamo l'esigenza di curare il nostro corpo. Spesso per motivi estetici ci mettiamo a dieta perché non vogliamo ingrassare. Infatti, generalmente molti vogliono dimagrire, perdere quei chili in più per avere una linea perfetta.
4. Per mantenerci in forma a volte seguiamo dei regimi severi di dieta e di ginnastica. Andiamo in palestra e pratichiamo dello sport.
5. Molte persone curano il proprio aspetto con cosmetici e altri prodotti di bellezza come le creme idratanti da giorno e da notte. Spesso le donne si sentono più belle e più sicure di se stesse quando si truccano. Molti ricorrono alla chirurgia plastica, particolarmente per cancellare, ridurre o attenuare le conseguenze della vecchiaia.
6. Lo stress della vita giornaliera e ritmi di vita stressante spesso danneggiano la salute e in alcune persone causano l'esaurimento nervoso.

Descriviamo

1. Descrivete la foto.
2. Che cosa fanno le persone per curare il proprio aspetto?
3. Perché si trucca la gente? Pensate che anche gli uomini dovrebbero usare un qualche tipo di trucco?
4. Indicate l'uso dei seguenti prodotti cosmetici.
   a. il rossetto
   b. l'ombretto
   c. il fondotinta
   d. il fard
   e. il mascara, il rimmel
   f. la crema idratante
   g. la crema antirughe
   h. lo smalto
   i. la cipria

Immaginiamo e inventiamo

1. Se tu decidessi di perdere qualche chilo o al contrario di ingrassare, che cosa faresti? Se tu consultassi un medico e un dietologo, che cosa ti suggerirebbero per raggiungere il peso ideale?
2. Immagina che cosa farebbe una persona afflitta da uno dei seguenti disturbi:
   a. se avesse la pressione alta
   b. se il colesterolo fosse alto
   c. se avesse l'esaurimento nervoso
   d. se avesse l'influenza
3. Immagina di lavorare in una profumeria e di dare dei consigli a due signore che vorrebbero cambiare il loro look.

Prepariamoci a leggere

1. In gruppi discutete se e come la qualità della vita degli anziani è cambiata negli ultimi cinquanta anni e poi paragonate i risultati a quelli dei vostri compagni. Prendete in considerazione i seguenti elementi:
   a. la salute
   b. il lavoro
   c. i rapporti personali
   d. l'atteggiamento dei giovani verso gli anziani
   e. il tempo libero

2. Elencate a quali malesseri si possono riferire i sintomi raffigurati nelle seguenti illustrazioni.

3. Divisi in gruppi, discutete quali delle seguenti professioni sono fra le più stressanti. Cosa dovrebbero fare queste persone per ridurre lo stress? Paragonate i risultati.

a. pilota d'aereo	e. casalinga
b. insegnante	f. manager
c. giornalista	g. segretaria
d. medico ospedaliero	h. operaio alla catena di montaggio

— Adattato da *L'Espresso.*

Nel brano seguente si discute dell'importanza di seguire una dieta razionale ed equilibrata quando si vogliono perdere quei chili in più.

A —Se avessi qualche chilo in meno!—Quante volte l'abbiamo pensato, sospirando davanti allo specchio con la lampo° che non voleva saperne di chiudersi oppure ammirando nelle vetrine quegli abitini sempre solo in taglie minuscole! E quante volte ci siamo messe a dieta armate di buoni propositi°... per capitolare, dopo pochi giorni davanti a un vassoio° di bignè°! Eppure dimagrire non è impossibile: basta non chiedere sforzi° eccessivi alla volontà e accettare solo la dieta giusta. Vale a dire° quella che noi, in questo momento, ci sentiamo in grado di affrontare° [...].

In linea perfetta, ma soprattutto in salute perfetta, perché se esiste una dieta valida per tutte è proprio quella che riesce a farci dimagrire senza rinunciare a nessun alimento, ovvero° quella che insegna a nutrirci correttamente: evitando le «abbuffate°» ma anche i regimi troppo drastici e quindi pericolosi per la salute.

zipper
intentions
plate / pastries
efforts
Vale... That is to say
ci... we feel up to facing
in other words
binges

— «10 diete novità», *Le guide di Anna.*

Il brano che segue parla dello stato della quarta età.

B La notizia è di quelle che fanno piacere perché noi tutti, maschi e femmine, abbiamo crescenti probabilità di diventare a nostra volta centenari, o perlomeno di raggiungere un'età ragguardevole°. I centenari italiani risultavano, all'ultima rilevazione°, 1.680 [...].

I «nuovi anziani» [...] non solo vivono più a lungo ma chiedono di poter fare una bella vita.—È proprio questo che offre il mercato: nuovi farmaci che consentono° di intervenire sui fattori di rischio e di mantenere performance giovanili,— spiega Giuseppe Giorgini, neodirettore esecutivo della farmaceutica Fidia [...].

considerable
all'ultima... at last count
allow

I laboratori cosmetici investono cifre da capogiro° nella ricerca antietà° e ogni anno buttano sul mercato la nuova pozione fatta di una normale crema arricchita° di qualche diavoleria° tecnologica dal nome scientificamente consolante. [...] Collagene ed elastina sono ingredienti naturali della pelle, ma spalmarli° sul viso non basta a reintegrarli nei tessuti. I dermatologi non hanno dubbi: nulla ricrea la struttura di una pelle giovane.

cifre... outrageous sums
antiaging
enriched / contrivance
smearing them

— *L'Espresso.*

Nel seguente brano è discusso il «male più diffuso del nostro tempo»: lo stress.

C Morire di lavoro, tensione, competizione, ansia da fatturati°: tra le degenerazioni° del XX secolo questa può forse sembrare la più paradossale. Eppure ogni anno 10 mila giapponesi soccombono al «Karoshi», lo stress che è stato riconosciuto dal Ministero del Lavoro come una malattia anche mortale. Esagerati? Nulla a che spartire° con la bella Italia delle pause per il cappuccino e dei lunghi week-end? Ebbene, no. Le statistiche indicano che il mal d'ufficio ha invaso anche il nostro territorio: il 75 per cento dei nostri concittadini intervistati [...] lamenta di avere sperimentato° situazioni stressanti. E il tre per cento finisce prima o poi in ospedale colpito da una sincope°, la manifestazione acuta dello stress [...].

La base dello stress patologico è sempre l'incapacità dell'individuo di essere in sintonia° con un mondo, con i suoi tempi, con i suoi obiettivi e con le persone che lo abitano.

invoices
degradations
Nulla... Nothing in common
experienced
blackout
in sync

— *L'Espresso.*

Parliamo e discutiamo

1. Secondo il brano A, che cosa ci spinge in certi determinati momenti a metterci a dieta?
2. Che cosa invece può mettere a rischio la dieta?
3. Quali sono i consigli che ci offre il brano A per la buona riuscita di una dieta?
4. Quali delle seguenti affermazioni sono vere secondo il brano B? Giustificate le vostre risposte e correggete le affermazioni errate.
   a. Sarà sempre più facile raggiungere i cento anni di età.
   b. Le persone oggi non si accontentano semplicemente di vivere più a lungo.
   c. Le grandi ditte di cosmetici hanno fatto notevoli progressi nella guerra contro la vecchiaia.
   d. Oggi sono disponibili molti prodotti cosmetici che mascherano gli effetti della vecchiaia.

5. Secondo il brano C, quali condizioni possono portare allo stress?
6. Divisi in gruppi, discutete perché lo stress sembra essere «il male più diffuso del nostro tempo».

Prepariamoci a leggere

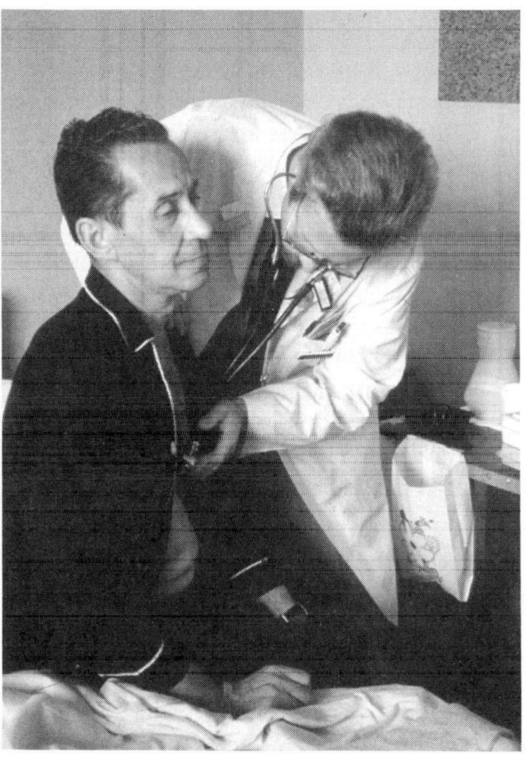

1. Descrivete la foto e rispondete alle seguenti domande.
   a. Chi sono i personaggi?
   b. Che cosa fanno?
   c. Immaginate una storia basata sulla scena.
2. Il racconto che leggeremo è intitolato «Allergia». Quali sono alcune cose a cui una persona può essere allergica?
3. Quali sono, fra i seguenti sintomi, quelli propri delle allergie?

a. la febbre	g. l'asma
b. l'irritabilità	h. l'insonnia
c. il mal di denti	i. i disturbi intestinali
d. l'ansia	j. il rossore agli occhi
e. il raffreddore	k. l'ipertensione
f. la tosse	l. l'inappetenza

4. Se soffrissi di alcuni di questi sintomi, cosa potresti fare per alleviarli?
5. Le seguenti citazioni anticipano alcuni temi della lettura. Dopo averle lette, rispondete alle domande che seguono.

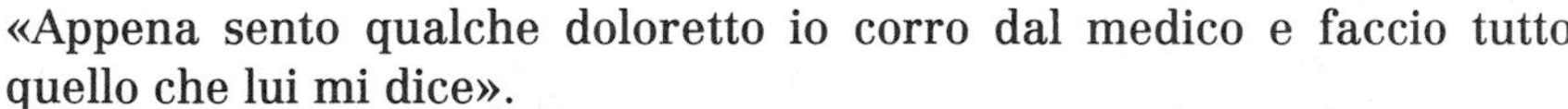

«Appena sento qualche doloretto io corro dal medico e faccio tutto quello che lui mi dice».

«Il fatto nuovo che mi sta succedendo è che da più di due mesi non ho nessun disturbo di nessun genere, vale a dire che mi sento bene ... così ho incominciato a preoccuparmi».

   a. Qual è il rapporto tra il protagonista e i medici?
   b. Che funzione hanno le malattie nella vita del protagonista?
   c. Quali sono alcuni possibili argomenti del racconto?

Luigi Malerba è autore contemporaneo d'avanguardia che ha scritto anche testi per il teatro, la televisione e il cinema. Nei suoi scritti, di stampo surrealista, si rivela anche un certo umorismo ironico. Il racconto che segue, tratto dalla raccolta *Testa d'argento,* esplora e descrive le bizzarrie del protagonista nei suoi rapporti con la realtà che lo circonda.

Allergia

Ho sempre avuto cura della mia salute, non sono di quelli che quando stanno male fanno finta° di niente e poi un bel giorno si trovano all'ospedale. No, appena sento qualche doloretto io corro dal medico e faccio tutto quello che lui mi dice. Ho un medico generico per i piccoli malanni° e uno specialista per i polmoni° e le allergie, più due dentisti e un oculista°. Ai denti ci tengo molto°, i denti sono lo specchio dell'anima.

fanno... pretend
ailments / lungs
ophthalmologist / **ci...** I care a lot

Il fatto nuovo che mi sta succedendo è che da più di due mesi non ho nessun disturbo di nessun genere, vale a dire che mi sento bene, che sono o mi sembra di essere in perfetta salute. Non posso dire di essere veramente preoccupato, ma la cosa incomincia a innervosirmi. Da due mesi sono scomparse perfino le allergie che in certi periodi mi hanno dato dei disturbi molto fastidiosi come la febbre del fieno° e l'asma. Da due mesi niente. Mi sono detto[1] qui c'è qualcosa che non va, non può essere che uno sta completamente bene. Così ho incominciato a preoccuparmi. Mi sono confidato con mia moglie e naturalmente non ha capito il mio problema, se possiamo definirlo problema, e ha detto ringrazia il cielo che stai bene e altre cose del genere. Molto irritante.

febbre... hay fever

Ho deciso che sarei andato dal medico, ma quale medico? Tutta la mia stima° per il medico generico, ma è troppo in confidenza con mia moglie e sarebbe finito tutto in un pettegolezzo°. Ho scelto il medico dei polmoni specializzato nelle allergie. È un professore universitario famoso e quando vado da lui mi fa delle lezioni come se fosse sulla cattedra universitaria. Io capisco quasi tutto e quando non capisco faccio finta di capire per non fargli perdere tempo a ripetere. Le allergie sono una malattia misteriosa, anzi non sono nemmeno una malattia ma una anomalia, cioè una gran stranezza. Io per esempio sono allergico a quasi tutto, ai pollini dei fiori, alle muffe°, al cuoio°, al nylon, alle polveri°, alle vernici°, alle penne° di uccelli, al pelo° dei gatti e a tantis-

respect
gossip
molds / leather
dust / paints / feathers / fur

1. In questo racconto l'autore omette la punteggiatura tradizionale che di solito serve ad indicare i dialoghi.

sime altre cose. Credevo di essere allergico anche a certi rumori, ma il medico mi ha detto che questo non può essere. [...]

Dunque sono andato da lui per esporgli la mia nuova preoccupazione. Gli ho detto subito non si meravigli professore ma sono venuto da lei perché da due mesi sto veramente bene. Lui mi ha guardato sorridendo e ha detto mi racconti tutto. Non sembrava per niente meravigliato e così mi sono messo a parlare liberamente. Gli ho spiegato che da due mesi non avevo nessun disturbo di nessun genere e che la cosa mi sembrava incredibile. Temevo che dietro questo benessere apparente ci fosse un tranello° della natura. Qualche volta la natura si prende gioco di noi, sta in agguato° per colpirci all'improvviso. Insomma conviene diffidare° della natura, soprattutto quando uno crede di stare bene [...].

trick

sta... lies in wait

conviene... it is better to distrust

Il professore mi ascoltava con interesse e finalmente, visto che ripetevo sempre le stesse cose, ha incominciato a farmi delle domande. Niente insonnia? Niente. Ansia? Nemmeno. Inappetenza°? Nemmeno quella. [...] A un certo punto disse che tutto poteva rientrare nel quadro° del paziente atòpico, ricordo che disse proprio atòpico. Io non conoscevo il significato di questa parola e decisi che a casa sarei andato a cercarla sul vocabolario. Poi mi domandò se avevo parlato del mio stato, e sorridendo disse che non poteva definirlo «malattia», a qualcuno. Gli dissi che ne avevo accennato a mia moglie, ma che lei non poteva capire la mia preoccupazione. Quali erano i miei rapporti con mia moglie? Discreti°, dissi, salvo quella volta che aveva tentato di farmi cadere nel lago di Bracciano, ma ormai era un episodio dimenticato. Però se lo ricorda, disse il professore. La memoria funziona per conto suo, dissi, ma per me era come se non fosse successo, non era più un motivo di rancore. Insomma è tranquillo? Risposi di sì. [...]

Loss of appetite

rientrare... fit the picture

Pretty good

A un tratto il professore mi guardò fisso negli occhi°, mi prese il mento° con la mano per tenere ferma° la testa e mi disse di guardarmi la punta del naso. Lo immaginavo, disse. Che cosa immaginava? Adesso ero io a guardare negli occhi il professore. Lei è affetto da eteroforìa, una malattia piuttosto rara, nota anche con il nome di strabismo° latente. Non l'avevo mai sentita. Lei ha visto la punta del suo naso da ambedue° i lati°, vero? Gli feci notare che ho il naso piuttosto lungo, ma lui disse che la cosa era comunque irregolare e che avevo una deficiente capacità funzionale dei muscoli del globo oculare e che potevo diventare strabico da un momento all'altro. Per questo si chiamava strabismo latente. La cosa non mi piaceva per niente affatto e dissi che ero disposto a fare tutte le cure necessarie, ma il professore scuoteva° la testa come per dire che non c'era niente da fare. E aggiunse che se me ne fossi accorto prima dell'età di quattro anni si sarebbe potuto rimediare con delle ginnastiche ottiche speciali, ma ormai era troppo tardi. Insomma avevo una malattia rara e incurabile. Il professore si

mi... looked straight into my eyes / chin / still

crossed eyes

both / sides

shook

sentì in dovere° di tranquillizzarmi: disse che lo strabismo latente non portava nessuna conseguenza di nessun genere, non mi avrebbe dato nessun disturbo e nessuno se ne sarebbe accorto, insomma non era il caso di preoccuparsi. Anche per tutto il resto aveva una spiegazione: ero un malato «latente» e niente altro. Il professore si alzò in piedi e io capii che la visita era finita. Dopo la prima reazione adesso ero piuttosto soddisfatto, gli strinsi la mano ringraziandolo. Quando uscii sulla strada mi misi a fischiettare° allegramente.

si... felt it was his duty

whistle

Appena arrivato a casa sono andato a vedere sul vocabolario che cosa significa «atòpico» e sono rimasto un po' deluso.

— Luigi Malerba, «L'allergia», *Testa d'argento.*

Parliamo e discutiamo

1. Quale registro espressivo usa l'autore?
2. Identificate il protagonista e descrivetene il carattere.
3. Che cosa turba il protagonista da due mesi?
4. Trovate lungo il racconto dati che confermano l'ipocondria del protagonista.
5. Che cosa significa l'aggettivo «atòpico»?
6. Parlate del rapporto tra il narratore e sua moglie.
7. Perché alla fine del racconto il protagonista è deluso? Che cosa avrebbe voluto sentirsi dire dal medico?
8. Immaginate un diverso titolo per il racconto e motivate le vostre risposte.

Strutture

Il partitivo

To refer to an indefinite quantity expressed in English with *some, any,* or *a few,* Italian uses the **partitivo.**

Ho delle uova nel frigo.
I have some eggs in the refrigerator.

A There are several ways to express the **partitivo:**

1. using the preposition **di** in combination with the various forms of the definite article: **del, dello, della, dell', dei, degli,** and **delle.** The singular forms are used to indicate part of something that can be measured but not counted, or with a noun that signifies an abstract quality.

   Mettiamoci dello zucchero!
   Let's put in some sugar!

   Compriamo della pasta!
   Let's buy some pasta!

   Ci vuole del tempo.
   It takes time.

   The plural forms are used to indicate an indefinite number of people or things that can be counted. Thus the plural of **un / uno / una / un'** is **dei, degli, delle, delle.**

Ho invitato un amico. *I invited a friend.*	Ho invitato degli amici. *I invited some friends.*
Ho preparato una fettina. *I made a thin steak.*	Ho preparato delle fettine. *I made some thin steaks.*

2. using the indefinite adjectives **qualche** and **alcuni, -e. Qualche** is singular and is always used with a singular noun, though it is plural in meaning.

   Mettici qualche pomodoro.
   Put in some tomatoes.

   Compra qualche scatoletta.
   Buy some canned goods.

   Alcuni, -e is always used with a plural noun. It agrees with the noun it modifies.

   Ho aggiunto alcuni odori.
   I added some spices.

   Ho preso alcune bottiglie di vino.
   I got some bottles of wine.

3. using **un po' di** or **un poco di,** which correspond to the English *a bit of* or *some.* **Un po' di / un poco di** is used with a singular noun that signifies an abstract quality or a substance that can be measured but not counted.

   Ci vuole un po' di coraggio.
   A bit of courage is called for.

Vorresti un po' di vino?
Would you like some wine?

B The **partitivo** is often optional and frequently unexpressed in Italian.

1. It is frequently omitted in questions.

   Ci sono buoni ristoranti vicino a casa tua?
   Are there any good restaurants near your house?

2. It is usually omitted in a series of items.

   Mangiamo pane e olio.
   We are eating bread and oil.

   Abbiamo mangiato spaghetti, patate e fagiolini.
   We ate spaghetti, potatoes, and green beans.

3. It is always omitted in negative statements.

   Non ci sono verdure fresche nel frigo.
   There aren't any fresh vegetables in the refrigerator.

   Non c'è più latte.
   There is no more milk.

Nessun / nessuno / nessuna / nessun' can also be used with a singular noun to indicate *not any.*

   Non ho nessuna ricetta messicana.
   I don't have any Mexican recipes.

   Non ho preparato nessun piatto speciale.
   I didn't prepare any special dishes.

Esercizi

A. La mamma di Giulia va al supermercato per fare la spesa. Prima fa una lista delle provviste (*supplies*) di cui ha bisogno per la cena. Completate il seguente elenco con la forma corretta del partitivo:

1. _______ zucchero e _______ caffè
2. _______ lattine di Coca Cola
3. _______ scatolette di tonno
4. _______ frutta fresca
5. _______ carne e _______ pollo
6. _______ olio e _______ aceto
7. _______ insalata
8. _______ pomodori pelati

9. ______ bottiglia di vino
10. ______ uova
11. ______ acqua minerale
12. ______ patatine
13. ______ formaggio e ______ prosciutto

B. Luisa spiega alla sua amica Giulia come ha preparato gli spaghetti all'amatriciana che ha servito ai suoi ospiti. Completate con la forma corretta del partitivo quando è necessario.

1. Ho comprato ______ pancetta e ______ spaghetti in un negozio qui vicino.
2. Ho messo ______ acqua in una pentola e ho aggiunto ______ sale.
3. Ho messo ______ olio in una padella e ho fatto soffriggere la pancetta.
4. Ho tolto la pancetta dalla padella e nella stessa padella ho messo ______ pezzetti di cipolla.
5. Quindi ho aggiunto ______ pomodori pelati alla cipolla e ho rimesso la pancetta nella padella.
6. Ho condito con ______ sale e ______ pepe e ci ho anche aggiunto ______ pezzetto di peperoncino piccante.
7. Poi ho scolato (*drained*) gli spaghetti, li ho conditi con la salsa e ho grattugiato ______ pecorino.
8. Non ci ho messo ______ parmigiano e neanche ______ origano.

L'imperativo

The **imperativo** is used when commanding, exhorting, or prompting others. It exists only in the present tense, and can be informal or formal, singular or plural.

Carlo, apparecchia la tavola! *Carlo, set the table!*	Signora Bianchi, assaggi questo! *Mrs. Bianchi, taste this one!*

A The informal **imperativo** is used when speaking to people one addresses as **tu** or **voi.** The **noi** form expresses the equivalent of the English *let's + verb.*

Giovanna, scola la pasta! *Giovanna, drain the pasta!*	Mangiamo! *Let's eat!*

Ragazzi, mettete i piatti sulla tavola!
Kids, put the plates on the table!

1. The forms of the informal **imperativo** are:

	preparare	mettere	servire	finire
tu	prepara	metti	servi	finisci
noi	prepariamo	mettiamo	serviamo	finiamo
voi	preparate	mettete	servite	finite

Attenzione: The forms of the informal **imperativo** are identical to the corresponding forms of the **indicativo presente,** with the exception of the **tu** form of **-are** verbs, which ends in **-a.**

2. Most verbs that are irregular in the **indicativo presente** are also irregular in the informal **imperativo,** and follow the same pattern.

Mario, esci subito!
Mario, leave right away!

Usciamo più tardi.
Let's go out later.

Giovanna, vieni qui!
Giovanna, come here!

Venite da me domani.
Come to my house tomorrow.

Some verbs, however, have irregular forms in the informal **imperativo.**

	tu	noi	voi
avere	**abbi**	abbiamo	**abbiate**
essere	**sii**	siamo	**siate**
andare	**va'**	andiamo	andate
dare	**da'**	diamo	date
dire	**di'**	diciamo	dite
fare	**fa'**	facciamo	fate
stare	**sta'**	stiamo	state

Abbiate pazienza, vengo subito!
Be patient, I'm coming right away!

Laura, da' un po' di gelato alla signora!
Laura, give some ice cream to the lady!

Sta' attento, Massimo!
Be careful, Massimo!

3. Direct, indirect, and double-object pronouns are attached to the **tu, noi,** and **voi** forms of the affirmative **imperativo.** Reflexive pronouns and **ci** and **ne** are also attached. The stress remains unchanged by the extra syllables.

Marta, tagliali!
Marta, cut them!

Pietro e Maria, servitegliela!
Pietro and Maria, serve it to him!

Luigi, metticene un po'!
Luigi, put in some of it!

Paolo, offrile un caffé!
Paolo, offer her a cup of coffee!

Siediti!
Sit down!

Accomodiamoci!
Let's sit down!

Scoliamoli!
Let's drain them!

Luisa, ricordatelo!
Luisa, remember it!

Alzatevi!
Get up!

Lavatevele!
Wash them!

With one-syllable forms of the **imperativo,** such as **da', fa',** and **sta',** the apostrophe is dropped and the first consonant of the first pronoun is doubled (except for **gli**).

da'	Dammelo!	*Give it to me!*
sta'	Stacci!	*Stay there!*
va'	Vacci!	*Go there!*

Ma:

di'	Diglielo!	*Tell it to him!*

4. The negative of the **tu** form of the **imperativo** is expressed with **non + infinito.**

   Carlo, non mescolare olio e burro!
   Carlo, don't mix oil and butter!

   The **noi** and **voi** forms in the negative are the same as in the affirmative.

   Non serviamo il dolce!
   Let's not serve dessert!

   Ragazzi, non toccate la torta!
   Kids, don't touch the cake!

5. With negative statements in the informal **imperativo,** object pronouns can either precede or follow the verb. Pronouns that follow the verb attach to it, forming one word. The **infinito** drops its final **-e.**

   Non andateci! Non ci andate!
   Don't go there!

   Non aggiungercene! Non ce ne aggiungere!
   Don't add any of it!

   Non darle da bere! Non le dare da bere!
   Don't give her anything to drink!

Non sederti lì! Non ti sedere lì!
Don't sit there!

Non addormentatevi! Non vi addormentate!
Don't fall asleep!

Non grattugiarlo! Non lo grattugiare!
Don't grate it!

B The formal **imperativo** is used when speaking to people one addresses with **Lei** or **Loro.**

Dottore, prenda un po' di vino!
Doctor, have some wine!

Signori, aspettino qui!
Gentlemen, wait here!

1. The forms of the formal **imperativo** are:

	preparare	mettere	servire	finire
Lei	prepari	metta	serva	finisca
Loro	preparino	mettano	servano	finiscano

Attenzione: In contemporary Italian, the **voi** form is often used in preference to the **Loro** form in the **imperativo.** The forms of the formal **imperativo** are identical to the corresponding forms of the **congiuntivo presente.**

2. Verbs that are irregular in the **congiuntivo presente** are also irregular in the formal **imperativo** and follow the same pattern.

Dottore, vada avanti!
Doctor, go ahead!

Signori, vengano!
Gentlemen, come!

Dottoresse, facciano attenzione!
Doctors, be careful!

Signorina, sia gentile ed abbia pazienza con i clienti.
Miss, be nice and patient with clients.

3. The negative forms of the formal **imperativo** are the same as the affirmative forms.

Lo beva! Non lo beva!
Drink it! Don't drink it!

Entrino! Non entrino!
Enter! Don't enter!

4. Object pronouns always precede the formal **imperativo.**

Mi dica.
Tell me.

Glielo dia, Signora Marino!
Give it to him, Mrs. Marino!

Si sieda!
Sit down!

Si accomodino in salotto!
Have a seat in the living room!

C The infinitive is frequently used when giving orders, instructions, or suggestions to the general public. This is particularly true in writing.

Tirare.	Spingere.
Pull.	*Push.*

Esercizi

A. Giusy spiega alla sua amica come preparare il pesto alla genovese. Completate con la forma corretta dell'imperativo informale singolare.

1. _______ (Lavare) e _______ (asciugare) accuratamente il basilico.
2. _______ (Staccare) le foglie dai rametti (*stems*).
3. _______ (Mettere) nel frullatore (*blender*) l'olio, le foglie di basilico e il sale.
4. _______ (Fare) frullare tutto per due minuti.
5. Quando le foglie saranno completamente tritate, _______ (unire) i pinoli, _______ (frullare) ancora per un minuto e poi _______ (aggiungere) il parmigiano grattugiato, frullando per un istante.
6. _______ (Togliere) la pellicina agli spicchi di aglio (*garlic*), _______ (tagliarli) a metà e _______ (metterli) nel pesto.
7. _______ (Lasciare) il pesto in un recipiente (*container*) a chiusura ermetica per due o tre ore.
8. _______ (Ricordarsi) di togliere gli spicchi d'aglio.

— Adattato da Luciana Pagani, *Cucina super veloce.*

B. Adesso immagina di spiegare la ricetta dell'esercizio A prima ad un signore vicino di casa e poi a due colleghe. Riscrivi l'esercizio con l'imperativo formale singolare e poi con l'imperativo informale plurale.

C. Ecco alcuni suggerimenti per curare il proprio corpo e ritrovare l'equilibrio psicofisico e sentirsi anche più belli. Completate con la forma corretta dell'imperativo informale plurale.

1. La salute.
   a. Quando lo stress vi attanaglia (*grips*), _______ (allontanarsi) dalla città e _______ (passare) qualche giorno in un luogo dominato dalla natura.
   b. La mattina _______ (svegliarsi) di buon'ora. _______ (Bere) solo succhi di frutta freschi e naturali. _______ (Evitare) il caffè. Dopo, _______ (mettersi) la tuta e _______ (fare) una lunga passeggiata. Non _______ (distrarsi), _______ (camminare) di buon passo, ma non _______ (affaticarsi) troppo.

c. Durante questo soggiorno _______ (nutrirsi) solo di alimenti sani e ricchi di vitamine. _______ (Abituarsi) ad evitare i dolci e i grassi.

2. Cure di bellezza.

a. Non _______ (trascurare, *neglect*) la pelle. _______ (Purificarla) e _______ (pulirla) con delicatezza. _______ (Scegliere) dei prodotti di bellezza a base di frutta. _______ (Usarli) ogni mattina e ogni sera.
b. Le mani hanno bisogno di una cura particolare. Non _______ (dimenticarsele). _______ (Applicare) una crema specifica per le mani e _______ (massaggiarla) lentamente.
c. _______ (Cercare) un nuovo look. _______ (Tentare) diverse pettinature (*hair styles*). _______ (Osare, *dare*) sperimentare con nuovi colori. _______ (Cambiare) il vostro trucco.
d. Quando tornate in città _______ (sfoggiare, *show off*) il vostro nuovo look.

C. La signora Giulini ha degli ospiti a cena e dà degli ordini ai figli e al marito. Riscrivete le seguenti frasi usando l'imperativo e sostituendo ai nomi in corsivo i pronomi.

1. Carlo e Paolo offrono *gli aperitivi agli ospiti.*
2. Paolo e Maria mettono *dei fiori sul tavolo.*
3. Giulio non discute *di politica.*
4. Paolo si mette *la camicia nuova.*
5. Giulio viene con me *in cucina.*
6. Renata mi prepara *la salsa.*
7. Giulio serve *il caffè agli ospiti.*
8. Noi non ci dimentichiamo *di mettere il cane fuori.*

D. La signora Bianchi è preoccupata per il marito. Il signor Bianchi è per natura un ipocondriaco. Un giorno marito e moglie si rivolgono al medico e questi dà loro dei consigli. Completate con la forma corretta dell'imperativo formale.

1. Signori, prego _______ (accomodarsi).
2. Signora Bianchi, _______ (togliersi) pure il cappotto e _______ (metterlo) sulla sedia.
3. Signor Bianchi, _______ (rilassarsi) e _______ (mettersi) a suo agio. Non _______ (essere) così agitato!
4. Signor Bianchi, _______ (fare) attenzione alla sua salute. Non _______ (bere) troppi alcolici e _______ (seguire) una dieta sana ed equilibrata.

5. Signor Bianchi, ______ (distrarsi) di più e non ______ (preoccuparsi) così!
6. Signori Bianchi, ______ (fare) un lungo viaggio e ______ (divertirsi)!
7. Signori, ______ (telefonarmi) quando ritornano e ______ (dirmi) come è andata la vacanza.

Il periodo ipotetico con se

The **periodo ipotetico** expresses hypotheses and their consequences.

Se telefoni dopo mezzanotte, ci svegli.
If you call after midnight, you will wake us up.

The **periodo ipotetico** consists of two clauses, a dependent clause introduced by **se** (*if*) that states the condition, and an independent clause that states the consequence.

Se mangi troppo, ingrassi.
If you eat too much, you will get fat.

The order of the **se** clause and the result clause can be reversed.

Ingrassi, se mangi troppo.

A Hypothetical sentences can describe situations that are (1) actual and real, (2) possible or probable, and (3) impossible or no longer possible. The tense and the mood of the verb used depends on the type of hypothesis.

Real / Actual
Se lo inviti, viene.
If you invite him, he will come.

Possible / Probable
Se lo invitassi, verrebbe.
If you invited him, he would come.

Impossible / No longer possible
Se lo avessi invitato, sarebbe venuto.
If you had invited him, he would have come.

B When the condition stated in the **se** clause is real or plausible, and the consequence is thus likely to follow, the **se** clause is always in the **indicativo,** and the result clause can be in the **indicativo** or **imperativo.** This kind of sentence is called **il periodo ipotetico della realtà.**

CONDITION	CONSEQUENCE
se + presente	presente
Se volete tenervi in forma,	dovete andare in palestra.
If you want to stay in shape,	*you have to go to the gym.*
se + presente	futuro
Se non ti rilassi,	avrai un infarto.
If you don't relax,	*you'll have a heart attack.*
se + presente	imperativo
Se vai al supermercato,	comprami una scatoletta di tonno.
If you go to the supermarket,	*buy me a can of tuna.*
se + futuro	futuro
Se faremo molta ginnastica,	non ingrasseremo.
If we exercise a lot,	*we won't get fat.*
se + futuro	imperativo
Se andrai in palestra,	telefonami!
If you go to the gym,	*call me!*
se + passato prossimo, passato remoto o imperfetto	presente
Se è andato dal medico,	non sta bene.
If he went to the doctor's,	*he is not well.*
se + passato prossimo, passato remoto o imperfetto	futuro
Se ha preso gli antibiotici,	si sentirà meglio.
If he took the antibiotics,	*he will feel better.*
se + passato prossimo, passato remoto o imperfetto	imperativo
Se sono già partiti,	dimmelo.
If they have already left,	*tell me.*
se + passato prossimo, passato remoto o imperfetto	imperfetto
Se diceva così,	aveva ragione.
If he said so,	*he was right.*
se + passato prossimo, passato remoto o imperfetto	passato prossimo o remoto
Se ha passato l'estate a Montecatini,	si è senz'altro riposato.
If he spent the summer in Montecatini,	*he undoubtedly rested.*

C When the **se** clause describes a situation that is plausible **but not likely** to occur, the **congiuntivo imperfetto** is used in the **se** clause to express the uncertainty of the hypothesis, and the **condizionale** is used in the result clause. This type of construction is called **il periodo ipotetico della possibilità.**

CONDITION	CONSEQUENCE
se + congiuntivo imperfetto	condizionale presente
Se avessi i soldi,	passerei una settimana alle Terme di Montecatini.
If I had the money,	*I would spend a week at the Spa at Montecatini.*
se + congiuntivo imperfetto	condizionale passato
Se fosse più gentile,	ieri ti avrebbe invitato.
If she were nicer,	*she would have invited you yesterday.*

D When the **se** clause describes a situation that is contrary to fact, the **congiuntivo imperfetto** and the **condizionale presente** are used to indicate the impossibility in the present. When the **se** clause **describes** a situation that is no longer possible, the **congiuntivo trapassato** and the **condizionale passato** are used to indicate impossibility in the past. This type of construction is called **il periodo ipotetico dell'irrealtà.**

CONDITION	CONSEQUENCE
se + congiuntivo imperfetto	condizionale presente
Se fossi in te,	ci andrei.
If I were you,	*I would go.*
se + congiuntivo trapassato	condizionale passato
Se ieri tu fossi andato,	lo avresti visto.
If you had gone yesterday,	*you would have seen it.*
se + congiuntivo trapassato	condizionale presente
Se ieri tu ti fossi riposato,	adesso non saresti stanco.
If you had rested yesterday,	*you wouldn't be tired now.*

E Sometimes, as in English, **se** can be omitted.

Avesse veramente fame, mangerebbe qualsiasi cosa.
Were he really hungry, he would eat anything.

F In conversational Italian, the **imperfetto indicativo** frequently replaces the **congiuntivo trapassato** in the **se** clause, and sometimes the **condizionale passato** in the result clause. It can also be used in both clauses.

Se avessi avuto gli ingredienti, avrei fatto una torta.
Se avessi avuto gli ingredienti, facevo una torta.

Se avevo gli ingredienti, avrei fatto una torta.
Se avevo gli ingredienti, facevo una torta.
If I had had the ingredients, I would have made a cake.

Altri usi di se

A **Se** is used with verbs of doubt or uncertainty, and in questions, to mean *whether.* The context determines whether the verb is in the **indicativo** or **congiuntivo.**

Chiedigli se verrà anche lui.
Ask him whether he will come too.

Vorrei sapere se lei parteciperebbe al banchetto.
I would like to know whether she would participate in the banquet.

Non so se lei abbia ragione.
I don't know whether she is right.

B **Se** is used with the **congiuntivo imperfetto** to make a suggestion, comparable to *How about . . . ?, What if . . . ?,* or *Suppose . . . ?*

Se invitassimo tutti a casa?
Suppose we invite everyone to our house?

The expression **Che ne diresti di + infinito** can also introduce a suggestion.

Che ne diresti di passare qualche giorno alle terme?
What would you say to spending a few days at the spa?

C **Se** is also used with the **congiuntivo imperfetto** or **trapassato** to express a wish or a regret, equivalent to *If only. . . .*

Se potessi perdere qualche chilo!
If only I could lose a few kilos!

Se non fossi ingrassato tanto!
If I hadn't gotten so fat!

Esercizi

A. Una tua amica si lamenta sempre della sua apparenza e della sua salute. Dalle dei consigli, completando le frasi in modo logico con il tempo corretto dell'indicativo, congiuntivo o condizionale.

1. Se lavori troppo,...
2. Se ti riposassi di più,...

3. Se farai ginnastica,...
4. Se mangiassi meglio,...
5. Se ti mettessi un po' di rossetto,...
6. Avresti una pelle più morbida se...
7. Avresti avuto più tempo per te stessa se...
8. Se fossi andata dal medico subito,...
9. Se non ti sentivi bene,...
10. Saresti più felice se...

B. La signora Sabatini lavora a tempo pieno e deve anche pensare alla casa e alla famiglia. Spesso immagina come sarebbe la sua vita e quella della sua famiglia, se potesse controllare meglio certe situazioni. Completate le seguenti frasi ipotetiche con la forma corretta del congiuntivo imperfetto o trapassato, e del condizionale presente o passato.

1. Descrive la sua situazione attuale.
   a. Se io ______ (lavorare) meno ore, ______ (avere) più tempo per la mia famiglia.
   b. Se io ______ (avere) più tempo, ______ (preparare) dei bei pranzetti ogni giorno.
   c. Se mio marito mi ______ (aiutare) in casa, io ______ (dedicarsi) di più alla cucina.
   d. Io ______ (riposarsi) di più, se i miei figli ______ (imparare) a mettere in ordine le proprie cose. (Io) ______ (andare) in palestra due volte la settimana, se non ______ (dovere) sbrigare tutto da sola.
   e. Se (io) ______ (fare) ginnastica due volte la settimana, ______ (sentirsi) più in forma.
2. Parla di cosa avrebbe potuto fare in passato.
   a. Se l'anno scorso noi ______ (assumere) quella colf (*housekeeper*), lei adesso mi ______ (potere) aiutare con le faccende di casa e (io) ______ (avere) più tempo libero.
   b. Se l'anno scorso (noi) ______ (riuscire) a risparmiare più soldi, io e mio marito ______ (trascorrere) qualche giorno lontano da casa. (Noi) ______ (riposarsi), se ______ (andare) in vacanza.
   c. L'estate scorsa mio marito non ______ (essere) così nervoso, se lui ______(rilassarsi) di più. Se lui ______ (giocare) a tennis una volta la settimana, ______ (mantenersi) in forma.

C. Un'importante dirigente d'azienda si rende conto che non ha molto tempo per mantenersi in forma. Riflette su cosa avrebbe dovuto fare in passato e su cosa dovrebbe fare ora. Riscrivete le frasi usando la forma ipotetica con il congiuntivo imperfetto o trapassato e il condizionale presente o passato. Fate attenzione ad usare o non usare il negativo **non** secondo un senso logico.

ESEMPIO: Ho cambiato lavoro. Non sapevo che il nuovo incarico era così impegnativo. Se ______________________.

Se avessi saputo che il nuovo incarico era così impegnativo, non avrei cambiato lavoro.

1. Ho troppo lavoro. Non ho tempo per pensare a me stessa. Se non ______________________.
2. Non lo sapevo. Ho accettato l'incarico. Se lo ______________________.
3. Sono sempre in viaggio. Mangio solo nei ristoranti. Se non ______________________.
4. Non mangio a casa. Non posso fare una cura dimagrante. Se ______________________.
5. Non ho un orario fisso. Non trovo il tempo di andare in palestra. Se ______________________.
6. Mia madre non mi ha insegnato a cucinare. Non ho imparato a mangiare bene. Se mia madre ______________________.
7. Ai tempi dell'università, pensavo solo a studiare. Non andavo a ginnastica. Ai tempi dell'università, se non ______________________.

D. Giovanni è andato in vacanza e ha fatto cose che non avrebbe dovuto fare. Adesso si è pentito e ti racconta le conseguenze del suo comportamento. Tu gli dici che cosa non avrebbe dovuto fare e che cosa dovrebbe fare ora per rimediare. Completa le frasi usando il periodo ipotetico della realtà, della possibilità o dell'irrealtà.

ESEMPIO: Mi sono ubriacato. Se non....

Se non avessi bevuto troppo vino, non ti saresti ubriacato.

1. Mi sono ingrassato. Se da domani...
2. Ho dormito troppo poco. Se...
3. Non mi sono riposato. Per le prossime vacanze, se...
4. Ho preso troppo sole. Se...
5. Non ho avuto tempo di leggere. Se ora...
6. Non ho fatto dello sport. Se...
7. Gli amici mi hanno influenzato. Se...

Come dare istruzioni scritte

A volte è necessario dare istruzioni scritte. Puoi lasciare un biglietto per spiegare ad una persona che lavora per te cosa deve o non deve fare, per chiedere a un familiare di fare o non fare qualcosa per te, per spiegare a qualcuno come fare qualcosa, o anche per dare una ricetta.

Quando scrivi istruzioni per un amico o un'amica, usi uno stile informale. Per dare istruzioni ad una persona che non conosci bene o ad una persona con cui non sei in confidenza, usi uno stile formale. Quando dai istruzioni a qualcuno usi generalmente l'imperativo, ma puoi anche usare il congiuntivo o il condizionale in forma di domanda. Le espressioni seguenti sono utili per dare istruzioni:

Ad amici e familiari	*A persone che non conosciamo bene*
Fammi il piacere di + infinito	**Mi faccia il piacere di** + infinito
Non dimenticare di + infinito	**Non dimentichi di** + infinito
Ricordati di + infinito	**Si ricordi di** + infinito
Vorresti + infinito	**Vorrebbe** + infinito
Ti dispiacerebbe + infinito	**Le dispiacerebbe** + infinito
Vorrei che tu + congiuntivo	**Vorrei che Lei** + congiuntivo

Temi

1. Un amico / un'amica che non s'intende affatto di cucina ti chiede una ricetta facile per sei persone. Scrivigli / le esattamente tutto quello che deve fare. Non dimenticare di spiegargli / le anche quali ingredienti deve comprare, dove comprarli e come deve preparare ogni ingrediente prima di incominciare a cucinare.

2. Ieri sera hai festeggiato il tuo compleanno. Hai invitato più di venti persone, ma dopo la festa non hai avuto tempo di mettere in ordine la casa. Scrivi un biglietto alla tua nuova domestica e spiegale che cosa deve fare per mettere in ordine la cucina, la sala da pranzo e il salotto. Ricordati che devi anche spiegare dove ogni cosa va messa. Usa l'imperativo formale.

3. Alcuni tuoi amici hanno deciso di dimagrire di qualche chilo e di mettersi in forma. Hanno bisogno di molto aiuto e suggerimenti. Tu, che sei un esperto / un'esperta di dieta, salute e ginnastica, gli dai istruzioni chiare su cosa devono mangiare, come devono preparare i vari piatti e altri suggerimenti per tenersi in forma.

Parole ed espressioni chiave

Per parlare della cucina e della dieta mediterranea

l'alimentazione *(f.)* *diet, food*
l'alimento / il cibo *food*
la cena *dinner*
il cereale *cereal*
la colazione *breakfast / lunch*
il condimento *dressing, seasoning*
il conservante *preservative*
il contorno *side dish*
la cucina *cuisine*
il cuoco, la cuoca *cook*
la delicatezza *delicacy*
il dolce, il dessert *dessert*
l'erba (aromatica) *herb*
il forno (a microonde) *oven (microwave)*
il grasso *fat*
il gusto *taste*
l'ingrediente (*m.*) *ingredient*
la lattina *can*
il minerale *mineral*
gli odori *herbs*
il pacco *bag*
il panino / il tramezzino / il toast *sandwich*
il pasto *meal*
il piatto *dish*
il pranzo *lunch*
il primo piatto *first course*
la ricetta *recipe*
la scatola, la scatoletta *box, can*
lo scatolame *canned goods*
il secondo piatto *second course / main course*
la specialità *specialty*
la spezia *spice*
il surgelato *frozen food*
la verdura *vegetables*
la vitamina *vitamin*
la vivanda *dish*

adulterato, -a *processed*
a preparazione rapida *quick to prepare*
a rapida cottura *quick-cooking*
culinario, -a *culinary*
elaborato, -a *elaborate*
equilibrato, -a *balanced*
genuino, -a / schietto, -a *genuine, natural*
insipido, -a *insipid, bland*
leggero, -a *light*
naturale *natural*
nocivo, -a *harmful*
pesante *heavy*
raffinato, -a *refined*
salutare *healthy*
sano, -a *healthy*
saporito, -a *tasty*
semplice *simple*
vegetale *vegetable-based*

aggiungere *to add*
assaggiare *to taste*
basarsi su *to be based on*
bollire *to boil*
cenare *to have dinner*
condire *to season*
consumarsi *to be eaten*
cucinare *to cook*
cuocere al forno *to bake*
fare colazione *to have breakfast*
friggere *to fry*
frullare *to beat, to blend*
grattugiare *to grate*
mescolare *to mix*

pranzare *to have lunch*
preparare *to prepare*
sapere di *to taste of*
sbattere *to beat*
soffriggere *to sauté*
tagliare *to cut*
tritare *to mince*

Per parlare della salute e della cura del proprio corpo

la chirurgia plastica *plastic surgery*
la cipria *powder*
i cosmetici *cosmetics*
la crema da giorno *day cream*
la crema idratante *moisturizing cream*
la crema da notte *night cream*
la cura dimagrante *weight-loss diet*
l'esaurimento nervoso *nervous breakdown, exhaustion*
il fard *blusher*
il mascara, il rimmel *mascara*
il prodotto *product*
il rossetto *lipstick*
la salute *health*
il sintomo *symptom*
lo smalto *nail polish*
lo stress *stress*
le terme *spa*

curare il proprio corpo *to take care of one's body*
danneggiare *to damage*
dimagrire *to lose weight*
essere a dieta *to be on a diet*
fare bene / male a una persona *to be good / bad for someone*
fare la cura delle acque *to take the waters*
farsi le unghie / la / il manicure *to do one's nails, to manicure*
guardarsi da *to protect oneself from*
idratare *to moisturize*
ingrassare *to get fat*
mantenersi in forma *to stay in shape*
mettersi a dieta *to go on a diet*
nutrirsi *to feed, to nourish oneself*
perdere dei chili *to lose some pounds*
proteggersi *to protect*
ridurre *to reduce*
truccarsi *to put on makeup*

Il fascismo, la guerra e il neorealismo

Mussolini passa in rassegna truppe motorizzate.

Temi

- Il fascismo, la dittatura e la propaganda fascista
- La guerra e la resistenza
- Il neorealismo nel cinema e in letteratura

Strutture

- L'infinito
- Il gerundio
- Il participio

Il fascismo e la Seconda Guerra Mondiale

INNO (*hymn*) SQUADRISTA
Mamma non piangere
se vo in spedizione
tuo figlio è forte
non teme il morir
Con la camicia
color di morte
trema il nemico
quando gli è vicin.
Sotto, fascisti!
Camicie nere
son come simbolo
di forti schiere
(*squadrons*).
Contro i pussisti*
fascisti andiamo
Pugnale (*dagger*) fra
i denti
le bombe a mano!
Sono fascista!

INTRODUZIONE

—Noi vogliamo cantare l'amor del pericolo[1]*, l'abitudine all'energia e alla temerità. [...]*

—Noi vogliamo glorificare la guerra—sola igiene[2] *del mondo—, il militarismo, il patriottismo, il gesto*[3] *distruttore dei libertari*[4]*, le belle idee per cui si muore, e il disprezzo*[5] *della donna.*

— Filippo Tommaso Marinetti,
Manifesto del futurismo.

1. danger 2. hygiene 3. gesture 4. anarchists 5. contempt

---

* Followers of the PSU (Partito Socialista Unitario), Matteotti's political party

Per parlare del ventennio *(twenty-year period)* fascista

Ancora oggi è vivo in molti italiani il ricordo del ventennio fascista e della Seconda Guerra Mondiale. L'esperienza di quel periodo ha influenzato e trasformato le istituzioni politiche, sociali ed economiche del Paese.

Il fascismo fu una dittatura il cui capo, il «duce», era Benito Mussolini. L'ideologia fascista voleva rievocare l'imperialismo dell'antica Roma di cui usò anche alcuni simboli, come i fasci e il saluto romano. La dittatura durò più di venti anni, dal 1922 al 1945, e finì soltanto con la fine della Seconda Guerra Mondiale. Negli ultimi due anni, dal 1943 al 1945, la guerra in Italia fu guerra civile, tra italiani che volevano la libertà dal fascismo, e i tedeschi e i fedeli seguaci di Mussolini.

Parole in contesto

1. Per indicare la dittatura fascista si usa anche il termine regime totalitario.
2. I seguaci di Mussolini, oltre che fascisti, erano chiamati anche camicie nere, dall'uniforme che portavano.
3. Il regime fascista seguì una politica militarista ed aggressiva. Usò come strumenti di controllo e persuasione la forza, la violenza e il nazionalismo. Si servì dei mass media e della propaganda per controllare l'opinione pubblica e ottenere il consenso popolare per governare.
4. La censura fu uno degli strumenti usati per sopprimere la libertà di pensiero e di espressione. Libri, giornali, film, spettacoli e persino lettere private furono soggetti alla censura.
5. Il regime fascista eliminò ogni forma di opposizione attraverso la violenza, la prigione e il confino. Gli oppositori mandati al confino erano obbligati a vivere in un piccolo paese isolato o su un'isola difficilmente raggiungibile. I confinati avevano poco o nessun contatto con il mondo esterno.
6. I cittadini che volevano partecipare alla vita pubblica del Paese erano costretti a iscriversi al Partito Nazionale Fascista. Per poter lavorare era spesso obbligatorio prendere la tessera del partito.
7. Mussolini promulgò anche delle leggi razziali che limitavano e abolivano i diritti civili di molti cittadini di altre razze e religioni.
8. Ottenuto l'ordine interno con la violenza, il regime fascista iniziò una politica di espansione coloniale. Attraverso l'imperialismo e in nome dell'antica grandezza dell'Italia ai tempi dell'impero romano, Mussolini cercò di conquistare varie regioni dell'Africa.
9. La politica imperialista portò all'alleanza con la Germania nazista e eventualmente alla Seconda Guerra Mondiale.

10. Gli alleati combatterono insieme in Europa contro l'Italia e la Germania. Gli eserciti invasero e occuparono gran parte dell'Italia ed eventualmente la liberarono dal dominio dei tedeschi e dei fascisti.
11. Partigiani di ideologie diverse parteciparono alla Resistenza e contribuirono a sconfiggere i fascisti e i nazisti.
12. Durante la Seconda Guerra Mondiale le città italiane furono bombardate dagli aerei alleati. Le bombe distrussero le città e molti furono costretti a sfollare, cioè evacuare verso le campagne. Le persone che restavano in città, invece, dovevano osservare il coprifuoco, cioè non potevano uscire dopo una certa ora.

Descriviamo

LA GLORIOSA CAMICIA NERA D'ITALIA

Se una fede serri in core
stretto attorno al tricolore
Coi Fascisti grida... A noi!

1. Descrivete le due illustrazioni. Chi rappresentano le figure? Che cosa portano? Che cosa fanno?
2. Che tipo di ideologia riflettono? Quali miti promulgano?

Immaginiamo ed inventiamo

1. Immagina di vivere sotto un regime totalitario. Come sarebbe la tua vita giornaliera?
2. Divisi in gruppi, inventate due slogan, uno di propaganda militarista e uno che invita alla pace.

Prepariamoci a leggere

1. Il *Manifesto del futurismo* a p. 325 dichiara «Noi vogliamo glorificare la guerra». Come glorifica la guerra e il fascismo *L'inno squadrista* a p. 325? Quali aspetti dell'ideologia fascista sono evidenti nei due scritti?

2. Divisi in gruppi, descrivete la réclame. Quale ideologia è evidente? Come sono visti gli uomini e le donne sotto il regime fascista? Qual è il ruolo di ognuno nella società?

3. Con l'aiuto delle informazioni storiche e culturali alle pagine 116–118 del Quaderno degli esercizi, divisi in gruppi, rispondete alle seguenti domande sul ventennio fascista.
   a. Quali furono alcune cause dell'avvento del fascismo in Italia?
   b. Come conquistò il potere Mussolini? Chi governava l'Italia prima di Mussolini? Che tipo di governo c'era?
   c. Perché il ventennio fascista è considerato uno dei periodi più dolorosi della storia italiana?

d. Chi era Hitler? Quando e perché occuparono l'Italia i tedeschi?
e. Dopo essere sbarcati in Sicilia, che cosa fecero gli alleati? Quando e come finì la Seconda Guerra Mondiale?

4. Come pensate che vengano trattati gli oppositori del regime sotto una dittatura?
5. Quali popoli o razze sono stati particolarmente perseguitati in Europa durante la Seconda Guerra Mondiale?
6. Indicate alcuni pregiudizi razziali di cui siete a conoscenza.
7. Raccontate una scena di un film o un documentario in cui veniva bombardata una città. Cosa facevano gli abitanti? Dove si rifugiavano? Come era la città?

Il brano seguente è tratto dallo Statuto del Partito Fascista e riporta le parole di Mussolini stesso che voleva restaurare in Italia il mito dell'impero romano.

A Lo stato fascista è una volontà di potenza e d'imperio. La tradizione romana è qui un'idea di forza°. Nella dottrina del Fascismo l'impero non è soltanto un'espressione territoriale o militare o mercantile° ma spirituale o morale. [...] Il Fascismo è la dottrina più adeguata a rappresentare le tendenze, gli stati d'animo di un popolo come l'italiano che risorge° dopo molti secoli di abbandono o di servitù straniera. Ma l'impero chiede disciplina, coordinazione degli sforzi°, dovere° e sacrificio. [...] Non mai come in questo momento i popoli hanno avuto sete di autorità, di direttive, di ordine. Se ogni secolo ha una sua dottrina, da mille indizi° appare che quella del secolo attuale è il Fascismo.

power
commercial
rises again
efforts / duty
signs

— Benito Mussolini, *Scritti e discorsi.*

Lo scrittore Primo Levi, nel brano seguente, descrive l'atteggiamento degli italiani nei confronti degli stranieri in generale e degli ebrei in particolare, attraverso il punto di vista di un gruppo di ebrei dell'Europa orientale arrivati in Italia gli ultimi giorni della guerra.

B «L'Italia è un paese strano,» disse Chàim.—Ci vuole molto tempo per capire gli italiani, e neanche noi, che abbiamo risalito tutta l'Italia da Brindisi alle Alpi, siamo ancora riusciti a capirli bene; ma una cosa è certa, in Italia, gli stranieri non sono nemici. Si direbbe che gli italiani siano più nemici di se stessi che degli stranieri: è curioso ma è così. Forse questo viene dal fatto che agli italiani non piacciono le leggi, e siccome le leggi di Mussolini, e anche la sua politica e la sua propaganda, condannavano gli stranieri, proprio per questo gli italiani li hanno aiutati. Agli italiani non piacciono le leggi, anzi gli piace disobbedirle [...].

In Italia non c'è mai stato un pogrom, [...] neanche quando Mussolini ha imposto le leggi razziali, neanche quando l'Italia del Nord è stata occupata dai tedeschi; che cosa sia un pogrom, in Italia, non lo sa nessuno, neppure cosa voglia dire la parola. È un paese oasi°.

oasis

— Primo Levi, *Se non ora, quando?*

Nel brano che segue lo scrittore Italo Calvino rievoca l'entrata in guerra dell'Italia e i primi bombardamenti.

C Il 10 giugno del 1940 era una giornata nuvolosa. Erano tempi che non avevamo voglia di niente. Andammo alla spiaggia lo stesso, al mattino, io e un mio amico [...]. Si sapeva che il pomeriggio avrebbe parlato Mussolini, ma non era chiaro se si sarebbe entrati in guerra o no. [...]

Quando ci ritrovammo verso le sei, eravamo entrati in guerra. [...]

L'indomani° ci fu il primo allarme aereo, in mattinata. Passò un apparecchio° francese e tutti lo stavano a guardare a naso all'aria. La notte, di nuovo allarme; e una bomba cadde ed esplose vicino al casinò. Ci fu un parapiglia° attorno ai tavoli da gioco, donne che svenivano°. Tutto era scuro perché la centrale elettrica aveva tolto la corrente all'intera città [...].

the next day
plane
confusion
fainted

La città era traversata° di continuo da macchine militari che andavano al fronte, e macchine borghesi° che sfollavano con le masserizie° legate sopra il tetto. A casa trovai i miei genitori turbati dagli ordini d'evacuazione immediata per i paesi delle vallate prealpine.

crisscrossed
civilian
household goods

— Italo Calvino, «L'entrata in guerra», *I racconti.*

Parliamo e discutiamo

1. Tenendo presente il brano A, rispondete alle seguenti domande.
   a. Che tono usa Mussolini?
   b. Secondo Mussolini, qual è il rapporto tra lo stato fascista e l'impero romano?
   c. A quali bisogni della nazione italiana risponderebbe il fascismo?
   d. Che cosa richiede il fascismo dal popolo italiano?
2. Spiegate la seguente affermazione di Chàim: «Gli italiani [sono] più nemici di se stessi che degli stranieri.»
3. Secondo il brano B, qual è l'atteggiamento degli italiani verso le leggi e gli stranieri? Come si può spiegare quest'atteggiamento?
4. Descrivete lo stato d'animo del protagonista del brano C prima dell'entrata in guerra.

5. Descrivete la città e gli abitanti al primo allarme aereo, secondo il brano C.
6. Caduta la prima bomba, che cosa fecero gli abitanti secondo il brano C?
7. Considerando tutti i brani, divisi in gruppi, immaginate come era la vita degli italiani durante il fascismo e gli anni della guerra.

Il neorealismo

INTRODUZIONE

Guardiamoci intorno [...]. Bisogna esser ciechi[1], oggi, per non accorgersi che la realtà ha lievitato[2], è salita oltre i confini della stessa fantasia.

— Ernesto Guidorizzi, *La narrativa italiana e il cinema.*

1. blind 2. has risen

Una scena commovente in un film di Roberto Rossellini, *Era notte a Roma.*

Per parlare del neorealismo nel cinema e in letteratura

Il neorealismo nel cinema e in letteratura nacque fra l'altro come reazione al fascismo. La propaganda fascista infatti aveva cercato di nascondere la realtà, in una mistificazione e idealizzazione della vita. I film e gli scritti neorealisti invece erano opere impegnate, cioè volevano mostrare la realtà giornaliera in ogni minimo particolare per indurre il pubblico a riflettere sulle ingiustizie sociali, politiche ed economiche del Paese. Nelle loro opere gli scrittori e registi neorealisti raccontano fra l'altro le vicende del fascismo, della guerra e dei partigiani che avevano partecipato alla Resistenza combattendo contro i tedeschi e i fascisti. Un altro tema importante è quello dei problemi della ricostruzione nell'Italia del primo dopoguerra.

Parole in contesto

1. I film precedenti al neorealismo erano in genere di evasione, cioè volevano sopratutto intrattenere e distrarre la gente, oppure erano di propaganda. Mussolini si servì anche del cinema per promulgare la sua propaganda fascista e proporre un'immagine idealizzata dell'Italia e della società italiana. La realtà economica, politica e sociale era mistificata.

2. Gli intellettuali neorealisti ricercano l'autenticità, aspirando ad una comunicazione immediata con il pubblico. Anche nel linguaggio cercano di rispecchiare i vari dialetti e gerghi veramente parlati dal popolo.

3. I registi neorealisti cercano di catturare la realtà, servendosi di uno stile cinematografico documentario. I film per lo più sono girati in esterni e interni reali: strade, campagne, città e case, invece che negli studi cinematografici. La città distrutta dalla guerra, le strade e le piazze ricoperte dalle macerie dei palazzi bombardati fanno da sfondo a tanti film neorealisti. Gli attori e le attrici sono spesso non professionisti, ma presi dalla strada.

4. Oltre alle vicende della guerra, dell'occupazione tedesca, e della resistenza partigiana, i temi trattati dal neorealismo sono i problemi del vivere quotidiano delle classi subalterne durante il dopoguerra. La povertà, la disoccupazione, e le ingiustizie sociali sono rappresentate con veridicità, con l'intento di commuovere il pubblico e convincerlo della necessità di cambiamenti sociali. Inoltre tanti autori e registi neorealisti sono di sinistra, e le loro opere hanno un preciso contenuto politico.

Descriviamo

1. Descrivete la foto. Dov'è ambientata? Quali elementi indicano la classe sociale delle persone rappresentate?

2. Immaginate una storia precedente alla foto.

3. Immaginate una storia seguente alla foto.

Sofia Loren e Marcello Mastroianni in un film di Vittorio De Sica, *Ieri, Oggi e Domani.*

Immaginiamo e inventiamo

1. Immaginate le condizioni dell'Italia e degli italiani alla fine della Seconda Guerra Mondiale, discutendo in gruppi i seguenti elementi:

   a. case
   b. scuole
   c. ospedali
   d. strade
   e. industrie
   f. divertimenti
   g. generi alimentari
   h. generi di lusso

2. Divisi in gruppi, individuate temi e situazioni per film o romanzi realisti e per film o romanzi d'evasione. Descrivete i personaggi e l'ambiente.

Prepariamoci a leggere

Il regista Roberto Rossellini dirige in un film la moglie Ingrid Bergman.

1. Leggete la citazione seguente dello scrittore Elio Vittorini sulla funzione della cultura e poi, divisi in gruppi, rispondete alle domande. «Potremo mai avere una cultura che sappia proteggere l'uomo dalle

sofferenze invece di limitarsi a consolarlo? Una cultura [...] che aiuti a eliminare lo sfruttamento (*exploitation*) e la schiavitù e a vincere il bisogno.»

a. Qual è un tipo di cultura che serve a «consolare»?
b. Come può la cultura aiutare l'uomo a combattere le ingiustizie?
c. In che modo possono gli intellettuali influenzare la società? Devono vivere distaccati o immersi nella realtà?

2. Conoscete qualche film neorealista? Chi è il regista? Di che cosa parla il film? Chi sono i personaggi principali?

Nel brano seguente lo scrittore Italo Calvino parla dell'entusiasmo delle nuove generazioni di intellettuali subito dopo la guerra e delle loro nuove idee.

A L'esplosione letteraria di quegli anni in Italia dopo la fine della Seconda Guerra Mondiale fu, prima che un fatto d'arte, un fatto fisiologico, esistenziale, collettivo. [...] L'essere usciti° da un'esperienza—guerra, guerra civile—che non aveva risparmiato° nessuno, stabiliva un'immediatezza di comunicazione tra lo scrittore e il suo pubblico. [...] La rinata° libertà di parlare fu per la gente al principio smania° di raccontare: nei treni che riprendevano a funzionare, gremiti° di persone e pacchi di farina e bidoni° d'olio, ogni passeggero raccontava agli sconosciuti le vicissitudini che gli erano occorse, e così ogni avventore° alle tavole delle «mense° del popolo», ogni donna nelle code ai negozi. [...] Il neorealismo non fu una scuola. [...] Fu un insieme di voci, in gran parte periferiche°, una molteplice° scoperta delle diverse Italie, anche—o specialmente—delle Italie fino allora più inedite° per la letteratura. Senza la varietà di Italie sconosciute l'una all'altra—o che si supponevano sconosciute,—senza la varietà dei dialetti e dei gerghi da far lievitare e impastare° nella lingua letteraria, non ci sarebbe stato «neorealismo».

Having emerged
spared
reborn
longing
full / jugs
customer / soup kitchens
peripheral / multiple
unpublished
to knead

— Italo Calvino, Introduzione, *Il sentiero dei nidi di ragno.*

Il regista Federico Fellini descrive le sue prime esperienze neorealiste accanto al regista Roberto Rossellini.

B Seguendo Rossellini mentre girava *Paisà* mi parve improvvisamente chiaro, una gioiosa rivelazione, che si poteva fare il cinema con la stessa libertà, la stessa leggerezza° con cui si disegna e si scrive. [...] Rossellini cercava, inseguiva° il suo film in mezzo alle strade, con i carri armati° degli alleati che ci passavano a un metro dalla schiena°,

lightness
pursued
carri... tanks / **dalla...** from our backs

gente che gridava e cantava alle finestre. [...] Questo faceva Rossellini: viveva la vita di un film come un'avventura meravigliosa da vivere e simultaneamente raccontare. Il suo abbandono nei confronti° della realtà, sempre attento, limpido, fervido [...] gli permetteva di catturare, di fissare la realtà in tutti i suoi spazi, di guardare le cose dentro e fuori contemporaneamente°, di fotografare l'aria intorno alle cose, di svelare° ciò che di inafferrabile°, di arcano°, di magico, ha la vita. Il neorealismo non è forse tutto questo?

nei... to, in front of

simultaneously

reveal / elusive / mysterious

— Federico Fellini, *Fare un film.*

Parliamo e discutiamo

1. Secondo il brano A, quali delle seguenti affermazioni sono corrette? Correggete le affermazioni sbagliate.
   a. I giovani scrittori del dopoguerra erano stanchi della realtà e volevano creare una letteratura d'evasione.
   b. Tutti credevano che il compito dei romanzi fosse distrarre e divertire.
   c. Tutti desideravano raccontare le loro esperienze di guerra.
   d. Nel linguaggio e nello stile gli scrittori volevano rispecchiare come la gente parlava veramente.
2. Di quale «guerra civile» parla Calvino nel brano A?
3. Come si può spiegare la «smania di raccontare» che tutti avevano alla fine della guerra?
4. Nel brano A, a che cosa pensate che si riferisca Calvino con l'espressione «diverse Italie»?
5. Nel brano B, che cosa ammira Fellini nei film di Rossellini?
6. Con che tecnica lavorava il regista Rossellini? Come erano le scene che girava?
7. Il neorealismo è nato negli anni '40. Pensate che abbia ancora oggi un ruolo nella nostra società? A quali situazioni contemporanee si potrebbe applicare?
8. Divisi in gruppi, discutete se e come si può notare l'influenza del neorealismo sul cinema americano. In quali film? Quali sono le differenze?

Prepariamoci a leggere

1. Descrivete il disegno. Quale periodo storico è rappresentato? Motivate le vostre risposte.
2. Che cosa pensate che si mangi nel ristorante della foto? Quanto costerà un pasto?
3. Elencate quali sono secondo voi le necessità più elementari della vita.
4. Rimasti con pochi soldi, decidete come spenderli. Elencate le cose di cui potete fare a meno (*do without*) e altre che vi sono assolutamente necessarie.
5. Se tu non avessi neanche i soldi per mangiare, cosa faresti?
6. Divisi in gruppi, discutete come a volte alcune persone possono essere spinte a compiere azioni criminali a causa di una situazione di povertà estrema.
7. Il racconto che leggeremo è intitolato «Romolo e Remo». Chi erano Romolo e Remo? Che cosa fecero secondo la leggenda della fondazione di Roma?

Il racconto che segue è tratto dai *Racconti romani* di Alberto Moravia (1907–1990), uno dei più famosi scrittori italiani contemporanei. Le classi sociali del sottoproletariato e della piccola borghesia di Roma sono protagoniste di tutti i racconti di questa raccolta pubblicata per la prima volta nel 1954, quindi a pochi anni dalla fine della guerra.

Romolo e Remo

L'urgenza della fame non si può paragonare a quella degli altri bisogni. Provatevi a dire ad alta voce:—Mi serve un paio di scarpe... mi serve un pettine... mi serve un fazzoletto°,—tacete un momento per rifiatare°, e poi dite:—Mi serve un pranzo,—e sentirete subito la differenza. Per qualsiasi cosa potete pensarci su, cercare, scegliere, magari rinunziarci, ma il momento che confessate a voi stesso che vi serve un pranzo, non avete più tempo da perdere. Dovete trovare il pranzo, se no° morirete di fame. Il cinque ottobre di quest'anno, a mezzogiorno, a piazza Colonna, sedetti sulla ringhiera° della fontana e dissi a me stesso:—Mi serve un pranzo.—[...] Poi pensai che dovevo trovare questo pranzo, e pensai che se aspettavo ancora non avrei più avuto la forza neppure di pensarci, e cominciai a riflettere sulla maniera di trovarlo al più presto. [...] In quel momento un ragazzo, accanto a me, ne chiamò un altro:—Romolo.—Allora, a quel grido, mi ricordai di un altro Romolo che era stato con me sotto le armi°. [...] Romolo aveva aperto una trattoria dalle parti del Pantheon[1]. Ci sarei andato e avrei mangiato il pranzo di cui avevo bisogno. Poi, al momento del conto, avrei tirato fuori° l'amicizia, il servizio militare fatto insieme, i ricordi°... Insomma, Romolo non mi avrebbe fatto arrestare.

Per prima cosa andai alla vetrina di un negozio e mi guardai in uno specchio. Per combinazione°, mi ero fatto la barba. [...] La camicia, senza essere proprio pulita, non era indecente: soltanto quattro giorni che la portavo. Il vestito, poi, grigio spinato°, era come nuovo: me l'aveva dato una buona signora. [...] La cravatta, invece, era sfilacciata°, una cravatta rossa che avrà avuto dieci anni. [...]

Sapevo l'indirizzo, ma quando lo trovai non ci credevo. Era una porticina in fondo a un vicolo cieco°, a due passi da quattro o cinque pattumiere° colme°. L'insegna color sangue di bue° portava scritto: «Trattoria, cucina casalinga»; la vetrina, anch'essa dipinta di rosso, conteneva in tutto e per tutto una mela. Dico una mela e non scherzo. Cominciai a capire, ma ormai ero lanciato° ed entrai. [...] Una stoffetta° sporca, dietro il banco°, nascondeva la porta che dava sulla

handkerchief
breathe
se... or else
railing
sotto... in the army
tirato... brought up
memories
Per... By chance
herringbone
frayed
vicolo... blind alley
trash cans / full / **sangue...** oxblood
launched
cloth / counter

1. Il Pantheon è un antico tempio romano, attualmente famoso monumento funebre.

cucina. Picchiai° il pugno° sul tavolo:—Cameriere!—Subito ci fu un movimento in cucina, la stoffetta si alzò, apparve e scomparve una faccia in cui riconobbi l'amico Romolo. [...] Mi venne incontro con un «comandi» premuroso°, pieno di speranza, che mi strinse° il cuore. Ma ormai ero in ballo e bisognava ballare°. Dissi:—Vorrei mangiare.—Lui incominciò a spolverare il tavolo con uno straccio, poi si fermò e disse guardandomi:—tu sei Remo...—[...] Dissi:—Romolo, sono di passaggio a Roma... faccio il viaggiatore di commercio... siccome dovevo mangiare in qualche luogo, ho pensato: «Perché non andrei a mangiare dall'amico Romolo?»

—Bravo—disse lui,—allora che facciamo di buono: spaghetti?

—Si capisce.

—Spaghetti al burro e parmigiano... ci vuole meno a farli e sono più leggeri... e poi che facciamo? Una buona bistecca?—[...]

—E va bene... allora un filetto con l'uovo sopra... alla Bismark.

—Alla Bismark, sicuro... con patate?

—Con insalata.

—Sì, con insalata... e un litro asciutto°, no?

—Asciutto.

Ripetendo:—Asciutto,—se ne andò in cucina e mi lasciò solo al tavolino. La testa continuava a girarmi° dalla debolezza°. [...] Finalmente la stoffa si rialzò e i due figli scapparono fuori, dirigendosi in fretta verso l'uscita. Capii che Romolo, forse, non aveva in trattoria neppure il pane. [...] Rientrò il maschietto reggendo con le due mani, in punta di piedi, come se fosse stato il Santissimo°, un litro colmo. Romolo mi versò° da bere e versò anche a se stesso appena l'ebbi invitato. Col vino divenne più loquace, si vede che anche lui era a digiuno°. Così chiacchierando e bevendo, passarono venti minuti, e poi, come in sogno, vidi rientrare anche la bambina. Poverina: reggeva° con le braccine, contro il petto, un fagotto° in cui c'era un po' di tutto: il pacchetto giallo della bistecca, l'involtino° di carta di giornale dell'uovo, lo sfilatino° avvolto° in velina marrone, il burro e il formaggio chiusi in carta oliata, il mazzo verde dell'insalata e, così mi parve, anche la bottiglietta dell'olio. [...]

Mangiai solo, e, mangiando, mi accorsi che ero quasi ubriaco° dal mangiare. Eh, quanto è bello mangiare quando si ha fame. [...] Tutta la famiglia uscì dalla cucina e venne a mettersi in piedi davanti a me, guardandomi come un oggetto prezioso. [...] Mi venne ad un tratto compassione e insieme rimorso. Tanto più che° la moglie disse:—Eh, di clienti come lei, ce ne vorrebbero almeno quattro o cinque a pasto... allora sì che potremmo respirare.

—Perché?—domandai facendo l'ingenuo°—non viene gente?

—Qualcuno viene—disse lei—soprattutto la sera... ma povera gente [...] la mattina, poi, manco° accendo il fuoco, tanto non viene nessuno.

Non so perché queste parole diedero ai nervi° a Romolo. [...] Ci fu uno scatto° da parte di Romolo: alzò la mano e diede uno schiaffo° alla moglie. Lei non esitò: corse in cucina, ne riuscì con un coltello lungo e

I banged / fist

eager / wrung

ero... I had started something and had to finish it

dry wine

spin / weakness

Holy Sacrament

poured

a... starving

carried

bundle

parcel

loaf of bread / wrapped

drunk

Tanto... Especially when

facendo... playing dumb

I don't even

diedero... got on the nerves / outburst / slap

affilato, di quelli che servono ad affettare° il prosciutto. Gridava: — Ti ammazzo — e gli corse incontro, il coltello alzato. Lui, atterrito°, scappò per la trattoria rovesciando° i tavoli e le seggiole°. [...] Capii che il momento era questo o mai più. Mi alzai, dicendo: — Calma, che diamine°... calma, calma; — e ripetendo: — Calma, calma — mi ritrovai fuori della trattoria, nel vicolo. Affrettai il passo, scantonai°; a piazza del Pantheon ripresi il passo normale e mi avviai verso il corso.

to slice
terrified
knocking over / chairs
damn it!
I snuck away

— Alberto Moravia, «Romolo e Remo», *Racconti romani.*

Parliamo e discutiamo

1. Mettete in sequenza cronologica le seguenti fasi del racconto.
   a. Non sapevo come fare per pagare il conto.
   b. Cercai di apparire presentabile.
   c. Poiché stavo morendo di fame, decisi di cercare l'amico Romolo che aveva una trattoria.
   d. Mentre Romolo e la moglie litigavano, scappai dalla trattoria senza pagare il conto.
   e. Romolo non aveva niente in cucina e mandò i figli a comprare da mangiare.
   f. Ordinai un gran pranzo, abbondante e caro.
   g. Mangiando, mi sentivo ubriaco per l'abbondanza del cibo.
   h. I figli tornarono con tutto ciò che avevo ordinato.
   i. Romolo mi riconobbe subito.
2. Che cosa vuole far credere Remo all'amico Romolo? e Romolo all'amico cliente?
3. Come si potrebbe giustificare il comportamento di Remo?
4. Perché Romolo si arrabbia con la moglie?
5. Come si conclude il racconto? Divisi in gruppi, spiegate se secondo voi è una conclusione pessimista o ottimista.
6. Perché pensate che Moravia abbia dato i nomi di Romolo e Remo ai due protagonisti del racconto?
7. Trovate gli elementi del racconto che ne fanno un tipico esempio di neorealismo. Prendete in considerazione i seguenti elementi:
   a. il periodo storico
   b. l'argomento
   c. lo sfondo
   d. i personaggi

Strutture

L'infinito

The **infinito,** equivalent to *to* + *verb* (*to win, to lose*) in English, is not conjugated. As its name suggests, it is indefinite and its form does not specify who performs the action or when the action occurs. The **infinito** has two tenses, present and past.

> I partigiani speravano di sconfiggere i fascisti.
> *The partisans hoped to defeat the fascists.*

> I partigiani speravano di aver sconfitto i fascisti.
> *The partisans hoped to have defeated the fascists.*

Reflexive pronouns, direct and indirect object pronouns, and **ci (vi)** and **ne** are attached to both tenses of the **infinito,** which drops the final **-e.**

> La nazione deve prepararsi alla guerra.
> *The nation must get ready for war.*

> Dopo essersi guardato intorno, capì che doveva arrendersi.
> *After having looking around himself, he understood that he had to surrender.*

> Dopo averli interrogati, liberò i prigionieri.
> *After having questioned them, he set the prisoners free.*

L'infinito presente

A When a conjugated verb is followed by another verb, the second verb is an infinitive.

1. After certain common verbs, the **infinito** is used without a preposition. Among these verbs are:

   amare *to love*
   desiderare *to wish*
   dovere *to have to*
   fare *to do; to make*
   lasciare *to let*
   piacere *to be pleasing*
   potere *to be able*
   preferire *to prefer*
   sapere *to know*
   sembrare *to appear, to seem*
   volere *to want*

   Vogliamo firmare un trattato di pace.
   We want to sign a peace treaty.

   La nazione intera desidera dimenticare la guerra.
   The entire nation wants to forget the war.

2. Other verbs require the preposition **a** before the **infinito.** These verbs include:

abituarsi *to get used to*	insegnare *to teach*
affrettarsi *to hurry*	mandare *to send*
aiutare *to help*	mettersi *to start*
andare *to go*	obbligare *to force*
cominciare *to begin*	pensare *to think*
condannare *to condemn*	prepararsi *to prepare*
continuare *to continue*	provare *to try*
convincere *to convince*	riuscire *to succeed*
imparare *to learn*	servire *to serve*

Some verbs require the preposition **di** before the **infinito.** They include:

accorgersi *to realize*	pregare *to beg, to pray*
aspettare *to wait*	preoccuparsi *to worry*
chiedere *to ask*	proibire *to prohibit*
confessare *to confess*	promettere *to promise*
consigliare *to advise*	proporre *to propose*
credere *to believe*	rendersi conto *to realize*
decidere *to decide*	ricordare *to remember*
dimenticare *to forget*	scegliere *to choose*
domandare *to ask*	smettere *to quit*
dubitare *to doubt*	sognare *to dream*
fidarsi *to trust*	sperare *to hope*
finire *to finish*	stancarsi *to grow tired*
ordinare *to order*	suggerire *to suggest*
pentirsi *to repent*	temere *to fear*
permettere *to permit*	non vedere l'ora *to look forward*

Pensare can be followed by either **a** or **di. Pensare a** means both to think about or to take care of someone or something.

Penso spesso ai giorni della guerra e ai vecchi amici.
I frequently think about the days of war and my old friends.

Pensate a salvarvi. Pensiamo noi ai bambini.
Think about saving yourselves. We will take care of the children.

Pensare di is used in questions to elicit an opinion of something or someone. When followed by the **infinito, pensare di** indicates a plan or intention to do something.

Che cosa pensi del fascismo?
What do you think of fascism?

Pensano di abbandonare la città.
They are thinking of abandoning the city.

B Like the **-ing** form of the verb in English, the **infinito** is often used as a noun. Adjectives that modify the **infinito** are always masculine singular.

Viaggiare in tempo di guerra è pericoloso.
Traveling in wartime is dangerous.

C The **infinito** can be used to form impersonal expressions with **essere.**

Non è sempre facile scegliere la parte giusta.
It is not always easy to choose the right side.

D The **infinito** can be used in place of the imperative when giving instructions.

Leggere attentamente le ordinanze!
Read the orders carefully!

E The **infinito** can be the object of a preposition or prepositional phrase.

1. After the prepositions **a, da, in, su, con,** and **tra** the article is required.

   Nel giudicare il fascismo dobbiamo cercare di capire la storia.
   In judging fascism, we must try to understand history.

   Al vedere la città distrutta, i reduci piansero.
   Upon seeing the city destroyed, the veterans wept.

2. The prepositions **prima di, dopo,** and **senza** do not call for the article.

   Prima di giudicare, cerchiamo di capire.
   Before judging, let's try to understand.

   Non si può cambiare il presente senza capire il passato.
   We can't change the present without understanding the past.

   Ha sparato dopo aver visto il nemico.
   He fired after having seen the enemy.

3. The preposition **per** followed by the **infinito** expresses purpose.

   I tedeschi uccidevano anche i civili per vendicarsi dei partigiani.
   The Germans killed even civilians to seek revenge against the partisans.

F The **infinito** can follow an adjective, usually accompanied by the preposition **a** or **di.**

1. Adjectives that require the preposition **a** before the **infinito** include:

   abituato *accustomed*
   adatto *apt*
   pronto *ready*
   solo *sole, only*

attento *careful*
disposto *willing, inclined*
ultimo *last*
unico *only*

I registi neorealisti erano attenti a mostrare la realtà in ogni minimo particolare.
The neorealist directors were careful to show reality in every tiny detail.

2. Among the adjectives that require the preposition **di** before the **infinito** are:

capace *capable*
contento *content*
desideroso *hopeful*
felice *happy*
sicuro *certain, sure*
soddisfatto *satisfied*
stanco *tired*
triste *sad*

I soldati erano stanchi di combattere. Erano felici di ritornare a casa.
The soldiers were tired of fighting. They were happy to return home.

3. A few adjectives that take the preposition **da** before the **infinito** are:

bello *beautiful*
brutto *ugly*
buono *good*
cattivo *bad*
difficile *difficult*
facile *easy*

È una situazione difficile da capire.
It's a situation (that is) hard to understand.

G When the **infinito** follows a noun or a pronoun, it is usually accompanied by the preposition **di** or **da**, or less often by **a** or **per. Da** + **infinito** expresses purpose or use.

il permesso di scrivere
permission to write

una scena da girare
a scene to film

un esempio per capire
an example to understand

un investimento a perdere
a losing investment

L'infinito passato

A The **infinito passato** can be used to indicate an action that takes place before the action in the main clause *if the subjects of the two clauses are the same.*

Gli alleati erano felici di aver vinto la guerra.
The allies were happy to have won the war.

1. The **infinito passato** consists of **avere** or **essere** + **participio passato** of the verb. The past participle of verbs conjugated with **essere** agrees with the subject.

Dopo essere corsa in cucina, la moglie ne uscì con un coltello.
After having run into the kitchen, the wife came out with a knife.

Avere and **essere** usually drop the final **-e.**

avere vinto → aver vinto   essere venuto → esser venuto

2. When the **infinito passato** is used in a temporal clause to indicate one action that takes place before another, it is preceded by the preposition **dopo.**

Dopo aver sentito la dichiarazione di guerra, scapparono dalla città.
After having heard the declaration of war, they escaped from the city.

Dopo essersi rifugiati in campagna, cercarono notizie dei dispersi.
After having taken shelter in the country, they sought news of the missing.

Esercizi

A. Un confinato politico parla delle sue idee sul fascismo. Riscrivete le frasi sostituendo ai nomi in corsivo l'infinito corrispondente e fate i cambiamenti necessari.

ESEMPIO: *La soppressione* della libertà è propria del fascismo.
Sopprimere la libertà è proprio del fascismo.

1. *La vita* sotto il regime era impossibile per me.
2. *La punizione* degli oppositori politici è ingiusta.
3. *Il pensiero* della prigionia mi fa star male.
4. *Lo studio* del passato ci aiuta a capire il presente.
5. *Il bombardamento* della città fu un tragico errore.
6. *Lo sfollamento* dalle città era necessario.

B. Nelle frasi seguenti si discute della storia del fascismo in Italia. Rescrivete le frasi sostituendo i verbi indicati con l'infinito corrispondente. Usate la preposizione corretta quando è necessaria e fate i cambiamenti necessari.

ESEMPIO: Mussolini *ottenne* il potere nel 1921.
Mussolini riuscì a ottenere il potere nel 1921.

1. La borghesia *trovò* nel fascismo una difesa contro il comunismo.

   La borghesia credeva ______________________________ .

2. La propaganda fascista nelle scuole *convinceva* i giovani.

La propaganda fascista aiutava ______________________________ .

3. La censura *controllava* i giornali, i libri e il cinema.

La censura doveva ______________________________ .

4. Mussolini *si alleò* con Hitler.

Mussolini volle ___________________________ .

5. All'inizio le truppe italiane *vincevano.*

All'inizio le truppe italiane sembravano __________________________ .

6. Finalmente anche gli americani *entrarono* in guerra.

Finalmente anche gli americani decisero __________________________ .

7. Gli italiani *si divisero* fra gli alleati al sud e il governo fascista al nord.

Gli italiani dovettero ___________________________ .

8. Molti soldati *si rifugiavano* sulle montagne per combattere.

Molti soldati sceglievano ___________________________ .

9. Lentamente gli alleati e i partigiani *liberarono* l'Italia, procedendo dal sud al nord.

Lentamente gli alleati e i partigiani poterono ______________________ .

C. Sei un / una giornalista americano / americana in Europa alla fine della Seconda Guerra Mondiale. Scrivi alla redazione (*editorial office*) le tue impressioni sui fatti. Completa le frasi con la preposizione corretta quando è necessario.

1. La gente sembra _______ essere felice.
2. In città è difficile _______ trovare da mangiare.
3. I soldati sono contenti _______ tornare a casa.
4. I cittadini cominciano _______ ricostruire le case.
5. Le scuole continuano _______ funzionare.
6. Gli intellettuali desiderano _______ farsi interpreti della realtà.
7. La censura smise _______ operare e _______ esistere.
8. Gli ospedali erano difficili _______ far funzionare.
9. I cittadini dovevano _______ scegliere fra monarchia e repubblica.
10. Tutti aiutarono _______ riprendere la normalità.

D. Dopo la guerra due cittadini discutono su che cosa sia necessario ricostruire prima. Riscrivete le frasi due volte, usando la prima volta **prima di** e la seconda volta **dopo.** Fate i cambiamenti necessari.

ESEMPIO: Prima sgombriamo le strade dalle macerie, e poi diamo una casa a tutti.
Prima di dare una casa a tutti, sgombriamo le strade dalle macerie. Dopo aver sgombrato le strade dalle macerie, diamo una casa a tutti.

1. Prima ricostruiamo le case, e poi riprendiamo la routine.
2. Prima riapriamo le fabbriche, e poi cerchiamo di garantire un lavoro a tutti.
3. Prima cambiamo il tipo di produzione, e poi costruiremo automobili.
4. Prima ci riorganizziamo, e poi daremo il pranzo gratis agli scolari poveri.
5. Prima dobbiamo eliminare la censura, e poi possiamo cominciare a raccontare la verità.
6. Prima riaprono gli studi cinematografici, e poi i produttori finanziano film sulla realtà della guerra.
7. Prima i cittadini vanno a votare, e poi pensano alla ricostruzione del Paese.

Il gerundio

The **gerundio,** equivalent to the *-ing* form of the verb in English (*running, flying*), is not conjugated. Like the **infinito,** it is indefinite; its form does not indicate who performs the action or when the action occurs. The **gerundio** has two tenses, **presente** and **passato.**

A The **gerundio presente** of regular verbs is formed by adding **-ando** to the stem of **-are** verbs and **-endo** to the stems of **-ere** and **-ire** verbs.

bombardare → bombardando *bombarding*
vincere → vincendo *winning*
finire → finendo *ending*

A few verbs form the **gerundio** with irregular stems obtained from an archaic form of the infinitive.

bere → bevendo *drinking*
dire → dicendo *saying*
fare → facendo *doing, making*
condurre → conducendo *conducting*
porre → ponendo *putting*

1. Reflexive pronouns, direct and indirect object pronouns, and **ci (vi)** and **ne** are attached to the **gerundio presente.**

   Preparandosi a partire per la guerra, il soldato piangeva.
   Getting ready to leave for the war, the soldier cried.

   Vedendoli passare, la gente applaudiva i liberatori.
   Watching them pass by, the people applauded the liberators.

2. The **gerundio presente** is used with the present, future, or imperfect of **stare** to describe an action in progress in the present, future, or past. This usage, known in English as the *progressive form* of the verb, is less common in Italian; in written Italian, the **presente,** the **futuro,** and the **imperfetto indicativo** are preferred.

   Stiamo raccogliendo informazioni sulla Resistenza.
   We are gathering information on the Resistance.

   Gli alleati staranno sbarcando adesso.
   The Allies are probably landing now.

   Nicola stava dormendo quando cominciò il bombardamento.
   Nicola was sleeping when the bombing started.

   Reflexive pronouns, direct and indirect object pronouns, and **ci (vi)** and **ne** either can precede the conjugated form of **stare** or are attached to the **gerundio.**

   Il Paese si sta preparando (sta preparandosi) alla guerra.
   The country is getting ready for war.

3. The **gerundio presente** can replace clauses beginning with **se, mentre,** or **quando** *if the subject is the same* as that of the main clause.

   Piangendo (Se piangi) non risolvi niente.
   By crying, you don't solve anything.

   Camminando (Mentre camminavo) ho visto tante macerie.
   While walking, I saw lots of rubble.

4. The **gerundio presente** can express the means or manner by which something is done, comparable to the English *by + -ing* form (*by interviewing*).

   Imparerai molto studiando la storia.
   You will learn a lot by studying history.

5. The **gerundio presente** or **passato** can take the place of a clause introduced by **dato che, poiché,** or **siccome** (*since*) describing the condition that gives rise to the action of the main clause. In this case, the **gerundio** can be used when the subjects of the two clauses differ.

   Non volendo la moglie (Dato che, Poiché, Siccome la moglie non vuole) abbandonare la casa durante i bombardamenti, il marito va in campagna da solo.
   Since his wife doesn't want to abandon the house during the bombing, the husband goes to the country alone.

   Essendo caduto il fascismo (Dato che, Poiché, Siccome il fascismo era caduto), i partigiani si sentivano liberi.
   Since fascism had fallen, the partisans felt free.

6. The **gerundio** is not accompanied by a preposition. By contrast, the English gerund is often preceded by *on, upon, in,* or *by.*

   Arrivando in città, gli alleati trovarono la distruzione dappertutto.
   Upon arriving in the city, the Allies found destruction everywhere.

7. The conjunction **pure** (**pur**) before the **gerundio** expresses the equivalent of *although* or *even though,* replacing **benché** or **sebbene** + **congiuntivo.**

   Pur non avendo (Sebbene non avessero) libertà di parola, tanti antifascisti continuarono ad opporsi al regime.
   Although they didn't have freedom of speech, many anti-Fascists continued to oppose the regime.

B The **gerundio passato** is formed with the present gerund of **avere** or **essere** (**avendo** or **essendo**) + **participio passato** of the verb.

avendo bombardato *having bombed*
avendo vinto *having won*
avendo finito *having finished*
essendo arrivato *having arrived*
essendosi rifugiato *having hidden*

1. The **gerundio passato** is used in a temporal clause to indicate an action that precedes the action of the main verb. The subjects of the two clauses must be the same.

   Avendo sofferto tanto, la gente capì molte verità sociali.
   Having suffered a lot, people understood many social realities.

The **gerundio passato** can take the place of a clause introduced by **Dopo che** (*After*). In this case, the **gerundio** can be used when the subjects of the two clauses differ.

Avendo Luigi finito (Dopo che Luigi ebbe finito) di raccontare le sue esperienze in guerra, io scoppiai a piangere.
Luigi having finished telling his war experience, I burst into tears.

Essendo usciti (Dopo che furono usciti) i primi film neorealisti, la gente capì molte realtà sociali.
The first neorealist films having been released, people understood many social realities.

2. The **gerundio passato** can replace **dopo + infinito passato.**

   Avendo vinto (Dopo aver vinto) la guerra, gli alleati occuparono la città.
   Having won the war, the Allies occupied the city.

3. Reflexive pronouns, direct and indirect object pronouns, and **ci (vi)** and **ne** are attached to **avere** or **essere.**

   Essendosi accorti di aver perso, i soldati si ritirarono.
   Having realized they had lost, the soldiers withdrew.

   Avendola persa, gli italiani sognavano la libertà.
   Having lost it, Italians dreamed of freedom.

Esercizi

A. Il brano seguente descrive una scena di un film neorealista nei minimi particolari. Riscrivete le frasi e sostituite i verbi indicati con una forma del gerundio o del progressivo. Fate tutti i cambiamenti necessari. Usate **pure (pur)** quando è necessario.

ESEMPIO: *Quando vedono* questa scena, gli spettatori si commuovono.
Vedendo questa scena, gli spettatori si commuovono.

1. Un gruppo di soldati guarda la prima attrice che *attraversa* la piazza.
2. La protagonista, vestita poveramente, *cerca* un negozio per comprare qualcosa da mangiare.
3. *Benché non abbia* neanche una lira, riesce a farsi dare del pane.
4. *Dopo aver comprato* il pane, *mentre torna* a casa, incontra una vecchia amica.
5. *Mentre guardano* le due donne che parlano, i soldati ridono, *poiché queste sembrano* molto povere.
6. *Dopo aver salutato* l'amica, la protagonista rientra a casa, dove un bambino piccolo *dorme* ancora.

7. Quando il bimbo si sveglia, la madre gli dà pane e latte e lo calma *con il raccontargli* una favola.

8. *Sebbene si sia svegliato* di cattivo umore, *al vedere* la madre e *a sentire* la storia, il bambino sorride.

B. Le frasi seguenti parlano di una famiglia molto povera subito dopo la guerra. Riscrivete le frasi sostituendo all'infinito passato il gerundio passato. Fate i cambiamenti necessari.

ESEMPIO: Dopo essersi rifugiati in campagna, vennero a sapere che la guerra era finita.
Essendosi rifugiati in campagna, vennero a sapere che la guerra era finita.

1. Dopo aver perso la casa in un bombardamento, cercarono un alloggio provvisorio.
2. Dopo aver trovato una casa, cercarono di ricostruire la loro vita.
3. Il padre si sentiva scoraggiato, dopo aver perso il lavoro.
4. Dopo aver deciso di abbandonare gli studi, il figlio maggiore Marco cercò un posto.
5. Dopo aver trovato lavoro, Marco potè aiutare la famiglia.
6. Dopo aver percepito (*received*) il primo stipendio, Marco comprò da mangiare per la famiglia.
7. Dopo aver ritrovato un vecchio amico, il padre gli chiese lavoro.
8. Dopo aver riaperto una fabbrica, l'amico offrì al padre un buon posto.

C. Due storici esprimono i loro giudizi sul fascismo e la Seconda Guerra Mondiale. Riscrivete le frasi usando il gerundio presente o passato al posto dei verbi indicati. Usate le espressioni necessarie e fate i cambiamenti richiesti.

ESEMPIO: Carlo Levi *aveva espresso* la sua opposizione e fu mandato al confino ad Eboli.
Avendo espresso la sua opposizione, Carlo Levi fu mandato al confino ad Eboli.

1. *Benché non fossero* d'accordo, molti accettarono il regime.
2. *Poiché all'inizio non era sembrata* una dittatura, il regime fu accettato da molti.
3. *Sebbene avessero dimostrato* grande coraggio, i soldati persero perché non avevano le armi adatte.

4. *Dopo che ebbero capito* la vera natura del fascismo, tanti intellettuali passarono all'opposizione.
5. *Volevano* esprimere le proprie idee liberamente e per questo molti andarono in esilio in Francia.
6. Mussolini prima *promulgò* le leggi razziali e poi cercò di farle eseguire.

Il participio

The **participio** has two forms, present and past.

A The **participio presente,** like the **infinito** and the **gerundio,** is not conjugated. The **participio presente** is formed by adding **-ante** to the stem of **-are** verbs and **-ente** to the stem of **-ere** and **-ire** verbs.

stancare → stancante *tiring*
combattere → combattente *fighting*
divertire → divertente *amusing*

1. The **participio presente** is most frequently used as an adjective. It agrees with the noun it modifies.

   Le truppe vincenti furono clementi con i vinti.
   The victorious troops were merciful with the defeated.

2. The **participio presente** is also used as a noun.

   l'abitante *resident* — il combattente *fighter*
   il cantante *singer* — l'insegnante *teacher*

3. Very rarely, the **participio presente** is used as a verb.

   Il neorealismo è un genere di film rappresentante (che rappresenta) la realtà.
   Neorealism is a genre of film that depicts reality.

B The **participio passato** is formed by adding **-ato** to the stem of regular **-are** verbs, **-uto** to the stem of **-ere** verbs, and **-ito** to the stem of **-ire** verbs.

filmare → filmato
perdere → perduto
riferire → riferito

See pages 504–518 for a list of **participi passati** of irregular verbs.

1. The **participio passato** is used with the auxiliary verbs **avere** and **essere** to form all compound tenses.

   Il regista ha finito in fretta il primo film del dopoguerra.
   The director finished the first postwar movie quickly.

Il regista è ritornato nel suo paese natale.
The director returned to his native town.

2. The **participio passato** can be used as an adjective. It agrees with the noun it modifies.

   Paisà è un film neorealista girato per le strade.
   Paisà *is a neorealist movie filmed in the streets.*

   Durante i bombardamenti la gente stava nascosta nei rifugi.
   During the bombing people stayed hidden in shelters.

3. Sometimes the **participio passato** is used as a noun.

   Nella Seconda Guerra Mondiale i morti furono molti.
   During the Second World War the dead were numerous.

4. Used without the auxiliary in a dependent clause, the **participio passato** can take the place of the **gerundio passato** (*having lost*) or **dopo** + **infinito passato** (*after losing*). This construction is called the **costruzione assoluta.**

   Persa (Avendo perso, Dopo aver perso) la guerra, gli italiani iniziarono la ricostruzione del Paese.
   Having lost the war, Italians began reconstruction of the country.

   a. The adverb **appena** (*as soon as*) frequently accompanies the **participio passato** used in the **costruzione assoluta.**

      Appena finito il primo film, il regista divenne famoso.
      As soon as he finished his first movie, the director became famous.

   b. With the **costruzione assoluta,** reflexive pronouns, direct and indirect object pronouns, and **ci (vi)** and **ne** are attached to the past participle.

      Rifugiatosi in campagna, lo scrittore descrisse la guerra.
      Having taken refuge in the country, the writer described the war.

      Presili per mano, la madre mise i figli in salvo.
      Having taken their hand, the mother led her children to safety.

   c. With the **costruzione assoluta,** the **participio** of verbs conjugated with **avere** agrees in number and gender with the *object* (if any).

      Scelti gli attori, il regista iniziò a girare il film.
      Having chosen the actors, the director began to film the movie.

      When there is no object, the **participio** is masculine singular.

      Viaggiato molto, l'attrice si fermò a Roma.
      Having traveled a lot, the actress stopped in Rome.

d. With the **costruzione assoluta,** the **participio** of verbs conjugated with **essere** agrees in number and gender with the *subject.*

Arrivati in città, gli alleati celebrarono la vittoria.
After arriving in the city, the Allies celebrated the victory.

Esercizi

A. Immaginate di ammirare molto un regista per il realismo dei suoi film. Scrivetegli una lettera commentando il suo ultimo lavoro. All'infinito o al gerundio dei verbi indicati, sostituite la costruzione assoluta del participio passato e fate i cambiamenti necessari.

Caro Signor Luzi,
dopo aver visto il Suo film tre volte, desidero scriverLe.
Mi ha commosso la scena in cui la protagonista, *avendo ritrovato* i suoi tre figli, li abbraccia e li bacia. *Dopo aver notato* il suo viso così espressivo, ho pianto. Ho pianto anche prima, quando il marito, essendo stato arrestato dai tedeschi, *dopo aver preso* la giacca, bacia la moglie per l'ultima volta. *Dopo aver considerato* le condizioni in cui Lei ha girato il film, è difficile credere che abbia potuto fare un tale capolavoro. *AvendoLe creato* difficoltà d'ogni tipo, alla fine le autorità Le hanno dato il permesso di girare il film. Ho letto che Lei, *avendo avuto* il permesso dalla censura, non ha perso tempo. *Dopo aver cercato* gli attori a Roma, ha scelto gente del popolo. *Avendo scelto* attori non professionisti, gli ha insegnato a recitare. Complimenti ancora per il meraviglioso risultato ottenuto!
Un suo ammiratore

Fernando Cioni

B. Le frasi seguenti si riferiscono ad una situazione sul set di un film. Completatele con la forma corretta dell'infinito, del gerundio o del participio, presente o passato.

1. Il film racconta di due partigiani che si organizzano per ______ (difendere) una collina.
2. L'attore protagonista si prepara a ______ (sparare), ______ (prendere) in mano una pistola.
3. ______ (dargli) gli ultimi consigli, il regista gli ricorda che cosa deve ______ (fare).
4. I tecnici, ______ (allestire, *to stage*) la scena, si ritirano per non ______ (essere) visti.
5. Nella prima inquadratura (*shot*), il ragazzo e il suo compagno, dopo ______ (rimanere) svegli tutta la notte, devono ______ (aspettare) due partigiani che verranno a ______ (sostituirli).

6. ______ (vedere) i due compagni, il ragazzo va a ______ (dormire) e l'amico chiede di ______ (fumare) una sigaretta.
7. Nella seconda scena, pur ______ (trovarsi) nello stesso posto, il ragazzo sembra diverso.
8. Egli appare più maturo, come se fosse cresciuto, dopo ______ (vivere) una brutta esperienza.
9. ______ (ascoltare) il colloquio tra il giovane e l'amico, si capisce che è stato costretto ad ______ (uccidere) un nemico.
10. La scena è molto realista: si vede il viso di un soldato che sta ______ (morire).

Scriviamo

Come scrivere un riassunto

Spesso è necessario riassumere quello che hai letto o sentito. Il riassunto è l'esposizione in breve dei punti più importanti di una narrazione più lunga e dettagliata.

Puoi fare il riassunto delle idee principali di un brano oppure un riassunto dell'azione di una storia o di un film. In un riassunto puoi esporre l'argomento principale di un testo, spiegandolo con alcuni esempi ed idee tratti dal testo. Quando fai invece il riassunto di una storia o di un film, narri gli episodi più importanti in ordine logico e cronologico.

Prima di incominciare a scrivere un riassunto, è molto importante leggere attentamente il brano da riassumere e stabilire quali sono le idee principali che l'autore vuole comunicare. Una volta stabilito questo, puoi cercare nel testo esempi salienti per dimostrare appunto le idee dell'autore. Quando scrivi un riassunto, cerca di usare un tono obiettivo e imparziale. Alla fine puoi anche esprimere le tue opinioni personali. Ricordati anche di citare il titolo della lettura e il nome dell'autore, di solito all'inizio del riassunto.

Temi

1. Dopo aver riletto attentamente il brano di Fellini a pagina 334, scrivi un breve riassunto. Qual è l'idea principale del brano? Trova nel testo esempi specifici e poi aggiungi un paragrafo in cui esprimi la tua opinione e le tue reazioni alla lettura.

2. Riassumi brevemente le idee salienti del brano di Calvino a pagina 334, incominciando con l'idea principale e dando poi esempi specifici dal testo. Quindi scrivi quali sono le tue opinioni personali.
3. Finito di leggere attentamente il racconto di Moravia, *Romolo e Remo,* scrivi un riassunto dell'azione principale. Mettendo in evidenza gli episodi principali, organizza le varie fasi del racconto in ordine cronologico. Alla fine esprimi i tuoi giudizi e le tue idee su quello che hai letto.

Parole ed espressioni chiave

Per parlare del ventennio fascista

l'aggressione *(f.) aggression*
l'allarme aereo *air-raid siren*
l'alleanza *alliance*
l'alleato *ally*
l'autorità *authority*
la bomba *bomb*
il bombardamento *bombardment*
la censura *censorship*
il confino *confinement*
il consenso *consent*
il coprifuoco *curfew*
i diritti civili *civil rights*
il dittatore *dictator*
la dittatura *dictatorship*
il dominio *domination*
il «duce» *"leader"*
l'esercito *army*
l'espansione coloniale *(f.) colonial expansion*
i fasci *fasces (symbol of authority in ancient Rome and adopted by Mussolini as a symbol of the Fascist Party)*
i fedeli seguaci *loyal followers*
la forza *force*
la guerra *war*
l'ideologia *ideology*
l'imperialismo *imperalism*
l'invasione *(f.) nvasion*
la legge razziale *racially restrictive law*
la libertà *liberty*
il nazionalismo *nationalism*
l'occupazione *(f.) occupation (of a place)*
l'opposizione *(f.) opposition*
il partigiano *partisan*
il patriottismo *patriotism*
la prigione *prison*
la propaganda *propaganda*
il reduce *veteran*
il regime *regime*
il Regime Fascista *the Fascist Regime*
la Resistenza *Resistance*
la Seconda Guerra Mondiale *Second World War*
lo sfollamento *evacuation*
la stampa *the press*
la violenza *violence*

aggressivo, -a *aggressive*
imperialista *imperialist*
militarista *militarist*
nemico, -a *enemy*
obbligatorio, -a *compulsory, obligatory*
patriottico, -a *patriotic*
totalitario, -a *totalitarian*
vivo, -a *alive*

abolire *to abolish*
bombardare *to bomb*

combattere *to fight*
controllare *to control*
esplodere *to explode*
essere soggetto a *to be subjected to*
invadere *to invade*
iscriversi a un partito / prendere la tessera *to become a member of a political party*
istituire *to institute, to enact*
occupare *to occupy*
portare a *to lead to*
promulgare *to promulgate*
rievocare *to evoke*
rifugiarsi *to take shelter*
sconfiggere *to defeat*
sfollare *to evacuate*
sopprimere *to suppress*
sparare *to shoot*
uccidere *to kill*

Per parlare del neorealismo e del dopoguerra

l'autenticità *authenticity*
la classe / il ceto subalterno *the lower class*
la disoccupazione *unemployment*
il dopoguerra *postwar period*
l'esterno *exterior*
il gergo *slang, jargon*
l'idealizzazione (*f.*) *idealization*
l'ingiustizia *injustice*
l'interno *interior*
la lotta *struggle*
le macerie *ruins, rubble*
la macchina cinematografica / da presa *movie camera*
il neorealismo *neorealism*
il partigiano / la partigiana *partisan*
la povertà *poverty*
il realismo *realism*
la realtà *reality*
la reazione *reaction*
il / la regista *film director*
la ripresa *shot, take*
la scena *scene*
lo sfondo *setting, background*
gli studi cinematografici *movie studios*
la trama *plot, story*
la veridicità *truthfulness, accuracy*
la vicenda *event*

d'evasione *escapist*
economico, -a *economic*
giornaliero, -a / quotidiano, -a *everyday, daily*
idealizzato, -a *idealized*
impegnato, -a *committed, engaged*
neorealista *neorealist*
politico, -a *political*
realistico, -a *realistic*
sociale *social*

ambientare *to set, to place*
catturare *to capture*
commuovere *to move emotionally*
distrarre *to distract*
fare da sfondo *to serve as background*
filmare *to film*
girare un film *to film, to shoot*
indurre *to induce, to persuade*
intrattenere *to entertain*
mistificare *to mystify*
nascondere *to hide*
rispecchiare *to reflect*

La Costituzione, il Governo e i partiti politici

Alcuni cittadini a Venezia partecipano a un dibattito politico.

Temi

- La Costituzione e alcuni principi costituzionali
- I diritti e i doveri dei cittadini
- Il Governo e le elezioni
- I partiti politici e le coalizioni di Governo
- La corruzione politica

Strutture

- Gli aggettivi e i pronomi dimostrativi
- I pronomi relativi
- Il discorso indiretto

La Costituzione italiana

INTRODUZIONE

> *Articolo 1. L'Italia è una Repubblica democratica fondata sul lavoro. La sovranità appartiene al popolo, che la esercita nelle forme e nei limiti della Costituzione.*
>
> – *Costituzione della Repubblica italiana.*

Francesco Rutelli, eletto sindaco di Napoli nel 1993, esercita il suo diritto al voto.

Per parlare della Costituzione

Alla fine della Seconda Guerra Mondiale, con il referendum popolare del 1946, la monarchia venne abolita e l'Italia diventò una repubblica democratica. Nel 1948 entrò in vigore la nuova Costituzione Repubblicana.

La costituzione di una nazione riflette non solo la storia e la cultura di una società, ma anche i suoi bisogni, ideali e valori. È quindi un documento indispensabile per capire un popolo.

La Costituzione italiana non solo garantisce i diritti inviolabili dell'individuo, come il principio della libertà e i diritti politici, ma anche i diritti sociali. La persona umana infatti è considerata nel suo contesto sociale, e lo Stato è chiamato ad intervenire per garantire ad ognuno la possibilità di sviluppare in pieno la propria personalità all'interno della società.

Parole in contesto

1. La Costituzione stabilisce i principi fondamentali su cui si basa l'ordinamento della Repubblica italiana.
2. Negli articoli della Costituzione sono indicati i diritti inviolabili e inalienabili dell'individuo e i doveri dei cittadini.

3. La Costituzione riconosce e garantisce certi principi fondamentali, come quello di uguaglianza, senza distinzione di sesso, razza o religione, e tutela il diritto di ogni cittadino di manifestare liberamente il proprio pensiero.
4. Le norme di legge promulgate dal governo devono sempre essere in accordo con i principi costituzionali.
5. La Costituzione italiana promuove le condizioni che favoriscono il pieno sviluppo della persona umana. La Repubblica italiana deve rimuovere gli ostacoli socioeconomici che impediscono la piena realizzazione dell'individuo nel contesto sociale.

Descriviamo

Milano-sera

QUOTIDIANO INDIPENDENTE D'INFORMAZIONE

Il popolo ha SCELTO

La STORIA ha scritto

E' GIA' REPUBBLICA

Alle 17 tutta Milano la saluterà in piazza del Duomo

L'Italia ha vinto

Porte socchiuse

IL TEMPO

DOPO LA LOTTA POLITICA, RICOSTRUIRE IL PAESE

La Repubblica voluta dalla maggioranza dovrà unire, non già dividere gli Italiani

Alle 24 di ieri: 12.718.019 voti alla Repubblica: 10.709.423 alla Monarchia - Con una percentuale di maggioranza del 64 per cento, il Lazio, il Mezzogiorno e le Isole non hanno potuto difendere l'Istituto monarchico

PREMESSE

I Capi dei partiti invitano alla completa distensione degli animi

LA SITUAZIONE DELLA COSTITUENTE

LE GRANDI STRADE DRITTE

GLI ULTIMI RISULTATI UFFICIALI del «referendum» istituzionale alle ore 24 di ieri

L'ITALIA

LOGICO EPILOGO DELLA CRISI ISTITUZIONALE

Umberto II ha lasciato l'Italia

Egli raggiungerà la consorte in Portogallo

Oggi De Gasperi alle 13 parlerà al Paese

I voti per le prossime canonizzazioni

1. A quale periodo storico si riferiscono i giornali della foto? Di che cosa parlano?

2. Secondo i giornali, quali cambiamenti si aspettavano gli italiani?

Immaginiamo ed inventiamo

1. Lavorando a gruppi, immaginate di partecipare a una seduta per stilare (*draft*) la Costituzione della vostra nazione. Esprimete la vostra opinione su come dovrebbero essere i principi di legge relativi ai seguenti argomenti.

   a. la libertà di religione
   b. l'assistenza sanitaria (*health services*)
   c. la retribuzione (*pay*) del lavoro alle donne
   d. il diritto alla scuola

2. Immagina di poter aggiungere un articolo alla Costituzione del tuo Paese. Quale aggiungeresti? Perché?

Prepariamoci a leggere

1. Divisi in gruppi, discutete le seguenti dichiarazioni di Oriana Fallaci, nota giornalista italiana.

   a. «D'accordo: per vivere in gruppo ci vuole un'autorità che governi, altrimenti è il caos.»
   b. «Non si sa mai dove incomincia e finisce il potere di un capo: l'unica cosa sicura è che non puoi controllarlo e che fucila (*shoots*) la tua libertà.»

2. Oltre che al governo di una nazione, a quali altre strutture si potrebbero riferire le affermazioni della Fallaci?

3. Divisi in gruppi, preparate due liste di quelli che considerate i più importanti doveri e diritti dei cittadini. Paragonate la vostra lista a quella degli altri studenti e spiegate le vostre scelte.

4. Quali sono alcuni principi inviolabili su cui si basa la Costituzione del tuo Paese? Come riflettono questi principi la sua storia e la sua cultura?

I seguenti articoli della Costituzione italiana rappresentano alcuni principi fondamentali su cui si basa la Repubblica italiana.

A **Art. 3.** Tutti i cittadini hanno pari° dignità sociale e sono uguali davanti alla legge, senza distinzioni di sesso, di razza, di lingua, di religione, di opinioni politiche, di condizioni personali e sociali.

È compito della Repubblica rimuovere gli ostacoli di ordine economico e sociale, che, limitando di fatto la libertà e l'uguaglianza dei cittadini, impediscono il pieno sviluppo° della persona umana e l'effettiva partecipazione di tutti i lavoratori all'organizzazione politica, economica e sociale del Paese.

Art. 4. La Repubblica riconosce a tutti i cittadini il diritto al lavoro e promuove le condizioni che rendono effettivo questo diritto.

Art. 6. La Repubblica tutela con apposite norme le minoranze linguistiche.

pari: equal
sviluppo: development

Alcuni articoli della Costituzione stabiliscono i diritti e i doveri dei cittadini.

B **Art. 21.** Tutti hanno diritto di manifestare liberamente il proprio pensiero, con la parola, lo scritto e ogni altro mezzo di diffusione. La stampa non può essere soggetta ad autorizzazioni o censure.

Art. 34. La scuola è aperta a tutti. [...]

I capaci e meritevoli, anche se privi di mezzi, hanno diritto di raggiungere i gradi più alti degli studi.

La Repubblica rende effettivo questo diritto con borse di studio [...].

Art. 36. Il lavoratore ha diritto al riposo settimanale e a ferie annue retribuite°, e non può rinunziarvi.

Art. 37. La donna lavoratrice ha gli stessi diritti e, a parità di lavoro, le stesse retribuzioni che spettano° al lavoratore. Le condizioni di lavoro devono consentire° l'adempimento° della sua essenziale funzione familiare e assicurare alla madre e al bambino una speciale e adeguata protezione.

retribuite: paid
spettano: are due
consentire / adempimento: permit / fulfillment

Parliamo e discutiamo

1. Secondo gli articoli riportati, quali principi di uguaglianza garantisce la Costituzione italiana?
2. Quali pensate che siano alcuni «ostacoli di ordine economico e sociale» che potrebbero impedire il pieno sviluppo della persona umana? Come potrebbe il governo rimuovere questi ostacoli?
3. Cosa pensate dell'Articolo 36, che proibisce ai lavoratori di rinunciare alle ferie? Siete d'accordo? Che cosa rivela dell'atteggiamento degli italiani verso le vacanze?

4. Quali diritti garantisce la Costituzione alla donna? Quale pensate che sia l'«essenziale funzione familiare» della donna a cui si riferisce l'Articolo 37?

5. Divisi in gruppi, considerate il principio costituzionale secondo il quale lo Stato deve intervenire attivamente nel mondo del lavoro e della scuola per garantire i diritti socioeconomici dei cittadini.
   a. Individuate in quali articoli della Costituzione si trova espresso.
   b. Discutete se siete d'accordo o no.
   c. Paragonate queste idee con il concetto della ricerca della felicità, come è espresso nella Costituzione americana.

6. Divisi in gruppi, discutete quale, secondo voi, è il più importante fra gli articoli riportati e perché.

7. Divisi in gruppi, paragonate gli articoli riportati ad articoli simili della Costituzione del vostro Paese. Come sono simili e come differiscono? Come riflettono due culture diverse?

I partiti e la politica

INTRODUZIONE

... quest'Italia che si disintegra[1] *nell'irresponsabilità, nella mancanza*[2] *di serietà, nella violenza, nel fascismo che sempre riaffora*[3], *magari per mascherarsi in colori diversi oltre il nero.*

— Oriana Fallaci, *Intervista con la storia.*

1. si... is disintegrating 2. lack
3. reemerges

Manifestazione di lavoratori contro il governo Amato e la corruzione.

Per parlare di politica e dei partiti

Dal dopoguerra fino ai tempi più recenti il partito di maggioranza relativa in Parlamento, la Democrazia Cristiana, ha governato ininterrottamente, in coalizione con altri partiti. Infatti, una caratteristica della politica italiana è la frammentazione dei partiti, cioè l'esistenza di numerosissimi partiti politici che rappresentano interessi particolaristici diversi. Per questo è difficile che un partito solo ottenga la maggioranza assoluta in Parlamento e il Governo è sempre il risultato di una coalizione tra diversi partiti, coalizione che spesso si rivela estremamente debole e poco stabile.

Un altro fenomeno che negli ultimi anni si è rivelato intrinseco alla politica italiana è quello della corruzione. L'inchiesta «Mani pulite», avviata dal giudice Antonio Di Pietro, ha portato alla luce i legami di corruzione tra i politici e il mondo dell'industria pubblica e privata. Attraverso un complicatissimo meccanismo di finanziamento dei partiti, gli uomini politici avrebbero offerto agli imprenditori gli appalti di opere pubbliche in cambio di cospicui pagamenti, cioè tangenti. Molti sono gli indagati e imputati in questa inchiesta. L'estensione e la gravità di questo fenomeno hanno toccato tutti i settori della vita pubblica e il termine «Tangentopoli» (*Bribe City*) è stato coniato per descrivere l'enormità di questo scandalo. Tutti i maggiori partiti politici tradizionali sono stati in qualche modo coinvolti (*involved*) in questo scandalo che ha sconvolto (*put in turmoil*) tutta la società italiana. Molti italiani, delusi, hanno abbandonato i partiti tradizionali per nuovi partiti che diano una diversa direzione al Paese. Dal canto loro, in un tentativo di rinnovamento, molti partiti hanno addirittura cambiato nome: fra questi anche la Democrazia Cristiana.

Con la riforma elettorale in atto negli ultimi tempi, si è cercato di semplificare il processo elettorale e di mettere fine alla corruzione politica riducendo il potere dei partiti.

Parole in contesto

1. In Italia ci sono numerosi partiti politici e per molto tempo il loro potere si è esteso ad ogni aspetto della vita italiana, dalla politica all'economia e ai mezzi di comunicazione.
2. Per partitocrazia si indica appunto la divisione fra i vari partiti dell'influenza politica e del potere economico del Paese.
3. A seconda della loro ideologia politica, i partiti di solito si definiscono di centro, di destra o di sinistra e anche di estrema destra o estrema sinistra.
4. Ci sono anche partiti che rappresentano interessi particolari, come il Partito dei Verdi per la difesa dell'ambiente e il Partito dei Pensionati. Altri partiti poi, come quello della Lega nord, nascono come reazione e protesta contro la centralizzazione del governo di Roma e rappresentano gli interessi delle regioni del Nord Italia.

5. Il segretario del partito è colui che stabilisce la direzione politica del partito e dei suoi iscritti.
6. I candidati al Parlamento e al Senato cercano di ottenere, attraverso la campagna elettorale, il maggior numero di voti possibile e quindi di seggi in Parlamento.
7. Durante le elezioni, la campagna elettorale si fa attraverso manifesti affissi, o attaccati, sui muri per le strade, dibattiti politici alla televisione, e comizi, cioè assemblee nelle piazze dei paesi e delle città in cui i candidati discutono le loro idee e i loro programmi di fronte alla cittadinanza.
8. Un fenomeno a volte inevitabile è la corruzione politica, che può assumere forme diverse.
9. Si chiama tangente, mazzetta o bustarella una somma di denaro pagata per ottenere voti, favori politici o contratti, appalti e subappalti soprattutto per lavori pubblici.

Descriviamo

1. La vignetta ritrae il presidente della repubblica durante gli anni di Tangentopoli. Spiegate la vignetta. A che cosa si riferisce?
2. Che giudizio esprime sui partiti politici e sulla situazione politica italiana?

Immaginiamo ed inventiamo

1. Immagina di dover parlare ad un cittadino straniero delle elezioni nel tuo Paese. Spiega i punti seguenti.
   a. Quali sono i principali partiti politici e chi li appoggia (*supports*).
   b. Come viene eletto il presidente.
   c. Qual è la percentuale dei votanti alle elezioni.
   d. Quando si vota e per chi si vota.

2. Divisi in gruppi, descrivete un partito politico immaginario.
   a. Come si chiamerebbe?
   b. Di quali problemi si occuperebbe?
   c. Quale sarebbe il suo programma?
   d. Quali gruppi sociali ed economici lo appoggerebbero?
   e. Preparate uno slogan elettorale per questo partito e poi presentate alla classe il candidato da voi prescelto.

3. Lavorando in gruppi, immaginate come sarebbe un presidente ideale. Descrivete il suo carattere. Quale dovrebbe essere il suo ruolo nel governo e nella società? Che cosa potrebbe fare per migliorare il suo Paese?

4. Immaginate di aver sentito il discorso elettorale di un candidato / una candidata alle prossime elezioni. Che cosa ha detto riguardo ai problemi che seguono? Come ha detto che li avrebbe risolti?
   a. i senzatetto (*homeless*)
   b. l'assistenza sanitaria
   c. la scuola
   d. l'assistenza sociale

5. Immaginate che alle prossime elezioni non si presenti nessun candidato / nessuna candidata che vi piaccia. Divisi in gruppi, proponete personaggi del presente o del passato. Discutete:
   a. il nome del candidato o della candidata.
   b. l'esperienza della persona.
   c. perché sarebbe una buona scelta.
   d. che programma politico proporrebbe.
   e. come si svolgerebbe la sua campagna elettorale.

Prepariamoci a leggere

1. Rileggete le informazioni culturali alle pagine 139–140 del Quaderno degli esercizi e poi, divisi in gruppi, rispondete alle domande che seguono.
   a. Descrivete la struttura del Governo italiano.
   b. Chi è il capo del Governo? Come viene eletto?
   c. Qual è la funzione del presidente?
   d. Com'è formato il Parlamento? Come viene eletto?

2. Nel grafico a sinistra ci sono le sigle dei grandi partiti tradizionali che per tanti anni hanno fatto parte della scena politica italiana. Trovate la sigla corretta per i seguenti partiti.

   a. Democrazia Cristiana
   b. Partito Liberale Italiano
   c. Partito Repubblicano Italiano
   d. Partito Democratico della Sinistra
   e. Partito Socialista Italiano
   f. Movimento Sociale Italiano
   g. Partito Socialdemocratico Italiano

ELEZIONI

In percentuale	ELEZIONI POLITICHE 1987	ULTIME ELEZIONI POLITICHE 1992	INTENZIONI DI VOTO AL 1993
MSI	5,9	5,4	8
Lega Nord	0,5	8,7	*14
Partito Pensionati	–	0,6	2
DC	34,3	29,7	24
PSI	14,3	13,6	8
PLI	2,1	2,8	3
PSDI	3,0	2,7	2
PRI	3,7	4,4	3
PDS	**26,6	16,1	15
Rifondazione Comunista	–	5,6	6
La Rete	–	1,9	5
Verdi	2,5	2,8	3
Lista Pannella	***2,6	1,2	2
ALTRI	4,5	4,5	5

(*) Il Dato è condizionato dalla presenza di più Leghe con denominazioni diverse
(**) Presente come Pci (Pds più Rifondazione)
(***) Il dato si riferisce al Partito Radicale

CAMERA
Proporzionale

Forza Italia 21 %	Lista Marco Pannella 3,5 %
20,4%	Verdi 2,7 %
Alleanza Nazionale 13,5%	PSI 2,2 %
Partito Popolare 11,1 %	Rete 1,9 %
Lega Nord 8,4 %	AD 1,2 %
Partito Comunista 6 %	Altri 3,5 %
Patto Segni 4,6 %	*Le percentuali di voto per la quota proporzionale della Camera. Sotto il 4% non si conquistano seggi.*

1994

3. Secondo il grafico a sinistra a pagina 366:
   a. quali erano i partiti più importanti?
   b. paragonate la percentuale dei voti ricevuti dai vari partiti nel 1987 e nel 1992 alle intenzioni di voto per le elezioni del '93. Quale tendenza si nota?
4. Nel grafico a destra a pagina 366 ci sono i risultati delle elezioni del 1994. Paragonate i due grafici e rispondete alle domande.
   a. Quali partiti sono diventati più importanti e quali hanno perso voti?
   b. Quali partiti hanno cambiato nome e quali sono alcuni nuovi partiti?
   c. Che cosa rivelano i due grafici sull'attuale realtà politica italiana?
5. Quale pensi che sia il programma del Partito dei Verdi? e di quello dei Pensionati?
6. Perché pensate che ci siano tanti partiti in Italia? Quali sono gli aspetti positivi e negativi della presenza di tanti partiti?
7. In quali forme si può manifestare secondo voi la corruzione politica?
8. Nei grafici seguenti sono riportati i risultati di un sondaggio condotto tra i cittadini italiani riguardo alla corruzione politica e alla disonestà. Quali delle affermazioni che seguono sono vere secondo il sondaggio? Motivate le vostre risposte.
   a. I cittadini italiani non hanno più fiducia nelle istituzioni democratiche.
   b. Un nuovo governo potrebbe avere un ruolo decisivo se si facesse una riforma elettorale e se uomini nuovi si presentassero al governo.
   c. Gli italiani non si fidano dei propri connazionali.

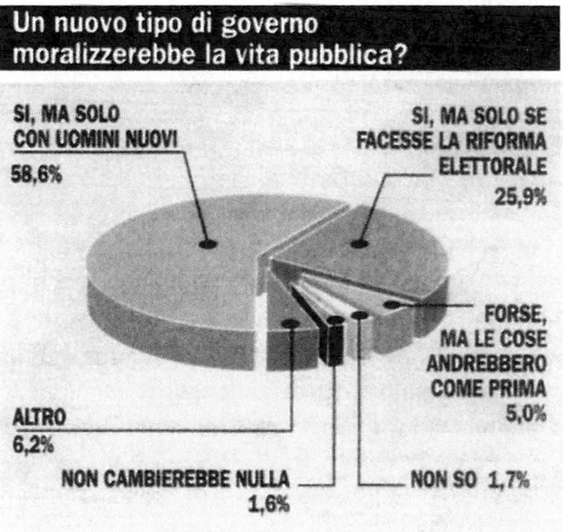

Il brano seguente descrive la realtà politica italiana dalla fine della Seconda Guerra Mondiale ai primi anni '90.

A C'è una leggenda che gli italiani amano molto: quella della loro presunta° instabilità politica. È un'illusione data dalle frequentissime crisi di governo, ma i governi cadono e si riformano quasi uguali per motivi che non hanno niente a che fare con l'instabilità: la crisi da noi è uno strumento escogitato° dai partiti per superare problemi contingenti°, dare una rimescolatina° agli uomini, ridistribuire poteri ministeriali. [...] In 44 anni (1948–92) abbiamo avuto un solo cambiamento reale, importante. Fu nel lontano 1962, quando dopo 24 anni di centrismo democristiano si formò il primo governo di centro sinistra con l'ingresso dei socialisti. Se questa non è stabilità...

Agli effetti pratici l'unico macrodato di rilievo° è il progressivo, lentissimo ma costante logoramento° della Dc. — *Panorama.*

presumed
devised / immediate
shuffle
macrodato... major fact
wasting away

Nel brano seguente si indicano con ironia alcune speranze degli italiani nei confronti del presidente della Repubblica.

B Per anni molti italiani hanno coltivato un sogno. Di veder scendere dal Colle del Quirinale* un presidente vestito nei panni° di Zorro capace di spazzar via° a colpi di frusta° la gran corte dei corrotti che infesta l'Italia, l'esercito dei faccendieri° che prosperano sotto le bandiere della partitocrazia. [...]

Lo Zorro che noi vorremmo al Quirinale è un uomo capace di contribuire al rinnovamento di quella specie di Far West che sono oggi i partiti italiani. Un Far West dove si obbedisce solo alla legge del più forte e dove non si conoscono né vincoli° né regole. — *L'Espresso.*

clothes
spazzar... sweep away / whip / busybodies
bonds

Nel seguente brano un ex-sindaco di Catania, importante città della Sicilia, spiega il sistema degli appalti in Italia.

C L'assessore° [...] individua° un'opera da realizzare e—contestualmente°—sceglie l'impresa che la realizzerà. L'impresa indica il progettista che favorirà l'operazione. Ovviamente l'imprenditore deve farsi carico° della tangente che—afferma egli stesso—è ormai calcolabile con una percentuale a due cifre.

Ma non basta: l'imprenditore deve farsi carico di «costruire» la gara°. Deve convincere le imprese che partecipano a fare offerte predeterminate che gli consentano di fare l'offerta vincente. — *Panorama.*

councilman / singles out
at the same time
farsi... take charge
bid

*Il Quirinale è la residenza del presidente della Repubblica a Roma.

Parliamo e discutiamo

1. Secondo il brano A, indicate ciò che cambia spesso nella politica italiana e ciò che invece non muta.
   a. il capo del Governo
   b. i partiti al potere
   c. il presidente della Repubblica
   d. le alleanze fra i partiti
   e. la forma parlamentare
   f. i ministri
2. Secondo il brano B, indicate quali delle affermazioni seguenti sono corrette, a proposito dei sogni degli italiani nei riguardi del presidente.
   a. Dovrebbe contribuire all'espansione del numero dei partiti.
   b. Dovrebbe accrescere il potere dei partiti.
   c. Dovrebbe combattere la corruzione dei partiti.
   d. Dovrebbe far rispettare la legge del più forte.
   e. Dovrebbe rinnovare il sistema della partitocrazia.
3. Nel brano B, che cosa suggerisce l'immagine del «Far West» nei confronti dei partiti politici?
4. Spiegate che cos'è la «tangente» a cui si fa riferimento nel brano C.
5. Nel brano C si parla delle imprese di costruzione. In quali altri campi pensate che si possano ottenere favori pagando la tangente o bustarella?

Prepariamoci a leggere

Un uomo d'affari si guarda alle spalle, poco sicuro di quello che sta facendo. Che si tratti di qualcosa di disonesto?

1. Immaginate di cosa si occupa la persona nella foto e come è arrivata alla sua posizione.
2. La città in cui vivete ha deciso di costruire una metropolitana. Come pensate che venga scelta l'impresa di costruzioni? Chi prende la decisione finale?
3. Immagina di essere il proprietario / la proprietaria di una fabbrica di ruote e gomme. Cosa faresti per convincere un'altra ditta a comprare i tuoi prodotti? Che cosa non faresti mai che sarebbe immorale o illegale?
4. Il racconto che leggeremo è intitolato «La tangente». Immaginate alcuni possibili argomenti.

Carlo Castellaneta, nato nel 1930, è autore di romanzi e racconti che descrivono con realismo i problemi personali e sociali giornalieri della società moderna. Il racconto che segue descrive con ironia e sarcasmo un esempio di corruzione nel mondo dell'industria.

La tangente

Dopo che suo padre era morto, lasciandogli in eredità° l'impresa di lavaggio moquette°, il signor Pizzi si era messo a fabbricare tappetini° per auto [...] e si era trovato in capo a° pochi anni con in mano una vera azienda.

inheritance
lavaggio... carpet cleaning
mats / **in...** after

Non che i suoi manufatti° fossero i più resistenti° o i più belli che si potessero produrre. Ma se avevano avuto fortuna era perché Pizzi aveva capito subito una cosa molto importante: che i suoi tappetini dovevano piacere prima di tutto al funzionario° dell'ufficio acquisti°. E per farglieli piacere non c'era cosa migliore che un assegno°, proporzionato alla quantità della merce°.

products / long-lasting
manager / **ufficio...** purchasing department / check
merchandise

Niente di scandaloso in tutto questo. Lo facevano tutti, in tutte le fabbriche, in tutti gli edifici, dovunque ci fosse da scegliere tra diversi concorrenti°. Perciò il signor Pizzi rimase di stucco° quando, improvvisamente, fu chiamato al telefono un mattino per sentirsi contestare° l'ultima consegna°.

competitors / **rimase...** was dumbfounded
dispute / delivery

—Come sarebbe a dire: non va bene?
—È così—ripeté una voce gelida.—La merce non è quella solita.
—Ma non diciamo fesserie°!—s'indignò il Pizzi.
—Scusa, non sono io che lo dico.
—E chi allora?
—Il dottor Bolti. Ha detto: questa fornitura° è da cambiare.
—Ah!

nonsense
supply

Il signor Pizzi pensò di aver capito. Da troppo tempo la tangente che il Bolti percepiva° non era stata ritoccata sulla base° del listino prezzi°. «Ma certo» sorrise tra sé «qui bisogna provvedere!»

Così, il giorno seguente si recò° lui stesso nell'ufficio del funzionario, in un blocco della immensa casa automobilistica. [...]

Il dottor Bolti lo fece aspettare più di mezz'ora. [...]

Quando finalmente fu ricevuto, subito notò nell'atteggiamento del funzionario qualcosa di reticente, una strana ombra° che non gli aveva mai visto in faccia.

—Sì, è vero, pare che il materiale non sia dello stesso tipo...

—Ma dottore, è impossibile, gliel'assicuro!

L'altro si strinse nelle spalle°, e il Pizzi aggiunse:—Capisco che è venuto il momento di aggiornare° il Suo disturbo°...

—No, no, non si tratta di questo—protestò il Bolti vivacemente.

—E allora?

Il funzionario piuttosto imbarazzato, come se dovesse confessare qualcosa di equivoco°.

—Vede, sono gli operai del reparto selleria° che protestano.

—Cioè?

—Dicono che i tappetini andrebbero bene, però...

—Però cosa?

—Non ho capito neanch'io. Forse, lei signor Pizzi, dovrebbe parlare con uno di loro, farsi spiegare cos'è che non va.

Il Pizzi stava perdendo la pazienza. Com'era possibile che, se una merce era stata approvata dalla Direzione, fosse poi contestata dalle maestranze°? Come si permettevano questi signori di contrariare° il dottor Bolti, che da vent'anni sceglieva le tappezzerie° delle vetture°?

—Purtroppo si permettono, caro Pizzi. E noi qui non vogliamo altri scioperi°. Cosa le costa? Ci parli Lei, senta cosa dicono.

Una cosa simile non era mai successa al Pizzi in tutta la sua vita. [...] Gli pareva semplicemente pazzesco° che le sue forniture d'ora in avanti° dovessero piacere non solo al dottor Bolti ma anche a qualcun altro. E chi era questo qualcun altro?

Lo seppe quando, finalmente, si decise a venire a patti°.

—È uno del reparto—spiegò il Bolti al telefono.—Gli dirò di venire da Lei domani sera.

—Bene, lo aspetto in ufficio.

Puntuale, l'uomo arrivò il giorno seguente. Era un tipo sulla cinquantina°, la faccia di chi ha passato la vita alle catene di montaggio.

—Mi manda il dottor Bolti—annunciò presentandosi.

—Si accomodi—fece il Pizzi con tutta la gentilezza di cui era capace.—Allora, cosa c'è che non va?

L'altro si accese con calma una sigaretta.

—Bella fabbrica, complimenti.

—Grazie—fece il Pizzi asciutto.

collected / **ritoccata...** revised in accordance with / **listino...** price list / **si...** went

shadow

si... shrugged

to bring up-to-date / inconvenience

di... shady

reparto... seat-making department

workers / to vex

upholstery / cars

work strikes

crazy / **d'ora...** from now on

venire... come to terms

sulla... in his fifties

—Fate anche moquette?

—Un po' di tutto: feltri° coordinati, fiorate° inglesi, tartan, quadrotti autoaderenti°...

felts / flowered

quadrotti... self-stick carpet tiles / Revenue Office

Ma chi era questo qui? Un ispettore della Finanza°?

—Non credevo che avesse tanti operai. Proprio una bella fabbrichetta!

Tirava per le lunghe°, come se non si fidasse a sputare il nocciolo°.

Tirava... He was taking a long time / **sputare...** to spit it out

—Senta,—sbottò il Pizzi—io ho poco tempo. Mi dica cos'hanno i miei tappetini. Sono difettosi?

—No, no, sono ottimi. L'unico difetto è che... noi non ci guadagniamo niente.

—Noi chi?

—Noi operai. E questo non è giusto.

Il Pizzi era ammutolito°.

dumbstruck

—Non è giusto che ci guadagni sopra soltanto lui, il dottor Bolti, e noi che li montiamo° niente.

install

—Ma certo—ammise il Pizzi.

—Vede, non è vero che noi chiediamo chissà cosa.

—Dica, dica.

—Chiediamo un cinquecento lire il pezzo. Ogni fornitura un tot° per noi. Cosa ne dice?

so much

—Perfetto—sorrise il Pizzi.

Dall'indignazione era passato fulmineamente al sollievo°. Stava calcolando come assorbire la nuova tangente nelle spese generali.

relief

—Non c'è problema—disse stringendogli la mano a sigillare° l'accordo.

to seal

L'altro si avviò alla porta, ma prima aveva qualcosa da aggiungere.

—Sa, oramai° rubano tutti. E noi operai dobbiamo essere sempre i più fessi?°

ormai

fool

Due giorni dopo arrivò la telefonata del Bolti.

—Bravo Pizzi. Mandateci subito milleduecento pezzi.

— Carlo Castellanata, «La tangente», *Rapporti confidenziali.*

Parliamo e discutiamo

1. Indicate quali delle seguenti affermazioni sono corrette e correggete quelle sbagliate.

   a. Il signor Pizzi paga da anni una tangente al dottor Bolti, funzionario della casa automobilistica.
   b. Il dottor Bolti vuole un aumento della tangente.
   c. Al dottor Bolti non piacciono più i tappetini che fabbrica il Pizzi.
   d. Gli operai partecipano al processo di scelta dei tappetini.
   e. Il dottor Bolti deve accontentare gli operai che altrimenti faranno sciopero.

f. Il signor Pizzi deve pagare una tangente anche agli operai.
g. Il dottor Bolti richiede un aumento della tangente di milleduecento lire.

2. Nel racconto ci sono due dialoghi principali, il primo tra il dottor Bolti e il signor Pizzi (righe 32–45), e l'altro tra il signor Pizzi e l'operaio (righe 63–90). A gruppi di due, a turno uno studente / una studentessa riferisce all'altro, -a che cosa si sono detti, usando il discorso indiretto.

3. Cambiate dal discorso indiretto al discorso diretto le righe 16–22 e le righe 46–54.

4. Discutete la frase «Sa, oramai rubano tutti.» Siete d'accordo con questa affermazione? Date esempi di corruzione nel mondo della politica e del lavoro.

5. Come riflette il racconto la realtà economica e sociale italiana?

6. Esiste anche un tipo di corruzione intellettuale ed ideologica. Secondo voi, in che forme si può manifestare?

7. Divisi in gruppi, immaginate e ricostruite un problema simile a quello descritto nel racconto nelle seguenti situazioni:

   a. un ristorante
   b. una scuola

Strutture

Gli aggettivi e i pronomi dimostrativi

Aggettivi e pronomi dimostrativi (*this, that, this one, that one,* etc.) are used to point out people, objects, and abstractions. By far, the most commonly used, both as adjectives and as pronouns, are **questo** and **quello. Questo** indicates a person, object, or concept near to the speaker in space and time, or recently referred to. **Quello** indicates something more distant, remote, or less recently referred to.

> Questa legge è ingiusta.
> *This law is unfair.*
>
> Non sono d'accordo con quella regola.
> *I do not agree with that rule.*

Codesto (or **cotesto**) means *that, those.* Used mostly in writing and regionally in Tuscany, it indicates an object or phenomenon distant from the speaker and near the listener. It follows the same pattern as **questo.** **Codesto** is also used as a pronoun.

Gli aggettivi questo e quello

A **Questo** and **quello** agree in gender and number with the noun they modify. **Questo** has four forms; it can be elided before singular nouns and adjectives that begin with a vowel.

questo deputato	questi deputati
quest'articolo	questi articoli
questa regola	queste regole
quest'idea	queste idee

Quello follows the same pattern as the adjective **bello** (see page 25).

quel segretario	quei segretari
quello scandalo	quegli scandali
quell'effetto	quegli effetti
quella tangente	quelle tangenti
quell'offesa	quelle offese

B **Qui (qua)** and **lì (là)** frequently accompany **questo** and **quello** for emphasis.

Questo governo qui non durerà a lungo!
This government here will not last very long!

C **Questa** is frequently contracted and elided before the nouns **mattina, sera, notte,** and **volta.**

questa mattina = stamattina (*also* stamane, stamani) *this morning*
questa sera = stasera *this evening*
questa notte = stanotte *tonight*
questa volta = stavolta *this time*

I pronomi questo e quello

A Used as **pronomi, questo** and **quello** have only four forms.

questo	questi	questa	queste
quello	quelli	quella	quelle

Queste leggi sono giuste, ma quelle no.
These laws are fair, but those are not.

Quei politici erano onesti, questi no.
Those politicians were honest, these were not.

B **Questo** and **quello** in the masculine singular can mean *this thing* or *that thing.*

Questo è incredibile!
This is incredible!

Quello non è giusto!
That's not fair!

C **Questo** and **quello** can also be used to mean *the latter* and *the former,* respectively.

La DC e il MSI erano due partiti italiani: questo era di destra e quello era di centro.
The DC and the MSI were two Italian political parties: the latter was rightist and the former was centrist.

Altri pronomi dimostrativi

A **Ciò** (*this thing, that thing*) is an invariable pronoun. It can replace the pronouns **questo** and **quello.**

Ciò non è vero.
This is not true.

1. As a direct object, **lo** is preferred to **ciò.**

   Non lo capivo. (Non capivo ciò).
   I didn't understand this.

2. As the object of a preposition, **ne** or **ci** is preferred to **ciò.**

   Nessuno ne discute (discute di ciò).
   Nobody discusses this.

   Prima di votare, voglio pensarci (pensare a ciò).
   Before voting, I want to think about this.

B Infrequently used but important to recognize in reading are the following **pronomi dimostrativi** that always refer to people. In modern Italian they are usually replaced by **questo** and **quello.**

Singular		Plural
Masculine	Feminine	Masculine and Feminine
questi		
costui	costei	costoro
quegli		
colui	colei	costoro

1. **Questi** (*this one*) and **quegli** (*that one*) are singular masculine pronouns, used only as the subject of a sentence.

   Questi è un rappresentante del mio partito.
   This man is a representative of my party.

2. **Costui** and **costei** (*this one*), **colui** and **colei** (*that one*), **costoro** (*these*) and **coloro** (*those*) can be used as either subject or object.

   Costui è uomo politico corrotto.
   This guy is a corrupt politician.

   Conosci costoro?
   Do you know these people?

Esercizi

A. Un deputato al Parlamento discute di alcuni articoli della Costituzione. Completate le frasi con la forma corretta dell'aggettivo dimostrativo.

1. Quando ero ragazzo credevo che ______ (quello) principi fossero sorpassati (*outdated*).
2. Oggi so che ______ (questo) Costituzione allo stato presente è piuttosto avanzata.
3. (Questo) ______ dichiarazione di uguaglianza è importante.
4. Credete che ______ (quello) norme civili siano giuste, o invece che ______ (questo) proposte qui siano migliori?
5. (Quello) ______ funzioni del governo locale furono stabilite tanti anni fa. (Questo) ______ istituzione invece è recente.
6. Credo che ______ (questo) programma sia ideale.
7. (Quello) ______ articoli furono scritti subito dopo la guerra.
8. (Questo) ______ parole, femminismo ed ecologia, tempo fa non erano usate da nessuno.
9. (Quello) ______ diritto è inalienabile.
10. (Quello) ______ idee sono all'avanguardia.

B. La rappresentante di un partito riformista illustra alcune riforme proposte dal suo partito. Completate il brano con gli aggettivi e i pronomi dimostrativi corretti.

1. ______ proposte sono ragionevoli. ______ precedenti invece non lo erano.
2. Dovremo riformare il sistema scolastico, non seguendo ______ metodo sorpassato proposto un tempo dagli altri partiti, ma ______ qui più attuale.

3. Dobbiamo seguire ______ articoli del Parlamento europeo di cui ho parlato tempo fa, non soltanto ______ del Governo italiano.
4. ______ disegno di legge presentato un anno fa è ancora valido se lo integriamo con ______ attuale.
5. Per il finanziamento dei partiti, dovreste leggere ______ miei saggi (*essays*) pubblicati qui su ______ rivista di scienze politiche, non solo ______ degli altri deputati.

I pronomi relativi

A **pronome relativo** connects a dependent clause to a previously mentioned noun or pronoun known as the *antecedent.*

> La tangente è una somma di denaro che si dà per corrompere qualcuno.
> *A bribe is a sum of money (that is) given to corrupt somebody.*

In the preceding sentence, **che** refers to the antecedent **una somma di denaro.**

The **pronomi relativi** are **che, cui, il quale** (**la quale, i quali, le quali**), and **chi.**

Attenzione: Unlike English, relative pronouns in Italian are always expressed.

> Il partito **che** preferisco io è il più onesto.
> *The party (that) I prefer is the most honest one.*

> Il partito **per cui** ho votato è il più forte.
> *The party I voted for (for which I voted) is the strongest.*

A **Che** can mean *who, whom, that,* or *which.* It is invariable and can refer to a masculine, feminine, singular, or plural antecedent. It can be either the subject or the direct object of the dependent clause, but not the object of a preposition.

> Conosci tutti i partiti **che** appaiono sulla lista?
> *Are you familiar with all the parties that appear on the ballot?*

> Ogni popolo si merita il governo **che** sceglie.
> *People deserve the government (that) they choose.*

Il che is used occasionally in writing to refer to the entire antecedent clause. In spoken Italian, **ciò** is usually used in preference to **il che.**

> Lo scandalo delle tangenti ha coinvolto tanti uomini politici, **il che è** (e ciò è) un grave problema.
> *The bribery scandal involved many politicians, which is a serious problem.*

B **Cui** is used when the dependent clause is introduced by a preposition. It is also invariable and can refer to a masculine, feminine, singular, or plural antecedent.

C'è qualcosa di buono in tutte le proposte **di cui** parlano.
There is something positive in all the proposals they talk about.

Questa è la ragione **per cui** ho votato per lui.
This is the reason (for which) I voted for him.

Approviamo il modo **in cui** conduce la campagna elettorale.
We approve of the way (in which) he conducts the campaign.

1. **In cui** and **che** are both used frequently to express the equivalent of *when*.

Il due giugno è il giorno **in cui** (che) gli italiani festeggiano la Repubblica.
June 2 is the day (when) Italians celebrate the Republic.

2. **Dove** is often used in preference to **in cui** to refer to places.

Ecco la scuola **dove** (in cui) si vota.
Here is the school where (in which) one votes.

C **Il cui** in all its forms (**la cui, i cui, le cui**) corresponds to *whose* and is used to express possession in a relative clause. The definite article agrees with the noun that follows **cui** (the thing possessed), rather than the antecedent (the possessor).

È un'organizzazione **i cui** soci sono molto influenti.
It's an organization whose members are very influential.

D **Il quale** in all its forms (**la quale, i quali, le quali**) can be substituted for all uses of **che** and **cui.** It always agrees in gender and number with the antecedent.

Conosci tutti i partiti **i quali** (che) appaiono sulla lista?
Are you familiar with all the parties that appear on the ballot?

Il partito per **il quale** (cui) ho votato è il più forte.
The party I voted for (for which I voted) is the strongest.

1. When **il quale** is used with a preposition, the article combines with the preposition as appropriate. For instance, **al quale, dei quali, nella quale, sulle quali.**

La tangente, **della quale** ha parlato apertamente, l'ha rovinato.
The bribe, about which he talked openly, ruined him.

2. **Che** and **cui** are used far more commonly than **il quale** in modern Italian. **Il quale** is used primarily to avoid ambiguity, since the article identifies the gender and number of the antecedent.

   Ecco il direttore di Luisa, il quale è anche un deputato.
   That is Luisa's boss, who is also a congressman.

   In the above sentence, the use of **il quale** instead of **che** clarifies which of the two people is being referred to.

3. **Del quale** (**della quale, dei quali, delle quali**) is often used instead of **il cui** to indicate possession, corresponding to *whose.* Unlike **il cui,** which agrees with the thing possessed, **del quale** agrees with the possessor.

   Il deputato, i figli **del quale** (i cui figli) sono miei amici, è stato appena rieletto.
   The congressman, whose children are friends of mine, has just been reelected.

E **Chi** used as a **pronome relativo** corresponds to the English *he who, she who, those who, people who, one who, whoever,* or *whomever.* **Chi** is masculine singular. It is used only for people and does not have an antecedent. It is invariable.

Chi vota deve informarsi sulla politica dei partiti.
Those who vote must be informed about the parties' politics.

Non ci fidiamo **di chi** non conosciamo.
We don't trust those (whom) we don't know.

1. **Chi** is often used in proverbs and sayings.

   Chi dorme non piglia pesci.
   Those who sleep don't catch fish. (The early bird catches the worm.)

   Dimmi con chi vai e ti dirò chi sei.
   Tell me with whom you go, and I'll tell you who you are. (You are influenced by the company you keep.)

2. The following forms are equivalent to **chi: colui / colei che, coloro che, quello / quella che,** and **quelli / quelle che.**

   Chi vuole il mio voto deve comportarsi bene.
   Colui / Colei che vuole il mio voto deve comportarsi bene.
   Coloro che vogliono il mio voto devono comportarsi bene.
   Whoever wants my vote must behave well.

F Other common relative pronouns and expressions include:

quello che ciò che quanto	*that which, what* refer only to things.
tutto quello (quel) che tutto ciò che tutto quanto	*everything that, all that* refer only to things.
tutti quelli che tutti quanti quanti	*everyone who, all those who* refer mostly to people.

Non capisco **quello che** ha detto sull'economia.
I don't understand what he said about the economy.

Non dimentichiamo **tutto ciò** che ci hanno promesso.
Let's not forget everything (that) they promised us.

Tutti quelli che hanno diciotto anni possono votare.
Everyone who is eighteen years old can vote.

Esercizi

A. Due amiche si incontrano il giorno prima delle elezioni politiche e discutono di alcuni rappresentanti dei vari partiti e dei loro programmi. Unite le due frasi con un pronome relativo, facendo i cambiamenti necessari.

ESEMPIO: Bertelli è un ministro. Il suo comportamento è onesto.
Bertelli è un ministro il cui comportamento è onesto.

1. Bertelli è di un partito di centro. Il suo programma mi piace.
2. Voto per lui. È il segretario del partito.
3. Ecco Bertelli. Sta passando in questo momento.
4. Darò la mia preferenza a quel partito. Ti ho parlato di quel partito.
5. Appoggiano una proposta di legge per la difesa dell'ambiente. Sono d'accordo con la loro proposta di legge.
6. Questa è la proposta di legge. È stata scritta da Bertelli.
7. Questo è un criterio fondamentale per la difesa dell'ambiente. Non puoi dimenticare questo criterio.
8. Bisogna modificare la legge esistente. La legge esistente è ingiusta.

B. Immaginate di dover preparare voi una nuova legge per tutelare i diritti delle donne. Completate il brano con il pronome relativo corretto.

1. Le donne ______ lavorano devono avere gli stessi diritti ______ hanno gli uomini.
2. Il salario ______ ricevono le donne deve essere equiparato (*made equal*) al salario ______ è stato stabilito per gli uomini.
3. ______ lavora deve essere ricompensato equamente.
4. Tutti ______ ______ hanno bambini devono essere aiutati.
5. ______ ha figli piccoli può rimanere a casa quando i figli sono malati.
6. Le fabbriche dovrebbero offrire asili nido (*day-care centers*) in ______ si possono lasciare i bambini.
7. Questi sono i principi nei ______ si riflette la coscienza di una nazione.
8. Chiamiamo avanzata quella società i ______ cittadini hanno tutti uguali diritti.
9. Il vero progresso infatti non è soltanto industriale, ma è ______ ______ si manifesta in tutti gli aspetti della vita.
10. Le donne ______ aspettano un bambino devono ricevere aiuti concreti dallo Stato o dal datore di lavoro.
11. ______ ______ non si preoccupano di questi problemi sono molto egoisti.

Il discorso indiretto

Direct discourse relates a person's exact words. In writing, direct discourse is indicated with quotation marks.

> Dice: «Vado a votare.»
> *He says: "I'm going to vote."*

Indirect discourse reports speech indirectly, using verbs like **dire, domandare, rispondere, affermare, esclamare,** and **chiedere + che.**

> Dice che va a votare.
> *He says that he is going to vote.*

In indirect discourse, questions that call for a yes-or-no answer are introduced by **se.**

> Mi domanda: «Vieni a votare con me?»
> *He asks me: "Are you coming to vote with me?"*

Mi domanda se vado a votare con lui.
He asks me if I am going to vote with him.

A If the verb introducing the indirect discourse is in the **presente** or **futuro,** the verb tense in the discourse does not change in the transition from direct to indirect discourse.

Il dirigente dice: «Vogliono un premio.»
The manager says: "They want a bonus."

Il dirigente dice che vogliono un premio.
The manager says that they want a bonus.

Gli operai ripeteranno: «Faremo sciopero!»
The workers will repeat: "We will go on strike!"

Gli operai ripeteranno che faranno sciopero.
The workers repeat that they will go on strike.

However, the **imperativo** changes to **di + infinito** when the main verb is in the present tense or, less frequently, to **che + congiuntivo presente.**

Mi ordina: «Fa' attenzione!»
He orders me: "Pay attention!"

Mi ordina di fare attenzione.
Mi ordina che faccia attenzione.
He orders me to pay attention.

B If the verb introducing the indirect discourse is in a past tense (**passato prossimo, passato remoto, imperfetto,** or **trapassato**), the verbs in the discourse change according to the following rules.

Discorso diretto	***Discorso indiretto***
1. **presente (indicativo** o **congiuntivo)**	**imperfetto (indicativo** o **congiuntivo)**
Il dirigente chiese: «Vuole una ricompensa?» *The manager asked: "Do you want a bonus?"*	Il dirigente chiese se voleva una ricompensa. *The manager asked if he wanted a bonus.*
Il presidente disse: «Credo che sia tempo di cambiare.» *The president said: "I believe it is time to change."*	Il presidente disse che credeva che fosse tempo di cambiare. *The president said that he believed it was time to change.*

2. **imperfetto (indicativo** o **congiuntivo)** → **imperfetto (indicativo** o **congiuntivo)**

Il dirigente ha affermato: «Erano arrabbiati.»
The manager declared: "They were angry."

Il dirigente ha affermato che erano arrabbiati.
The manager declared that they were angry.

I deputati risposero: «Pensavamo che fosse meglio formare un nuovo governo.»
The congressmen answered: "We thought it was better to form a new government."

I deputati risposero che pensavano che fosse meglio formare un nuovo governo.
The congressmen answered that they thought it was better to form a new government.

3. **passato (prossimo** e **remoto) (indicativo** o **congiuntivo)** → **trapassato (indicativo** o **congiuntivo)**

Disse: «Abbiamo deciso di scioperare.»
He said: "We decided to go on strike."

Disse che avevano deciso di scioperare.
He said that they had decided to go on strike.

Ha detto: «Scioperarono per tre giorni.»
He said: "They went on strike for three days."

Ha detto che avevano scioperato per tre giorni.
He said that they went on strike for three days.

Disse: «Credo che abbiano scioperato.»
He said: "I think they went on strike."

Disse che credeva che avessero scioperato.
He said that he thought they had gone on strike.

4. **trapassato (indicativo** o **congiuntivo)** → **trapassato (indicativo** o **congiuntivo)**

L'uomo politico raccontò: «Quelli erano tempi difficili, anche se avevamo vinto.»
The politician said: "Those were hard times, even though we won."

L'uomo politico raccontò che quelli erano tempi difficili, anche se avevano vinto.
The politician said that those were hard times, even though they had won.

Il presidente disse: «Pensavo che le cose fossero cambiate.»
The president said: "I thought things had changed."

Il presidente disse che pensava che le cose fossero cambiate.
The president said that he thought things had changed.

5. **futuro (semplice** e **anteriore)**	**condizionale passato**
L'uomo dichiarò: «Voterò solo dopo che avrò esaminato il suo programma.» *The man declared: "I will vote only after examining his platform."*	L'uomo dichiarò che avrebbe votato solo dopo che avrebbe esaminato il suo programma. *The man declared that he would vote only after having examined his platform.*
6. **condizionale (presente** e **passato)**	**condizionale passato**
Gli operai dissero: «Dovremmo ricevere anche noi un premio.» *The workers said: "We too should receive a bonus."*	Gli operai dissero che avrebbero dovuto ricevere anche loro un premio. *The workers said that they too should receive a bonus.*
Gli operai dissero: «Anche noi avremmo voluto un premio.» *The workers said: "We too would have liked a bonus."*	Gli operai dissero che anche loro avrebbero voluto un premio. *The workers said that they too would have liked a bonus.*
7. **imperativo**	**di + infinito** o **che + congiuntivo imperfetto**
Il professore ordinò loro: «Leggete le notizie.» *The professor ordered them: "Read the news."*	Il professore ordinò loro di leggere le notizie. Il professore ordinò loro che leggessero le notizie. *The professor ordered them to read the news.*

Attenzione: If discourse in the **futuro** or **condizionale presente** is introduced by a verb in a past tense, the verb changes to the **condizionale passato.** In English, by contrast, the verb changes from the future to the present conditional.

Dichiararono: «Domani voteremo.»
Dichiararono che avrebbero votato il giorno seguente.
They declared that they would vote the next day.

L'avvocatessa disse: «Difenderò i vostri diritti.»
L'avvocatessa disse che avrebbe difeso i loro diritti.
The lawyer said that she would defend their rights.

C In changing from direct to indirect discourse, hypothetical sentences that describe real or possible situations are expressed as improbable and impossible. The **congiuntivo trapassato** is used in the **se** clause, and the **condizionale passato** is used in the main clause.

Ha detto: «Se ottengo abbastanza voti, vado al Parlamento.»
He said: "If I obtain enough votes, I go to the Chamber of Deputies."

Ha detto che se avesse ottenuto abbastanza voti sarebbe andato al Parlamento.
He said that if he were to obtain enough votes, he would go to the Chamber of Deputies.

Ha detto: «Se otteranno abbastanza voti, governeranno.»
He said: "If they obtain enough votes, they will govern."

Ha detto che se avvessero ottenuto abbastanza voti, avrebbero governato.
He said that if they were to obtain enough votes, they would govern.

Ha detto: «Se ottenessero abbastanza voti, governerebbero.»
He said: "If they were to obtain enough votes, they would govern."

Ha detto che se avessero ottenuto abbastanza voti, avrebbero governato.
He said that if they were to obtain enough votes, they would govern.

D Expressions of time and place also change in the transition from direct to indirect discourse.

Discorso diretto	*Discorso indiretto*
oggi	quel giorno
ieri	il giorno prima
domani	il giorno dopo
tra poco	poco dopo
poco fa	poco prima
ora	allora
lunedì scorso	il lunedì precedente
lunedì prossimo	il lunedì seguente / dopo
l'anno scorso	l'anno precedente
l'anno prossimo	l'anno seguente / dopo
qui (qua)	lì (là)

Il costruttore disse: «Oggi cominciamo i lavori che finiremo l'anno prossimo.»
Il costruttore disse che quel giorno cominciavano i lavori che avrebbero finito l'anno dopo.
The contractor said (that) that day they were starting the work that they would finish the following year.

E First- and second-person **pronomi personali** and **aggettivi possessivi** change to third person in the transition from direct to indirect discourse when we relate something that someone else tells us.

Discorso diretto	*Discorso indiretto*
io, tu	lui, lei
noi, voi	loro
mi, ti	gli, le
ci, vi	loro
mio, tuo	suo
nostro, vostro	loro

Il giornalista disse: «Me l'ha raccontato un mio amico.»
Il giornalista disse che glielo aveva raccontato un suo amico.
The journalist said that a friend of his had told him about it.

F **Questo** changes to **quello.**

Il segretario del partito disse: «Queste sono le nuove regole.»
Il segretario del partito disse che quelle erano le nuove regole.
The party secretary said that those were the new rules.

Esercizi

A. Pietro Calamandrei, famoso giurista e scrittore, difensore della democrazia, raccontava la seguente barzelletta. Riscrivetela usando il discorso indiretto e facendo tutti i cambiamenti necessari.

1. Due contadini emigranti attraversavano l'oceano su una vecchia nave poco sicura. Uno dormiva nella stiva (*hold*) e l'altro sul ponte (*deck*). Quello che dormiva sul ponte si accorse di una grande tempesta e, impaurito, chiese ad un marinaio: «Ma siamo in pericolo?».

   ... chiese ad un marinaio se ______________________ .

2. E il marinaio rispose: «Se questo mare continua così, tra mezz'ora la nave affonderà».

   E il marinaio rispose che ______________________ .

3. Allora l'emigrante corse a chiamare il compagno nella stiva della nave e gli disse: «Beppe, se continua questo mare tra mezz'ora affonderemo».

   ... e disse a Beppe che ______________________ .

4. Beppe gli rispose: «Non me ne importa! La nave non è mia!».

   Beppe gli rispose che ______________________ .

5. Calamandrei concludeva: «Questo è come l'indifferentismo (*indifference*) in politica».

   Calamandrei concludeva che ______________________________ .

6. Calamandrei si arrabbiava quando sentiva una persona che diceva: «La politica è una brutta cosa. Che cosa m'importa della politica?».

   Si arrabbiava quando sentiva una persona che diceva che ______________________________ .

— Adattato da Muzio Mazzocchi Alemanni e Luisa Collodi, *Il punto.*

B. Il giornalista Enzo Biagi anni fa intervistò la scrittrice Natalia Ginzburg. Riscrivete le frasi al discorso indiretto e fate i cambiamenti necessari.

1. Biagi le chiese: «In che cosa si sente italiana?».
2. La scrittrice rispose: «In tutto. Penso che uno è strettamente legato al Paese in cui è nato. Non potrei scrivere in un'altra lingua. Ma c'è stato un periodo in cui avrei voluto essere altrove, in qualunque altro posto.»
3. Biagi le domandò: «Che cosa condivide del femminismo e invece che cosa respinge?»
4. Natalia Ginzburg disse: «Io accetto del femminismo alcune richieste pratiche, ma non mi piace la competizione con gli uomini: questa è una posizione che profondamente detesto. Rifiuto questo atteggiamento, poiché non voglio competere con nessuno.»

C. Enzo Biagi intervistò anche l'onorevole (*Honorable*) Nilde Iotti, una famosa e influente figura politica del Pds. Cambiate le domande e le risposte al discorso indiretto, facendo tutte le modifiche necessarie.

1. Biagi le ha chiesto: «È più faticoso per una donna fare politica?»
2. L'onorevole ha risposto: «Senz'altro, penso che sia così per molti motivi. Credo che quando una donna comincia ad affermarsi, gli uomini non vogliono riconoscere le qualità che siano uguali o superiori alle loro.»
3. Il giornalista le ha chiesto: «Se non vivesse in Italia, dove le piacerebbe andare?»
4. L'onorevole ha dichiarato: «Forse andrei a vivere in un Paese dell'Africa.»
5. Enzo Biagi ha continuato: «Come vorrebbe che fosse la donna italiana di domani?»

6. Nilde Iotti ha concluso: «Immagino una donna che avrà un lavoro che le dia soddisfazione, il senso del vivere. Penso che vorrei vedere una donna che sia cosciente della propria autonomia e del proprio pensiero.»

— Esercizi B e C adattati da Enzo Biagi, *Italia*.

Come riferire discorsi, dialoghi, conversazioni e racconti

Il dialogo in forma diretta è una forma essenziale di comunicazione che ti permette di conversare in modo immediato con una o più persone. A volte invece ascolti un discorso o partecipi ad una conversazione che poi vuoi raccontare ad altre persone. Per riferire o riportare un racconto o un discorso che hai letto o sentito, è necessario volgere le parti dialogate dalla forma diretta alla forma indiretta.

I seguenti verbi possono essere usati per riferire le parole degli altri e rendere la narrazione più vivace:

affermare	aggiungere	asserire	chiedere	dichiarare
dire	esclamare	ripetere	rispondere	sostenere

Quando volgi un dialogo o un discorso dalla forma diretta alla forma indiretta, devi fare attenzione ai cambiamenti dei tempi e dei modi dei verbi, dei pronomi e degli avverbi di tempo e luogo. Vedi le pagine 381–386.

Temi

1. Ti sei candidato / candidata alle elezioni amministrative della tua città. Scrivi un discorso elettorale che convinca la gente a votare per te.
   a. Parla del tuo passato e della tua preparazione politica.
   b. Parla degli altri candidati.
   c. Esponi il tuo programma politico. Spiega cosa faresti per proteggere l'ambiente e contro la corruzione politica.

2. Immagina di scrivere per un quotidiano (*daily newspaper*) un articolo in cui riassumi i punti principali del discorso elettorale precedente. Volgi il discorso dalla forma diretta a quella indiretta.

3. Dopo aver riletto attentamente il brano C a pagina 368, scrivine un riassunto. Nel riassunto includi le risposte alle seguenti domande.
   a. Chi parla?
   b. Di quale problema discute?
   c. Che esempi dà a dimostrazione del problema?
   d. Qual è la conclusione del brano?

Parole ed espressioni chiave

Per parlare della Costituzione

l'articolo *article*
il cittadino, la cittadina *citizen*
il diritto *right*
la distinzione *(f.)* *distinction*
il dovere *duty*
il governo *government*
l'individuo *individual*
la legge *law*
la libertà *liberty, freedom*
la monarchia *monarchy*
la norma *rule, principle*
l'ordinamento *system*
l'ostacolo *obstacle*
il principio *principle*
la razza *race*
la realizzazione *realization, achievement*
il referendum *referendum*
la religione *religion*
la repubblica *republic*
il sesso *sex*
lo sviluppo *development*
l'uguaglianza *equality*

democratico, -a *democratic*
fondamentale *fundamental*
inalienabile *inalienable*
popolare *popular*
repubblicano, -a *republican*
sociale *social*
socioeconomico, -a *socioeconomic*
umano, -a *human*

abolire *to abolish*
entrare in vigore *to go into effect*
favorire *to aid, to favor, to promote*
garantire *to guarantee*
impedire *to prevent*
intervenire *to intervene*
manifestare *to manifest, to express*
promuovere *to promote*
realizzarsi *to realize oneself*
riconoscere *to recognize*
rimuovere *to remove*
stabilire *to establish*
tutelare *to safeguard*

in pieno *fully*

Per parlare di politica e dei partiti

l'appalto *contract*
la bustarella *bribe*
la campagna elettorale *political campaign*
il candidato, la candidata *candidate*
la cittadinanza *people, citizenry*
la coalizione *coalition*
il comizio *political meeting, gathering*
la corruzione *corruption*
il dibattito *debate*
la direzione *direction*
l'elezione *(f.)* *election*
l'estensione *(f.)* *extent*
il favore *favor*
il fenomeno *phenomenon*
il finanziamento *financing*
la frammentazione *fragmentation*
la gravità *seriousness*
l'ideologia *ideology*
l'imprenditore, l'imprenditrice *entrepreneur*

l'imputato, -a *accused, defendant*
l'influenza *influence*
l'interesse (*m.*) *interest*
la maggioranza *majority*
la maggioranza relativa *plurality*
il manifesto *poster, placard*
la mazzetta *bribe*
il parlamento *parliament*
il partito *party*
la «partitocrazia» *"partyocracy"*
la politica *politics*
il potere *power*
il programma *platform*
il / la rappresentante *representative*
la riforma *reform*
lo scandalo *scandal*
il seggio *seat*
il segretario *secretary*
il subappalto *subcontract*
la tangente *bribe, kick-back*
il voto *vote*

assoluto, -a *absolute*
cospicuo, -a *considerable, large*
debole *weak*
di centro *centrist*
di destra *right-wing*
di sinistra *left-wing*
economico, -a *economic*
elettorale *electoral*
estremo, -a *extreme*
ininterrotto, -a *uninterrupted*
intrinseco, -a *intrinsic*
particolare *particular*
particolaristico, -a *single-issue, narrow*
politico, -a *political*
relativo, -a *relative*
stabile *stable*

coniare *to coin (a phrase)*
estendersi *to extend*
governare *to govern*
indagare *to investigate*
mettere fine a *to put an end to*
portare alla luce *to bring to light*
rinnovare *to renew*
semplificare *to simplify*
votare *to vote*

L'economia: il «sistema» Italia e l'economia italiana nel mondo

Tecnici italiani in uno stabilimento moderno.

Temi

- L'economia italiana: gli enti pubblici e le imprese private
- L'industria italiana: le grandi e le piccole imprese
- Il settore del terziario
- I servizi sociali
- Gli scambi commerciali con l'estero
- Il ruolo dell'Italia nell'Unione europea

Strutture

- L'impersonale
- Il passivo
- Gli interrogativi

L'economia: il «sistema» Italia

INTRODUZIONE

Art. 41. L'iniziativa economica privata è libera. Non può svolgersi in contrasto con l'utilità sociale o in modo da recare[1] *danno alla sicurezza, alla libertà, alla dignità umana.*

– Costituzione della Repubblica Italiana. Titolo III. Rapporti Economici.

1. cause

Artigiani in un laboratorio di ceramica.

Per parlare dell'economia italiana

Il sistema economico italiano è un sistema interventista, cioè ogni cittadino ha il diritto di svolgere una sua propria attività economica, ma lo Stato interviene per programmare e coordinare il funzionamento dell'intero sistema economico e per salvaguardare gli interessi di tutti i cittadini.

Uno dei modi in cui lo Stato interviene nelle attività economiche è attraverso la gestione di una serie di aziende pubbliche. Il «sistema» Italia infatti è a capitale misto, cioè ci sono industrie private, ma anche industrie statali o pubbliche. La RAI (Radiotelevisione Italiana) e l'ENEL (Ente nazionale per l'energia elettrica), per esempio, sono attualmente enti controllati dallo Stato. In questi ultimi tempi comunque si va attuando la privatizzazione di vari enti statali e imprese pubbliche.

Parole in contesto

1. Quando si parla dell'economia di un Paese, fra gli altri fattori, si prendono in considerazione il reddito pro-capite, cioè le entrate annuali medie di ogni cittadino, il tasso di disoccupazione, cioè quante persone sono senza lavoro, l'inflazione e il livello del debito pubblico.
2. Si parla di divario economico quando ci si riferisce ai diversi livelli di sviluppo fra un Paese e un altro, o fra zone diverse di uno stesso Paese.

Secondo i criteri economici, si può distinguere tra Paesi avanzati e quelli in via di sviluppo.

3. L'economia di un Paese può essere prevalentemente agricola o industriale, o si può basare sui servizi, cioè il terziario, i cosiddetti colletti bianchi, quando la maggior parte della forza lavoro è impiegata in lavori d'ufficio.

4. Quelli che sono occupati nel settore dell'agricoltura generalmente lavorano nei campi o nelle grandi aziende agricole. Gli addetti all'industria, invece, lavorano nelle fabbriche o stabilimenti.

5. Il titolare o la titolare di una ditta è il proprietario o la proprietaria dell'azienda. I dipendenti sono le persone che lavorano per quell'impresa. I lavoratori autonomi sono quelli che lavorano in proprio.

6. Le grandi aziende sono spesso quotate in borsa e il pubblico può investire in esse comprando azioni o titoli. Queste ditte sono dette S.p.A., cioè Società per Azioni. Le persone che investono in queste società sono gli azionisti.

7. Una ditta fallisce, o va in fallimento, quando non riesce a far fronte ai propri debiti.

8. In Italia le aziende o interi settori economici in crisi sono spesso assistiti dallo Stato con sovvenzioni pubbliche.

9. Il debito pubblico o disavanzo o deficit risulta quando le uscite dello Stato sono maggiori delle entrate.

10. Una gran parte della spesa pubblica del Governo italiano è destinata all'assistenza sanitaria che è garantita a tutti, ed a molte altre forme di servizi sociali.

11. Evasori fiscali sono quei cittadini che cercano di evitare di pagare le tasse, o imposte.

Descriviamo

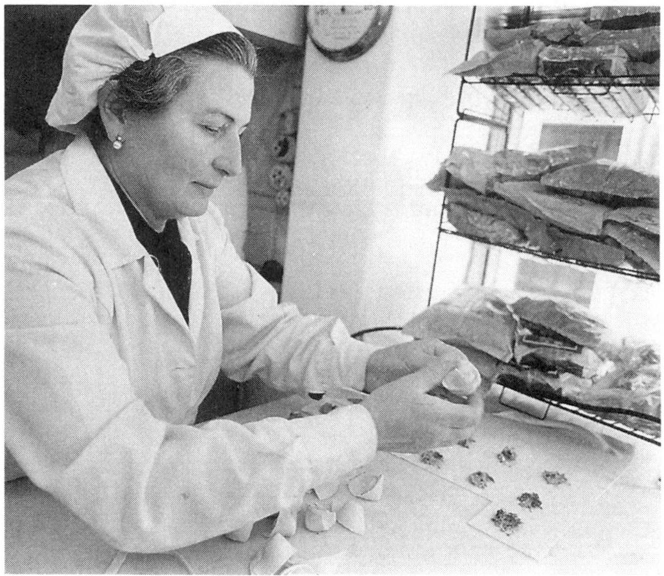

1. Descrivete e paragonate le tre foto. Dove lavora la persona della prima foto? e quella della seconda? e quelle della terza? Che genere di lavoro fanno?
2. Che tipo di economia suggerisce ciascuna foto?

Immaginiamo e inventiamo

1. Immaginate di partecipare a un dibattito parlamentare. La classe, divisa in gruppi, discute e propone soluzioni diverse ai seguenti problemi:

   a. il disavanzo pubblico
   b. la deindustrializzazione del Paese
   c. l'alto tasso di disoccupazione

2. Divisi in gruppi, immaginate che forme può prendere l'intervento dello Stato nell'economia di un Paese.

3. Immaginate la qualità della vita degli abitanti di un Paese dove lo Stato non interviene quasi mai nell'economia.

Prepariamoci a leggere

1. Quali sono le industrie più importanti del tuo Paese?

   a. acciaierie (*steel mills*)
   b. agricoltura
   c. alimentare
   d. artigianato
   e. automobilistica
   f. edilizia
   g. elettronica
   h. farmaceutica e chimica
   i. moda
   j. servizi
   k. turismo

2. Quali pensi che siano le industrie più importanti in Italia?

3. In quali dei seguenti settori è attualmente impiegata la maggior parte della forza lavoro del tuo Paese? In quali settori era impiegata cinquanta anni fa? e cento anni fa?

   a. agricoltura
   b. industria
   c. terziario

4. Com'è cambiata l'economia del tuo Paese negli ultimi venti anni?

5. Leggete *Cosa sappiamo degli italiani? 5 e 7* sul Quaderno degli esercizi e poi, divisi in gruppi, rispondete alle domande che seguono.

   a. Com'era l'economia italiana prima della Seconda Guerra Mondiale?
   b. Che cos'è il boom economico italiano? Quando è avvenuto?
   c. Com'è cambiata l'economia italiana dal dopoguerra ad oggi?
   d. Che cosa ha contribuito a questi cambiamenti?
   e. In che cosa consiste il divario tra il Nord e il Sud?

6. Divisi in gruppi, discutete la condizione delle donne nel campo del lavoro nel vostro Paese. Paragonate le condizioni di lavoro degli uomini e delle donne prendendo in considerazione i seguenti elementi:

   a. ore di lavoro
   b. stipendio medio
   c. settori in cui sono impiegate
   d. responsabilità e autonomia decisionale sul lavoro

7. In tutti i Paesi ci sono zone meno sviluppate di altre. Quali sono le zone in via di sviluppo nel tuo Paese? Elenca le possibili motivazioni di questo divario. Che cosa si potrebbe fare per ridurlo?
8. In ogni epoca ci sono problemi che affliggono l'economia di un Paese e minacciano il benessere della popolazione. Quali sono alcuni problemi economici attuali?
9. In base al grafico che segue, rispondete alle domande.

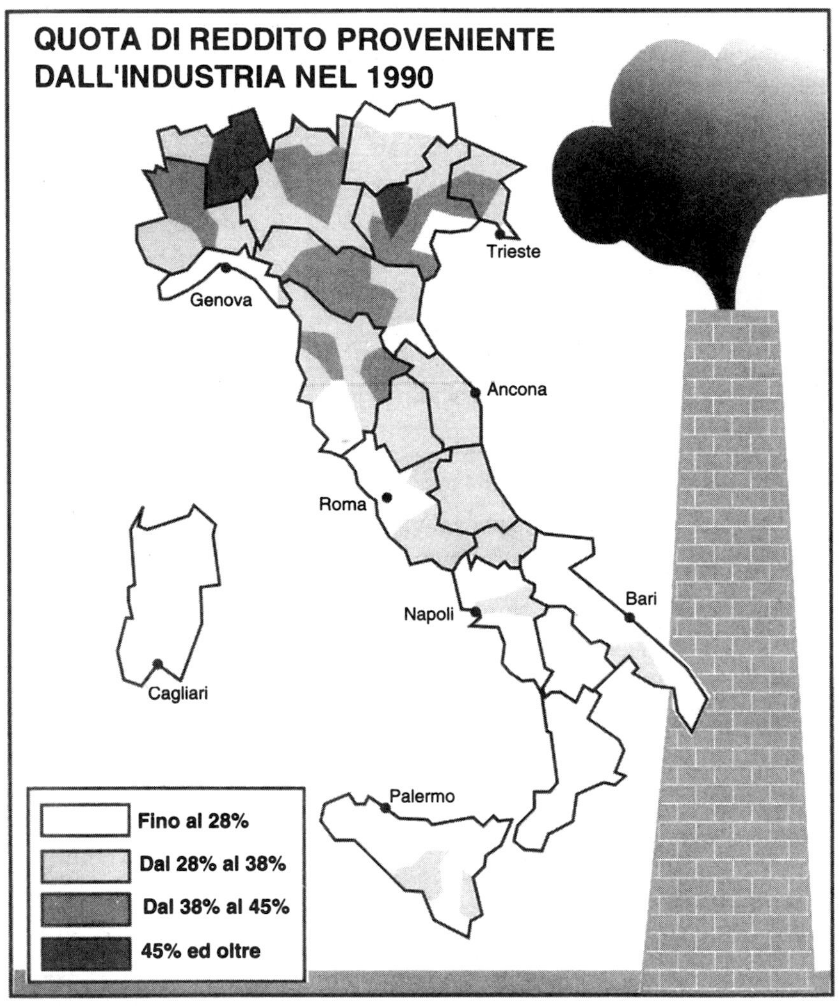

L'industria si ritira lasciando spazio al cosiddetto terziario. In dieci anni, dal 1980 al 1990, la quota di reddito proveniente dalle attività industriali è scesa in Italia dal 37,7 per cento al 31,5 per cento. Dieci anni fa la zona dove dominavano le ciminiere si estendeva lungo un asse che legava Torino a Venezia passando per Milano con alcune "filiali" in Emilia e in Toscana. Oggi invece solo in poche zone del Nord la quota di reddito generato dall'industria supera il 45 per cento.

a. Quali sono le zone più industrializzate in Italia?
b. Secondo la didascalia che fenomeno si è verificato dagli anni '80 agli anni '90 nelle zone industrializzate?
c. Che ruolo hanno le industrie nelle varie zone?

I brani A e B descrivono alcuni cambiamenti che stanno avvenendo nella struttura dell'economia italiana.

A In meno di un quarto di secolo, centinaia di migliaia di piccole imprese italiane sono passate dall'artigianato all'industria, dalla contabilità° tenuta a mano alle operazioni finanziarie internazionali, dall'uso pressoché° esclusivo del dialetto a quello molto frequente dell'inglese. [...]

Depositarie di antiche tradizioni artigiane, queste imprese hanno saputo reinterpretarle, adattandole sia al gusto e alle esigenze° moderne, sia ai nuovi metodi di produzione basati sull'elettronica. Risultato: prodotti raffinati, in serie limitate e dal costo relativamente contenuto, diffusi in tutto il mondo e un'organizzazione piccola e snella, prevalentemente a base familiare. È noto a tutti che è così sorto° un vero e proprio settore nuovo, quello della moda. [...]

È meno noto che fenomeni analoghi sono avvenuti in altri settori, come quelli della meccanica strumentale, dell'impiantistica°, dei grandi lavori edilizi e [...] in aree tecnologiche di punta°, dall'elettronica alle telecomunicazioni. [...]

La filosofia del «piccolo è bello» è profondamente radicata° tra la maggioranza delle imprese italiane e gran parte di questi imprenditori dinamici ha orrore di crescere troppo, vuol restare nel villaggio o nella città d'origine.

contabilità: accounting, bookkeeping
pressoché: nearly
esigenze: demands, needs
sorto: arisen
impiantistica: installations
di... important
radicata: rooted

— Mario Deaglio, «Le nuove regole», *Ulisse 2000.*

B Nel terziario lavora ormai il 60 per cento della popolazione che si guadagna uno stipendio. [...] Se assumiamo come criterio che la modernità si muove nella direzione di avere sempre più gente nel terziario e sempre meno in agricoltura e nell'industria, allora si deve concludere che le donne sono avanti di almeno quindici anni° rispetto agli uomini. [...] Nel 1982 gli uomini impiegati nel terziario erano il 47 per cento di quelli che lavoravano. Ma le donne, erano già il 60 per cento. Qualche anno dopo i maschi impiegati nel terziario sono diventati il 54 per cento del totale dei maschi che lavorano. Ma le donne, sono già arrivate al 68 per cento. [...]

Siamo di fronte a una sorta° di vendetta della storia. Per anni gli uomini hanno tenuto le donne in cucina e fuori dai luoghi di lavoro. Poi, le donne hanno conquistato il diritto a avere un impiego e questo è avvenuto in coincidenza con la modernizzazione della società.

avanti... at least 15 years ahead
sorta: type

— Giuseppe Turani, «Un popolo di impiegati», *Ulisse 2000.*

Il seguente brano dipinge un quadro tutt'altro che felice della situazione economica nel futuro dell'«azienda Italia».

C Saranno in pochi° e soffocati dalle tasse da pagare. Le generazioni del futuro se vorranno mantenere invariato il livello del debito pubblico e dei servizi sociali offerti oggi dallo Stato dovranno sopportare un carico fiscale° cinque volte più pesante rispetto a quello attuale. Lo dimostra uno studio, pubblicato dalla Banca d'Italia, che applica le tecniche della «contabilità generazionale» alle particolarità del nostro sistema (elevato debito pubblico, politica sociale con ampi interventi per le classi non produttive, basso tasso di natalità°). [...]

L'analisi deduce che in futuro saranno in pochi a produrre e in tanti, ormai pensionati, a «consumare» servizi sociali. In pratica il peggioramento sarà garantito dal fatto che a fronte del continuo calo° della popolazione attiva aumenterà il numero dei «vecchietti», più costosi in termini di pensioni da erogare° e di spese sanitarie.

in... few in number

carico... financial burden

tasso... birthrate

drop

allocate

— *La Repubblica.*

Parliamo e discutiamo

1. Secondo il brano A, a che cosa corrisponde nella struttura delle piccole imprese il passaggio dall'uso del dialetto all'uso sempre più frequente dell'inglese?
2. Quali sono, secondo il brano A, le principali caratteristiche di queste piccole imprese?
3. La filosofia del «piccolo è bello» è evidente in altre sfere della realtà italiana? Quali?
4. Perché, secondo il brano B, nel campo del lavoro le donne sono avanti agli uomini? Siete d'accordo con quest'affermazione?
5. In quali settori del lavoro pensate che le donne siano indietro agli uomini?
6. Quali sono alcuni motivi socioeconomici che potrebbero spiegare l'afflusso delle donne nel terziario?
7. Quali delle seguenti affermazioni sono vere secondo il brano C? Motivate le vostre risposte e correggete le affermazioni sbagliate.
   a. Le generazioni future avranno molti soldi a disposizione.
   b. Le generazioni future dovranno fare molti sacrifici se «l'azienda» Italia non cambia politica.
   c. La popolazione italiana aumenta a velocità sconcertante.
   d. La popolazione italiana diventa sempre più vecchia.
   e. Nel futuro i servizi sociali assorbiranno la maggior parte del bilancio dello Stato.
   f. L'economia italiana continua a crescere e a svilupparsi.

8. Secondo il brano C, da che cosa saranno afflitte le future generazioni italiane? Perché?
9. In che cosa pensate che consista la «politica sociale» dello Stato italiano a cui si accenna nel brano C?
10. Perché in futuro saranno «in pochi a produrre»?
11. Divisi in gruppi, discutete quale quadro dell'economia italiana emerge dai brani letti. Riassumete in breve i punti di forza e quelli di debolezza.
12. Divisi in gruppi, paragonate i punti di forza e di debolezza dell'economia italiana a quelli dell'economia del vostro Paese.

L'economia italiana nel mondo: gli export

INTRODUZIONE

Ma la possibilità per l'Italia di mantenere le posizioni tanto duramente conquistate[1] fra i primi «Sette grandi» dell'economia mondiale [...] è legata[2] anche al conseguimento[3] di una maggiore efficienza dei servizi e delle infrastrutture, nonché a un risanamento[4] degli squilibri[5] interni (dal permanente divario fra Nord e Sud, al pesante disavanzo pubblico, al differenziale d'inflazione rispetto ad altri paesi della Comunità Europea).*

— Valerio Castronovo, «La voglia d'Europa», *Ulisse 2000.*

1. **tanto...** so hard-won 2. **è...** is tied 3. **attainment** 4. **cure, recovery** 5. **imbalances**

Il porto di Salerno.

---

*I sette maggiori Paesi industrializzati.

Per parlare dell'economia italiana nel mondo

L'apertura verso mercati internazionali ha sempre fatto parte della realtà economica italiana. Il commercio con l'estero infatti è sempre stato indispensabile, perché l'Italia è un Paese con poche materie prime e poche risorse energetiche e le importazioni e le esportazioni sono una parte intrinseca della struttura economica italiana. Questo è ancora più vero oggi che il sogno di un'Europa unita incomincia a diventare sempre più reale: l'Europa unita, creando un unico mercato e eliminando le barriere doganali, influenzerà sempre più il commercio e l'economia dei Paesi europei. Le possibilità economiche in questo momento sono tante, così come i rischi e le sfide che tutti i Paesi e le loro industrie dovranno affrontare, ma non è certo un'impresa facile unire saldamente tanti diversi Paesi europei, che vantano ognuno una propria tradizione storica, politica e culturale, e un forte orgoglio nazionale.

Parole in contesto

1. Tutte le imprese cercano di mantenere o aumentare la propria quota di mercato, cioè la quantità di merce che riescono a vendere.
2. La concorrenza o competività nazionale e internazionale può causare un calo di mercato. Come risultato ci sono meno ordinazioni e quindi si produce e si vende di meno.
3. Il costo del lavoro e dei trasporti, la dogana e il cambio della valuta hanno un rapporto diretto sul costo del prodotto e quindi sul prezzo di listino dell'articolo.
4. Attraverso la pubblicità e le offerte promozionali si cerca di conquistare il mercato nazionale e quello estero.
5. L'innovazione tecnologica può non solo migliorare la qualità dei prodotti, ma può anche ridurre i costi di produzione e di distribuzione.
6. A volte il Governo protegge le proprie industrie locali con leggi che limitano le importazioni dall'estero.

Descriviamo

Il famoso stilista Giorgio Armani a lavoro.

1. Descrivete la foto.
2. A gruppi di due, uno studente / una studentessa fa una serie di domande sulla foto per sapere che cosa rappresenta, dove è stata scattata e che tipo di economia riflette. L'altro / l'altra risponde alle domande.

Immaginiamo e inventiamo

1. Hai intenzione di comprare una nuova automobile. Spiega ai tuoi amici perché preferisci una macchina straniera.
2. Sei il / la dirigente di una grande società in crisi. Gli studenti, in gruppi, fanno la parte degli operai. Ti chiedono che cosa va fatto per salvarsi dalla concorrenza delle ditte internazionali e tu rispondi.
3. Sei il segretario / la segretaria di un importante sindacato (*labor union*) del settore tessile. Convinci il pubblico a non comprare articoli che vengono prodotti in Paesi stranieri. Gli altri studenti fanno la parte del pubblico e ti sollevano obiezioni a cui tu devi rispondere.

Prepariamoci a leggere

1. Quali sono i sette Paesi più industrializzati del mondo?
2. Che cosa è la Cee (Comunità economica europea)? Quali Paesi ne fanno parte? Quali sono i suoi fini economici, culturali e politici?
3. Quali prodotti italiani sono conosciuti nel tuo Paese? Quali preferisci? Perché? Li compri spesso?
4. Quali dei seguenti fattori sono considerati importanti da un consumatore quando acquista un prodotto?

   a. la qualità
   b. la nazionalità
   c. il prezzo
   d. la marca
   e. il design
   f. il patriottismo
5. Conosci qualche stilista italiano / italiana? Quale ti piace di più? Perché?
6. Conosci il nome di qualche ditta italiana? In quale settore operano le seguenti aziende italiane? Ne conosci altre?

   a. Olivetti
   b. Perugina
   c. Bertolli
   d. Fiat
   e. Fendi
   f. Stefanel
   g. Benetton
   h. Alfa Romeo
7. Dopo aver letto il seguente titolo di un articolo di giornale, divisi in gruppi, rispondete alle domande.

Il made in Italy emigra e cerca affari all'estero.

Oltre la frontiera il lavoro costa meno.

   a. Di che cosa pensate che parli l'articolo?
   b. Si parla di simili problemi nel vostro Paese?
   c. Qual è l'effetto di questa tendenza sull'economia di un Paese e sul benessere della popolazione?

Nel seguente brano il famoso stilista Giorgio Armani discute il ruolo dell'industria della moda italiana nell'unione europea.

A L'unione europea nel caso dello stilismo arriverà a sancire° qualcosa che di fatto già esiste, al punto che sia gli Stati Uniti sia l'Estremo Oriente hanno—ormai da più di un decennio—identificato un modello europeo con legittime varianti° all'italiana, alla francese e alla tedesca. [...] Penso che all'interno del sistema europeo l'Italia [...] potrà trarre grandi vantaggi dalla comunità. È sufficiente il riferimento alla cancellazione delle barriere doganali per far comprendere quanto potranno aumentare le possibilità di circolazione dei prodotti, quale plusvalore° avrà la buona qualità dell'abbigliamento che porta il marchio° made in Italy. I rischi? Ci sono e sono correlati all'andamento dell'economia del nostro Paese: se salirà l'inflazione, se non sarà contenuto il costo del lavoro, sarà assai difficile mantenere competitività in un mercato dall'offerta «allargata°».

sancire: sanction
con... with legitimate variations
plusvalore: added value
marchio: label
allargata: wider

— Giorgio Armani, «La mia sfida», *Ulisse 2000.*

Nel seguente brano è spiegato come alcune industrie tessili venete cercano di rispondere alle nuove sfide economiche di un mercato mondiale.

B Il «made in Italy» [...] continua a essere ideato° in Italia, ma viene eseguito° e realizzato sempre più all'estero. Per chi deve competere sul mercato internazionale, non c'è posto per il patriottismo organizzativo. Anche nella moda, ormai, si tende sempre più a produrre dove il lavoro e il denaro costano meno, dove i servizi sono meno cari e funzionano meglio. [...]

Se perfino il «made in Italy» dei filati° e dei tessuti, delle lane° e delle maglie, tende dunque a emigrare da Vicenza e Treviso, sotto la pressione crescente della concorrenza internazionale, il «modello veneto» resiste ancora. Ma l'inventiva, la creatività e la fantasia, da sole, non bastano più. In questo come in tutti gli altri campi, la competizione è ormai globale, su scala planetaria. Dall'auto al computer, dalla chimica alla gomma, dall'acciaio al tessile, l'industria italiana reclama° perciò a gran voce un «sistema paese» che consenta di affrontare ad armi pari° il mercato degli anni Duemila. — *La Repubblica.*

ideato: conceived
eseguito: produced
filati / lane: yarns / wool
reclama: demands
ad... on equal terms

Parliamo e discutiamo

1. Indicate quale delle affermazioni seguenti meglio corrisponde a quello che pensa lo stilista Giorgio Armani sull'unione europea.
   a. Avrà sicuramente delle conseguenze negative per la moda italiana.
   b. Non avrà nessun effetto sull'industria della moda italiana.
   c. Non eliminerà l'identità nazionale.

2. Secondo il brano A, che cosa si prevede con la costituzione di un unico mercato europeo? Come può questo provvedimento aiutare l'industria della moda?

3. Secondo il brano A, come può l'andamento dell'economia italiana influenzare il successo degli imprenditori italiani nell'Europa unita?

4. Indicate quali delle seguenti affermazioni sono vere secondo il brano B e motivate le vostre risposte. Correggete le affermazioni sbagliate.
   a. Le industrie italiane si rivolgono sempre di più all'estero per produrre i loro articoli.
   b. I servizi all'estero sono più efficienti e la manodopera costa meno.
   c. Il settore tessile è l'unico a risentire (*suffer*) delle conseguenze di un sistema economico inefficace.
   d. Riforme economiche, politiche e sociali sono necessarie se l'Italia vuole mantenere la sua competitività all'estero.

5. In quali brani sono trattati i seguenti argomenti?
   a. Bisogna riformare l'economia italiana.
   b. L'Italia sarà sconfitta dalla concorrenza di un mercato unico se il sistema del Paese non cambia.
   c. È sempre più difficile mantenere stabilimenti in Italia.
   d. L'unione europea non nuocerà (*injure*) all'identità nazionale italiana.
   e. Gli articoli prodotti in Italia costano molto.

Prepariamoci a leggere

1. Descrivete i personaggi nel disegno a pagina 404. Chi sono? Quanti anni pensate che abbiano? Come sono vestiti?
2. Preparate una lista di attività commerciali speculative che potrebbero procurare facili guadagni con poco lavoro.
3. Divisi in gruppi, descrivete come potrebbe essere la vita di chi vive di espedienti (*on one's wits*) e la vita di chi ha un lavoro stabile.
4. Quali delle seguenti qualità sono necessarie per riuscire nel mondo del lavoro? Motivate le vostre risposte.

   a. esperienza pratica   c. preparazione scolastica
   b. costanza   d. immaginazione

5. In gruppi discutete i pro e contro di un lavoro stabile e di un lavoro instabile ma creativo, e di un'attività autonoma e di una dipendente.

Gianni Celati è nato in Lombardia nel 1937. Attualmente insegna letteratura angloamericana all'università di Bologna. Ha pubblicato numerosi romanzi, racconti e traduzioni. Nei suoi scritti si intrecciano (*are interwoven*) racconti fantastici della tradizione orale della Valle Padana a temi di filosofia e vita contemporanea. Il racconto che segue parla delle speculazioni finanziarie di alcuni giovani.

La ragazza di Sermide

A Sermide[1] un tempo esisteva un ponte di barche che attraversava il Po e portava a una fabbrica con ciminiere° di mattoni° non ancora anneriti°. Un giorno quella fabbrica ha dovuto chiudere e un dei suoi dirigenti è scomparso senza lasciar traccia. Quest'uomo aveva una figlia, alla quale prima di scomparire aveva intestato° la proprietà d'una grande villa e le rendite° di altre proprietà fondiarie°. Molti anni dopo sua moglie moriva e la figlia andava ad abitare in una metropoli per studiare all'università. Qui incontrava uno studente con i capelli dritti° e si metteva a vivere con lui.

Vivevano in un piccolo appartamento assieme a un terzo studente molto magro. Lo studente dai capelli dritti andava in giro tutto il giorno a fare discorsi politici, nei bar, all'università o davanti alle fabbriche. La ragazza di Sermide trascurava° gli studi, ritenendo di imparare

smokestacks / bricks
blackened
put under her name
income / **proprietà...** land
straight
neglected

1. Sermide è un piccolo paese nel nord-est d'Italia tra Mantova e Ferrara.

molto di più dai discorsi dello studente con i capelli dritti; perciò lo seguiva in giro ascoltandolo parlare sempre, oppure lo aspettava a casa dormendo.

Siccome dopo è venuta un'epoca in cui nessuno voleva più sentire discorsi politici, e lo studente invece continuava a farne, molti gli hanno detto che era meglio se stava zitto, oppure andava a parlare da un'altra parte.

Così lui e la ragazza di Sermide decidevano di cercare un ambiente più adatto alle loro idee, e si trasferivano nella capitale. Qui però era impossibile trovare un appartamento, e i due dovevano andare ad abitare come ospiti in casa d'un compaesano° dello studente.

compaesano: person from the same town

Lo studente entrava in contatto con uno sceneggiatore che aveva scritto molti film, e con persone altolocate° disposte ad aiutarlo a lavorare nel cinema, per certi debiti di riconoscenza° che avevano verso suo padre. Messa a punto° una sceneggiatura, e in attesa d'un finanziamento governativo promessogli dalle persone altolocate, decideva di iniziare subito a girare un film.

altolocate: well-connected
riconoscenza: gratitude
Messa... Having completed

Il film doveva essere a bassissimo costo; una storia vissuta con due personaggi che parlavano di politica per tutto il tempo.

Una banca ha concesso un prestito°, avendo come garanzia° patrimoniale la villa di Sermide posseduta dalla ragazza; e così lo studente ha potuto cominciare il suo film.

prestito / garanzia: loan / collateral

Al sesto giorno di riprese i soldi erano finiti e un prestito ulteriore°, concesso a stento° dalla banca, bastava appena a liquidare° i tecnici. Poi una notte le attrezzature cinematografiche prese in affitto venivano rubate, e l'indomani le persone altolocate facevano sapere allo studente che il finanziamento governativo era bloccato.

ulteriore: further
a... with difficulty / liquidare: pay off

In compenso° però gli offrivano di realizzare un documentario su alcune zone sottosviluppate nel sud dell'Italia.

In... As compensation

I due fidanzati partivano per i sopralluoghi° in una zona sottosviluppata, dove scoprivano l'esistenza d'un artigianato locale sconosciuto. Tornati nella capitale decidevano di aprire un negozio per vendere e far conoscere gli oggetti di quell'artigianato locale sconosciuto, di cui intanto avevano acquistato una quantità di esemplari°, consistenti in fischietti° di terracotta, statuine, fuochi d'artificio, ciotole° e cucchiai di legno.

sopralluoghi: on-the-spot investigations
esemplari: samples
fischietti / ciotole: little whistles / bowls

Il compaesano dello studente, trovandosi la casa piena di quegli esemplari d'un artigianato sconosciuto, che occupavano tutto un corridoio impedendo la circolazione, pregava i due di cercarsi un appartamento e di portar via al più presto quella roba.

Ed è così che, girando per la città in cerca di una casa da affittare, lo studente dai capelli dritti scopriva uno splendido appartamento nobiliare ridotto in pessime condizioni, che veniva ceduto per un prezzo irrisorio°.

irrisorio: ridiculous

Proponeva alla ragazza di vendere la sua villa di Sermide per acquistarlo, col progetto di rivenderlo quanto prima per una cifra vertiginosa°. Contemporaneamente però gli amministratori delle rendite della ragazza la informavano che le sue proprietà dovevano essere vendute, per pagare grosse ipoteche° accumulatesi negli anni. E la ragazza doveva tornare in fretta a Sermide.

una... an astronomical figure
mortgages

Lo studente, rimasto solo nella capitale, conosceva una giovane contessa americana appassionata di musica rock. A questa proponeva di finanziare e organizzare assieme a lui una serie di concerti con i gruppi rock più famosi del mondo, concerti da tenersi nei paesini delle zone sottosviluppate in cui era stato. Poiché la contessa americana era entusiasta dell'idea, lo studente tornava nella metropoli del nord per contattare alcuni amici che lavoravano in una casa discografica°. Restava nella metropoli tre giorni. Il primo giorno incontrava qualcuno appena tornato dalla Provenza°, che gli parlava delle lane provenzali; con costui si accordava per fondare quanto prima una ditta di importazione delle lane provenzali.

una... a record company
Provence

Il secondo giorno incontrava un vecchio compagno politico che gli proponeva di girare un documentario sul movimento di liberazione del Belucistan; e lui accettava senz'altro la proposta, fissando la data della loro partenza.

Il terzo giorno infine incontrava lo studente molto magro con cui aveva abitato a lungo, e questo gli confidava d'essere in possesso di alcuni milioni.

L'estate precedente era andato a lavorare in un casello° sull'autostrada. Un camion aveva investito° il casello distruggendolo completamente, e mandando lo studente magro all'ospedale per vari mesi con tutte le ossa rotte°; dopo di che, un'assicurazione° gli aveva pagato un risarcimento° di alcuni milioni.

tollbooth
run into
ossa... broken bones / insurance company / indemnity

Lo studente dai capelli dritti subito proponeva all'amico di raddoppiare° il suo capitale in una settimana; gli spiegava come, e lo studente magro accettava la proposta. I due partivano l'indomani per l'Olanda, con l'idea di acquistare una grossa macchina straniera usata, portarla in Italia e rivenderla guadagnandoci molto.

double

In Olanda comperavano una vecchia Jaguar, e durante il tragitto° di ritorno fondevano° il motore. Dovevano restare in Germania per una settimana in attesa° che il motore venisse rifatto; spendevano alcuni milioni per rifare il motore e per le spese di viaggio; tornavano in Italia, e la mattina dopo la macchina veniva sequestrata° dalla polizia perché importata in modo illecito.

trip
burned out
in... waiting
seized

Lo studente magro veniva denunciato°, doveva pagare nove milioni di multa; col che ha perso tutto il suo capitale esattamente in dodici giorni, a partire dal momento in cui aveva incontrato casualmente per strada lo studente dai capelli dritti.

charged, accused

Intanto la ragazza di Sermide aveva venduto la villa; non le restava più nessuna proprietà o rendita; doveva pagare i debiti con la banca, con lo sceneggiatore e con la ditta che aveva affittato le attrezzature cinematografiche poi rubate.

Col ricavato° della vendita della villa si trattava adesso di acquistare il grande appartamento nobiliare e compiere° i lavori di restauro, per rivenderlo poi ad una cifra vertiginosa e pagare tutti i debiti.

proceeds
undertake

È venuta l'estate. Lo studente dai capelli dritti è partito verso il sud con la giovane contessa americana appassionata di musica rock, per organizzare i concerti nelle zone sottosviluppate, e anche perché i due intanto si erano fidanzati.

La ragazza di Sermide ha passato l'estate seduta per terra nel grande appartamento nobiliare, tra travi° crollati°, pavimenti sottosopra°, muri ammuffiti° e finestre sfondate°, leggendo romanzi e mangiando pane e mele.

beams / collapsed
topsy-turvy / moldy / broken

È stato all'inizio dell'autunno che un telegramma le ha annunciato il ritorno di suo padre, scomparso tanti anni prima senza lasciar traccia. Durante il viaggio di ritorno, ha visto i campi già bruciati e le prime nebbie su queste pianure. Ha riabbracciato suo padre e gli ha raccontato tutta la sua storia. Suo padre l'ha ascoltata e poi ha detto pateticamente: —Che Dio perdoni la vostra innocenza.

— Gianni Celati, «La ragazza di Sermide», *Narratori delle pianure.*

Parliamo e discutiamo

1. Chi sono i personaggi più importanti del racconto? Quanti anni pensate che abbiano?
2. Come vengono identificati i personaggi dal narratore? Perché l'autore usa questa tecnica?
3. Quali dei seguenti aggettivi si adattano meglio a ciascun personaggio?

a. affettuoso	d. confuso	g. generoso	j. ingenuo
b. ambizioso	e. credulone	h. giudizioso	k. irrequieto
c. avaro	f. fiducioso	i. imprevedibile	l. superficiale

4. In quale arco di tempo pensate che si svolga il racconto?
   a. parecchi giorni
   b. un anno
   c. parecchi anni
5. Dove comincia il racconto? Dove finisce?
6. Elencate i riferimenti spaziali nel racconto. Qual è la loro funzione? Che cosa rivelano del carattere e della psicologia dei personaggi?
7. Elencate le varie attività finanziarie dei protagonisti del racconto. Come si concludono? Perché?

8. Divisi in gruppi, trovate nel testo elementi per giustificare le seguenti affermazioni.
   a. Lo studente dai capelli dritti non è una persona di cui ci si può fidare né negli affari né nei sentimenti.
   b. La ragazza di Sermide è una povera ragazza ingenua che si lascia facilmente condizionare dagli altri.
   c. Lo studente magro non è una persona esperta d'affari.
9. Raccontate come si conclude il racconto e commentate l'esclamazione finale del padre: «Che Dio perdoni la vostra innocenza».
10. Quali valori ed aspetti della società contemporanea sono evidenti nel racconto?

Strutture

L'impersonale

L'impersonale (*impersonal construction*) is very common in Italian. It is used when the action of the sentence is peformed by an indefinite subject, or by people in general. This usage is equivalent to the English *one* or *people,* and to *you, we,* and *they* used impersonally. More commonly than in American English, it can be used in Italian to describe one's own actions and circumstances, substituting for the first-person singular or plural.

Cosa si fa oggi?—Si spediscono le ordinazioni.
What are we doing today? We are going to mail the orders.

A The most common way to express the impersonal in Italian is with **si** + *third-person form of the verb.* This construction is called the **si impersonale.**

Se si conosce il mercato, si riesce a piazzare i prodotti.
If one knows the market, one will be able to place one's products.

Si va in ufficio e si lavora sodo.
You go to the office and you work hard.

1. Nouns and adjectives that refer to the subject **si** in the **si impersonale** construction are always masculine plural.

Quando si è giovani, si è spesso molto ingenui.
When one is young, one is frequently very naive.

2. When a verb with an object is used with the **si impersonale,** whether the verb is singular or plural depends on whether the noun that follows it is singular or plural. This usage is equivalent to the passive construction.

   Si sceglie un prodotto nuovo.
   A new product is chosen.

   Si organizzano molte riunioni.
   A lot of meetings are organized.

3. Compound tenses in the **si impersonale** construction are always formed with **essere.**

   Non si è risparmiato molto.
   We didn't save very much.

   The **participio passato** of verbs that are ordinarily conjugated with the auxiliary **avere** agrees with the object. If there is no object, the **participio passato** is masculine singular.

   Si sono pagate molte tasse.
   People paid a lot of taxes.

   Si è speso molto per la previdenza sociale.
   We spent a lot for social security.

   The **participio passato** of verbs that are ordinarily conjugated with the auxiliary **essere** is always masculine plural.

   Si è arrivati tardi.
   We arrived late.

   Si è partiti presto.
   We left early.

4. Object pronouns precede **si.**

   Gli si chiede sempre di essere più efficiente.
   People always ask him to be more efficient.

   È una marca italiana. La si trova dovunque.
   It is an Italian brand. It can be found everywhere.

   Ne, however, always follows **si,** which changes form to become **se ne.**

   Se ne è comprata una.
   We bought one of them.

   Se ne vedono tante, tutte uguali.
   One sees so many of them, all the same.

5. When the **si impersonale** construction is used with a reflexive verb, the pronoun **ci** is used before **si** to avoid the combination of the impersonal **si** and the reflexive **si.**

   Ci si annoia seduti dietro a una scrivania tutto il giorno.
   You get bored sitting behind a desk all day.

   The **participio passato** of a reflexive verb used with the **si impersonale** is always masculine plural.

   Ci si è spesso lamentati della sua incompetenza.
   We have often complained about his incompetence.

6. The **si impersonale** construction is often used to describe one's own actions and is sometimes accompanied by **noi.** This use is particularly common in Tuscany.

   Noi si è investito parecchio in quell'impresa.
   We invested a great deal in that firm.

B There are several other ways to express impersonal constructions:

1. with the first-person plural.

   Facciamo spesso delle cose di cui poi ci pentiamo.
   We frequently do things that we later regret.

2. with the third-person plural.

   Dicono che in quel Paese hanno un alto tenore di vita.
   They say that in that country they have a high standard of living.

3. with the indefinite pronoun **uno.**

   Uno non sa mai cosa fare in una tale situazione.
   One never knows what to do in such a situation.

4. with **la gente** (*people*).

   La gente dice che bisognerebbe spendere meno per la difesa.
   People say we should spend less for defense.

Esercizi

A. La recessione e l'alto tasso d'inflazione hanno un effetto negativo sul bilancio di molte famiglie italiane. In tutto il Paese si discute su cosa si può fare per migliorare la propria situazione economica. Riscrivete le seguenti frasi e usate il **si impersonale.** Fate tutti i cambiamenti necessari.

1. Non siamo ricchi. Non abbiamo molti soldi. Guadagniamo poco. Abbiamo messo pochi soldi da parte (*aside*).
2. Risparmieremo di più. La gente dice che questa crisi economica durerà per tutto l'anno.

3. Cercheremo di consumare di meno. Sceglieremo i prodotti con molta cura. Compreremo solo quello che proprio ci serve.
4. L'anno scorso abbiamo speso molto per l'abbigliamento. Facevamo sempre le spese nei negozi più eleganti della città.
5. Quest'anno acquisteremo solo il necessario. Eviteremo i negozi del centro. Frequenteremo solo i grandi magazzini.

B. Anche in casa Toscanini si discute di quello che si è fatto in passato e di quello che si dovrà fare per migliorare la situazione economica. Riscrivete le frasi usando il **si impersonale** e facendo tutti i cambiamenti necessari.

1. L'anno scorso siamo andati in vacanza per tre settimane. Siamo restati poco a casa. Quest'estate passeremo solo una settimana al mare.
2. L'anno scorso abbiamo fatto la settimana bianca in montagna. Ci siamo divertiti a sciare. Quest'inverno invece non ci allontaneremo da casa.
3. In passato abbiamo cambiato auto ogni due anni. Quest'anno invece non la prendiamo nuova. In qualche modo ci accontenteremo.
4. Insomma dobbiamo fare alcuni sacrifici. Oggi giorno tutti ne fanno tanti.
5. Non ci possiamo permettere più certi lussi. Dobbiamo stare molto attenti alle spese superflue. Saremo poveri ma felici lo stesso, se ci vorremo bene.

Il passivo

In Italian as in English, transitive verbs (verbs that can have objects) can be either active or passive. A verb is in the active voice when the subject performs the action of the verb. A verb is passive when the subject is acted upon.

Active:	Giuseppe *subject*	finisce *verb*	il lavoro. *direct object*
Passive:	Il lavoro *subject*	è finito *verb*	da Giuseppe. *agent*

In the passive voice, the performer of the action is called the *agent*. The agent is preceded by the preposition **da.**

A The passive is formed with the appropriate tense of the verb **essere** + *past participle.*

Molti soldi sono stati investiti dallo Stato in quest'impresa.
A lot of money has been invested by the government in this enterprise

Attenzione: The passive form of simple tenses consists of two words. In compound tenses it consists of three words.

1. The past participle always agrees in number and gender with the grammatical subject of the verb.
2. A verb can be passive in any tense or mood.

Indicativo

presente	Molti soldi **sono investiti** dal governo. *A lot of money is invested by the government.*
passato prossimo	Molti soldi **sono stati investiti** dal governo. *A lot of money has been invested by the government.*
passato remoto	Molti soldi **furono investiti** dal governo. *A lot of money was invested by the government.*
imperfetto	Molti soldi **erano investiti** dal governo. *A lot of money used to be invested by the government.*
trapassato	Molti soldi **erano stati investiti** dal governo. *A lot of money had been invested by the government.*
futuro	Molti soldi **saranno investiti** dal governo. *A lot of money will be invested by the government.*
futuro anteriore	Molti soldi **saranno stati investiti** dal governo. *A lot of money will have been invested by the government.*
condizionale presente	Molti soldi **sarebbero investiti** dal governo. *A lot of money would be invested by the government.*
condizionale passato	Molti soldi **sarebbero stati investiti** dal governo. *A lot of money would have been invested by the government.*

Congiuntivo	
presente	Credo che molti soldi **siano investiti** dal governo. *I think (that) a lot of money is invested by the government.*
passato	Credo che molti soldi **siano stati investiti** dal governo. *I think (that) a lot of money was invested by the government.*
imperfetto	Credevo che molti soldi **fossero investiti** dal governo. *I thought (that) a lot of money was invested by the government.*
trapassato	Credevo che molti soldi **fossero stati investiti** dal governo. *I thought that a lot of money had been invested by the government.*
Infinito	
presente	I soldi dovrebbero **essere investiti** dagli azionisti con saggezza. *The money should be invested wisely by the stockholder.*
passato	I soldi dovrebbero **essere stati investiti** dagli azionisti con saggezza. *The money should have been invested wisely by the stockholders.*
Gerundio	
presente	**Essendo investiti** dai genitori, i soldi non sono disponibili per i figli. *Invested by the parents, the money isn't available for the children.*
passato	**Essendo stati investiti** dai genitori, i soldi non erano disponibili per i figli. *Having been invested by the parents, the money wasn't available for the children.*

B The verbs **venire** and **andare** can sometimes be used in place of **essere** to form the passive. With these verbs, the past participle must also agree with the subject in number and gender.

1. **Venire** can replace **essere** in simple tenses only.

   Molti prodotti vengono ideati in Italia.
   Many products are designed in Italy.

2. In all tenses, **andare** can be used instead of **essere** with certain verbs that signify loss: **distruggere** (*to destroy*), **perdere** (*to lose*), **smarrire** (*to mislay*), and **sprecare** (*to waste*).

   I documenti sono andati smarriti.
   The documents were lost.

   Andare can also be used, in simple tenses only, to indicate obligation or necessity.

   La qualità va migliorata.
   The quality must be improved.

   I prodotti vanno scelti attentamente.
   Articles must be chosen carefully.

   Le particolarità del mercato vanno considerate.
   The peculiarities of the market must be considered.

C When an active verb shifts into the passive voice, the direct object pronoun becomes a subject pronoun.

L'ha assunta il direttore? Lei è stata assunta dal direttore?
Did the director hire her? Was she hired by the director?

Unlike English, the indirect object cannot become the subject when an active verb becomes passive. It must remain the indirect object.

Io gli ho dato la risposta. La risposta gli è stata data da me.
I gave him the answer. The answer was given to him by me.

Attenzione: There is no equivalent in Italian for the English *He was given the answer by me,* in which *he* is the subject of the sentence. To express the equivalent of this construction in Italian, an active verb must be used: **Ha avuto** la risposta da me.

D When no agent is named, **si** + *third-person active form of the verb* can be used to express the passive. This construction is called the **si passivante.**

Non si aiuta abbastanza il Sud.
The South isn't helped enough.

It is also used in commercial ads. The **si** is usually attached to the verb.

Vendesi negozio in centro.
Store in downtown area for sale.

Affittasi appartamento.
Apartment for rent.

1. When the noun that follows the verb is singular, the third-person singular of the verb is used. When the noun is plural, the verb is in the third-person plural.

   In Italia si applica una filosofia interventista.
   In Italy an interventionist philosophy is applied.

   Si danno sovvenzioni alle industrie.
   Subsidies are given to industries.

2. In compound tenses, the auxiliary **essere** is used. The past participle always agrees in gender and number with the subject.

   Si sono chiuse le fabbriche.
   Factories were closed.

Esercizi

A. La signora Bertini è la titolare di una grande ditta di maglieria e vuole incrementare (*increase*) le vendite all'estero. Si consiglia con un consulente aziendale (*business consultant*) che le spiega cosa fanno altre aziende. Cambiate le seguenti frasi dalla voce attiva alla voce passiva. Usate il **si** e la terza persona del verbo quando l'agente non è espresso. Fate tutti i cambiamenti necessari.

1. Il gruppo Gft ha aggredito i mercati. In tre anni hanno rilevato (*taken over*) sei società all'estero. Ormai realizzano più del 50 per cento della produzione all'estero. Hanno diminuito i costi di produzione e del trasporto.
2. Il gruppo Marzotto ha acquistato alcune ditte tessili importanti. Al suo reparto laniero ha aggiunto le produzioni di lino e di cotone. Nei prossimi venti anni investiranno grandi somme di capitale.
3. Alcune ditte di Prato hanno introdotto sofisticati sistemi elettronici nei loro stabilimenti. Così migliorano la qualità dei prodotti e riducono gli scarti (*seconds*). All'estero cercano la qualità.

B. Il consulente aziendale spiega alla signora Bertini quello che è stato fatto da altre aziende per ridurre i costi di produzione e incrementare le vendite. Cambiate le frasi dalla forma attiva a quella passiva.

1. Una ditta utilizzerà l'informatica. Così renderanno più efficienti i servizi ai clienti. Abbasseranno i tempi di consegna delle merci.
2. Un altro gruppo importante ha abbandonato la fascia più bassa del mercato. Il gruppo ha ridotto la produzione di materiali acrilici. Hanno invece incrementato la produzione di filati di valore.

3. Tutte le ditte risparmiano molto producendo in stabilimenti all'estero. Hanno mantenuto i costi di produzione a livelli molto bassi.

4. Credo che tutte le ditte abbiano scelto strategie aggressive. È possibile che a volte sacrifichino il prezzo di listino e che vendano la merce in perdita. Così non perderanno le quote di mercato.

C. La signora Bertini chiede al consulente aziendale che cosa deve fare. Rispondete alle domande della signora Bertini e spiegate che cosa va fatto secondo il consulente aziendale. Usate la forma passiva con **andare** secondo l'esempio.

ESEMPIO: Devo chiudere i reparti meno produttivi?
Sì, i reparti meno produttivi vanno chiusi.

1. Devo licenziare gli operai?
2. Devo contenere i costi di produzione?
3. Devo ridimensionare i margini di profitto?
4. Devo chiedere sovvenzioni allo Stato?
5. Devo lasciare aperte le fabbriche poco produttive?
6. Devo trovare mercati all'estero?
7. Devo investire massicce (*massive*) quantità di denaro in pubblicità e promozione?
8. Devo rivedere la gamma dei miei prodotti (*my product line*)?
9. Devo sacrificare la qualità dei prodotti?
10. Devo produrre solo capi firmati (*designer items*)?

Gli interrogativi

A Unlike English, yes-or-no questions in Italian often use the same phrasing as declarative statements. It is not necessary to reverse the subject and verb as in English; the rising intonation of the voice signals that a sentence is a question.

L'industria della moda è in crisi. L'industria della moda è in crisi?
È in crisi l'industria della moda. È in crisi l'industria della moda?
The fashion industry is in crisis. Is the fashion industry in crisis?

B Questions are also formulated with interrogative adverbs, adjectives, and pronouns.

1. The interrogative adverbs are:

come? *how? like what?*	perché? *why?*
come mai? *how come? how on earth?*	quando? *when?*
dove? *where?*	quanto? *how much?*

   a. In questions introduced with interrogative adverbs, the subject is usually placed at the end of the question.

      Come ha superato la crisi la Benetton?
      How did Benetton overcome the crisis?

      With **perché** and **come mai,** the subject can be placed before the verb for emphasis.

      Come mai la Fiat ha messo in cassa integrazione tanti operai?
      How come Fiat laid off so many workers?

   b. Interrogative adverbs are invariable.

      Quanto hanno speso in innovazioni tecnologiche?
      How much did they spend on technological innovations?

   Come and **dove,** however, are usually elided in front of the verbs **è, era,** and **erano.**

      Com'è lo stabilimento di quella ditta?
      What is that company's factory like?

2. The interrogative adjectives are:

   che? *what? what kind of?*
   quale,-i? *which? what?*
   quanto,-a, -i, -e? *how much? how many?*

   a. Interrogative adjectives, like other adjectives, agree in number and gender with the noun they modify.

Quale prodotto? *Which product?*	Quali prodotti? *Which products?*
Quanto lino? *How much linen?*	Quanta lana? *How much wool?*
Quanti filiati? *How many yarns?*	Quante maglie? *How many sweaters?*

      Che, however, is invariable.

      Che ditta hanno acquistato? Che prodotti hanno acquistato?
      What kind of company did they buy? What kinds of products did they buy?

b. **Quale** is used when distinguishing among several specific people, things, or concepts.

Quale vino preferisci?
Which wine (among these) do you prefer?

Quale becomes **qual** before the verbs **è, era,** and **erano.**

Qual è la soluzione?
What is the solution?

c. **Che** is used when specifying a type or category of people or things.

Che vino preferisci?
What kind of wine do you prefer?

3. The interrogative pronouns are:

chi? *who? whom?*
che, che cosa, cosa? *what?*
quale, -i? *which one, which ones?*
quanto, -a, -i, -e? *how much? how many?*

a. **Chi** always refers to people. It is invariable.

Chi sono gli industriali più importanti? Chi è il più autorevole?
Who are the most important industrialists? Who is the most influential?

Di chi is the equivalent of the English *whose.*

Di chi è la colpa?
Whose fault is it?

b. **Che, che cosa,** and **cosa** always refer to things and are invariable.

Che cosa vuoi?
What do you want?

Cosa dici?
What are you saying?

Che fai?
What are you doing?

Che cosa can become **che cos'** before the verbs **è** and **era.**

Di che cos'è fatto quest'abito?
What is this dress made of?

c. **Quale** refers to people, things, and ideas. It has a singular and a plural form, and becomes **qual** before the verbs **è** and **era.**

Di questi, quale ti piace di più?
Which one of these do you like the most?

Delle ditte italiane, quali hanno il miglior bilancio?
Among Italian companies, which ones have the best balance sheet?

d. **Quanto** can refer to people or things. It has four forms: **quanto, quanta, quanti, quante.**

Quanto ci vuole?
How much is needed?

Quanti hanno accettato la nostra proposta?
How many have accepted our proposal?

e. Unlike colloquial English, a preposition used with an interrogative pronoun must precede the pronoun.

Con chi vai alla sfilata?
Whom are you going to the fashion show with? (*With whom are you going to the fashion show?*)

Da chi hai ricevuto l'invito?
Whom did you receive the invitation from? (*From whom did you receive the invitation?*)

Esercizi

A. Immaginate un'intervista con lo stilista Valentino. In base alle seguenti risposte formulate le domande appropriate e usate avverbi, aggettivi e pronomi interrogativi corretti.

1. Lavoro in questo campo ormai da più di trent'anni.
2. Qualche anno fa abbiamo festeggiato il trentesimo anniversario della mia attività.
3. Vendo abiti a due milioni di persone nel mondo.
4. Io creo per le trentenni.
5. Le donne troppo ragazzine non mi piacciono.
6. Gli elementi di moda che ho sviluppato in tutta la mia carriera sono: le trasparenze, il rosso, il bianco e il nero, e gli «animal print».
7. I miei abiti sono fatti di tessuti pregiati.
8. Negli anni settanta il mondo della moda diventò meno poetico.
9. I giovani stilisti milanesi provenivano (*came*) dall'industria.
10. I giovani stilisti milanesi cominciarono a venir fuori durante gli anni di piombo (gli anni del terrorismo).

— Adattato da *L'Espresso.*

B. Immaginate di intervistare l'amministratore delegato (*managing director*) del gruppo Fiat riguardo i programmi dell'azienda per affrontare le minacce che vengono dall'estero a turbare il settore automobilistico. In base alle seguenti risposte, formulate le domande appropriate e usate gli avverbi, aggettivi e pronomi interrogativi corretti.

1. Il nemico è un concorrente, l'industria giapponese.
2. Toyota, Honda, Nissan e le altre sei terribili sorelle fanno paura.
3. La Fiat ha una posizione finanziaria positiva.
4. I nuovi impianti nel Sud d'Italia potranno ridurre i costi di produzione.
5. Gli impianti nel Sud incominceranno a operare nel 1994.
6. Investiremo molti soldi nell'Europa dell'Est.
7. Dobbiamo rinnovare la gamma dei modelli.

— Adattato da *L'Espresso*.

Come adeguare lo stile all'argomento e al lettore

Quando si scrive, come quando si parla, il tono cambia a seconda dell'argomento trattato e delle persone a cui ci si rivolge. È perciò molto importante riuscire ad esprimere le idee variando lo stile, infatti se lo stile che si usa è appropriato diventa anche più efficace.

Prima di tutto bisogna stabilire il livello di formalità in cui si desidera esprimersi e quindi il lettore a cui ci si vuole rivolgere. Il livello più informale può ad esempio essere usato quando si scrive a o per bambini, amici e parenti molto vicini. Si può usare il «tu», rivelare apertamente emozioni e sentimenti ed in genere si scrivono frasi semplici e brevi. Si possono anche aggiungere note in parentesi e frasi idiomatiche più spesso di quando si scrive formalmente.

Il livello più formale deve risultare più distaccato, quindi si usano parole più difficili, frasi più lunghe e complesse e in genere non ci si rivolge ad un interlocutore specifico, soprattutto se si tratta ad esempio di saggi (*essays*) o articoli e non di una lettera.

Oltre alle differenze di stile, è bene rendersi conto anche delle differenze di tono che si possono esprimere in quello che si scrive. Per esempio, a seconda dei vocaboli usati e della forma o struttura delle frasi, si può essere più o meno convincenti, decisi e diretti. Si possono anche esprimere atteggiamenti e sentimenti diversi come gioia, rabbia, sarcasmo, paura, egoismo e insistenza.

Per uno stile diretto e convincente si possono usare le forme dell'indicativo, mentre per uno stile più dubbioso e formale si usa il congiuntivo. Anche la forma attiva o quella passiva possono contribuire a creare un tono diverso in ciò che si scrive. La forma attiva è sempre più precisa ed immediata, mentre quella passiva accentua la distanza tra chi scrive e chi legge e può servire per esempio agli scienziati che vogliono descrivere i loro esperimenti in maniera molto oggettiva.

Temi

1. Sei un consulente aziendale. Una grande ditta automobilistica, la cui quota di mercato è in continuo calo, ti chiede di preparare una relazione (*report*) analizzando i punti deboli dell'azienda e proponendo soluzioni per recuperare la quota di mercato persa. Ti rivolgi a lettori che non conosci affatto e vuoi essere deciso e convincente.
2. Sei il sindaco (*mayor*) della tua città. Alcune imprese locali hanno intenzione di trasferire i loro stabilimenti di produzione in altri paesi per risparmiare. Scrivi ai dirigenti delle ditte per convincerli a restare nella tua città, tenendo presente che li conosci personalmente e siete cresciuti insieme.
3. Alcuni considerano l'alta moda una forma d'arte. Altri la vedono come un'attività futile che sfrutta (*exploits*) soprattutto le donne. Cosa ne pensi tu? Scrivi un saggio e esprimi la tua opinione in uno stile formale, rivelando anche eventuali dubbi ed incertezze.

Parole ed espressioni chiave

Per parlare dell'economia italiana

l'addetto, l'addetta *staff member, member of work force*
l'agricoltura *agriculture*
l'assistenza sanitaria *health care*
l'attività *activity*
l'azienda *company*
l'azione *(f.) share, stock*
l'azionista *stockholder*
la borsa *stock market*
il campo *field (in every sense)*
il cittadino *citizen*
i colletti bianchi *white-collar workers*
il debito *debt*
il dipendente *employee*
il disavanzo / il deficit *deficit*
la disoccupazione *unemployment*
la ditta *firm, business*
il divario *difference, gap*
l'ente *(m.) enterprise, organization*
l'entrata *revenue*
l'evasore fiscale *(m.) tax evader*
la fabbrica *factory*
la forza lavoro *work force*
il funzionamento *functioning, operation*
la gestione *management*

l'impresa *enterprise, undertaking*
l'industria *industry*
l'iniziativa *initiative*
il lavoratore, la lavoratrice *worker*
il livello *level*
la privatizzazione *privatization*
la produzione *production*
il proprietario, la proprietaria *owner*
il reddito *income*
i servizi *services*
il settore *sector*
il sistema *system*
la società *company, firm*
la sovvenzione *subsidy*
la spesa *expense, expenditure*
lo stabilimento *plant*
lo stipendio *salary, wages*
la tassa / l'imposta *tax*
il tasso *rate*
il terziario *service sector*
il / la titolare *owner*
il titolo *bond, stock*
l'uscita *expense*

a capitale misto *mixed capital (public and private)*
a disposizione *available*
agricolo, -a *agricultural*
autonomo, -a *self-employed*
avanzato, -a *developed*
commerciale *commercial*
cosiddetto, -a *so-called*
economico, -a *economic*
fiscale *fiscal*
impiegato, -a *employed*
industriale *industrial*
in proprio *self-employed*
intero, -a *entire*
interventista *interventionist*
in via di sviluppo *developing*
medio, -a *medium, average*
privato, -a *private*
pro-capite *per-capita*
pubblico, -a *public*
quotato, -a *listed, quoted*
sottosviluppato *underdeveloped*
statale *state-run*

andare in fallimento *to go bankrupt*
attuare *to carry out*
controllare *to control, to check*
coordinare *to coordinate*
evitare *to avoid, to evade*
fallire *to fail*
far fronte a *to cope with*
intervenire *to intervene*
investire *to invest*
programmare *to plan*
riuscire *to succeed*
salvaguardare *to safeguard, to protect*
svolgere *to carry on, to carry out*

Per parlare dell'economia italiana nel mondo

l'apertura *openness, opening*
la barriera doganale *customs barriers*
il calo *drop, reduction*
il cambio della valuta *currency exchange rate*
il commercio *commerce*
la competitività *competitiveness*
la concorrenza *competition*
il costo del lavoro *labor costs*
la dogana *customs*
l'esportazione *(f.)* *export*
l'estero *foreign countries*
l'importazione *(f.)* *import*
l'innovazione *(f.)* *innovation*
il listino prezzi *price list*

le materie prime *raw materials*
il mercato *market*
la merce *goods, merchandise*
l'offerta promozionale *promotional offer, special*
l'ordinazione *(f.) order*
l'orgoglio *pride*
il prezzo *price*
il profitto *profit*
la pubblicità *advertisement, publicity*
la qualità *quality*
la quota di mercato *market share*
la riduzione *reduction*
il rischio *risk*
le risorse *resources*
lo scambio *trade, exchange*
la sfida *challenge*
la tecnologia *technology*
il trasporto *transportation*

energetico, -a *energy-related, energetic*
internazionale *international*
nazionale *national*
reale *real*
tecnologico, -a *technological*
unico, -a *one, only*

affrontare *to face, to confront*
aumentare *to increase*
conquistare *to conquer*
creare *to create*
eliminare *to eliminate*
incrementare *to increase, to promote*
influenzare *to influence*
limitare *to limit*
mantenere *to maintain*
migliorare *to improve*
produrre *to produce*
proteggere *to protect*
ridurre *to reduce*
vantare *to boast, to extol*
vendere *to sell*

in pareggio *at cost*
in perdita *at a loss*

Gli italiani e le questioni sociali

Lavoratori e lavoratrici scioperano per protestare contro la politica del governo.

Temi

- Il carattere degli italiani
- Alcuni loro gusti ed abitudini
- La questione meridionale
- Il problema del crimine organizzato

Strutture

- Gli aggettivi e i pronomi indefiniti
- L'uso delle preposizioni
- Le preposizioni e congiunzioni
- I verbi di percezione e l'infinito

Il carattere degli italiani

INTRODUZIONE

L'italiano non ha un forte senso dell'interesse pubblico, non obbedisce facilmente alle regole stabilite dalla società, da quelle del traffico stradale agli obblighi fiscali[1] alle norme per la difesa del paesaggio e della nettezza[2] urbana.

— Franco Ferrarotti, *L'Italia in bilico.*

1. **obblighi...** tax obligations 2. cleanliness

È difficile circolare a piedi quando le automobili bloccano i marciapiedi.

Per parlare del carattere degli italiani

Fino al 1860, anno dell'unità d'Italia, la storia del popolo italiano è stata una storia di diversi stati divisi e spesso in lotta fra loro. L'Italia inoltre per secoli è stata il terreno di battaglia di eserciti e nazioni straniere che si contendevano il predominio della penisola. Questo ha portato a profonde conseguenze sociali e culturali, come ad esempio la sfiducia degli italiani verso le istituzioni pubbliche, lo scetticismo in politica, e notevoli differenze di lingua, tradizioni e costumi fra le varie regioni.

Quando si parla del popolo di una determinata nazione bisogna comunque fare sempre attenzione ad evitare gli stereotipi e i luoghi comuni, che spesso rivelano pregiudizi e preconcetti nei riguardi delle diverse parti di una stessa nazione o tra nazioni diverse. Conoscendo la storia e la cultura di un Paese, però, è a volte possibile individuare alcune caratteristiche generali, come l'atteggiamento verso la vita, le tradizioni e le abitudini.

Parole in contesto

1. Molti italiani sono scettici, disillusi e sfiduciati nei confronti del Governo. Alcuni non credono alla validità delle istituzioni o alla loro efficacia.

2. Chiamiamo carenza delle istituzioni l'incapacità degli organi governativi di risolvere un problema sociale, politico o economico.

3. La coscienza civile e l'impegno politico si riferiscono all'interesse dei cittadini per le istituzioni e i problemi sociali ed economici del Paese. Per tanti italiani in genere è molto importante essere politicizzati ed impegnati e a loro piace discutere di questioni politiche e sociali.

4. Un aspetto invece negativo di coinvolgimento politico è il clientelismo. Questo è di origine molto antica, infatti risale all'epoca romana, ed indica un tipo di rapporto politico o economico che si basa su scambi di favori.

5. L'arte di arrangiarsi, cioè di sopravvivere e superare le difficoltà più impreviste, e lo spirito d'iniziativa si riferiscono al modo di affrontare la vita.

6. Per molti italiani, alcune qualità importanti sono la creatività, l'individualismo, la tolleranza, l'intrapendenza e a volte anche la rassegnazione.

7. Molti italiani ci tengono all'eleganza, e possono essere molto esigenti per quello che riguarda l'apparenza e sofisticati nelle loro scelte. Questa tendenza si riflette nel gusto per le belle cose e l'importanza dell'estetica.

8. Gli italiani si preoccupano anche di fare bella o brutta figura, pensano cioè all'effetto prodotto sulle altre persone dai loro gesti, dalle loro scelte, dal loro comportamento e in generale dall'immagine che proiettano.

Descriviamo

1. Descrivete la foto a pagina 425.
2. Che cosa fanno tutte le persone della foto? Che cosa fanno alcuni di loro?
3. Quali potrebbero essere i motivi della manifestazione?

Immaginiamo ed inventiamo

1. Immaginate di dover descrivere ad un italiano il carattere e l'atteggiamento verso la vita di alcuni vostri connazionali.
2. Immagina di poter scegliere di diventare cittadino / cittadina di un'altra nazione. Quale sceglieresti? Perché?

Prepariamoci a leggere

1. Rileggete il brano di Ferrarotti nell'introduzione a pagina 426. Quali dei seguenti aggettivi si possano riferire agli italiani secondo il brano?

a. creativi	d. scettici	g. gregari
b. ribelli	e. fiduciosi	h. impegnati
c. disciplinati	f. sottomessi	i. individualisti

2. I dati riportati sono il risultato di un'inchiesta svolta fra un gruppo di donne italiane. Dopo averli letti, rispondete alle domande che seguono.

Qual è il più grave problema dell'Italia?

La corruzione	31,1
La malavita	19,4
I partiti	15,4
La crisi economica e la disoccupazione	11,3
L'inefficienza dei servizi	11,0
Le ingiustizie fiscali	6,4
Il degrado artistico e ambientale	2,2
Non so	3,2

E l'aspetto più positivo?

La libertà	37,2
La cultura	17,9
Il patrimonio artistico e ambientale	17,4
Il benessere	14,2
La gente	10,8
Non so	2,5

Qual è il peggior difetto degli italiani?

La mancanza di coscienza civile	29,4
L'indifferenza	26,2
L'individualismo	11,5
Il razzismo	10,5
Il qualunquismo	10,1
Il fatalismo	5,9
Non so	6,4

E la maggior qualità?

La creatività	17,6
La generosità	17,4
La capacità di adattarsi	16,4
La tolleranza	14,9
Lo spirito di iniziativa	14,2
La capacità di reagire	9,1
L'operosità	4,7
Non so	5,7

   a. Quali sono gli aspetti positivi e quali quelli negativi dell'Italia secondo le donne intervistate?
   b. In quali settori della vita privata e pubblica si può manifestare la corruzione, secondo voi? Quali forme può prendere?
   c. Come si rivela la creatività degli italiani? e la loro generosità?
   d. Che effetto può avere la mancanza di coscienza civile sulla società e sulle istituzioni?

3. Cosa pensate voi degli italiani? Divisi in gruppi, rispondete alle domande dell'inchiesta. Poi paragonate le vostre risposte a quelle dei compagni e giustificate la vostra opinione.

4. Quali pensate che siano alcuni dei motivi della forte attrazione che l'Italia ha sempre esercitato sugli stranieri?

5. Paragonate gli italiani e i vostri connazionali prendendo in considerazione i seguenti elementi.
   a. le abitazioni
   b. il gusto del bello
   c. la fiducia nelle istituzioni
   d. l'atteggiamento verso le tasse
   e. l'importanza della famiglia
   f. l'efficienza dei servizi
   g. l'impegno politico
6. Quali sono secondo voi alcuni fattori che determinano le differenze di mentalità e di carattere tra i cittadini di nazioni diverse?

Nei due brani seguenti il sociologo Franco Ferrarotti analizza alcune caratteristiche da lui considerate tipiche del popolo italiano, caratteristiche dovute soprattutto alla sua storia.

A L'italiano [...] coltiva la rete° delle amicizie personali perché non può fidarsi della norma impersonale della legge. In una parola, il rapporto interpersonale in Italia è ricco, più ricco che altrove, perché la prestazione° delle istituzioni è povera, lenta, intermittente, inaffidabile°.

rete: network
prestazione: performance
inaffidabile: unreliable

B Gli italiani sono meravigliosi nelle sventure°. Il genio della sopravvivenza, che nella loro lunga storia li ha sempre miracolosamente assistiti, la loro capacità di resistenza esistenziale e di compassione umana risultano allora esaltati. La capacità di sofferenza e di solidarietà anche verso sconosciuti°, la compassione degli italiani si sono manifestate durante gli anni più bui° delle persecuzioni contro gli ebrei in Italia.

sventure: misfortunes
sconosciuti: strangers
bui: dark

— Franco Ferrarotti, *L'Italia in bilico.*

Nel brano seguente si parla del contrasto tra l'importanza dello stile per gli italiani e alcune inefficienze nell'organizzazione della vita italiana.

C Un rapido paragone con gli altri paesi europei permette di stabilire che in media siamo i più sofisticati ed esigenti, i più attenti all'immagine, i più attratti dal bene di consumo esclusivo. Sarà forse perché come dicono le statistiche [...], il nostro è un paese dove si spende poco per pagare l'affitto di casa (circa l'11 per cento contro il 14 per cento della media Cee) mentre siamo in testa alle classifiche° di spesa per vestiario e calzature° e superiamo la media europea per quelle d'arredamento°. [...] Ma i guai° cominciano quando si esce da queste case piene di abiti e di frigoriferi debordanti°, di videoregistratori, di

siamo... we rank at the top
calzature: shoes
arredamento: interior furnishings / guai: difficulties / debordanti: brimming

mobili e giocattoli per bambini. Quando si vuole spedire una lettera, prendere un treno, un aereo o una metropolitana, richiedere un certificato, curarsi in ospedale, telefonare da un bar, o semplicemente cercare un negozio di generi alimentari la domenica.

— *L'Espresso.*

Parliamo e discutiamo

1. Indicate quali delle seguenti affermazioni riguardo agli italiani sono corrette secondo i brani A e B.
   a. Non hanno fiducia nello Stato.
   b. Dipendono in tutto dalle istituzioni.
   c. Sono abituati ad aiutarsi l'uno con l'altro.
   d. Sono solidali con chi ha bisogno di aiuto.
2. Secondo i brani A e B, perché in Italia i rapporti interpersonali sono molto importanti?
3. Secondo il brano C, quali sono le contraddizioni che si incontrano in Italia nella vita giornaliera? Come pensate che queste contraddizioni possano influenzare l'economia e il ruolo dell'Italia nella Cee?
4. Considerando tutti i brani letti, indicate a quali di essi corrispondono le seguenti affermazioni.
   a. L'italiano in generale non ha fiducia nelle istituzioni pubbliche.
   b. Le migliori qualità degli italiani si manifestano nei momenti difficili.
   c. Gli italiani apprezzano molto la bellezza in tutte le sue forme.
   d. I negozi alimentari sono chiusi la domenica.

Questioni sociali

INTRODUZIONE

Un'opera d'arte viene restaurata dopo l'esplosione di una bomba alla Galleria degli Uffizi a Firenze.

Sono convinta che la gran parte dei mali che affliggono il mondo, derivino dal non avere i suoi abitanti una comune cultura. Finora si è diviso il mondo in razze[1]; è prevalso poi il concetto di classe; ma la classe altro non è che la razza *all'interno di un paese, e siccome la razza non è che cultura, anche classe vuol dire più o meno cultura.*

— Anna Maria Ortese, *In sonno e in veglia.*

1. races

Per parlare di questioni sociali

In ogni Paese esistono dei problemi sociali che variano con il mutare della realtà storica e culturale. Uno dei problemi più seri e attuali della società italiana è la cosiddetta questione meridionale, che risale al tempo dell'unità d'Italia. Il termine indica il divario economico, sociale e culturale tra il Nord e il Sud della nazione, per cui oggi si parla anche di un'Italia a due velocità.

Un altro problema di vecchia data e ancora radicato è quello della mafia, un'associazione criminale clandestina, originata in Sicilia dove è chiamata anche cosa nostra. Il potere è diviso fra le varie cosche mafiose in una struttura fortemente organizzata. Altre associazioni di tipo mafioso sono la 'ndrangheta in Calabria e la camorra in Campania.

La mafia è nata fra l'altro da un sistema di divisione del potere di tipo feudale, causato dall'assenza storica di un governo forte che i siciliani potessero riconoscere come rappresentativo dei loro interessi. Dalla Sicilia il potere della mafia si è esteso al resto della penisola e anche ad altre nazioni.

Parole in contesto

1. L'Italia si considera generalmente divisa in tre zone geografiche: l'Italia settentrionale, cioè il Nord o settentrione, l'Italia centrale, cioè il centro, e l'Italia meridionale, cioè il Sud, o meridione o mezzogiorno. L'Italia insulare comprende le due isole maggiori, la Sicilia e la Sardegna, e tante isole minori.
2. Il regionalismo indica le differenze storiche, culturali, economiche e spesso anche di lingua e dialetti presenti fra le diverse regioni italiane. In Italia indica anche la posizione politica degli abitanti di alcune regioni che vorrebbero una maggiore autonomia dal governo centrale.
3. L'intolleranza e la discriminazione non si applicano solo verso altre razze, ma a volte anche verso i cittadini di uno stesso Paese, dove esistono notevoli differenze regionali.
4. Si chiamano delinquenti o criminali gli appartenenti alla malavita. Essi rubano, rapinano banche, uccidono o ammazzano, e sequestrano, cioè rapiscono persone appartenenti a famiglie ricche per richiederne il riscatto.
5. Il traffico degli stupefacenti, cioè della droga insieme al riciclaggio del denaro, è una delle attività illegali e lucrative di cui si occupa la mafia. Anche l'estorsione a vari livelli è praticata dagli appartenenti alla mafia che a questo scopo minacciano e terrorizzano. Le cosche mafiose intervengono anche nell'assegnazione illegale degli appalti.
6. I mafiosi poi commettono spesso attentati alla vita di giudici e magistrati che conducono inchieste ed indagini sulle attività della mafia.
7. I mafiosi sono legati alla legge dell'omertà, cioè del silenzio. Un mafioso che decide di rivelare ai magistrati quello che sa sulle attività della mafia si chiama pentito.
8. I carabinieri sono soldati di un corpo speciale dell'esercito. Oltre a funzioni militari, hanno compiti di polizia. Sono dislocati sia nelle città che in tutti i più piccoli paesi e sono spesso coinvolti nello svolgimento di indagini e nell'arresto di criminali.

Descriviamo

I funerali del giudice Paolo Borsellino ucciso dalla mafia.

Protesta di cittadini siciliani per l'uccisione del giudice Giovanni Falcone.

1. Descrivete le foto.
2. Immaginate una storia precedente alle foto.

Immaginiamo ed inventiamo

1. Divisi in gruppi, immaginate di partecipare ad una tavola rotonda e di discutere il problema delle differenze culturali e sociali tra le varie regioni, o stati, del vostro Paese. Fate un elenco delle cause di queste differenze e cercate possibili soluzioni.
2. Divisi in gruppi, immaginate di dover parlare della criminalità nel vostro Paese con persone di un'altra nazione. Discutete quali sono i crimini più rilevanti, a cosa sono dovuti e da chi sono commessi.

Prepariamoci a leggere

1. Secondo il brano di Anna Maria Ortese a pagina 431, quali sono le connessioni tra i concetti di cultura, razza e classe sociale?
2. Quali fattori pensate che contribuiscano ad unificare una nazione?
3. Quali sono alcuni dei problemi sociali più rilevanti nel vostro Paese?
4. Di che cosa si occupano prevalentemente le associazioni criminali organizzate?
5. Leggete il seguente articolo e poi rispondete alle domande.

Contro l'imprenditore esplosi colpi di pistola

Siracusa, chiude l'azienda 'Il racket mi ha minacciato'

SIRACUSA — Alfio Arena, 37 anni, titolare di un'impresa di pompe funebri a Sortino, in provincia di Siracusa, ha annunciato di cessare l'attività dopo che la notte scorsa è stato vittima di un nuovo attentato, dopo altri tre subiti negli ultimi due anni. Mentre era a bordo della sua auto, è stato affiancato da un'altra vettura dalla quale sono stati sparati alcuni colpi di pistola che non lo hanno colpito. In precedenza due cariche di tritolo° furono fatte scoppiare davanti alla sede dell'impresa nella centrale via Vittorio Veneto e una Fiat 500 di Arena, originario di Augusta, fu incendiata.

Sia Arena, sia gli investigatori sono certi che la ditta sia stata presa° di mira dal racket delle estorsioni. «Questo esercizio da oggi non esercita più», ha scritto Alfio Arena su un cartello ben visibile esposto all'ingresso della sede.

tritolo: TNT

sia... presa di mira: sia... targeted

a. Cercate sulla cartina dov'è Siracusa.
b. Di quanti attentati è stato vittima Alfio Arena?
c. Perché ha subito gli attentati? Che cosa ha rifiutato di fare l'imprenditore?
d. Perché Alfio Arena ha deciso di chiudere la sua attività?

6. Considerando i grafici seguenti riguardanti la mafia, indicate quali affermazioni sono vere e quali false. Giustificate le vostre risposte.

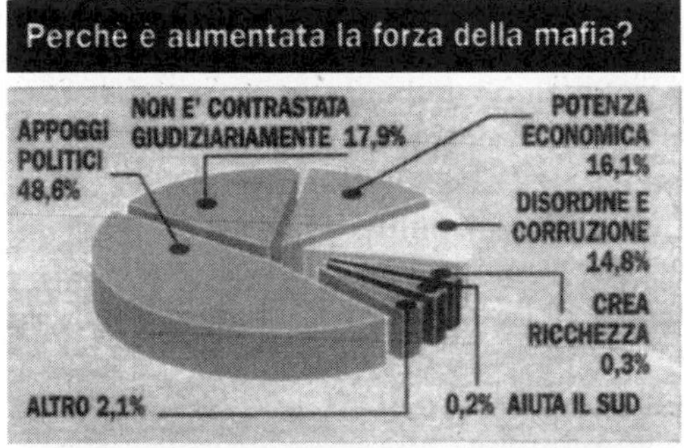

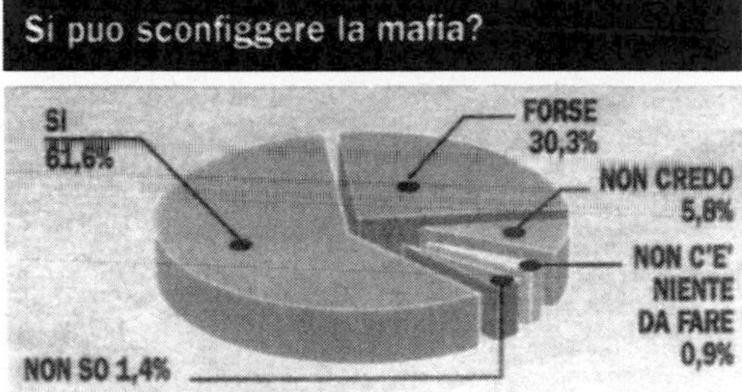

a. Gli italiani pensano che il potere della mafia sia aumentato grazie a connessioni politiche.
b. Gli italiani non credono che la mafia potrà mai essere completamente sconfitta.
c. Gli italiani hanno fiducia nella capacità dello Stato di sconfiggere la mafia.

LEGGIAMO

Nel brano seguente si parla di alcune differenze tra l'Italia del nord e quella del sud.

A La questione meridionale, che è stata per anni soprattutto economica, di divario economico, è diventata una questione di sopravvivenza° nazionale, di sopravvivenza della democrazia italiana nell'Europa. [...]

° survival

Ciò che preoccupa gli italiani è che nel Mezzogiorno controllato dalla malavita non si sa più bene chi sia lo stato e chi siano i delinquenti, chi amministri e chi sia amministrato, chi siano le guardie e chi i ladri°. [...]

thieves

Le piaghe° più orrende della miseria e dello sfruttamento° sono in gran parte scomparse, sono cambiati i costumi, la condizione della donna è migliorata, la lingua, l'informazione, la letteratura nazionali sono diffuse e ci sono state scelte° politiche e sociali come l'aborto, il divorzio, l'ecologia in cui è sembrato di intravvedere un Paese unificato. Ma la modernizzazione senza sviluppo, il maggior reddito senza impieghi nuovi e trainanti°, la convivenza paralizzante della malavita organizzata e dello Stato hanno prodotto [...] una complessiva perdita di speranza. Nella indifferenza o nella impotenza di governanti e di riformatori che hanno continuato [...] a immaginare una unità che non esisteva, applicando a tutte le parti del Paese le stesse regole, le stesse medicine.

sores / exploitation

choices

pulling (the economy) forward

— Giorgio Bocca, *La disunità d'Italia.*

Nel brano seguente il giudice Giovanni Falcone, siciliano, ucciso nel 1992 in un attentato, parla delle sue esperienze con la mafia e delle sue opinioni su alcune delle cause di questo triste fenomeno.

B Devo dire che fin da bambino avevo respirato giorno dopo giorno aria di mafia, violenza, estorsioni, assassinii. C'erano stati poi i grandi processi° che si erano conclusi regolarmente con un nulla di fatto°. [...] Nell'atmosfera di quel tempo respiravo anche una cultura «istituzionale» che negava l'esistenza della mafia e respingeva quanto vi faceva riferimento°. Cercare di dare un nome al malessere° sociale siciliano equivaleva ad arrendersi° agli «attacchi del Nord»! La confusione regnava sovrana: da una parte chi diceva: «Tutto è mafia», dall'altra chi sosteneva: «La mafia non esiste». Tutto in un contesto [...] di attentati, di assassinii, avvenimenti gravissimi che hanno scandito la mia formazione giovanile. [...] Io credo nello Stato, e ritengo che sia proprio la mancanza di senso dello Stato, di Stato come valore interiorizzato, a generare quelle distorsioni presenti nell'animo° siciliano: il dualismo tra società e Stato; il ripiegamento° sulla famiglia, sul gruppo, sul clan; la ricerca di un alibi che permetta a ciascuno di vivere e lavorare in perfetta anomia°, senza alcun riferimento a regole di vita collettiva. Che cosa se non un miscuglio° di anomia e di violenza primitiva è all'origine della mafia? Quella mafia che essenzialmente, a pensarci bene, non è altro che espressione di un bisogno di ordine e quindi di Stato?

trials / **nulla...** nothing resolved

respingeva... denied anything that referred to it / malaise / to surrender

soul

falling back

lawlessness

mixture

— Giovanni Falcone, *Cose di Cosa Nostra.*

Parliamo e discutiamo

1. Secondo il brano A, quali sono alcune delle cause del ritardo dello sviluppo economico, sociale e culturale nell'Italia meridionale?
2. Perché nel Sud non si sa «chi siano le guardie e chi i ladri»? Che cosa implica questa dichiarazione?
3. Trovate nel brano A gli elementi che suggeriscono l'immagine di un'Italia a due velocità.
4. Sotto quali aspetti sociali l'Italia del Sud si va uniformando all'Italia del Nord? Per quali aspetti invece l'unificazione sembra illusoria?
5. Come esercita il potere la mafia, secondo il brano B? Che tipo di clima sociale, economico e politico crea?
6. Qual è la causa principale del problema mafioso?
7. Qual è il rapporto tra la mafia e la questione del mezzogiorno?
8. In che modo pensate che la mafia, o un'altra associazione criminale organizzata, possa condizionare lo sviluppo sociale, economico e culturale di una regione e la vita personale degli individui?
9. Che influenza ha avuto la mafia sull'autore del brano B quando era giovane? Che influenza può avere sulle formazione dei giovani in generale?

Prepariamoci a leggere

La polizia fa rilievi sul luogo di un attentato terroristico.

1. Descrivete la scena della foto alla pagina precedente ed immaginate il contesto in cui è stata scattata.
2. Ricostruite gli eventi precedenti alla foto.
3. Discutete come le forze dell'ordine possono scoprire l'autore di un delitto. Quali fattori contribuiscono o impediscono il corso della giustizia?
4. A volte diverse organizzazioni criminali si fanno la lotta fra di loro. Perché? Come si combattono?

Leonardo Sciascia (1921–1989) nei suoi scritti spesso denuncia e analizza la realtà sociale e politica della sua isola, la Sicilia. Nel racconto che segue, «Western di cose nostre», lo scrittore parla della mafia e narra gli eventi di un delitto mafioso in un piccolo paese siciliano.

Western di cose nostre

Un grosso paese, quasi una città, al confine tra le province di Palermo e Trapani. [...] Due cosche di mafia sono in faida° da lungo tempo. Una media di due morti al mese. E ogni volta, tutto il paese sa da quale parte è venuta la lupara[1] e a chi toccherà° la lupara di risposta. E lo sanno anche i carabinieri. Quasi un giuoco°, e con le regole di un giuoco. I giovani mafiosi che vogliono salire, i vecchi che difendono le loro posizioni. Un gregario° cade da una parte, un gregario cade dall'altra. [...]

Ma ecco che ad un punto la faida si accelera, sale per i rami della gerarchia°. [...] Ed è il momento in cui, dai paesi vicini, si muovono i patriarchi a intervistare le due parti, a riunirle, a convincere i giovani che non possono aver tutto e i vecchi che tutto non possono tenere°. L'armistizio, il trattato. [...] Ma stavolta non è così. [...] Le due parti si accusano, di fronte ai patriarchi, reciprocamente di slealtà°. [...]

Riuniscono ancora una volta le due delegazioni, fanno un elenco delle vittime degli ultimi sei mesi e [...] arrivano alla sconcertante conclusione che i due terzi sono stati fatti fuori° da mano estranea all'una e all'altra cosca. C'è dunque una terza cosca segreta? [...] O c'è un vendicatore isolato? [...] Lo smarrimento° è grande. Anche tra i carabinieri. [...]

I mafiosi del paese si diedero a indagare° [...]. Non trovarono di meglio che sollecitare° i loro uomini politici a sollecitare i carabinieri a

- faida: feud
- **a...** who will be next in line for / **gioco**
- gregario: Mafia soldier
- gerarchia: hierarchy
- tenere: keep
- slealtà: disloyalty
- **fatti...** killed
- smarrimento: bewilderment
- indagare: to investigate
- sollecitare: to urge

1. Fucile da caccia a canna mozza, molto usato in Sicilia.

un'indagine seria, rigorosa, efficiente: pur nutrendo il dubbio che appunto i carabinieri, non riuscendo ad estirparli° con la legge, si fossero dati° a quella caccia° più tenebrosa° e sicura. Se il governo, ad evitare la sovrappopolazione, ogni tanto faceva spargere° il colera°, perché non pensare che i carabinieri si dedicassero ad una segreta eliminazione dei mafiosi?

to eliminate them
had undertaken / hunt / dark
spread / cholera

Il tiro a bersaglio° dell'ignoto°, o degli ignoti, continua. Cade° anche il capo della vecchia cosca. Nel paese è un senso di liberazione e insieme di sgomento°. I carabinieri non sanno dove battere la testa°. I mafiosi sono atterriti°. Ma subito dopo il solenne funerale del capo, cui fingendo compianto° il paese intero aveva partecipato, i mafiosi perdono quell'aria di smarrimento°, di paura. Si capisce che ormai sanno da chi vengono i colpi e che i giorni di costui sono contati. Un capo è un capo anche nella morte: non si sa come, il vecchio morendo era riuscito a trasmettere un segno, un indizio°; e i suoi amici sono arrivati a scoprire l'identità dell'assassino. Si tratta di una persona insospettabile [...]. E i mafiosi si erano anche ricordati della ragione per cui, dopo tanti anni, l'odio° di quell'uomo contro di loro era esploso freddamente, con lucido calcolo e sicura esecuzione. C'entrava, manco° a dirlo, la donna.

tiro... target-shooting / unknown / Falls
dismay / **battere...** to look
terrorized
sympathy
loss
clue
hate
not even

Fin da quando era studente, aveva amoreggiato° con una ragazza di una famiglia incertamente nobile ma certamente ricca. Laureato, nella fermezza° dell'amore che li legava, aveva fatto dei passi presso i familiari di lei per arrivare al matrimonio. Era stato respinto° [...]. Ma la corrispondenza con la ragazza continuò [...]. E allora i nobili e ricchi parenti della ragazza fecero appello° alla mafia. Il capo, il vecchio e temibile capo, chiamò il giovane professionista: con proverbi ed esempli tentò di convincerlo a lasciar perdere°; non riuscendo con questi, passò a minacce° dirette. Il giovane non se ne curò; ma terribile impressione fecero alla ragazza. La quale, dal timore che la nefasta° minaccia si realizzasse forse ad un certo punto passò alla pratica valutazione che quell'amore era in ogni caso impossibile: e convolò a nozze° con uno del suo ceto°. Il giovane si incupì°, ma non diede segni di disperazione o di rabbia. Cominciò, evidentemente, a preparare la sua vendetta.

flirted
certainty
rejected
fecero... appealed
lasciar... to forget about it
threats
ill-omened
convolò... married
social class / became gloomy

Ora dunque i mafiosi l'avevano scoperto. Ed era condannato. Si assunse l'esecuzione della condanna il figlio del vecchio capo: ne aveva diritto per il lutto° recente e per il grado del defunto padre. [...] Di notte, il giovane vendicatore uscì di casa col viatico° delle ultime raccomandazioni materne. La casa del professionista non era lontana. Si mise in agguato° aspettando che rincasasse [...]. La vedova del capo, la madre del giovane delegato alla vendetta, sentì uno sparo°: credette la vendetta consumata, aspettò il ritorno del figlio con un'ansia che dolorosamente cresceva ad ogni minuto che passava. Ad un certo punto ebbe l'atroce rivelazione di quel che era effettivamente accaduto. Uscì di casa: e trovò il figlio morto davanti alla casa dell'uomo che quella notte, nei piani e nei voti, avrebbe dovuto essere ucciso. Si caricò° il ragazzo morto, lo portò a casa: lo dispose sul letto e poi, l'indomani,

loss
comfort
ambush
shot
She carried

disse che su quel letto era morto, per la ferita° che chi sa dove e da chi aveva avuto. Non una parola, ai carabinieri, su chi poteva averlo ucciso. Ma gli amici capirono, seppero, più ponderatamente° prepararono la vendetta.

Sul finire di un giorno d'estate, nell'ora che tutti stavano in piazza a prendere il primo fresco° della sera, seduti davanti ai circoli°, ai caffè, ai negozi (e c'era anche, davanti a una farmacia, l'uomo che una prima volta era riuscito ad eludere la condanna), un tale° si diede ad avviare il motore di un'automobile. Girava la manovella°: e il motore rispondeva con violenti raschi° di ferraglia° e un crepitio° di colpi che somigliava a quello di una mitragliatrice°. Quando il frastuono° si spense°, davanti alla farmacia, abbandonato sulla sedia, c'era, spaccato° il cuore da un colpo di moschetto°, il cadavere dell'uomo che era riuscito a seminare° morte e paura nei ranghi di una delle più agguerrite° mafie della Sicilia.

wound
carefully
primo... fresh air / clubs
un... someone
starter handle
rasping / scrap iron / crackling / machine gun / noise / **si...** wound down / broken
rifle / to spread
violent

— Leonardo Sciascia, «Western di cose nostre», *Il mare colore del vino.*

Parliamo e discutiamo

1. Chi sono i personaggi principali del racconto?
2. Indicate, secondo il racconto, quali delle seguenti affermazioni sono corrette.
   a. I carabinieri sono sospettati di aver ucciso i mafiosi.
   b. Il Governo fa ammalare la gente di colera.
   c. I mafiosi raccontano tutto alla polizia.
   d. La madre rivela alla polizia chi ha ammazzato il figlio.
   e. Il giovane professionista si vendica per non aver potuto sposare la ragazza che ama.
   f. Il figlio del capo mafioso decide di non vendicare la morte del padre.
   g. Il giovane professionista viene ucciso in casa.
   h. Il giovane professionista uccide il figlio del capo mafioso.
4. In mano di chi sono la giustizia e la legge nel paese del racconto? Qual è il ruolo delle istituzioni?
5. Discutete la legge dell'omertà come è evidente nel racconto.
6. Spiegate i concetti di vendetta e di giustizia dal punto di vista dei mafiosi.
7. Immagina di essere un onesto magistrato mandato in Sicilia dal Governo per risolvere il problema della mafia. Come sarebbe la tua vita in un paese mafioso?
8. Divisi in gruppi, discutete il titolo del racconto. Perché l'autore paragona implicitamente il West con la Sicilia della mafia?

Strutture

Gli aggettivi e i pronomi indefiniti

Indefinite adjectives and pronouns indicate unspecified people and things. Some indefinites are used only as adjectives, some only as pronouns, and some as both.

A The most important indefinite adjectives are:

ogni *each, every*
nessuno, -a *none, any*
qualche *some, a few*
qualsiasi *any, any sort of, whatever, ordinary*
qualunque *any, any sort of, whatever, ordinary*

1. **Ogni** and **qualche** are invariable; both are used only with a singular noun, either masculine or feminine. Both always precede the noun they modify.

   a. **Ogni** is equivalent in meaning to **tutti / tutte.**

   Ogni italiano si lamenta del Governo. Tutti gli italiani si lamentano del Governo.
   All Italians complain about the government.

   b. **Qualche** has the same meaning as **alcuni, -e.**

   Qualche cittadino non ha fiducia nel sistema. Alcuni cittadini non hanno fiducia nel sistema.
   Some Italians don't trust the system.

2. **Qualunque** and **qualsiasi** are invariable and used with singular nouns. Both can either precede or follow the noun they modify. When they follow the noun, they usually mean *ordinary.*

   Qualunque soluzione sarà accettabile.
   Any solution will be acceptable.

   Accolgono qualsiasi sconosciuto con ostilità.
   They greet any stranger with hostility.

   Sono persone qualsiasi.
   They are ordinary people.

   The subjunctive is frequently used in a dependent clause introduced by **qualunque** or **qualsiasi.**

   Qualunque decisione lui prenda, andrà bene per me.
   Whatever decision he makes, it will be fine with me.

B The most important indefinite pronouns are:

chiunque *anyone, anybody, whoever*
niente, nulla *nothing*
ognuno *everybody, everyone*
qualcuno, -a (qualcheduno) *someone, some people, some*
qualcosa *something*
uno *one*

1. **Ognuno** and **chiunque** are both singular and refer only to people. **Ognuno** is equivalent in meaning to **ogni persona. Chiunque** means the same thing as **qualunque persona.**

   Ognuno ha le proprie idee.
   Everyone has his / her own ideas.

   In a clause introduced by **chiunque,** like **qualunque** and **qualsiasi,** the subjunctive is frequently used.

   Chiunque conosca gli italiani nota il loro spirito d'iniziativa.
   Anyone who knows Italians notices their enterprising spirit.

2. **Qualcuno, -a** and **qualcheduno** are both singular and can refer to people or things.

   Qualcuno si lamenta della mancanza di coscienza civile.
   Some people deplore the lack of civic consciousness.

   Molte istituzioni in Italia non funzionano, qualcuna però può essere molto efficiente.
   Many institutions in Italy don't work, but some can be very efficient.

3. **Niente, nulla,** and **qualcosa** are always singular and masculine for purposes of agreement.

   Non c'è niente di rassegnato nel loro comportamento.
   There is nothing resigned about their behavior.

   Comprano sempre qualcosa di elegante.
   They always buy something elegant.

   When used with an adjective, **niente, nulla,** and **qualcosa** are followed by the preposition **di.** With an infinitive, they take the preposition **da.**

   Non c'è niente di insolito nel carattere degli italiani.
   There is nothing unusual in the Italian character.

   Non c'è nulla da fare per cambiare il carattere di qualcuno.
   Nothing can be done to change someone's personality.

   Attenzione: When **niente** or **nulla** follows a verb, **non** must precede the verb.

C The following indefinites are used as both adjectives and pronouns.

	Aggettivo	*Pronome*
alcuni, -e	*some, a few*	*some people, a few people*
altro, -a, -i, -e	*other*	
altro		*something (anything) else*
altri, -e		*others*
certo, -a, -i, -e	*certain*	*certain people*
ciascuno, -a	*each, every*	*each one*
molto, -a, -i, -e	*many, a lot, much*	*many people*
nessuno, -a	*none*	*nobody*
parecchio, -a, -i, -e	*several*	*several people, a lot*
poco, -a, -chi, -che	*little, a few*	*few people*
quanto, -a, -i, -e	*how much, how many*	*how many people*
tale, -i	*such*	*someone, a certain person*
tanto, -a, -i, -e	*so much, so many*	*so many people*
troppo, -a, -i, -e	*too much, too many*	*too much, too many people*
tutto, -a, -i, -e	*all, whole, every*	
tutto		*everything*
tutti, -e		*everyone*

1. **Alcuni, -e** has the same meaning as **qualche.** It is always used in the plural.

   Alcuni italiani sono molto impegnati.
   Some Italians are very committed.

   Alcuni pensano che gli italiani siano ottimisti.
   Some people think that Italians are optimistic.

2. **Altro** and **certo** are variable; they have four forms. Both can refer either to people or to things.

   Ci sono altri problemi sociali oltre alla corruzione.
   There are other social problems besides corruption.

   Hai bisogno d'altro?
   Do you need anything else?

   Spesso pensiamo che gli altri siano diversi da noi.
   We often think that others are different than ourselves.

Certi gruppi si considerano superiori agli altri.
Certain groups consider themselves superior to other people.

Certi pensano che gli italiani siano grandi artisti.
Certain people think that Italians are great artists.

In the singular, **altro** and **certo** are preceded by the indefinite article **un.**

Un'altra caratteristica degli italiani è un certo individualismo.
Another characteristic of Italians is a certain individualism.

3. **Ciascuno** is singular and can refer to people or things. Used as an adjective, it precedes the noun and follows the same pattern as the indefinite article **un (ciascun, ciascuno, ciascuna, ciascun'**).

   Ciascuna nazione ha una sua propria cultura.
   Each nation has its own culture.

   Ciascuno ha i suoi problemi.
   Everyone has his / her own problems.

4. **Nessuno** is singular and can refer to people or things. As in the case of **niente** and **nulla, non** must precede the verb when **nessuno** follows the verb. Used as an adjective, it precedes the noun and follows the same pattern as the indefinite article **un (nessun, nessuno, nessuna, nessun'**).

   Nessun sistema politico è perfetto.
   No political system is perfect.

   In a relative clause introduced by **nessuno,** the subjunctive is frequently used.

   Non c'è nessuno che non ami la propria patria.
   There is no one who doesn't love his / her own country.

5. **Molto, parecchio, poco, quanto, tanto,** and **troppo** can be singular or plural.

   a. They have four forms and can refer to people or things.

      Ci sono troppe statistiche in quell'articolo.
      There are too many statistics in that article.

      Pochi pensano che la cultura italiana sia uniforme.
      Few think that Italian culture is homogeneous.

   b. The masculine singular form is often used as an adverb.

      Il crimine organizzato è un problema molto serio.
      Organized crime is a very serious problem.

6. **Tutto** can be masculine or feminine, singular or plural.

   a. Used as an adjective, **tutto** is accompanied by the definite article. The singular adjective **tutto, -a** corresponds to the English *whole, entire.* The plural **tutti, -e** is equivalent to the English *all* or *every.*

      Ha dedicato tutta la vita alla famiglia.
      She dedicated her whole life to her family.

      Tutte le donne intervistate hanno espresso l'amore per la loro patria.
      All the women interviewed expressed their love for their country.

   b. Used as a pronoun, the singular **tutto, -a** refers to things and means *everything.* The plural **tutti, -e** refers to people and means *everyone.*

      Tutto dipende dall'impegno politico.
      Everything depends on political commitment.

      Tutti pensano che gli italiani siano eleganti.
      Everyone thinks Italians are elegant.

7. **Tale, -i** can refer to people or things. It has only two forms, singular and plural.

   Tali principi sono onorevoli.
   Such principles are honorable.

   Una tale differenza tra nord e sud è inconcepibile!
   Such a difference between north and south is inconceivable!

   Used as a pronoun, **tale** is accompanied by the indefinite article **un / una.**

   Una tale mi ha intervistato sui gusti degli italiani.
   Some woman interviewed me about Italians' tastes.

Esercizi

A. Alcune signore italiane, intervistate durante un programma televisivo, esprimono la loro opinione sugli italiani e l'Italia. Completate le frasi, scegliendo uno degli aggettivi o dei pronomi dati e facendo i cambiamenti necessari.

1. Gli italiani si ribellano a _______ (chiunque, qualunque) li comandi.
2. _______ (Tutto, Ogni) proposta di legge sembra giusta.
3. Non sono sicura che _______ (ogni, tutto) gli ospedali in Italia siano pubblici.
4. La domenica non troviamo _______ (nessuno, niente) negozio aperto.
5. _______ (Ognuno, Tutto) pensa alla propria famiglia.

6. _______ (Alcuno, Qualche) prezzi sono esagerati.

7. _______ (Certo, Qualche) tradizioni sono antichissime.

8. L'Italia è un paese dove si importano _______ (tanto, qualche) oggetti di lusso.

9. L'Italia è in bilico (*is wavering*) tra il passato e il futuro, soprattutto per _______ (certo, qualcuno) principi sulla famiglia.

10. Tanti lavorano _______ (quanto, qualcosa) basta per vivere bene.

11. Un _______ (tale, tanto) successo economico era inaspettato.

B. Uno scrittore italiano esprime le sue opinioni sull'Italia. Sostituite al posto degli aggettivi e nomi indicati i pronomi indefiniti corrispondenti e fate i cambiamenti necessari.

1. In Italia *nessuna persona* è soddisfatta della politica.
2. Abbiamo bisogno di *molte cose* per vivere bene.
3. *Qualche persona* dice che gli italiani sono sempre di buon umore.
4. C'è bisogno di *altre cose* per essere felici, oltre alla famiglia?
5. *Troppi italiani* vogliono sempre cambiare tutto in politica.
6. Conosco *un uomo* che spende solo in oggetti eleganti.
7. *Qualsiasi persona* si rende conto che gli italiani sanno sopravvivere.
8. *Alcuni italiani* si preoccupano del patrimonio artistico.
9. *Poche persone* si curano dell'inefficienza dei servizi.

L'uso delle preposizioni

Prepositions cannot usually be translated literally, since the functions they perform are not identical in Italian and English. See pages 63–64.

The preposition di

A **Di** indicates possession.

Di chi è quel palazzo?—È di Lorenzo Martini.
Whose building is that? It's Lorenzo Martini's.

È difficile definire la cultura di un popolo.
It's difficult to define the culture of a people.

B **Di** is used to specify the qualities of something.

È un problema di grande complessità.
It's a problem of great complexity.

C **Di** is used to indicate what something is made of.

Agli italiani piacciono i maglioni di cachemire.
Italians like cashmere sweaters.

D **Di** is used to express the partitive (see pages 306–308), either with the article or in the phrase **un po' (poco) di.**

La polizia ha scoperto dei traffici illegali.
The police discovered some illegal deals.

E **Di** is used in comparisons.

Il Nord è più industrializzato del Sud.
The North is more industrialized than the South.

F **Di** is used in time expressions.

Di sera molti italiani si ritrovano in piazza.
At night many Italians get together in the square.

G **Di** is used to indicate place of origin.

Sono di Firenze.
I am from Florence.

H **Di** is used to specify age.

È una donna di trent'anni.
She is a thirty-year-old woman.

I **Di** is used with measurements.

Ha una casa di 200 metri quadrati.
She has a 200-square-meter house.

J In expressions like **parlare di, discutere di,** and **trattare di,** the preposition indicates the subject of discussion.

Agli italiani piace parlare di politica.
Italians like to talk about politics.

See pages 341 and 343 for verbs and adjectives that take the preposition **di.** Also see Appendix A, pages 493–494.

The preposition a

A **A** is used with many expressions of place, including:

a casa	*at home*	a scuola	*at school*
a teatro	*at the theater*	al mare	*at the beach*
all'estero	*abroad*	al cinema	*at the movies*

Se l'economia andrà male, me ne andrò all'estero.
If the economy turns bad, I will go abroad.

A is also used with the names of cities and small islands as destinations and places of residence.

Andiamo a Roma per Natale.
We're going to Rome for Christmas.

Abitano a Napoli.
They live in Naples.

Passiamo l'estate a Capri.
We spend the summer in Capri.

B **A** is used with most indirect objects. See page 100.

L'accusato ha fornito al magistrato tutte le informazioni.
The accused gave the magistrate all the information.

C **A** is used in many expressions that indicate the manner or means of doing something.

parlare ad alta voce *to speak loudly*
andare a piedi *to go by foot*
andare a cavallo *to go on horseback*
comprare a credito *to buy on credit*
comprare a rate *to buy in installments*
barca a vela *sailboat*

Quando non abbiamo soldi, compriamo a credito.
When we don't have money, we buy on credit.

Note the difference between Italian and English in the following expressions using **a.**

alla televisione *on TV*
alla radio *on the radio*

The preposition da

A **Da** is used in expressions of time to indicate an action or situation that began in the past and continues into the present. See pages 57–58.

È senza lavoro da due anni.
He has been out of work for two years.

Da is also used in past-tense statements to describe actions or circumstances that continued until a given point in the past. See page 124.

Quando è stato arrestato, era nell'organizzazione da molti anni.
When he was arrested, he had been in the organization for many years.

B **Da** is used to specify the agent in passive phrases. See page 412.

L'italiano ormai è parlato quasi da tutti.
By now Italian is spoken by nearly everybody.

C **Da** is used with nouns and pronouns to express *at the house of, at the office of, at the restaurant of,* and the like.

I mafiosi vanno dall'avvocato a chiedere consiglio.
The mafiosi go to the lawyer's office to ask advice.

D **Da** can indicate what something is used for.

scarpe da tennis *tennis shoes*
macchina da scrivere *typewriter*

E **Da** can be used with a noun to express the equivalent of the English *as* or *like.*

Ha fatto una figura da cafone.
He behaved like a peasant.

F **Da** can also be used with nouns and adjectives denoting age.

Impariamo le tradizioni da piccoli e poi da giovani spesso ci ribelliamo.
We learn traditions as kids, and then as teenagers we often rebel.

G Followed by an infinitive, **da** indicates necessity or consequence.

Non c'è niente da fare per eliminare il traffico della droga?
Is there anything that can be done to eliminate drug trafficking?

H **Da** is also used to indicate place of origin.

Veniamo da un'altra regione.
We come from another region.

The preposition in

A **In** is used in many expressions of place, such as:

in biblioteca *at / to the library*
in campagna *in / to the country*
in chiesa *at / to church*
in città *in / to the city*
in classe *in / to the classroom*
in montagna *in / to the mountains*
in piscina *in / to the swimming pool*

Vanno in un'altra regione per trovare lavoro.
They go to another region to find work.

B **In** is used with names of continents, countries, states, regions, and large islands.

In passato molti italiani sono emigrati in America.
In the past, many Italians emigrated to America.

C **In** is used with means of transportation.

in aereo *by plane*	in barca *by boat*
in bicicletta *by bicycle*	in macchina *by car*
in treno *by train*	in autobus *by bus*

I mafiosi mandati al confino hanno viaggiato in treno.
The mafiosi sent into confinement traveled by train.

The preposition su

A **Su** is used with numbers to indicate an approximate quantity. This usage corresponds to the English *about* and the Italian **circa.**

I cittadini italiani sono sui cinquantotto milioni.
Italian citizens number about fifty-eight million.

B **Su** is used with verbs like **leggere** and **scrivere** and titles or types of publications, such as **giornale, libro,** and **rivista,** to indicate where something is printed.

Ho letto le statistiche sul libro di sociologia e poi anche su *Panorama.*
I read the statistics in the sociology book and then also in Panorama.

L'articolo sulla mafia appare sull'ultimo *L'Espresso.*
The article on the Mafia appears in the last L'Espresso.

The preposition fra (tra)

A **Fra** is used with expressions of time to indicate the length of time before a future event will take place.

Fra due settimane ci sarà il processo contro i mafiosi.
In two weeks the trial of the mafiosi will take place.

B **Fra (tra)** is used to specify certain individuals among others.

Solo uno tra i mafiosi ha parlato con la polizia.
Only one of the mafiosi spoke to the police.

Esercizi

A. Un italiano / un'italiana che si trova in un Paese straniero descrive i suoi connazionali. Completate le frasi con le preposizioni corrette, usando le preposizioni articolate quando è necessario.

1. Solo ______ (di, da) quando sono qui capisco a fondo il carattere ______ (di, fra) miei connazionali.
2. ______ (A, In) estero non tutti capiscono come sono gli italiani.
3. Vorrei spiegare ______ (a, da) gente che cosa significa essere italiano.
4. Ho letto ______ (su, in) giornale che la crescita della popolazione italiana è zero.
5. Invece tanti ancora credono che le famiglie italiane siano più numerose ______ (di, fra) quelle di altre nazioni.
6. Il gusto estetizzante ______ (di, da) italiani a volte non piace ______ (a, su) altri europei.
7. Per capire una popolazione ci sono molte cose ______ (da, di) leggere e studiare.
8. Fra le cose più importanti ______ (da, a) sapere è la storia di una nazione.
9. Anche la forma ______ (di, in) governo ci aiuta ______ (a, di) capire.
10. I rapporti privati ______ (in, a) Italia sono importanti, perché gli italiani non si fidano ______ (di, a) istituzioni.
11. Quando ______ (in, fra) tre mesi tornerò ______ (in, a) Firenze, capirò meglio i miei concittadini.

B. Uno straniero innamorato dell'Italia spera di restarci a lungo. Completate le frasi con le preposizioni corrette e fate i cambiamenti necessari.

1. Sono arrivato ______ Italia ______ Roma un mese fa.
2. Poi sono andato subito ______ Milano ______ treno.
3. Le bellezze naturali ______ Paese mi hanno colpito.
4. ______ treno ho incontrato ______ studenti molto simpatici.
5. Abbiamo parlato ______ politica e ______ economia.
6. Avevano letto tante cose ______ mio Paese ______ giornali italiani, e sapevano quello che succede ______ estero.

7. Avevano sentito _______ radio e visto _______ televisione che cosa era successo _______ mio Paese.

8. Ho deciso _______ cercare lavoro e per adesso faccio il cameriere _______ un ristorante _______ centro.

Le preposizioni e congiunzioni

Certain Italian prepositions can also be used as conjunctions. A conjunction is used to introduce an entire clause or a verb. The most common of these terms are:

A **Preposizione: dopo (di)**

Dopo l'attentato, il magistrato morì.
After the attempt on his life, the magistrate died.

Dopo is used with **di** before stressed pronouns (**pronomi tonici**).

Dopo di lui, morì anche il poliziotto.
After him, the policeman also died.

Congiunzione: dopo che

Dopo che aveva condannato i criminali, il magistrato fu ucciso.
After he had sentenced the criminals, the magistrate was killed.

When the subjects of the main clause and the dependent clause are identical, the dependent clause is introduced by **dopo** + **infinito passato.** See pages 343–344.

Dopo aver scoperto il colpevole, lo denunciò.
After having discovered the culprit, he reported him.

B **Preposizione: prima di**

Prima di lui, nessuno aveva mai confessato.
Before him, no one had ever confessed.

Congiunzione: prima che

Prima che la gente lo accusasse, confessò.
Before people accused him, he confessed.

Note that **prima che** is followed by the subjunctive. See page 242.

When the subjects of the main clause and the dependent clause are identical, the dependent clause is introduced by **prima di** + **infinito.**

Prima di confessare, parlò con la sua famiglia.
Before he confessed, he talked with his family.

C **Preposizione: da**

Dalla morte del padre, pensa solo alla vendetta.
Since his father's death, he thinks only of revenge.

Congiunzione: da quando

Da quando il padre è stato ucciso, pensa solo alla vendetta.
Since his father was killed, he thinks only of revenge.

To express *since* in the sense of *because,* Italian uses **dato che, poiché,** and sometimes **siccome.**

Dato che (Poiché, Siccome) nessuno lo aiuta, confesserà tutto.
Since nobody is helping him, he will confess everything.

D **Preposizione: fino a**

Fino ad oggi non sapevo niente sulla Mafia.
Until today I didn't know anything about the Mafia.

Congiunzione: finché (non)

Finché il colpevole non sarà arrestato, il magistrato non avrà pace.
Until the culprit is arrested, the magistrate won't have any peace.

Note that **non** does not have a negative meaning in this case.

Attenzione: **Finché** can be followed by the subjunctive when it refers to the future. See page 243.

Non disperate finché il processo non sia finito.
Don't despair until the trial is over.

E **Preposizione: senza (di)**

Senza l'appoggio della mafia non possono vincere.
Without the support of the Mafia, they can't win.

Senza is used with **di** before stressed pronouns (**pronomi tonici**).

Senza di loro non possiamo testimoniare.
Without them we can't testify.

Congiunzione: senza che

Ha capito i problemi della Sicilia senza che glieli spiegassero.
He understood Sicily's problems without their explaining them to him.

When the subjects of the main clause and the dependent clause are different, the dependent clause is in the subjunctive. When the subjects are identical, the dependent clause is introduced by **senza + infinito.** See page 242.

Ha trovato il mafioso senza cercarlo.
He found the mafioso without looking for him.

F To express *because,* Italian uses **a causa di** as a preposition and **perché** as a conjunction.

Preposizione: a causa di

Lo considerano mafioso a causa dei suoi amici.
They consider him a mafioso because of his friends.

Congiunzione: perché

Lo considerano mafioso perché ha amici coinvolti nella mafia.
They consider him a mafioso because he has friends who are involved with the Mafia.

Esercizi

A. Un magistrato interroga un pentito che rivela le sue conoscenze sulle attività della mafia. Completate le frasi con la forma corretta della preposizione o congiunzione indicata e fate i cambiamenti necessari.

1. Chi è il nuovo capo, ______ la morte del vecchio? (dopo, dopo di, dopo che)
2. ______ il capo della loro cosca è stato ucciso, nessuno è stato ancora nominato. (Dopo, Dopo di, Dopo che)
3. ______ la nomina del nuovo capo, che cosa devono fare i mafiosi? (Prima, Prima di, Prima che)
4. I mafiosi si riuniscono ______ devono eleggere un nuovo capo. (a causa di, perché)
5. ______ domenica scorsa i mafiosi sono in isolamento. (Da, Da quando)
6. ______ qualche anno fa sembrava che la mafia non si occupasse della droga. (Fino a, Finché)
7. È vero che la mafia non si occupava di droghe ______ si occupava del contrabbando del tabacco? (fino a, finché)
8. ______ io confessassi, la polizia non avrebbe le prove. (Senza di, Senza che)

9. Hai deciso di rivelare la verità, ______ tuo fratello è stato ucciso da una cosca rivale? (dato che, finché)
10. Sì, voglio infrangere la legge dell'omertà ______ assassinio di mio fratello. (a causa di, poiché)

I verbi di percezione e l'infinito

The most commonly used verbs of perception are:

ascoltare *to listen*	scorgere *to perceive, to discern*
guardare *to look, to watch*	sentire *to hear*
notare *to notice*	udire *to hear*
osservare *to observe, to watch*	vedere *to see*

A Verbs of perception can be followed directly by an infinitive, even if the subjects of the conjugated verb and the infinitive differ.

Ho visto il ferito cadere.
I saw the wounded man fall down.

Ho visto il mafioso sparare.
I saw the mafioso shoot.

1. When the infinitive has both a subject and an object, the subject precedes the infinitive and the object follows it.

Ho osservato il colpevole nascondere la pistola.
I observed the suspect hide the pistol.

2. When the subject of the infinitive is a direct object pronoun, it precedes the conjugated verb of perception.

L'ho visto nascondere la pistola.
I saw him hide the pistol.

3. When the object of the infinitive is a pronoun, it attaches to the infinitive.

Ho osservato il colpevole nasconder**la.**
I saw the suspect hide it.

4. When the infinitive is reflexive, the reflexive pronoun attaches to the infinitive.

Ho visto il poliziotto rialzar**si** da terra.
I saw the policeman get up off the ground.

B Verbs of perception can also be followed by a relative clause introduced by **che** or **mentre.**

> Ho visto il ferito che cadeva.
> *I saw the wounded man fall down.*
>
> Ho visto il mafioso mentre sparava.
> *I saw the mafioso shooting.*

Esercizi

A. Un testimone oculare (*eyewitness*) racconta che cosa ha visto e sentito in un incidente. Riscrivete e sostituite alla forma coniugata del verbo l'infinito corrispondente.

1. Ho visto la vittima che attraversava pacificamente la piazza.
2. Poi ho sentito una motocicletta che arrivava.
3. Ho visto un giovane che lasciava la motocicletta per strada.
4. Ho osservato quel tipo che prendeva qualcosa dalla tasca.
5. La vittima non ha notato il giovane che passava velocemente.
6. Improvvisamente, ho sentito una pistola che sparava.
7. Ho visto il pover'uomo mentre si appoggiava al muro.
8. Ho visto il ferito mentre si copriva il petto con una mano.
9. Ho sentito il ferito che cadeva sul marciapiede.

B. Un agente della polizia interroga lo stesso testimone oculare del delitto. Rispondete alle domande usando i verbi di percezione e l'infinito.

ESEMPIO: La vittima camminava per la strada?
No, ho visto la vittima attraversare la piazza.

1. La vittima camminava per strada da solo?
2. La motocicletta è arrivata a tutta velocità?
3. Una persona sola guidava la moticicletta?
4. Hanno sparato due persone?
5. Il ferito è caduto subito?
6. Qualcuno ha aiutato la vittima?
7. La polizia è arrivata immediatamente?
8. Hanno sparato con un fucile o una pistola?

Come scrivere un saggio

Un saggio è una composizione su un particolare argomento che può essere storico, letterario, scientifico, sociale o anche economico. Lo stile di un saggio può essere analitico, critico, personale, descrittivo o espositivo. In un saggio esprimi non solo le tue idee, ma a volte riporti anche le opinioni di altri per disputarle o per confermare le tue.

Di solito la struttura di un saggio segue il seguente schema:

1. Un paragrafo introduttivo, in cui esponi l'argomento e l'idea principale.
2. Una parte centrale, che può essere composta di vari paragrafi, in cui esponi, spieghi e illustri le tue opinioni, e dai esempi per appoggiare e dimostrare quello che affermi.
3. Una conclusione, di uno o due paragrafi, in cui riassumi quello che hai detto e concludi la tua esposizione.

Temi

1. Scrivi un saggio in cui tratti dell'importanza dell'estetica e del ruolo della bellezza nella vita giornaliera.
2. Scrivi un articolo intitolato: «La mafia in America», considerando le informazioni che hai letto sui giornali e i film che hai visto su quest'argomento.
3. Scrivi un saggio in cui discuti di un problema sociale che affligge il tuo Paese. Offri possibili soluzioni.

Parole ed espressioni chiave

Per parlare del carattere degli italiani

l'apparenza *appearance*
l'atteggiamento *attitude*
la caratteristica *characteristic*
la carenza *deficiency*
il cittadino, la cittadina *citizen*
il clientelismo *system of exchanging political and economic favors*
la compassione *compassion*
il / la connazionale *fellow citizen*
la corruzione *corruption*
la coscienza civile *civic-mindedness*
il costume *custom*
la creatività *creativity*
l'efficienza *efficiency*
l'estetica *aesthetics*
il favore *favor*
la generosità *generosity*
il gusto *taste*
l'impegno *commitment*
l'incapacità *incapacity*
l'individualismo *individualism*
l'iniziativa *initiative*
l'intraprendenza *enterprise, initiative*
le istituzioni *institutions, structures*
i luoghi comuni *clichés, commonplace sayings*
il preconcetto *preconception*
il predominio *preeminence, domination*
il pregiudizio *prejudice*
la rassegnazione *resignation*
la regione *region*
lo scambio *exchange*
lo scetticismo *skepticism*
la sfiducia *distrust*
la solidarietà *solidarity*
lo spirito d'iniziativa *enterprising spirit*
lo stereotipo *stereotype*
il terreno *ground, site*
la tolleranza *tolerance*
la validità *validity*

creativo, -a *creative*
determinato, -a *specific, particular*
disciplinato, -a *disciplined*
disilluso, -a *disillusioned*
esigente *demanding, hard to please*
impegnato, -a *committed*
imprevisto, -a *unforeseen*
interpersonale *interpersonal*
politicizzato, -a *politicized*
pubblico, -a *public*
ribelle *rebellious*
scettico, -a *skeptic*
sfiduciato, -a *discouraged*
sofisticato, -a *sophisticated*
solidale *supportive*
sottomesso, -a *submissive*

affrontare *to face, to cope with*
arrangiarsi *to manage*
contendersi *to fight over*
fare bella / brutta figura *to cut a fine / poor figure*
individuare *to specify*
proiettare *to project*
risalire a *to hark back to, to originate*
sopravvivere *to survive*
superare *to overcome*
tenerci *to pay attention to, to care about*

in lotta fra loro *in a feud among themselves*
nei riguardi di *toward*

Per parlare di questioni sociali

l'appalto *contract*
l'appartenente *(m. or f.) participant, member*
l'assegnazione *(f.) allotment, allocation*
l'assenza *absence*
l'associazione *(f.) association*
l'attentato alla vita *attempt on someone's life*
l'autonomia *autonomy*
la cosca *unit of the Mafia*
il / la criminale *criminal*
la criminalità *criminality*
il / la deliquente *delinquent*
il dialetto *dialect*
la discriminazione *discrimination*
il divario *difference, gap*
la divisione *division*
la droga *drug, drugs*
l'estorsione *(f.) extortion*
il giudice *judge*
l'impotenza *impotence, weakness*
l'indifferenza *indifference*
l'intolleranza *intolerance*
il ladro, la ladra *thief*
il magistrato *magistrate*
la malavita *criminal underworld*
il meridione *South*
il mezzogiorno *South*
la miseria *poverty*
l'omertà *law of silence*
il pentito *informer*
il potere *power*
il processo *trial*
la questione *problem*
la razza *race*
il regionalismo *regionalism*
il riciclaggio *money laundering*
il riscatto *ransom*
lo scopo *purpose*
il sequestro *kidnapping*
il settentrione *North*
lo stupefacente *narcotic*

a due velocità *at two different speeds*
attuale *current*
clandestino, -a *clandestine*
collettivo, -a *collective*
criminale *criminal*
feudale *feudal*
illegale *illegal*
insulare *insular, including islands*
lucrativo, -a *lucrative, profitable*
meridionale *southern*
radicato, -a *rooted, deep-seated*
rappresentativo, -a *representative*
regionale *regional*
settentrionale *northern*

affliggere *to afflict*
ammazzare *to murder*
collaborare *to collaborate*
commettere *to commit, to execute*
comprendere *to include*
estendersi *to extend*
minacciare *to threaten*
mutare *to change*
occuparsi di *to attend to, to devote oneself to*
rapinare *to rob*
rapire *to abduct*
regnare *to reign, to rule*
rivelare *to reveal*
rubare *to steal*
sconfiggere *to defeat*
sequestrare *to kidnap, to confiscate*
terrorizzare *to terrorize*
uccidere *to kill*

fra l'altro *among other things*

I mass media, la stampa e la pubblicità

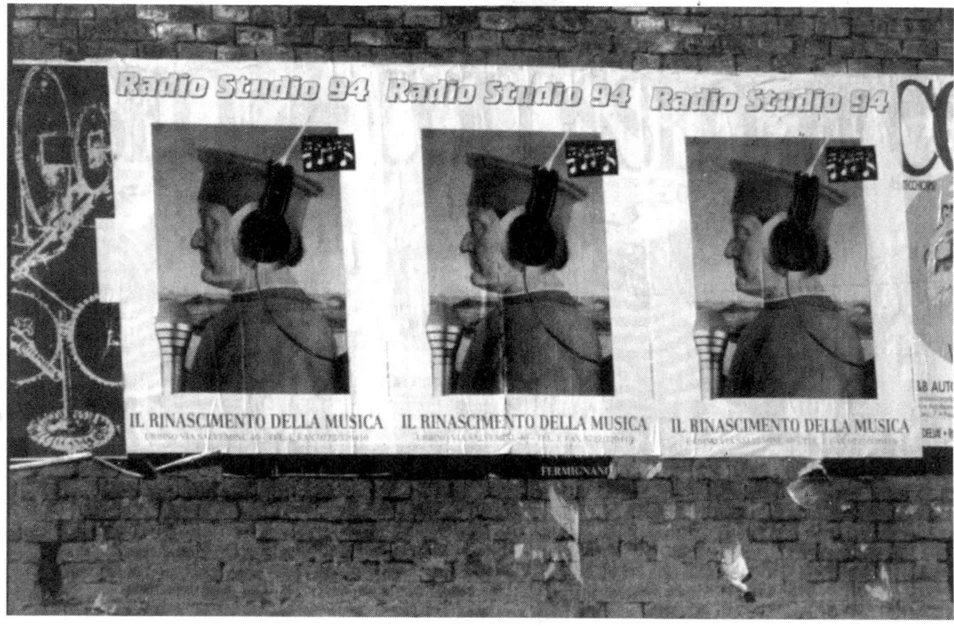

Manifesti affissi sui muri della città di Urbino.

Temi

- La televisione e i programmi televisi
- Il cinema
- La stampa e i giornali
- La pubblicità

Strutture

- **Che, come** e **quanto** in frasi esclamative
- **Fare** + l'infinito
- **Lasciare** + l'infinito
- I suffissi

I mass media

INTRODUZIONE

Del resto, è l'evoluzione dei tempi. Prima la gente stava a casa a fare l'artigianato; poi la società industriale l'ha costretta ad andare in fabbrica, e ora sono tornati tutti a casa col telelavoro[1]. E così è anche per il divertimento: all'inizio, ognuno nel suo guscio[2] domestico, poi tutti al cinema. Oggi di nuovo a casa, davanti alla tv.

— Domenico De Masi, *L'Espresso.*

1. electronic commuting 2. shell

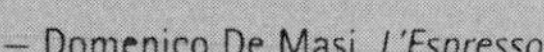

Un bambino guarda incantato la televisione.

Per parlare dei mass media

I mezzi di comunicazione di massa hanno reso possibile la diffusione di informazioni e notizie in modo efficiente, immediato e costante. Hanno anche contribuito alla creazione di una cultura di massa che viene divulgata attraverso la stampa quotidiana e periodica, la radio, la televisione e il cinema.

La storia delle comunicazioni di massa è sempre stata una di concorrenzialità, infatti i diversi mass media sono in competizione fra loro per conquistarsi il tempo libero delle persone. La RAI (RadioTelevisione Italiana) si scontra con le televisioni private per ottenere i più elevati indici di ascolto, e quindi maggiori investimenti pubblicitari. La battaglia tra la televisione e il cinema va avanti da anni e alcuni la considerano una battaglia ormai persa per il cinema. Il pubblico infatti sembra preferire il piccolo schermo, cioè la televisione. Nuove innovazioni tecnologiche, come il videoregistratore, acuiscono la competizione tra i diversi tipi di comunicazione.

Parole in contesto

1. Come in molti Paesi europei, anche in Italia c'è una televisione statale o pubblica, e una privata. Spesso c'è anche una pay-tv a cui bisogna abbonarsi. Ci sono anche le tv via satellite e via cavo.
2. Per la televisione di stato bisogna pagare ogni anno il canone, una specie di tassa, per ogni televisore in casa.
3. In passato il potere dei maggiori partiti politici si è manifestato anche attraverso il controllo, o la lottizzazione, delle diverse reti televisive.
4. Le televisioni statali e private hanno varie reti o canali che non solo producono i propri programmi, ma molto spesso acquistano trasmissioni dall'estero.
5. Le telenovelle, teleromanzi o soap opera, importati dall'America Latina o dagli Stati Uniti, registrano sempre alti indici di ascolto. Questi programmi sono presentati a puntate. Ogni giorno va in onda, cioè viene trasmessa, una puntata con un episodio diverso. Anche i serial o fiction in serie sono trasmessi a puntate. Molto popolari in Italia sono anche i telefilm.
6. Vanno anche molto di moda i varietà con ballerini e cantanti e i quiz con un simpatico conduttore o una simpatica conduttrice.
7. Il telegiornale (Tg) è una parte integrale dei programmi televisivi di ogni emittente. Ogni rete ha più di un'edizione al giorno. I conduttori e le conduttrici presentano molti servizi dall'estero e fatti e notizie di cronaca. A volte le notizie arrivano ai telespettatori in diretta.
8. Gli spot pubblicitari sono molto numerosi soprattutto sulle reti private.
9. C'è molta pubblicità anche al cinema, prima della proiezione di un film.
10. Quando andiamo al cinema (cinematografo), prendiamo posto in una sala cinematografica con un grande schermo. Spesso queste sale hanno impianti tecnologici molto sofisticati come il dolby system, e comode poltrone per gli spettatori. Nelle sale si cerca di creare un ambiente piacevole ed accogliente.
11. Le multisale sono cinematografi con più di una sala, dove vengono proiettati vari film contemporaneamente.
12. I film stranieri in Italia sono quasi sempre doppiati e solo raramente vengono presentati con i sottotitoli.
13. Il cinema d'autore, con i suoi grandi registi, produttori e sceneggiatori, i divi e le dive che interpretano i loro ruoli con grande bravura, è un mezzo di comunicazione culturale molto importante.
14. Il successo di pubblico di un film si nota dagli incassi al botteghino. I film d'autore, purtroppo, hanno spesso successo di critica ma non sempre un grande successo commerciale.

Descriviamo

1. Descrivete la locandina.
2. Conoscete il film? È un film italiano?
3. Compilate la seguente scheda sul film.

   Regia ______________________

   Titolo ____________________

   Soggetto ___________________

   Sceneggiatura (*script*) __________

   Produzione _________________

   Musiche ___________________

   Interpreti __________________

— Adapted from *Canzoni e sorrisi Tv.*

4. Che genere di film è?

   a. d'animazione
   b. d'avventura
   c. di fantascienza
   d. dell'orrore
   e. drammatico
   f. musicale
   g. poliziesco
   h. storico
   i. una commedia
   j. un giallo
   k. un western

Immaginiamo e inventiamo

1. Divisi in gruppi, immaginate di discutere la sceneggiatura di una telenovella secondo lo schema seguente.
   a. Descrivete i personaggi principali (classe sociale, occupazione, conflitti e problemi).
   b. Immaginate una vicenda per ogni personaggio.
   c. Quale sarebbe il titolo?
2. Divisi in gruppi, immaginate di lavorare per un'agenzia pubblicitaria. Inventate uno spot televisivo per i seguenti prodotti.
   a. una macchina
   b. l'olio d'oliva
   c. il caffè

Prepariamoci a leggere

1. Esaminate attentamente il seguente inserto e poi rispondete alle domande.
   a. Quali sono le reti statali? Quali sono le reti private? Quali sono le reti di Berlusconi*?
   b. Qual è la rete italiana statale più vecchia? Qual è la più recente? Che cosa trasmette quest'ultima che le altre reti statali non trasmettono?
   c. Quale rete ha il più alto indice di ascolto?

Dodici reti promosse dal ministro

È la più anziana tv italiana e la più seguita, ora insidiata da Canale 5. Ha ottenuto, nei primi sei mesi dell'anno, una percentuale d'ascolto in prima serata del 20,38%.

Comincia a trasmettere nel 1980. È la «primogenita» di Berlusconi. Secondo i dati Auditel, nel primo semestre '92 ha avuto una media di 4 milioni 796 mila ascoltatori.

Di proprietà dell'editore Alberto Peruzzo, è stata tra le prime tv private ad avere un proprio telegiornale. Solo dalle 14 alle 23 i programmi sono a diffusione nazionale.

Secondogenita Rai. In prima serata è la terza rete per ascolti, dopo RaiUno e Canale 5: 3 milioni 815 mila spettatori di media nell'ultimo semestre (share: 15,68%).

Nel 1982 passa da Rusconi alla Fininvest. Le tre reti di Berlusconi sono coordinate dalla RTI, che has 2350 dipendenti. Bilancio '91: 2213 miliardi.

Nata il primo giugno '91, è la prima pay-tv italiana. Trasmette film 24 ore su 24. La Fininvest di Berlusconi possiede il 10% del pacchetto azionario delle tre Telepiù.

Ultima nata in casa Rai, trasmette anche i notiziari regionali. Lo share dell'ultimo periodo in prima serata è del 10,59% (due milioni e 700 mila spettatori).

È in comproprietà tra la brasiliana Rete Globo e il gruppo Ferruzzi. 18 le ore giornaliere di trasmissione. 480 i dipendenti. 130 miliardi di introiti pubblicitari nel '91.

Interamente dedicata allo sport, comincia a trasmettere programmi cifrati il 29 marzo '92. Gli abbonati (che ricevono anche «Tele+1») sono circa 200.000.

Nasce il 4 gennaio '82. Due anni dopo Mondadori la cede alla Fininvest. Introiti pubblicitari: 300–400 miliardi annui. È la quinta rete nazionale per ascolti.

Comincia a trasmettere nel 1984. Attualmente i dipendenti sono 160. Trasmette notiziari e video musicali no stop. Nel '90 il fatturato ha superato i 32 miliardi.

Per ora è visibile a tutti. Diventerà la terza pay-tv all'inizio del '93, e offrirà intrattenimento e cultura. I dipendenti delle tre Telepiù sono attualmente 600.

---

*Uno dei maggiori imprenditori italiani, che controlla vari gruppi finanziari, tra cui la Fininvest, che possiedono case editrici, giornali, riviste e reti televisive. Si è candidato alle elezioni politiche del 1994, per il partito «Forza Italia», da lui fondato, ed è stato eletto Presidente del Consiglio.

2. Esaminate attentamente i programmi televisi qui riportati e poi rispondete alle seguenti domande.

RAIUNO

16.00	«Notre Dame». Film drammatico. Con Maureen O'Hara.
18.00	Telegiornale 1 - Flash
18.15	Cose dell'altro mondo. Telefilm
18.40	Lenny. Telefilm
19.10	Good morning, miss Biles. Telefilm
19.40	Almanacco del giorno dopo
19.50	Che tempo fa
20.00	Telegiornale 1 / Sport
20.40	Quark speciale. Documenti
21.40	«Los divinos» Varietà
22.50	Telegiornale 1 - Flash
23.30	«Venezia Cinema '93». Attualità
24.00	Telegiornale 1 / Meteo

RAIDUE

14.40	Santa Barbara. Soap opera
15.30	«L'ultimo tramonto sulla terra del McMasters». Film western
17.10	Ristorante Italia. Attualità
17.30	Telegiornale 2 - Da Milano
17.35	Hill Street giorno e notte / Tgs sportsera
18.30	Una caso per due. Telefilm / Meteo 2
19.45	Telegiornale 2 - Sera
20.15	Telegiornale 2 - Lo sport
20.20	Ventieventi. Varietà
20.40	«Codice Magnum». Film poliziesco. Con Arnold Schwarzenegger
22.30	Telegiornale 2 - Dossier
23.15	Nero come la notte. Telefilm

CANALE 5

16.00	Widget - Un alieno per amico. Cartoni
16.25	Gli orsetti del cuore. Cartoni
16.45	«Io e la Tv». Quiz
16.50	L'ispettore Gadget. Cartoni
17.20	BatRoberto. Telefilm
17.25	Batman. Cartoni
18.00	Ok il prezzo è giusto! Quiz
19.00	La ruota della fortuna. Quiz
20.00	Telegiornale 5 - Sera
20.30	«Bellisima». Varietà. Con Jerry Scotti, Luana Colussi
22.30	Gelosia. Attualità
23.30	Maurizio Costanzo Show. Attualità
24.00	Telegiornale 5 - Notte

a. Che genere di programma trasmettono le varie reti televisive? Indicate alcuni titoli di programmi che corrispondono ad ognuno dei seguenti generi.

   1. telefilm e sceneggiati
   2. quiz e varietà
   3. documentari e musica
   4. cartoni animati
   5. film
   6. news e sport
   7. soap opera, telenovelle e miniserie

b. Si trasmettono molti programmi stranieri? Di quale nazionalità sono la maggioranza? Ne riconoscete qualcuno americano?

c. A quali ore sono trasmesse le notizie?

d. Divisi in gruppi, immaginate una serata televisiva di una famiglia di sei persone. Quali trasmissioni potrebbero guardare i seguenti componenti della famiglia?

   1. il bambino di sette anni
   2. il padre sportivo

3. la madre avida di notizie ed attualità
4. la figlia romantica
5. la nonna appassionata di cinema
6. il nonno brioso (*lively*) con vivace intelletto

3. Guardi spesso il telegiornale? Quale? Perché ti piace? Chi è il conduttore o la conduttrice che preferisci?

4. Si dice che la Tv, come gli altri mass media, controlli il telespettatore. Di che tipo di controllo si tratta? Quali sono gli aspetti positivi e quelli negativi dell'influenza della televisione?

5. Tu e i tuoi amici andate spesso al cinema? Perché? Che generi di film vi piacciono?

6. Pensi che sia più popolare la televisione o il cinema? Perché?

7. Conosci qualche famoso regista italiano? Conosci il titolo di qualche suo film importante?

Il brano che segue descrive una nuova tendenza della Tv italiana: il serial made in Italy.

A —Le soap-opera d'oltreoceano non vanno più come una volta—è stato annunciato dai responsabili delle reti nazionali, pubbliche e private, poco tempo fa [...]. —Oggi tira° il serial italiano.—Così, abbandonati i complessi d'inferiorità nei confronti del Grande Fratello americano, accantonato° il varietà che costa un occhio° e non fa più audience, la Rai e Berlusconi si sono lanciati alla scoperta delle storie di casa nostra. Dal prossimo autunno, dunque, un'ondata di carabinieri e giornalisti, di presidi° e benzinai°, di commissari di pubblica sicurezza e camorristi dai tratti domestici° e dall'idioma° familiare, si abbatterà sulle nostre serate tv. [...] Senza imitare modelli stranieri, si prefigge° di recuperare° il gusto del neorealismo e la grande tradizione della commedia cinematografica nazionale. [...]—Le televisioni hanno scoperto l'acqua calda—, polemizza da parte sua Paola Pascolini,—le storie più sono locali e più funzionano, anche all'estero. Sono le imitazioni dei telefilm americani che non piacciono.

is popular

put aside / **un...** a fortune

school principals / gas-station attendants / **camorristi...** gangsters with familiar features / language / proposes / salvage

— L'Espresso.

Nel brano che segue si discute dello stato attuale del cinema in Italia.

B —Scostavamo° le tende, guardavamo lo schermo e abbassavamo° gli occhi sulla sala: centinaia e centinaia di poltrone vuote—[...]: sono le parole con cui Federico Fellini descrisse, qualche anno fa, lo spetta-

we moved / we lowered

colo che si offriva ai suoi occhi nello sconfortante diario di viaggio di una giornata passata in una ventina di sale cinematografiche. Del resto che il cinema sia in crisi non è affatto una novità.

È dal '75 che il grafico° dei biglietti venduti in Italia [...] è precipitato senza speranza verso il basso. Almeno fino alle ultime rivelazioni dello scorso settembre, che registrano, invece, un dato quasi clamoroso°. Gli spettatori sono aumentati. [...]

La prima possibile causa del recupero° di pubblico è la trasformazione della sala cinematografica, ancora tutt'altro che compiuta, da luogo triste e vuoto in un moderno spazio di visioni e socializzazioni in high tech. [...]

Ma c'è un aspetto più tangibile e allarmante che caratterizza questo pubblico che sembra iniziare a ritornare nelle sale: la radicata° indifferenza al cinema nazionale.—Crescono gli spettatori in Italia?—, commenta infatti ironicamente Bernardo Bertolucci,—complimenti al cinema americano. A denti stretti° e con amarezza, naturalmente—. I dati gli danno sin troppo° ragione. All'inizio di novembre, di contro all'incoraggiante aumento delle presenze, solo il 13 per cento degli spettatori ha scelto film italiani [...].

grafico: chart
clamoroso: surprising
recupero: recovery
radicata: deep-seated
denti... gritted teeth
sin... even too much

— *L'Espresso.*

Parliamo e discutiamo

1. Quali delle seguenti affermazioni sono vere secondo il brano A? Correggete le affermazioni sbagliate.
   a. I responsabili delle reti statali e delle reti private nazionali vogliono produrre i propri film.
   b. Gli addetti alla televisione italiana soffrono ancora di un complesso d'inferiorità nei confronti di quelli americani.
   c. I telefilm italiani tratteranno le vicende della realtà giornaliera di persone comuni.
   d. Per i telefilm si cercheranno soggetti inconsueti che provocheranno sentimenti forti.

2. Secondo il brano A il serial italiano «si prefigge di recuperare il gusto del neorealismo». Come saranno i serial italiani secondo quest'affermazione? Come saranno diversi dai serial importati dagli Stati Uniti?

3. Che cosa suggerisce, nel brano A, l'immagine del «Grande Fratello americano»?

4. Quali delle seguenti affermazioni sono vere secondo il brano B? Correggete le affermazioni sbagliate.
   a. Dopo anni di abbandono il pubblico sta finalmente tornando al cinema.
   b. Nel passato le sale cinematografiche erano poco accoglienti.
   c. Oggi in Italia le sale cinematografiche sono tutte attrezzate con sistemi tecnologici molto avanzati.

d. Il pubblico italiano rimane sempre molto fedele al grande cinema italiano.
e. Poche persone in Italia scelgono film americani.

5. Secondo il brano B quali sono alcuni motivi che potrebbero spiegare la rinnovata popolarità del cinema?
6. Nel vostro Paese si è notata una simile crisi del cinema? A che cosa è dovuta?
7. Chi sono i registi menzionati nel brano B? Conoscete qualche loro film?

Stampa e pubblicità

INTRODUZIONE

Quale altro mestiere ti permette di scriver la storia nell'attimo[1] stesso del suo divenire e anche d'esserne il testimone diretto? Il giornalismo è un privilegio straordinario e terribile.

— Oriana Fallaci, *Intervista con la storia.*

1. moment

Passanti fermi davanti ad un'edicola di giornali.

Per parlare della stampa e della pubblicità

Uno dei principali veicoli d'informazione è la stampa, che serve anche ad influenzare l'opinione pubblica. Il potere di persuasione dei giornali infatti si manifesta non solo nel modo di presentare una notizia, ma anche nella scelta stessa delle notizie da riportare. In Italia quasi ogni città ha il suo quotidiano regionale o locale, ma anche tutti i maggiori partiti politici pubblicano giornali che riportano ed illustrano il loro punto di vista. Quasi tutte le riviste, o periodici, sono a carattere nazionale.

Di grande portata è anche l'impatto della pubblicità che appare sui quotidiani e sulle riviste, in quanto influenza i gusti delle persone e quindi il mercato.

Parole in contesto

1. I giornali si dicono quotidiani quando escono tutti i giorni. Un periodico è una rivista che può essere settimanale, mensile, o anche trimestrale e semestrale.
2. La testata è il titolo del giornale o della rivista.
3. L'indice, o sommario, elenca gli argomenti trattati nel giornale o nella rivista, cioè le rubriche e gli articoli.
4. La rubrica di attualità parla degli ultimi fatti di maggiore interesse.
5. In un quotidiano, la cronaca riporta le notizie che si riferiscono ai fatti del giorno. Si dice anche notizie di cronaca e fatti di cronaca.
6. Gli articoli di un settimanale o di un quotidiano si chiamano anche servizi, soprattutto quando si tratta di inchieste speciali. Spesso si parla di servizi d'attualità.
7. Cronista è il giornalista che si occupa della cronaca di un giornale. Inviato è colui che riporta le notizie dal luogo in cui accadono.
8. Il redattore è colui che scrive o corregge articoli per un giornale. La redazione è l'insieme di redattori responsabili della pubblicazione di un giornale.
9. Diciamo che scorriamo o sfogliamo un giornale o un libro quando non lo leggiamo attentamente, ma guardiamo velocemente i titoli e i sottotitoli o le fotografie con le didascalie.
10. La pubblicità sui giornali ha la funzione di incrementare, cioè aumentare le vendite del prodotto che rappresenta. Spesso la pubblicità svolge una funzione di persuasione occulta, cioè nascosta, per convincere il pubblico a comprare un determinato prodotto.

Descriviamo

1. Descrivete la foto a pagina 468.
2. Cosa pensate che comprino le persone della foto?
   a. settimanali di politica, cultura e economia
   b. settimanali femminili di moda, attualità, cronaca e spettacolo
   c. giornali a fumetti
   d. quotidiani
   e. quotidiani e settimanali di sport

Immaginiamo ed inventiamo

1. Immagina di essere il direttore / la direttrice di un nuovo giornale ed insieme ad un compagno / una compagna decidi:
   a. la testata
   b. quale corrente politica rappresenterà
   c. con quale frequenza uscirà
   d. a chi si rivolgerà
   e. come si possono trovare i soldi per la pubblicazione e chi potrebbe finanziare il giornale.
2. Immaginate di poter collaborare ad un quotidiano o settimanale. Indicate di che cosa vi piacerebbe occuparvi e spiegate perché.
3. Divisi in gruppi, immaginate la pubblicità di un prodotto di vostra scelta. Presentate la pubblicità ai vostri compagni e cercate di convincerli ad acquistare il prodotto.
   a. Scegliete il prodotto.
   b. Decidete a chi indirizzare la pubblicità.
   c. Scegliete il giornale su cui apparirà.
   d. Scrivete la frase o lo slogan pubblicitario.

Prepariamoci a leggere

1. Commentate la citazione della giornalista Oriana Fallaci a pagina 468. Perché la Fallaci pensa che il giornalismo sia un «privilegio straordinario e terribile»?
2. Divisi in gruppi discutete:
   a. da chi e da che cosa possono essere influenzati i giornalisti.
   b. se è possibile per un / una giornalista essere completamente obiettivo / -a.
3. Dopo aver letto l'indice dal quotidiano *La Stampa,* indicate a quale sezione si riferiscono secondo voi i titoli di articoli riportati alla pagina seguente. Di che cosa pensate che possano trattare?

Titoli:

a. Lunedì in Nuova Zelanda prende il via la Coppa del Mondo. In programma due giganti e due slalom [...].
b. Mosca svende il tesoro per comprare grano
c. Pesaro, strana scelta scenografica per l'opera rossiniana diretta da Allemandi
d. La fotomodella della cocaina
e. Saldo positivo di 1250 miliardi grazie al calo dell'import e al tessile-abbigliamento
f. Mosca e Washington: punire l'Iraq

4. Quali giornali leggete? Perché? Quali rubriche vi interessano in un giornale?

5. Leggete le seguenti pubblicità e indicate a quali prodotti si riferiscono. Che tecnica è usata nelle réclame?

TI ACCONTENTI.

PER OTTENERE I MIGLIORI RISULTATI DALLA TUA LAVASTOVIGLIE, SCEGLI SVELTO PROGRESS. LA SUA ESCLUSIVA FORMULA AGISCE SUBITO SULLE TUE STOVIGLIE E RIMUOVE LO SPORCO PIÙ DIFFICILE, COME QUELLO DI PATATE. COSÍ LE TUE FORCHETTE E TUTTE LE TUE STOVIGLIE SARANNO DAVVERO SPLENDENTI E TU DAVVERO CONTENTA.

Ottima stabilità e tenuta di strada sull'asciutto e sul bagnato sono elementi di sicurezza imprescindibili.
...

Ignis No Frost.
Conserva la freschezza per il doppio del tempo.

La linea inconfondibile, le forme senza tempo, i dettagli preziosi. Old Italy è una risposta Lozza di un gusto estetico italiano che già negli anni trenta e quaranta faceva tendenza. Oggi come allora gli Old Italy vengono rifiniti a mano come piccole sculture da artigiani specializzati. Old Italy, occhiali con personalità per chi fa di un accessorio un segno indiscutibile di uno stile di vita.

Nel brano seguente Franco Levi, il primo direttore de *L'indipendente,* parla del suo giornale e dei criteri a cui si è attenuto quando lo ha ideato.

A *L'Indipendente,* infatti, lo dice il nome stesso, promette totale autonomia di giudizio.—Il nostro solo credo°—dice il direttore—è la concorrenza, in politica e in economia.—Ma non basta. Il nuovo quotidiano vuole essere un giornale di grande qualità, destinato a lettori di qualità; e in 20–24 pagine di articoli brevi e inappuntabili° vuole importare in Italia il modello anglosassone di informazione. [...] —L'idea di un nuovo quotidiano [...] mi è venuta nella primavera dell'87. Quando ho deciso che ne avevo abbastanza dei giornali italiani che leggevo, così pesanti e sempre più controllati dai grandi gruppi economici.—[...] Ce la farà°, *L'Indipendente*? Giulio Anselmi, vicedirettore del *Corriere* è scettico:—L'indipendenza assoluta è una bella utopia, il sogno di tutti i giornalisti. Ma dubito che ci sia spazio per un altro quotidiano nazionale.

creed

irreproachable

will it succeed

– Panorama.

Nel brano successivo vari personaggi parlano delle loro preferenze e dei loro interessi per quanto riguarda la lettura dei giornali.

B *Serena Dandini, autrice televisiva.*—Per lavoro mi nutro di giornali. Anzi li divoro. [...] Le mie testate? *Repubblica, La Stampa* e il *Corriere.* La mia hit-parade di argomenti? Politica interna, cronaca romana e nera. E poi gli inserti: cultura, salute e scienza. [...]

Maria Laurito, show girl.—Il giornale? Per me è una religione. Anzi, un rito: al mattino, quando mi alzo, devo avere le notizie fresche insieme al caffè. [...]

Ombretta Colli, attrice.—Lo leggo appena sveglia: per essere informata e anche per avere qualche argomento in più di conversazione. Come lo sfoglio? Anzitutto i titoli di prima pagina, poi uno sguardo alla politica e alla cronaca, infine mi fermo sulle pagine degli spettacoli: soprattutto cinema e teatro. La mia testata preferita? Il *Corriere della Sera* perché sono milanese.

– Marie Claire.

Nel brano seguente si discute del linguaggio della pubblicità da un punto di vista linguistico e di stile.

C Il linguaggio della pubblicità non solo deve colpire l'attenzione, ma i suoi appelli debbono avere un alto grado di «ricordabilità»; in altre parole questo linguaggio deve essere soprattutto espressivo [...]. La lingua della pubblicità [...] si è giovata° in misura rilevante di alcune

has taken advantage

tendenze della lingua italiana contemporanea, accentuandole, quali la superlativizzazione del sostantivo°, già visibile nel linguaggio sportivo (*occasionissima* come *campionissimo*), l'abuso dei verbi denominali derivati da nomi creati ex novo ([...] come *motorizzatevi*), l'abuso delle finali in *-ista,* la scarsa preoccupazione di trovare surrogazioni° ai forestierismi° ...

La lingua della pubblicità conserva un che di° enfatico e sproporzionato e tende inevitabilmente a porre in primo piano non i valori reali della parola, bensì i valori di espressività, che non sono poi il frutto di una ricerca, ma l'esito° di una legge economica. [...]

noun

substitutes

foreign words

un... something

outcome

— *Parole, labirinti e sentieri,* a cura di Massimo Baldini.

Parliamo e discutiamo

1. Secondo il direttore de *L'Indipendente* quali sono le differenze tra il suo giornale e gli altri?
2. Nel brano A, qual è secondo Giulio Anselmi il sogno di tutti i giornalisti? Siete d'accordo con la sua affermazione?
3. Qual è secondo voi «il modello anglosassone d'informazione» di cui si parla nel brano A?
4. Considerando il brano B, rispondete alle seguenti domande.
   a. Che cosa legge Serena Dandini?
   b. Che cosa hanno in comune Maria Laurito e Ombretta Colli nel rito della lettura del giornale?
   c. Quali rubriche leggono tutte e tre?
5. Secondo il brano C, qual è la funzione del linguaggio pubblicitario?
6. Spiegate la superlativizzazione del sostantivo descritta nel brano C.

Itinerario letterario

Prepariamoci a leggere

1. Descrivete la foto. Chi pensate che siano le persone ritratte? Cosa credete che stiano facendo?
2. Divisi in gruppi, discutete quali sono le caratteristiche indispensabili per un / una giornalista e poi paragonate i vostri risultati a quelli dei compagni.
3. Perché una persona sente il bisogno di scrivere? Divisi in gruppi offrite dei motivi in ordine d'importanza e giustificate le vostre risposte.
4. Nelle due frasi seguenti, tratte dal racconto che leggeremo, il protagonista parla del suo desiderio di scrivere e del suo atteggiamento verso gli amici scrittori. Dopo averle lette, rispondete alle domande.

   «Il fatto è che io ero, e sono, negato a scrivere (*not gifted at writing*). [...] Ciononostante, nel profondo del mio cuore, ardeva una disperata ambizione letteraria.»

   «Quando veniva pubblicato il libro di un mio coetaneo, e mi accorgevo che l'articolo o il libro avevano successo, l'invidia mi addentava le viscere (*gnawed at my guts*).»

   a. Chi è secondo voi il narratore?
   b. Qual è il dilemma della persona che scrive?
   c. Che cosa può fare per soddisfare le sue aspirazioni letterarie e conciliarle con il fatto che è negato a scrivere?
   d. Discutete che cosa sarebbe capace di fare una persona che è molto invidiosa del successo degli altri.

Nel racconto che segue lo scrittore Dino Buzzati (vedi pagina 264) narra in prima persona la storia di un cronista poco dotato per lo scrivere e della soluzione che egli trova per riuscire a pubblicare le sue opere letterarie.

Riservatissima al signor direttore

Signor direttore,

dipende soltanto da lei se questa confessione a cui sono dolorosamente costretto si convertirà nella mia salvezza o nella mia totale vergogna, disonore e rovina.

È una lunga storia che non so neppure io come sia riuscito a tenere segreta. Né i miei cari, né i miei amici, né i miei colleghi ne hanno mai avuto il più lontano sospetto.

Bisogna tornare indietro di quasi trent'anni. A quell'epoca ero semplice cronista nel giornale che lei adesso dirige. Ero assiduo, volenteroso, diligente, ma non brillavo in alcun modo. Alla sera, quando consegnavo al capocronista i miei brevi resoconti di furti°, disgrazie° stradali, cerimonie, avevo quasi sempre la mortificazione di vedermeli massacrare; interi periodi° tagliati e completamente riscritti, correzioni, cancellature°, incastri°, interpolazioni di ogni genere. Benché soffrissi, sapevo che il capocronista non lo faceva per cattiveria. Anzi. Il fatto è che io ero, e sono, negato a scrivere. E se non mi avevano ancora licenziato° era solo per il mio zelo nel raccogliere notizie in giro per la città.

Ciononostante, nel profondo del mio cuore, ardeva una disperata ambizione letteraria. E quando compariva l'articolo di un collega poco meno giovane di me, quando veniva pubblicato il libro di un mio coetaneo, e mi accorgevo che l'articolo o il libro avevano successo, l'invidia mi addentava le viscere come una tenaglia° avvelenata°. [...] Finché un giorno venne a cercarmi in redazione un uomo che non avevo mai conosciuto. Avrà avuto quarant'anni, basso, grassoccio°, una faccia addormentata e inespressiva. Sarebbe riuscito odioso° se non fosse stato così bonario°, gentile, umile. L'umiltà estrema era la cosa che faceva più colpo. Disse di chiamarsi Ileano Bissàt, trentino°, di essere zio di un mio vecchio compagno di liceo, di avere moglie e due figli, di aver perso per malattia un posto di magazziniere°, di non sapere dove sbattere la testa° per mettere insieme un po' di soldi.—E io che posso farci?—domandai.—Vede?—rispose facendosi piccolo piccolo.—Io ho la debolezza di scrivere. Ho fatto una specie di romanzo, delle novelle. Enrico (cioè il mio compagno di liceo, suo parente) li ha letti, dice che

- thefts / accidents
- sentences
- erasures / insertions
- fired
- pincers, pliers / poisoned
- plump
- detestable
- good-natured
- from Trento
- warehouseman
- **dove...** which way to turn

non sono male, mi ha consigliato di venire da lei. Lei lavora in un grande giornale, ha relazioni, ha appoggi°, ha autorità, lei potrebbe...

—Io? Ma io sono l'ultima ruota del carro°. E poi il giornale non pubblica scritti letterari se non sono di grandi firme°.

—Ma lei...

—Io non firmo°. Io sono un semplice cronista. Ci mancherebbe altro°. [...] L'altro fece un sorriso insinuante:—Ma le piacerebbe firmare?—Si capisce. A esserne capaci!—Eh, signor Buzzati, non si butti via così°! Lei è giovane, lei ne ha del tempo dinanzi°. Vedrà, vedrà. Ma io l'ho disturbata abbastanza, adesso scappo°. Guardi, le lascio qui i miei peccati°. Se per caso ha mezz'ora di tempo, provi a darci un'occhiata°. Se non ha tempo, poco male.—[...] Lasciò sul tavolo un malloppo° di manoscritti. [...] Non ci pensavo assolutamente più, quando una notte che non riuscivo a prender sonno mi venne la tentazione di scrivere una storia. [...]

Ma di carta da scrivere non ce n'era più, nel solito cassetto°. E mi ricordai che in mezzo ai libri, sopra il cassettone°, doveva esserci un vecchio quaderno appena cominciato. Cercandolo, feci crollare la pila di cartacce°, che si sparsero° sul pavimento. Il caso. Mentre le raccattavo°, lo sguardo mi cadde su di un foglio scritto a macchina che si era sfilato° da una cartella°. Lessi una riga, due righe, mi fermai incuriosito, andai fino in fondo°, cercai il foglio successivo, lessi anche quello. Poi avanti, avanti. Era il romanzo di Ileano Bissàt. Fui preso da una selvaggia gelosia che dopo trent'anni non si è ancora quietata°. Boia d'un mondo°, che roba. Era strana, era nuova, era bellissima. E forse bellissima non era, forse neanche bella, o addirittura era brutta. Ma corrispondeva maledettamente a me, mi assomigliava, mi dava il senso di essere io. Erano una per una le cose che avrei voluto scrivere e invece non ero capace. Il mio mondo, i miei gusti, i miei odii. Mi piaceva da morire. [...]

Ileano Bissàt non aveva lasciato l'indirizzo. Cercarlo non potevo. Bisognava che si facesse vivo lui. Ma che cosa gli avrei detto? Passò un altro mese abbondante prima che ricomparisse.

Era ancor più complimentoso e umile:—Ha letto qualche cosa?

—Ho letto—feci. E rimasi in forse° se dirgli o no la verità.

—Che impressione ha avuto?

—Be'... mica male. Ma è da escludere che questo giornale...

—Perché io sono uno sconosciuto?

—Già.

Restò qualche momento pensieroso. Poi:

—Mi dica, signore... Sinceramente. Se fosse lei ad aver scritto queste cose, invece che io estraneo°, non ci sarebbero probabilità di pubblicazione?—[...]—Mio Dio, non so. Certo il direttore è un uomo di idee larghe°, abbastanza coraggioso.

La sua cadaverica faccia si illuminò di gioia:

—E allora, perché non proviamo?

connections
sono... count for nothing
grandi... famous names
sign (my articles)
Ci... That would be the limit
non... don't sell yourself short / in front of you / I'll be going / sins
darci... take a look at it / bundle
drawer
bureau
papers / **si...** scattered
picked up
had come out / folder
in... to the end
abated
Boia... Wow!
in... in doubt
outsider
open

—Proviamo cosa?

—Senta, signore. Mi creda. Io ho soltanto bisogno di quattrini°. Non ho ambizioni. Se scrivo è per puro passatempo. Insomma, se lei è disposto ad aiutarmi, le cedo° tutto in blocco.

money
I give up

—Come sarebbe a dire?

—Glielo cedo. È roba sua. Ne faccia quello che crede. Io ho scritto, la firma° la mette lei. [...] Vedrà che avremo un magnifico successo.

signature

—Ma sarebbe una truffa°, uno sfruttamento° ignobile.

swindle / exploitation

—Perché? Lei mi paga. Io mi servo di lei come di un mezzo per piazzare° la mia merce. Che mi importa se la marca° viene cambiata? [...]

place / brand name

—È assurdo, assurdo. Non capisce a che rischio mi espongo°? Se la cosa si venisse a sapere? E poi, una volta pubblicate queste cose, una volta esaurite queste munizioni°, io cosa faccio?—Le starò vicino, naturalmente. La rifornirò man mano°. Mi guardi in faccia. Le pare che io sia un tipo capace di tradirla°? È questo che lei teme? Oh, povero me.

mi... I expose myself
ammunitions
man... as needed
betray you

Se ne discusse a lungo. Un contratto ignobile, che mi avrebbe messo in balia° di un estraneo, che si prestava° ai più bestiali ricatti°, che poteva trascinarmi° nello scandalo. Ma la tentazione era tanta, gli scritti di quel Bissàt mi sembravano così belli, il miraggio della fama mi affascinava talmente.

in... at the mercy / **si...** lent itself / blackmail / drag me

I termini dell'accordo erano semplici. Ileano Bissàt si impegnava° a scrivere per me ciò che avrei voluto, lasciandomi il diritto di firmare; a seguirmi e assistermi in caso di viaggi e servizi giornalistici; a mantenere il più rigoroso segreto; a non scrivere nulla per proprio conto° o per conto di terzi. Io, in compenso, gli cedevo l'80 per cento dei guadagni. E così avvenne. Mi presentai dal direttore pregandolo di leggere un mio racconto. Lui mi guardò in un certo modo, strizzò° un occhio, ficcò° il mio scritto in un cassetto. Mi ritirai di buon ordine. Era l'accoglienza prevista. [...]

si... committed himself
per... under his own name
winked
thrust

Quattro giorni dopo il racconto compariva in terza pagina[1] fra lo sbalordimento° mio e dei colleghi. Fu un colpo strepitoso°. [...] Seguirono altri «elzeviri»°, poi il romanzo che fece clamore. Divenni un caso. [...] Da parte sua Bissàt fu inappuntabile°. Esaurita la scorta originaria di racconti, me ne fornì altri, che a me sembravano uno più bello dell'altro. E si tenne scrupolosamente nell'ombra. [...] Mi trovai sulla cresta dell'onda°. Lasciai la cronaca, diventai uno «scrittore di terza pagina», cominciai a guadagnare forte. Bissàt, che nel frattempo aveva messo al mondo altri tre figli, si fece una villa al mare e l'automobile.

amazement / **Fu...** It caused a sensation / literary articles / irreproachable
sulla... famous

Era sempre complimentoso, umilissimo, neppure con velate allusioni mi rinfacciava° mai la gloria di cui godevo per esclusivo merito suo. Ma di soldi non ne aveva mai abbastanza. E mi succhiava il sangue.

reproached

1. La terza pagina è quella culturale, dove appaiono articoli letterari.

Gli stipendi sono una cosa segreta, ma qualcosa trapela° sempre nelle grandi aziende. Tutti più o meno sanno che mucchio° di bigliettoni° mi aspetti ogni fine del mese. E non riescono a spiegarsi come mai io non giri ancora in Maserati, non abbia amichette cariche di diamanti e visoni°, yachts, scuderie da corsa. Cosa ne faccio di tanti milioni? Mistero. Così si è sparsa la leggenda della mia feroce avarizia°. Una spiegazione doveva pur essere trovata.

Questa la situazione. [...] Due settimane fa, dopo quasi trent'anni di fraudolenta simbiosi, c'è stato un litigio. Lui pretendeva pazzesche° somme supplementari, non pattuite°. Io gli ho risposto picche°. Lui non ha ribattuto, non ha fatto minacce, non ha alluso a ricatti eventuali. Semplicemente ha sospeso la fornitura della merce. Si è messo in sciopero°. Non scrive più una parola. E io mi trovo a secco°. [...]

Per questo, caro direttore, sono costretto a rivelarle finalmente il complotto scellerato°.

E a chiederle perdono e clemenza. [...] Mi venga incontro. Basterebbe un piccolo aumento, non so, di due-trecentomila al mese. [...] Cosa vuole che sia per il giornale? E io sarei salvo. [...] A meno che lei non saluti come una provvidenza° questa facilissima occasione di sbarazzarsi° di me. [...] Basterebbe che lei prendesse questa lettera e la pubblicasse [...]. No. Lei non lo farà. [...]

No. Anche nell'assurda ipotesi che lei fosse un uomo malvagio e mi volesse distruggere, mai e poi mai farebbe uscire questa obbrobriosa° lettera (che mi costa lacrime e sangue!). Il giornale ne riceverebbe un duro colpo°.

— Dino Buzzati, «Riservatissima al signor direttore», *La boutique del mistero.*

leaks out
pile
money (large bills)
mink coats
miserliness
absurd
agreed upon / **risposto...** refused flatly
Si... He went on strike / **a...** in the lurch
complotto... wicked conspiracy
A... Unless you welcome an opportunity / get rid
shameful
blow

Parliamo e discutiamo

1. Descrivete i sentimenti del narratore verso i colleghi e verso Ileano Bissàt.
2. Che dubbi ha il protagonista per il patto stretto con Ileano Bissàt?
3. Dopo aver letto il primo scritto di Ileano, il protagonista dice: «Ma corrispondeva maledettamente a me, mi assomigliava, mi dava il senso di essere io.» Che cosa significa questa frase, e come potrebbe Ileano Bissàt essere l'alter ego del narratore?
4. Divisi in due gruppi discutete gli aspetti morali dell'accordo fra il protagonista ed Ileano. Un gruppo lo giustifica e un altro lo condanna.
5. Discutete se e come la creatività di una persona possa essere influenzata dalle necessità materiali.
6. Immaginate una conclusione al racconto. Che cosa deciderà il direttore del giornale?

Strutture

Che, come e quanto in frasi esclamative

A **Che** (*What . . . ! What a . . . !*) is used with nouns and adjectives to express admiration, disgust, or astonishment.

Che bravo attore! *What a great actor!*	Che idee! *What ideas!*

Che used alone with an adjective expresses the equivalent of *How . . . !*

Che bello! *How beautiful!*	Che schifo! *How disgusting!*

B **Come** and **quanto** can also be used in exclamatory sentences to express the equivalent of the English *How . . . !* or *How much . . . !*

Com'è brava! *How accomplished she is!*	Come sono carine! *How cute they are!*
Quanto spendono! *How much they spend!*	Quanto parlano! *How much they talk!*

Esercizi

L'editore di una casa editrice legge il manoscritto di un giovane scrittore ancora sconosciuto. Riscrivete le sue reazioni usando le forme esclamative.

ESEMPIO: Il titolo è molto interessante.
Com'è interessante il titolo!

1. La trama è affascinante.
2. I personaggi sono complessi.
3. Il linguaggio è schietto e commovente.
4. Lo scrittore si è impegnato tanto.
5. L'autore ha trovato una conclusione originale.
6. Si tratta di temi molto attuali.
7. Questo libro avrà un grande successo di pubblico.
8. Il manoscritto precedente invece era noioso.

Fare + l'infinito

A The construction **fare + infinito** is used to express the concept *to have something done* or *to have someone do something.* The subject of the verb **fare** causes the action of the infinitive to be performed.

Accendo la radio. *I turn on the radio.*	Faccio accendere la radio. *I have the radio turned on (by someone else).*

1. If the direct object is a noun, it follows the infinitive. If it is a pronoun, it precedes the conjugated form of **fare.**

Faccio pagare il canone. *I have the TV license fee paid.*	Lo faccio pagare. *I have it paid.*

When **fare** is used as an infinitive or gerund, or in the informal imperative, the object pronoun attaches to the verb after dropping the final **-e.**

Hai deciso di farli partecipare al programma. *You decided to have them participate in the program.*	Fateli partecipare al programma. *Have them participate in the program.*

2. If the **fare + infinito** construction has only one object—whether the object of **fare** or the object of the infinitive—it is always a direct object.

Fate parlare prima il moderatore. *Have the moderator speak first.*	Fanno licenziare il moderatore. *They have the moderator fired.*

3. When the subject of the sentence has someone else do something, there are often two objects. The person who performs the action is the indirect object, and the person or thing acted on is the direct object.

L'insegnante fa guardare il telegiornale agli studenti. Glielo fa guardare.
The teacher has the students watch the news. He has them watch it.

Since this construction can be ambiguous (for instance, **Faccio scrivere una lettera a Carlo** could mean *I have Carlo write a letter* or *I have a letter written to Carlo*), the preposition **da** is sometimes used with the indirect object.

Faccio scrivere la lettera da Carlo.
I have Carlo write the letter.

4. In compound tenses, **fare + infinito** is conjugated with **avere.**

   Hanno fatto trasmettere una nuova puntata.
   They had a new episode broadcast.

5. When the **fare + infinito** construction is used with a reflexive verb, the reflexive pronoun is omitted.

   Carlo si sveglia. Fa' svegliare Carlo.
   Carlo wakes up. Have Carlo wake up.

   La ragazza si siede. Fate sedere la ragazza.
   The girl sits down. Have the girl sit down.

B **Farsi + infinito** is used to emphasize that one is having something done for oneself or to oneself.

La diva si fa leggere la sceneggiatura.
The movie star has the script read to her.

1. The person who performs the action is specified using **da** + *noun* or *pronoun.*

   Si fa leggere la sceneggiatura dal regista.
   She has the script read to her by the director.

2. If a direct object pronoun is used, the reflexive pronouns **mi, ti, ci, vi,** and **si** precede it and become **me, te, ce, ve,** and **se.**

   Se la fa leggere.
   She has it read to her.

3. In compound tenses, **farsi + infinito** is conjugated with **essere.** See pages 169–170.

   Si sono fatti leggere la sceneggiatura. Se la sono fatta leggere.
   They had the script read to them. They had it read to them.

C Many common idiomatic expressions are formed with **fare + infinito** or **farsi + infinito.**

fare aspettare *to keep someone waiting*
fare bollire *to boil something*
fare cuocere *to cook something*
far pagare *to charge someone*
far sapere *to let someone know something*
far vedere *to show someone*
farsi capire *to make oneself understood*
farsi prestare *to borrow something*
farsi vedere *to show oneself*
farsi vivo *to show up*

La conduttrice ci ha fatto aspettare.
The anchorwoman kept us waiting.

Ci siamo fatti prestare il televisore.
We borrowed the TV set.

Ti hanno fatto sapere quando avrebbero trasmesso quel serial?
Did they let you know when they would broadcast that serial?

Gli attori si sono finalmente fatti vivi.
The actors finally showed up.

Esercizi

A. Un giornalista intervista una famosa diva di una nuova telenovella. L'attrice è una donna abituata a non fare niente da sola. Immaginate le risposte dell'attrice alle domande del giornalista e usate la costruzione **fare + infinito.**

ESEMPIO: Fa Lei la spesa per la famiglia?
No, faccio fare la spesa.

1. Prepara Lei i pasti a casa?
2. Pulisce la casa?
3. Lava i piatti?
4. Sveglia i figli ogni mattina?
5. Guida la macchina per andare agli studi?
6. Si trucca da sola?
7. Si compra i propri abiti?
8. Sul set si veste Lei stessa?

B. Lucia parla alla sua amica Roberta dell'ultima puntata della loro soap opera preferita. Lei racconta all'amica che cosa i vari protagonisti hanno fatto fare agli altri personaggi. Riscrivete le seguenti frasi specificando che cosa ogni personaggio fra parentesi ha fatto fare agli altri protagonisti. Usate la costruzione **fare + infinito.**

1. Carolyn si è separata dal marito. (Melanie)
2. Michael ha abbandonato i figli. (Susan)
3. Jaimie si è trasferita a Londra. (Tony)
4. Anthony ha confessato tutto. (la polizia)
5. John ha venduto la casa. (Eloise)

7. Charles ha perso il posto in banca. (Susan)
8. Ridge e Cliff hanno fatto la pace. (Albert)
9. John e Melanie si sono sposati. (Heather)
10. Hillary ha venduto una sceneggiatura. (Tony)

C. Riscrivete le frasi dell'esercizio B sostituendo ai nomi i pronomi diretti e indiretti corretti e facendo i cambiamenti necessari.

ESEMPIO: Melanie ha fatto separare Carolyn dal marito.
Melanie l'ha fatta separare dal marito.

D. Giulia e Marco assistono alla ripresa di un nuovo serial per la televisione. Raccontano ai loro amici che cosa il regista ha fatto fare agli attori e agli altri addetti televisivi (*members of the crew*). Riscrivete le seguenti frasi e usate la costruzione **fare + infinito.**

1. I truccatori hanno truccato gli interpreti.
2. Gli elettricisti hanno messo le luci in posizione.
3. Le guardarobiere hanno preparato i vestiti.
4. I parrucchieri hanno pettinato gli attori.
5. Gli operai hanno allestito le scene.
6. Tutti gli interpreti hanno partecipato alle prove.
7. Gli attori hanno ripetuto le battute.
8. Le scene sono state girate molte volte.

E. Riscrivete l'esercizio D sostituendo ai nomi i pronomi diretti ed indiretti corretti e facendo i cambiamenti necessari.

ESEMPIO: Il regista ha fatto truccare gli interpreti ai truccatori.
Il regista glieli ha fatti truccare. Li ha fatti truccare loro.

F. Sul set l'attore di un famoso film si fa fare tutto dagli altri. Immaginate che cosa si fa fare dalle seguenti persone.

1. lo stilista
2. il barbiere
3. gli altri attori
4. il centralinista
5. il parrucchiere
6. la segretaria
7. il cameriere del bar
8. il regista del film

Lasciare + l'infinito

A The construction **lasciare** (*to allow, to let, to permit*) + **infinito** expresses the concept *to allow someone to do something* or *to allow something to happen.*

Lasciamo parlare il giornalista.
We allow the journalist to speak.

1. As with **fare + infinito,** a noun object follows the infinitive. An object pronoun precedes the conjugated form of **lasciare.**

   Lasciamo assumere quell'attrice. La lasciamo assumere.
   We let that actress be hired. We let her be hired.

   When **lasciare** is used as an infinitive or gerund, or in the informal imperative, the object pronoun attaches to it.

   Cercate di lasciarla rispondere! Lasciatela rispondere!
   Try to let her answer! Let her answer!

2. If **lasciare + infinito** has only one object, it is always a direct object.

   Lascia telefonare Carlo. Lascialo telefonare.
   Let Carlo call. Let him call.

   Lasciamo intervistare Giovanna. La lasciamo intervistare.
   We let Giovanna be interviewed. We let her be interviewed.

3. When the subject of the sentence lets someone else do something, there are often two objects: the person who performs the action is the indirect object and the person or thing acted on is the direct object.

   Lascia cantare una canzone a Marta! Lasciagliela cantare!
   Let Marta sing a song! Let her sing it!

   Mi lasciano scrivere la sceneggiatura. Me la lasciano scrivere.
   They let me write the script. They let me write it.

4. In compound tenses, **lasciare + infinito** is conjugated with **avere.**

   Gli hanno lasciato presentare la trasmissione in diretta.
   They let him broadcast live.

5. When **lasciare + infinito** is used with a reflexive verb, the reflexive pronoun is omitted.

   Il moderatore si alza. Lascialo alzare.
   The moderator gets up. Let him get up.

B The construction **permettere di + infinito** can be substituted for **lasciare + infinito. Permettere** always takes an indirect object.

> Permetti a Carlo di telefonare. Gli permetti di telefonare.
> *Let Carlo call. Let him call.*

The object pronoun of the second verb attaches to the infinitive after dropping the final **-e.**

> Permettiamo ai ragazzi di guardare programmi culturali. Permettiamo ai ragazzi di guardarli.
> *We let the kids watch cultural programs. We let the kids watch them.*

C Allowing or permitting someone to do something can also be expressed with **lasciare** or **permettere + che + congiuntivo.**

> Lasciano che loro producano quel serial.
> *They allow them to produce that serial.*

> Permettete che sia io a firmare l'articolo.
> *Let me be the one to sign the article.*

Esercizi

A. Il capo redattore di un quotidiano non lascia nessuna libertà ai cronisti e uno di loro se ne lamenta con un amico. Riscrivete le frasi e usate la costruzione **lasciare + infinito.** Fate i cambiamenti necessari.

1. Non lascia che i cronisti vadano dove vogliono.
2. Non lascia che noi correggiamo da soli i nostri pezzi.
3. Non lascia che io scelga l'argomento dell'articolo.
4. Non lascia che ci divertiamo in redazione.
5. Non lascia che la sua segretaria lavori per gli altri.
6. Non lascia che la segretaria telefoni a casa.
7. Non lascia che io torni a casa prima di mezzanotte.
8. Non lascia che noi discutiamo sui titoli.
9. Non lascia che noi viaggiamo a spese della (*at the expense of*) redazione.
10. Non lascia che io legga altri giornali.

B. Riscrivete le frasi dell'esercizio precedente sostituendo ai nomi i pronomi diretti e indiretti corretti e facendo i cambiamenti necessari.

ESEMPIO: Non lascia andare i cronisti dove vogliono.
Non li lascia andare dove vogliono.

C. Alcune regole sulla pubblicità sono severe. Riscrivete le seguenti frasi sostituendo al congiuntivo **permettere di + infinito** e facendo i cambiamenti necessari.

1. Le regole non permettono che in una pubblicità indichiamo il prezzo del prodotto.
2. Le regole non permettono che facciamo il paragone con un altro prodotto.
3. Le regole permettono che il proprietario faccia personalmente pubblicità ai propri prodotti.
4. Le regole non permettono che si parli male di un altro prodotto.
5. Le regole permettono che si usino altre lingue oltre all'italiano.
6. Le regole permettono che anche i bambini facciano la pubblicità.

I suffissi

In Italian, suffixes can be added to nouns, adjectives, and adverbs to convey certain nuances of size or quality or to express the speaker's feelings toward the person or thing. A given suffix cannot be used with all nouns, adjectives, and adverbs. Because there are no rules governing the choice of suffixes, beginning students of Italian should limit themselves to recognizing and comprehending suffixes before trying to use them. Nouns, adjectives, and adverbs drop their final vowel before the suffix is added.

Quella casetta è proprio bellina.
That little house is really cute.

A The following suffixes indicate smallness and, sometimes, cuteness and / or affection.

-ino, -a, -i, -e	ragazzo	ragazzino	*small boy*
-etto, -a, -i, -e	piccolo	piccoletto	*cute little*
-ello, -a, -i, -e	paese	paesello	*sweet little village*
-icello, -a, -i, -e	campo	campicello	*sweet little field*
-acchiotto	orso	orsacchiotto	*cute (stuffed) bear*
-iccino, -a, -i, -e	libro	libriccino	*cute little book*

-olino, -a, -i, -e	sasso	sassolino	*small pebble*
-uccio, -a, -i, -e	avvocato	avvocatuccio	*insignificant lawyer*

B The suffix **-one** denotes largeness.

-one, -oni	febbre	febbrone	*high fever*
	naso	nasone	*big nose*

C The following suffixes denote worthlessness or scorn.

-accio, -a, -i, -e	parola	parolaccia	*a vulgar word*
-astro, -a, -i, -e	poeta	poetastro	*an inferior poet*

D Most nouns retain their original gender when suffixes are added, but some change gender and even meaning.

la finestra		il finestrino	*small window (of a car, train, or plane)*

Feminine nouns become masculine when the suffix **-one** is added.

la borsa	*purse*	il borsone	*large bag, travel bag*
la porta	*door*	il portone	*large front door of a building*
la donna	*woman*	il donnone	*big woman*
la febbre	*fever*	il febbrone	*high fever*

E More than one suffix can be added to a noun.

casa → casetta → casettina	*cute little house*
libro → libretto → librettino	*nice little book*

Esercizi

Le seguenti notizie sono tratte dal telegiornale della notte. Spiegate con aggettivi appropriati i nomi in corsivo.

1. Una *ragazzina* è stata investita stasera mentre attraversava una *stradina* di campagna.
2. Un famoso attore ha sposato un'*attricetta* sconosciuta in una *chiesetta* di un *paesello* di montagna. La coppia si trasferirà in una *casuccia* in collina circondata da un *giardinetto*.
3. Una *coppietta* anziana vince la lotteria e decide di comprarsi un *macchinone* americano.

4. La critica denuncia il best seller della settimana e lo definisce un *libraccio.*
5. Sono appena stati pubblicati molti *libriccini* per bambini istruttivi e divertenti.
6. Viene finalmente restaurato il *portone* del municipio.
7. Un'*impresuccia* edile di un *paesotto* di provincia riesce a concludere un *affarone* di miliardi con una ditta internazionale.
8. Una *vecchietta* ha denunciato l'elettricista per un *lavoretto* fatto in casa e finito male.

Scriviamo

Come esprimere i diversi punti di vista

Ogni avvenimento può essere visto secondo una prospettiva personale e quindi raccontato in modo soggettivo, o percepito come un fatto oggettivo e riferito in uno stile obiettivo. Esempio tipico è quello dei giornalisti che, pur a volte riportando lo stesso fatto, lo raccontano ciascuno in maniera completamente diversa esprimendo volontariamente o no le proprie opinioni personali. Dopo aver esplorato alcune funzioni che si compiono scrivendo, adesso puoi usare le strategie imparate per riferire non solo il tuo punto di vista, ma per immaginare e riportare anche quello di altre persone.

Per esprimerti con oggettività, puoi raccontare un fatto alla terza persona, singolare o plurale: in questo modo chi scrive assume il ruolo di osservatore dei fatti. Quando invece vuoi comunicare la tua partecipazione personale ad un certo avvenimento, lo racconti usando la prima persona singolare.

In uno stesso testo si possono includere punti di vista diversi, o presentarne principalmente uno, quindi, quando inizi a scrivere, devi decidere la prospettiva principale in cui vuoi che l'avvenimento sia raccontato e la persona o le persone che lo raccontano. Se la narrazione è in prima persona, il narratore può essere o non essere un personaggio della storia. Se il racconto viene fatto in terza persona, il coinvolgimento del narratore può variare notevolmente. Il narratore infatti può rivelare i pensieri, le motivazioni e le osservazioni di tutti i personaggi della storia, o soltanto di uno o due personaggi principali. Usando la terza persona, il narratore può anche scegliere di non rivelare nessun sentimento personale dei suoi personaggi, ma di far parlare i fatti stessi, in maniera estremamente obiettiva, cercando di rappresentare molto semplicemente solo gli avvenimenti e le azioni quali si potrebbero vedere in un film o in una rappresentazione teatrale.

Temi

Le inquadrature (*frames*) seguenti rappresentano una possibile storia per un film o un telefilm. Dopo averle osservate attentamente, svolgi uno o tutti i temi dati.

1. Racconta una storia precedente a quella delle inquadrature dal punto di vista della ragazza.
2. Racconta una storia seguente a quella delle inquadrature dal punto di vista del ragazzo.
3. Sei uno spettatore o una spettatrice che ha appena visto il film da cui sono tratte le inquadrature precedenti. Immagina di raccontarlo ad un amico o un'amica.

Parole ed espressioni chiave

Per parlare dei mass media

l'ambiente *(m.)* *atmosphere, environment, surroundings*
il ballerino, la ballerina *dancer*
il botteghino *box office*
il canale / l'emittente *(f.)* / la rete *channel, network*
il canone *fee*
il / la cantante *singer*
la chiarezza *clarity*
la comunicazione *communication*
la concorrenza / la concorrenzialità *competition*
il conduttore, la conduttrice *anchorman, anchorwoman, emcee*
la creazione *creation*
la critica *criticism*
la cronaca *news*
la diffusione *diffusion, circulation*
il divo, la diva *star*
l'edizione *edition*
l'episodio *episode*
l'impianto *installation*
l'incasso *receipts, profit*
l'indice d'ascolto *(m.)* *ratings*
l'informazione *(f.)* *information*
l'innovazione *(f.)* *innovation*
l'interprete *(m. or f.)* *actor, actress*
l'investimento *investment*
la multisale *multiscreen theater*
la notizia *piece of news*
le notizie *news*
la poltrona *seat*
il presentatore, la presentatrice *emcee*
il produttore, la produttrice *producer*
la produzione *production*
il programma *program*
la programmazione *programming*
il pubblico *public, audience*
la puntata *episode*
la quota *quota*
la regia *direction*
il / la regista *director*
il ruolo *role, part*
la sala *movie theater*
lo sceneggiatore, la sceneggiatrice *screenwriter*
la sceneggiatura *script, screenplay*
lo schermo *screen*
il servizio *report*
il sottotitolo *subtitle*
lo spettatore, la spettatrice *viewer*
lo spot *ad, commercial*
la stampa *press*
il successo *success*
il telefilm *television film, sitcom*
il telegiornale (Tg) *(television) news*
la telenovella *soap opera*
il teleromanzo *novel serialized on TV*
il telespettatore, la telespettatrice *viewer*
il varietà *variety show*
il videoregistratore *VCR*

accogliente *warm, cozy, inviting*
a puntate *serialized*
commerciale *commercial*
comodo, -a *comfortable*
continuo, -a *continuous*
diverso, -a *different, various*
efficiente *efficient*
estero, -a *foreign*
immediato, -a *immediate, quick*
quotidiano, -a *daily*
sofisticato, -a *sophisticated*

statale *state-owned*
tecnologico, -a *technological*
via cavo *on cable*

abbonarsi a *to subscribe to*
acuire *to sharpen*
andare in onda *to go on the air*
aspirare *to aspire*
conquistare *to conquer*
contribuire *to contribute*
diffondere *to spread*
divulgare *to spread*
doppiare *to dub*
interpretare *to play a role, to interpret*
mandare in onda *to broadcast*
mettere a disposizione *to make available*
ottenere *to obtain*
presentare *to present*
proiettare *to project*
registrare *to register, to score*
rendere *to make*
scontrarsi *to clash*
trasmettere *to broadcast*

Per parlare della stampa e della pubblicità

l'argomento *topic, subject*
l'articolo *article*
l'attualità *current events*
la cronaca *news*
il / la cronista *reporter*
la didascalia *caption*
i fatti *news, events*
la funzione *function*
l'immagine *(f.)* *image*
l'impatto *impact*
l'inchiesta *investigation, survey*
l'indice *(m.)* *table of contents*
l'inviato, l'inviata *correspondent*
l'opinione pubblica *(f.)* *public opinion*
il periodico *periodical*
la persuasione *persuasion*
la pubblicazione *publication*
il punto di vista *point of view*
il quotidiano *daily newspaper*
il redattore, la redattrice *editor*
la redazione *editorial staff*
la rivista *magazine*
la rubrica *column*
la scelta *choice*
il sommario *summary; table of contents*
la testata *heading*
la vendita *sale*

annuale *annual*
di grande portata *of major importance*
locale *local*
mensile *monthly*
nascosto, -a *hidden*
occulto, -a *concealed*
regionale *regional*
semestrale *semiannually*
settimanale *weekly*
trimestrale *quarterly*

apparire *to appear*
aumentare *to increase*
convincere *to convince*
correggere *to correct, to edit*
costituire *to comprise*
illustrare *to represent, to illustrate*
incrementare *to increase*
influenzare *to influence*
manifestare *to manifest, to display*
pubblicare *to publish*
riferire *to report, to refer*
riportare *to report*
scorrere *to glance through*
servirsi di *to use*
sfogliare *to leaf through*
trattare di *to address, to be about*

in quanto *because*

Appendice A

Preposizioni dopo verbi e aggettivi

VERBI + PREPOSIZIONI

Verbo + a + infinito

abituarsi a *to get used to*
affrettarsi a *to hurry*
aiutare a *to help*
andare a *to go (do something)*
cominciare (incominciare) a *to start, to begin*
condannare a *to condemn*
continuare a *to continue*
convincere a *to convince*
correre a *to run (to do something)*
costringere a *to compel, to force*
decidersi a *to make up one's mind*
divertirsi a *to have a good time*
fare meglio a *to be better off*
fermarsi a *to stop (to do something)*
imparare a *to learn*
incoraggiare a *to encourage*
insegnare a *to teach*
invitare a *to invite*
mandare a *to send*
mettersi a *to begin (to do something)*
obbligare a *to oblige, to compel*
passare a *to stop by (to do something)*
pensare a *to think about*
persuadere a *to persuade*
preparare a *to prepare*
provare a *to try*
rinunciare a *to give up*
riprendere a *to resume, to start again*
riuscire a *to succeed, to manage*
sbrigarsi a *to hurry*
servire a *to be good for*
tornare a *to return*
venire a *to come (to do something)*

Verbo + di + infinito

accettare di *to accept*
accorgersi di *to notice*
ammettere di *to admit*
aspettare di *to wait for*
aspettarsi di *to expect*
augurare di *to wish*
augurarsi di *to hope*
avere bisogno di *to need*
avere fretta di *to be in a hurry*
avere l'impressione di *to have the feeling*
avere intenzione di *to intend*
avere paura di *to be afraid*
avere ragione di *to be right*
avere torto di *to be wrong*
avere vergogna di *to be ashamed*
avere voglia di *to feel like*
cercare di *to try*
cessare di *to stop*
chiedere di *to ask (for)*
comandare di *to order*
confessare di *to confess*
consigliare di *to advise*
credere di *to believe*
decidere di *to decide*
dimenticare (dimenticarsi) di *to forget*
dire di *to say, to tell*
dispiacere di *to be sorry*
domandare di *to ask*
dubitare di *to doubt*

essere in grado di *to be in a position to*
fantasticare di *to imagine*
fare a meno di *to do without*
fidarsi di *to trust*
fingere di *to pretend*
finire di *to finish*
illudersi di *to delude oneself*
immaginare di *to imagine*
impedire di *to prevent*
lamentarsi di *to complain about*
meravigliarsi di *to be surprised*
minacciare di *to threaten*
offrire di *to offer*
ordinare di *to order*
pensare di *to plan*
pentirsi di *to repent*
permettere di *to permit*
pregare di *to beg*
preoccuparsi di *to worry*
proibire di *to prohibit*
promettere di *to promise*
proporre di *to propose*
rendersi conto di *to realize*
ricordare (ricordarsi) di *to remember*
rifiutare (rifiutarsi) di *to refuse*
ringraziare di *to thank*
sapere di *to know*
scegliere di *to choose*
sentirsela di *to feel up to*
servirsi di *to use*
sforzarsi di *to force oneself*
smettere di *to stop*
sognare (sognarsi) di *to dream*
sperare di *to hope*
stancarsi di *to get tired*
suggerire di *to suggest*
temere di *to fear*
tentare di *to attempt*
trattare di *to address, to be about*
non vedere l'ora di *to look forward to*
vergognarsi di *to be shy (bashful), to be ashamed (embarrassed) about*
vietare di *to forbid*

Verbo + su + infinito

contare su *to count on*
riflettere su *to ponder on*

Verbo + infinito (senza preposizione)

amare *to love*
desiderare *to wish*
dovere *to have to, must*
fare *to do, to make*
lasciare *to let, to allow*
piacere *to like, to be pleasing*
potere *to be able*
preferire *to prefer*
sapere *to know*
sembrare *to seem, to appear*
volere *to want*

AGGETTIVI + PREPOSIZIONI + INFINITO

Aggettivo + a + infinito

abituato a *accustomed*
attento a *careful*
disposto a *willing*
pronto a *ready*
solo a *only*
ultimo a *last*
unico a *only*

Aggettivo + da + infinito

bello da *beautiful*
brutto da *ugly*
buono da *good*
cattivo da *bad*
difficile da *difficult*
facile da *easy*

Aggettivo + di + infinito

capace di *capable*
contento di *happy*
curioso di *curious*
desideroso di *eager*
felice di *happy*
incapace di *incapable*
scontento di *unhappy*
sicuro di *sure*
soddisfatto di *satisfied*
spiacente di *sorry*
stanco di *tired*
triste di *sad*

Appendice B Verbi regolari

Prima coniugazione: *parlare*

INDICATIVO

PRESENTE	PASSATO PROSSIMO	IMPERFETTO	TRAPASSATO PROSSIMO	PASSATO REMOTO	TRAPASSATO REMOTO	FUTURO	FUTURO ANTERIORE
parlo	ho parlato	parlavo	avevo parlato	parlai	ebbi parlato	parlerò	avrò parlato
parli	hai parlato	parlavi	avevi parlato	parlasti	avesti parlato	parlerai	avrai parlato
parla	ha parlato	parlava	aveva parlato	parlò	ebbe parlato	parlerà	avrà parlato
parliamo	abbiamo parlato	parlavamo	avevamo parlato	parlammo	avemmo parlato	parleremo	avremo parlato
parlate	avete parlato	parlavate	avevate parlato	parlaste	aveste parlato	parlerete	avrete parlato
parlano	hanno parlato	parlavano	avevano parlato	parlarono	ebbero parlato	parleranno	avranno parlato

CONGIUNTIVO

PRESENTE	PASSATO	IMPERFETTO	TRAPASSATO
parli	abbia parlato	parlassi	avessi parlato
parli	abbia parlato	parlassi	avessi parlato
parli	abbia parlato	parlasse	avesse parlato
parliamo	abbiamo parlato	parlassimo	avessimo parlato
parliate	abbiate parlato	parlaste	aveste parlato
parlino	abbiano parlato	parlassero	avessero parlato

CONDIZIONALE

PRESENTE	PASSATO
parlerei	avrei parlato
parleresti	avresti parlato
parlerebbe	avrebbe parlato
parleremmo	avremmo parlato
parlereste	avreste parlato
parlerebbero	avrebbero parlato

IMPERATIVO

(tu)	parla (*non* parlare)
(noi)	parliamo
(voi)	parlate
(Lei)	parli
(Loro)	parlino

INFINITO

PRESENTE	PASSATO
parlare	avere parlato

PARTICIPIO

PRESENTE	PASSATO
parlante	parlato

GERUNDIO

PRESENTE	PASSATO
parlando	avendo parlato

Seconda coniugazione: *vendere*

INDICATIVO

PRESENTE	PASSATO PROSSIMO	IMPERFETTO	TRAPASSATO PROSSIMO	PASSATO REMOTO	TRAPASSATO REMOTO	FUTURO	FUTURO ANTERIORE
vendo	ho venduto	vendevo	avevo venduto	vendei (vendetti)	ebbi venduto	venderò	avrò venduto
vendi	hai venduto	vendevi	avevi venduto	vendesti	avesti venduto	venderai	avrai venduto
vende	ha venduto	vendeva	aveva venduto	vendè (vendette)	ebbe venduto	venderà	avrà venduto
vendiamo	abbiamo venduto	vendevamo	avevamo venduto	vendemmo	avemmo venduto	venderemo	avremo venduto
vendete	avete venduto	vendevate	avevate venduto	vendeste	aveste venduto	venderete	avrete venduto
vendono	hanno venduto	vendevano	avevano venduto	venderono (vendettero)	ebbero venduto	venderanno	avranno venduto

CONGIUNTIVO

PRESENTE	PASSATO	IMPERFETTO	TRAPASSATO
venda	abbia venduto	vendessi	avessi venduto
venda	abbia venduto	vendessi	avessi venduto
venda	abbia venduto	vendesse	avesse venduto
vendiamo	abbiamo venduto	vendessimo	avessimo venduto
vendiate	abbiate venduto	vendeste	aveste venduto
vendano	abbiano venduto	vendessero	avessero venduto

CONDIZIONALE

PRESENTE	PASSATO
venderei	avrei venduto
venderesti	avresti venduto
venderebbe	avrebbe venduto
venderemmo	avremmo venduto
vendereste	avreste venduto
venderebbero	avrebbero venduto

IMPERATIVO

(tu)	vendi (*non* vendere)
(noi)	vendiamo
(voi)	vendete
(Lei)	venda
(Loro)	vendano

INFINITO

PRESENTE	PASSATO
vendere	avere venduto

PARTICIPIO

PRESENTE	PASSATO
vendente	venduto

GERUNDIO

PRESENTE	PASSATO
vendendo	avendo venduto

Terza coniugazione: *dormire*

INDICATIVO

PRESENTE	PASSATO PROSSIMO	IMPERFETTO	TRAPASSATO PROSSIMO	PASSATO REMOTO	TRAPASSATO REMOTO	FUTURO	FUTURO ANTERIORE
dormo	ho dormito	dormivo	avevo dormito	dormii	ebbi dormito	dormirò	avrò dormito
dormi	hai dormito	dormivi	avevi dormito	dormisti	avesti dormito	dormirai	avrai dormito
dorme	ha dormito	dormiva	aveva dormito	dormì	ebbe dormito	dormirà	avrà dormito
dormiamo	abbiamo dormito	dormivamo	avevamo dormito	dormimmo	avemmo dormito	dormiremo	avremo dormito
dormite	avete dormito	dormivate	avevate dormito	dormiste	aveste dormito	dormirete	avrete dormito
dormono	hanno dormito	dormivano	avevano dormito	dormirono	ebbero dormito	dormiranno	avranno dormito

CONGIUNTIVO

PRESENTE	PASSATO	IMPERFETTO	TRAPASSATO
dorma	abbia dormito	dormissi	avessi dormito
dorma	abbia dormito	dormissi	avessi dormito
dorma	abbia dormito	dormisse	avesse dormito
dormiamo	abbiamo dormito	dormissimo	avessimo dormito
dormiate	abbiate dormito	dormiste	aveste dormito
dormano	abbiano dormito	dormissero	avessero dormito

CONDIZIONALE

PRESENTE	PASSATO
dormirei	avrei dormito
dormiresti	avresti dormito
dormirebbe	avrebbe dormito
dormiremmo	avremmo dormito
dormireste	avreste dormito
dormirebbero	avrebbero dormito

IMPERATIVO

(tu)	dormi (*non* dormire)
(noi)	dormiamo
(voi)	dormite
(Lei)	dorma
(Loro)	dormano

INFINITO

PRESENTE	PASSATO
dormire	avere dormito

PARTICIPIO

PRESENTE	PASSATO
dormente	dormito

GERUNDIO

PRESENTE	PASSATO
dormendo	avendo dormito

Terza coniugazione: *finire (isc)*

INDICATIVO

PRESENTE	PASSATO PROSSIMO	IMPERFETTO	TRAPASSATO PROSSIMO	PASSATO REMOTO	TRAPASSATO REMOTO	FUTURO	FUTURO ANTERIORE
finisco	ho finito	finivo	avevo finito	finii	ebbi finito	finirò	avrò finito
finisci	hai finito	finivi	avevi finito	finisti	avesti finito	finirai	avrai finito
finisce	ha finito	finiva	aveva finito	finì	ebbe finito	finirà	avrà finito
finiamo	abbiamo finito	finivamo	avevamo finito	finimmo	avemmo finito	finiremo	avremo finito
finite	avete finito	finivate	avevate finito	finiste	aveste finito	finirete	avrete finito
finiscono	hanno finito	finivano	avevano finito	finirono	ebbero finito	finiranno	avranno finito

CONGIUNTIVO

PRESENTE	PASSATO	IMPERFETTO	TRAPASSATO
finisca	abbia finito	finissi	avessi finito
finisca	abbia finito	finissi	avessi finito
finisca	abbia finito	finisse	avesse finito
finiamo	abbiamo finito	finissimo	avessimo finito
finiate	abbiate finito	finiste	aveste finito
finiscano	abbiano finito	finissero	avessero finito

CONDIZIONALE

PRESENTE	PASSATO
finirei	avrei finito
finiresti	avresti finito
finirebbe	avrebbe finito
finiremmo	avremmo finito
finireste	avreste finito
finirebbero	avrebbero finito

IMPERATIVO

(tu)	finisci (*non* finire)
(noi)	finiamo
(voi)	finite
(Lei)	finisca
(Loro)	finiscano

INFINITO

PRESENTE	PASSATO
finire	avere finito

PARTICIPIO

PRESENTE	PASSATO
finente	finito

GERUNDIO

PRESENTE	PASSATO
finendo	avendo finito

Appendice C *I verbi* avere *ed* essere

avere

INDICATIVO

PRESENTE	PASSATO PROSSIMO	IMPERFETTO	TRAPASSATO PROSSIMO	PASSATO REMOTO	TRAPASSATO REMOTO	FUTURO	FUTURO ANTERIORE
ho	ho avuto	avevo	avevo avuto	ebbi	ebbi avuto	avrò	avrò avuto
hai	hai avuto	avevi	avevi avuto	avesti	avesti avuto	avrai	avrai avuto
ha	ha avuto	aveva	aveva avuto	ebbe	ebbe avuto	avrà	avrà avuto
abbiamo	abbiamo avuto	avevamo	avevamo avuto	avemmo	avemmo avuto	avremo	avremo avuto
avete	avete avuto	avevate	avevate avuto	aveste	aveste avuto	avrete	avrete avuto
hanno	hanno avuto	avevano	avevano avuto	ebbero	ebbero avuto	avranno	avranno avuto

CONGIUNTIVO

PRESENTE	PASSATO	IMPERFETTO	TRAPASSATO
abbia	abbia avuto	avessi	avessi avuto
abbia	abbia avuto	avessi	avessi avuto
abbia	abbia avuto	avesse	avesse avuto
abbiamo	abbiamo avuto	avessimo	avessimo avuto
abbiate	abbiate avuto	aveste	aveste avuto
abbiano	abbiano avuto	avessero	avessero avuto

CONDIZIONALE

PRESENTE	PASSATO
avrei	avrei avuto
avresti	avresti avuto
avrebbe	avrebbe avuto
avremmo	avremmo avuto
avreste	avreste avuto
avrebbero	avrebbero avuto

IMPERATIVO

(tu)	abbi (*non* avere)
(noi)	abbiamo
(voi)	abbiate
(Lei)	abbia
(Loro)	abbiano

INFINITO

PRESENTE	PASSATO
avere	avere avuto

PARTICIPIO

PRESENTE	PASSATO
avente	avuto

GERUNDIO

PRESENTE	PASSATO
avendo	avendo avuto

essere

INDICATIVO

PRESENTE	PASSATO PROSSIMO	IMPERFETTO	TRAPASSATO PROSSIMO	PASSATO REMOTO	TRAPASSATO REMOTO	FUTURO	FUTURO ANTERIORE
sono	sono stato/a	ero	ero stato/a	fui	fui stato/a	sarò	sarò stato/a
sei	sei stato/a	eri	eri stato/a	fosti	fosti stato/a	sarai	sarai stato/a
è	è stato/a	era	era stato/a	fu	fu stato/a	sarà	sarà stato/a
siamo	siamo stati/e	eravamo	eravamo stati/e	fummo	fummo stati/e	saremo	saremo stati/e
siete	siete stati/e	eravate	eravate stati/e	foste	foste stati/e	sarete	sarete stati/e
sono	sono stati/e	erano	erano stati/e	furono	furono stati/e	saranno	saranno stati/e

CONGIUNTIVO

PRESENTE	PASSATO	IMPERFETTO	TRAPASSATO
sia	sia stato/a	fossi	fossi stato/a
sia	sia stato/a	fossi	fossi stato/a
sia	sia stato/a	fosse	fosse stato/a
siamo	siamo stati/e	fossimo	fossimo stati/e
siate	siate stati/e	foste	foste stati/e
siano	siano stati/e	fossero	fossero stati/e

CONDIZIONALE

PRESENTE	PASSATO
sarei	sarei stato/a
saresti	saresti stato/a
sarebbe	sarebbe stato/a
saremmo	saremmo stati/e
sareste	saresti stati/e
sarebbero	sarebbero stati/e

IMPERATIVO

(tu)	sii (*non* essere)
(noi)	siamo
(voi)	siate
(Lei)	sia
(Loro)	siano

INFINITO

PRESENTE	PASSATO
essere	essere stato/a

PARTICIPIO

PRESENTE	PASSATO
stante	stato/a

GERUNDIO

PRESENTE	PASSATO
stando	essendo stato/a

Appendice D

I verbi che prendono l'ausiliare essere

In addition to all reflexive verbs, the following verbs are conjugated with **essere** in compound tenses.

accadere *to happen*
andare *to go*
arrivare *to arrive*
arrossire *to blush*
avvenire *to happen*
bastare *to be enough, to be sufficient*
cadere *to fall*
*cambiare *to change*
capitare *to happen*
*cominciare *to begin, to start*
comparire *to appear*
costare *to cost*
*correre *to run*
crescere *to grow*
dimagrire *to lose weight*
dipendere *to depend*
dispiacere *to be sorry*
divenire *to become*
diventare *to become*
durare *to last*
emergere *to emerge*
entrare *to enter*
esistere *to exist*
esplodere *to explode*
essere *to be*
evadere *to escape*
*finire *to finish*
fuggire *to run away, to flee*
giungere *to arrive, to reach*
*guarire *to get well, to heal, to cure*
impazzire *to go crazy*
*importare *to matter, to import*
ingrassare *to gain weight, to get fat*
mancare *to lack, to be lacking*
morire *to die*
nascere *to be born*
parere *to seem*
partire *to leave, to depart*
*passare *to pass time; to pass by*
piacere *to like, to be pleasing*
restare *to remain, to stay*
ricorrere *to occur, to appeal*
rimanere *to remain*
ripartire *to leave again, to depart again*
*ripassare *to pass by again, to review*
*risalire *to climb up again, to go up again*
risultare *to result*
ritornare *to return*
riuscire *to manage, to succeed*
*salire *to get on, to go up, to come up*
*saltare *to jump, to skip*
scappare *to run away*
*scattare *to take a snapshot, to spring up*
scendere *to descend, to go down, to get off, to come down*
scivolare *to slide, to slip*
scomparire *to disappear*
scoppiare *to explode, to break out*

*These verbs can be conjugated with **essere** or **avere** (see pp. 89–90).

sembrare *to seem*
*servire *to serve, to need*
sorgere *to rise*
sparire *to disappear*
spiacere *to be sorry*
*sprizzare *to sparkle, to burst*
stare *to stay, to remain*
succedere *to happen*
tornare *to return*
uscire *to go out*
valere *to be worth*
venire *to come*
*volare *to fly*

Appendice E Verbi irregolari

The following verbs are irregular only in the tenses and moods listed here. The other forms are regular.

accadere *to happen* (see **cadere**)

---

accendere *to turn on, to light*

PASSATO REMOTO: accesi, accendesti, accese, accendemmo, accendeste, accesero
PARTICIPIO PASSATO: acceso

---

accogliere *to welcome, to receive* (see **cogliere**)

---

accorgersi *to notice, to realize, to become aware*

PASSATO REMOTO: mi accorsi, ti accorgesti, si accorse, ci accorgemmo, vi accorgeste, si accorsero
PARTICIPIO PASSATO: accorto

---

affiggere *to post*

PASSATO REMOTO: affissi, affiggesti, affisse, affiggemmo, affiggeste, affissero
PARTICIPIO PASSATO: affisso

---

affliggere *to trouble, to torment*

PASSATO REMOTO: afflissi, affliggesti, afflisse, affliggemmo, affliggeste, afflissero
PARTICIPIO PASSATO: afflitto

---

aggiungere *to add* (see **giungere**)

---

andare *to go*

INDICATIVO PRESENTE: vado, vai, va, andiamo, andate, vanno
FUTURO: andrò, andrai, andrà, andremo, andrete, andranno
CONDIZIONALE: andrei, andresti, andrebbe, andremmo, andreste, andrebbero
CONGIUNTIVO PRESENTE: vada, vada, vada, andiamo, andiate, vadano
IMPERATIVO: va' (vai), andiamo, andate, vada, vadano

---

apparire *to appear*

INDICATIVO PRESENTE: appaio (apparisco), appari, appare, appariamo, apparite, appaiono
PASSATO REMOTO: apparvi, apparisti, apparve, apparimmo, appariste, apparvero
CONGIUNTIVO PRESENTE: appaia, appaia, appaia, appariamo, appariate, appaiano
IMPERATIVO: appari, appariamo, apparite, appaia, appaiano
PARTICIPIO PASSATO: apparso

	appendere *to hang*
PASSATO REMOTO:	appesi, appendesti, appese, appendemmo, appendeste, appesero
PARTICIPIO PASSATO:	appeso
	apprendere *to learn* (see **prendere**)
	aprire *to open*
PARTICIPIO PASSATO:	aperto
	assistere *to help*
PARTICIPIO PASSATO:	assistito
	assumere *to hire*
PASSATO REMOTO:	assunsi, assumesti, assunse, assumemmo, assumeste, assunsero
PARTICIPIO PASSATO:	assunto
	attendere *to wait*
PASSATO REMOTO:	attesi, attendesti, attese, attendemmo, attendeste, attesero
PARTICIPIO PASSATO:	atteso
	avvenire *to happen* (see **venire**)
	bere *to drink*
INDICATIVO PRESENTE:	bevo, bevi, beve, beviamo, bevete, bevono
INDICATIVO IMPERFETTO:	bevevo, bevevi, beveva, bevevamo, bevevate, bevevano
PASSATO REMOTO:	bevvi, bevesti, bevve, bevemmo, beveste, bevvero
FUTURO:	berrò, berrai, berrà, berremo, berrete, berranno
CONDIZIONALE:	berrei, berresti, berrebbe, berremmo, berreste, berrebbero
CONGIUNTIVO PRESENTE:	beva, beva, beva, beviamo, beviate, bevano
CONGIUNTIVO IMPERFETTO:	bevessi, bevessi, bevesse, bevessimo, beveste, bevessero
IMPERATIVO:	bevi, beviamo, bevete, beva, bevano
PARTICIPIO PASSATO:	bevuto
GERUNDIO:	bevendo
	cadere *to fall*
PASSATO REMOTO:	caddi, cadesti, cadde, cademmo, cadeste, caddero
FUTURO:	cadrò, cadrai, cadrà, cadremo, cadrete, cadranno
CONDIZIONALE:	cadrei, cadresti, cadrebbe, cadremmo, cadreste, cadrebbero
	chiedere *to ask (for)*
PASSATO REMOTO:	chiesi, chiedesti, chiese, chiedemmo, chiedeste, chiesero
PARTICIPIO PASSATO:	chiesto
	chiudere *to close*
PASSATO REMOTO:	chiusi, chiudesti, chiuse, chiudemmo, chiudeste, chiusero
PARTICIPIO PASSATO:	chiuso

cogliere *to pick, to seize, to grasp*

INDICATIVO PRESENTE: colgo, cogli, coglie, cogliamo, cogliete, colgono
PASSATO REMOTO: colsi, cogliesti, colse, cogliemmo, coglieste, colsero
CONGIUNTIVO PRESENTE: colga, colga, colga, cogliamo, cogliate, colgano
IMPERATIVO: cogli, cogliamo, cogliete, colga, colgano
PARTICIPIO PASSATO: colto

---

coinvolgere *to involve* (see **volgere**)

---

commettere *to commit, to do, to make* (see **mettere**)

---

commuovere *to move, to touch* (see **muovere**)

---

comparire *to appear* (see **apparire**)

---

comprendere *to understand, to comprehend* (see **prendere**)

---

concludere *to conclude*

PASSATO REMOTO: conclusi, concludesti, concluse, concludemmo, concludeste, conclusero
PARTICIPIO PASSATO: concluso

---

condividere *to share* (see **dividere**)

---

condurre *to lead, to drive, to take*

INDICATIVO PRESENTE: conduco, conduci, conduce, conduciamo, conducete, conducono
INDICATIVO IMPERFETTO: conducevo, conducevi, conduceva, conducevamo, conducevate, conducevano
PASSATO REMOTO: condussi, conducesti, condusse, conducemmo, conduceste, condussero
FUTURO: condurrò, condurrai, condurrà, condurremo, condurrete, condurranno
CONDIZIONALE: condurrei, condurresti, condurrebbe, condurremmo, condurreste, condurrebbero
CONGIUNTIVO PRESENTE: conduca, conduca, conduca, conduciamo, conduciate, conducano
CONGIUNTIVO IMPERFETTO: conducessi, conducessi, conducesse, conducessimo, conduceste, conducessero
IMPERATIVO: conduci, conduciamo, conducete, conduca, conducano
PARTICIPIO PRESENTE: conducente
PARTICIPIO PASSATO: condotto
GERUNDIO: conducendo

---

confondere *to confuse*

PASSATO REMOTO: confusi, confondesti, confuse, confondemmo, confondeste, confusero
PARTICIPIO PASSATO: confuso

---

conoscere *to know, to be acquainted*

PASSATO REMOTO: conobbi, conoscesti, conobbe, conoscemmo, conosceste, conobbero
PARTICIPIO PASSATO: conosciuto

contenere *to contain* (see **tenere**)

---

contrarre *to contract* (see **trarre**)

---

convenire *to meet, to gather, to agree, to admit* (see **venire**)

---

convincere *to convince* (see **vincere**)

---

coprire *to cover*
PARTICIPIO PASSATO: coperto

---

correre *to run*
PASSATO REMOTO: corsi, corresti, corse, corremmo, correste, corsero
PARTICIPIO PASSATO: corso

---

crescere *to grow*
PASSATO REMOTO: crebbi, crescesti, crebbe, crescemmo, cresceste, crebbero
PARTICIPIO PASSATO: cresciuto

---

cuocere *to cook*
PASSATO REMOTO: cossi, cocesti, cosse, cocemmo, coceste, cossero
PARTICIPIO PASSATO: cotto

---

dare *to give*
INDICATIVO PRESENTE: do, dai, dà, diamo, date, danno
PASSATO REMOTO: diedi (detti), desti, diede (dette), demmo, deste, diedero (dettero)
FUTURO: darò, darai, darà, daremo, darete, daranno
CONDIZIONALE: darei, daresti, darebbe, daremmo, dareste, darebbero
CONGIUNTIVO PRESENTE: dia, dia, dia, diamo, diate, diano
CONGIUNTIVO IMPERFETTO: dessi, dessi, desse, dessimo, deste, dessero
IMPERATIVO: da' (dai), diamo, date, dia, diano
PARTICIPIO PASSATO: dato

---

decidere *to decide*
PASSATO REMOTO: decisi, decidesti, decise, decidemmo, decideste, decisero
PARTICIPIO PASSATO: deciso

---

dedurre *to deduce, to infer* (see **condurre**)

---

descrivere *to describe* (see **scrivere**)

---

difendere *to defend*
PASSATO REMOTO: difesi, difendesti, difese, difendemmo, difendeste, difesero
PARTICIPIO PASSATO: difeso

---

dipingere *to paint*
PASSATO REMOTO: dipinsi, dipingesti, dipinse, dipingemmo, dipingeste, dipinsero
PARTICIPIO PASSATO: dipinto

	dire *to say, to tell*
INDICATIVO PRESENTE:	dico, dici, dice, diciamo, dite, dicono
INDICATIVO IMPERFETTO:	dicevo, dicevi, diceva, dicevamo, dicevate, dicevano
PASSATO REMOTO:	dissi, dicesti, disse, dicemmo, diceste, dissero
CONGIUNTIVO PRESENTE:	dica, dica, dica, diciamo, diciate, dicano
CONGIUNTIVO IMPERFETTO:	dicessi, dicessi, dicesse, dicessimo, diceste, dicessero
IMPERATIVO:	di', diciamo, dite, dica, dicano
PARTICIPIO PASSATO:	detto
GERUNDIO:	dicendo

	dirigere *to direct*
PASSATO REMOTO:	diressi, dirigesti, diresse, dirigemmo, dirigeste, diressero
PARTICIPIO PASSATO:	diretto

	discutere *to discuss*
PASSATO REMOTO:	discussi, discutesti, discusse, discutemmo, discuteste, discussero
PARTICIPIO PASSATO:	discusso

disdire *to cancel, to retract* (see **dire**)

disfare *to undo, to unpack* (see **fare**)

dispiacere *to be sorry* (see **placere**)

distendere *to relax, to stretch (out)* (see **stendere**)

distrarre *to distract* (see **trarre**)

	distruggere *to destroy*
PASSATO REMOTO:	distrussi, distruggesti, distrusse, distruggemmo, distruggeste, distrussero
PARTICIPIO PASSATO:	distrutto

divenire *to become* (see **venire**)

	dividere *to divide*
PASSATO REMOTO:	divisi, dividesti, divise, dividemmo, divideste, divisero
PARTICIPIO PASSATO:	diviso

	dovere *to have to, must*
INDICATIVO PRESENTE:	devo (debbo), devi, deve, dobbiamo, dovete, devono (debbono)
FUTURO:	dovrò, dovrai, dovrà, dovremo, dovrete, dovranno
CONDIZIONALE:	dovrei, dovresti, dovrebbe, dovremmo, dovreste, dovrebbero
CONGIUNTIVO PRESENTE:	debba (deva), debba (deva), debba (deva), dobbiamo, dobbiate, debbano

eleggere *to elect* (see **leggere**)

---

emergere *to emerge*

PASSATO REMOTO:	emersi, emergesti, emerse, emergemmo, emergeste, emersero
PARTICIPIO PASSATO:	emerso

---

esplodere *to explode*

PASSATO REMOTO:	esplosi, esplodesti, esplose, esplodemmo, esplodeste, esplosero
PARTICIPIO PASSATO:	esploso

---

esprimere *to express*

PASSATO REMOTO:	espressi, esprimesti, espresse, esprimemmo, esprimeste, espressero
PARTICIPIO PASSATO:	espresso

---

evadere *to escape*

PASSATO REMOTO:	evasi, evadesti, evase, evademmo, evadeste, evasero
PARTICIPIO PASSATO:	evaso

---

fare *to do, to make*

INDICATIVO PRESENTE:	faccio, fai, fa, facciamo, fate, fanno
INDICATIVO IMPERFETTO:	facevo, facevi, faceva, facevamo, facevate, facevano
FUTURO:	farò, farai, farà, faremo, farete, faranno
CONDIZIONALE:	farei, faresti, farebbe, faremmo, fareste, farebbero
CONGIUNTIVO PRESENTE:	faccia, faccia, faccia, facciamo, facciate, facciano
CONGIUNTIVO IMPERFETTO:	facessi, facessi, facesse, facessimo, faceste, facessero
IMPERATIVO:	fa' (fai), facciamo, fate, faccia, facciano
PARTICIPIO PASSATO:	fatto
GERUNDIO:	facendo

---

fingere *to pretend, to make believe*

PASSATO REMOTO:	finsi, fingesti, finse, fingemmo, fingeste, finsero
PARTICIPIO PASSATO:	finto

---

friggere *to fry*

PASSATO REMOTO:	frissi, friggesti, frisse, friggemmo, friggeste, frissero
PARTICIPIO PASSATO:	fritto

---

giungere *to arrive, to reach*

PASSATO REMOTO:	giunsi, giungesti, giunse, giungemmo, giungeste, giunsero
PARTICIPIO PASSATO:	giunto

---

godere *to enjoy*

FUTURO:	godrò, godrai, godrà, godremo, godrete, godranno
CONDIZIONALE:	godrei, godresti, godrebbe, godremmo, godreste, godrebbero

---

illudere *to delude*

PASSATO REMOTO:	illusi, illudesti, illuse, illudemmo, illudeste, illusero
PARTICIPIO PASSATO:	illuso

---

imporre *to impose* (see **porre**)

indire *to call, to summon* (see **dire**)

---

insistere *to insist*
PARTICIPIO PASSATO: insistito

---

intervenire *to intervene* (see **venire**)

---

introdurre *to introduce* (see **condurre**)

---

leggere *to read*
PASSATO REMOTO: lessi, leggesti, lesse, leggemmo, leggeste, lessero
PARTICIPIO PASSATO: letto

---

mantenere *to maintain, to support, to keep* (see **tenere**)

---

mettere *to place, to put*
PASSATO REMOTO: misi, mettesti, mise, mettemmo, metteste, misero
PARTICIPIO PASSATO: messo

---

mordere *to bite*
PASSATO REMOTO: morsi, mordesti, morse, mordemmo, mordeste, morsero
PARTICIPIO PASSATO: morso

---

morire *to die*
INDICATIVO PRESENTE: muoio, muori, muore, moriamo, morite, muoiono
CONGIUNTIVO PRESENTE: muoia, muoia, muoia, moriamo, moriate, muoiano
IMPERATIVO: muori, moriamo, morite, muoia, muoiano
PARTICIPIO PASSATO: morto

---

muovere *to move*
INDICATIVO PRESENTE: muovo, muovi, muove, muoviamo (moviamo), muovete (movete), muovono
PASSATO REMOTO: mossi, movesti, mosse, movemmo, moveste, mossero
CONGIUNTIVO PRESENTE: muova, muova, muova, moviamo, moviate, muovano
PARTICIPIO PASSATO: mosso

---

nascere *to be born*
PASSATO REMOTO: nacqui, nascesti, nacque, nascemmo, nasceste, nacquero
PARTICIPIO PASSATO: nato

---

nascondere *to hide*
PASSATO REMOTO: nascosi, nascondesti, nascose, nascondemmo, nascondeste, nascosero
PARTICIPIO PASSATO: nascosto

---

offendere *to offend*
PASSATO REMOTO: offesi, offendesti, offese, offendemmo, offendeste, offesero
PARTICIPIO PASSATO: offeso

---

offrire *to offer*
PARTICIPIO PASSATO: offerto

---

opporre *to oppose* (see **porre**)

ottenere *to obtain* (see **tenere**)

---

perdere *to lose*

PASSATO REMOTO: persi, perdesti, perse, perdemmo, perdeste, persero
PARTICIPIO PASSATO: perso

---

parere *to seem*

INDICATIVO PRESENTE: paio, pari, pare, pariamo, parete, paiono
PASSATO REMOTO: parvi, paresti, parve, paremmo, pareste, parvero
FUTURO: parrò, parrai, parrà, parremo, parrete, parranno
CONDIZIONALE: parrei, parresti, parrebbe, parremmo, parreste, parrebbero
CONGIUNTIVO PRESENTE: paia, paia, paia, pariamo, pariate, paiano
PARTICIPIO PASSATO: parso

---

percuotere *to beat, to hit, to strike*

INDICATIVO PRESENTE: percuoto, percuoti, percuote, percotiamo, percotete, percuotono
PASSATO REMOTO: percossi, percotesti, percosse, percotemmo, percoteste, percossero
CONGIUNTIVO PRESENTE: percuota, percuota, percuota, percotiamo, percotiate, percuotano
PARTICIPIO PASSATO: percosso

---

permettere *to permit, to allow* (see **mettere**)

---

persuadere *to persuade*

PASSATO REMOTO: persuasi, persuadesti, persuase, persuademmo, persuadeste, persuasero
PARTICIPIO PASSATO: persuaso

---

piacere *to like, to please*

INDICATIVO PRESENTE: piaccio, piaci, piace, piacciamo, piacete, piacciono
PASSATO REMOTO: piacqui, piacesti, piacque, piacemmo, piaceste, piacquero
CONGIUNTIVO PRESENTE: piaccia, piaccia, piaccia, piacciamo, piacciate, piacciano
PARTICIPIO PASSATO: piaciuto

---

piangere *to cry*

PASSATO REMOTO: piansi, piangesti, pianse, piangemmo, piangeste, piansero
PARTICIPIO PASSATO: pianto

---

piovere *to rain*

PASSATO REMOTO: piovve, piovvero

---

porre *to put, to place*

INDICATIVO PRESENTE: pongo, poni, pone, poniamo, ponete, pongono
INDICATIVO IMPERFETTO: ponevo, ponevi, poneva, ponevamo, ponevate, ponevano
PASSATO REMOTO: posi, ponesti, pose, ponemmo, poneste, posero
CONGIUNTIVO PRESENTE: ponga, ponga, ponga, poniamo, poniate, pongano
CONGIUNTIVO IMPERFETTO: ponessi, ponessi, ponesse, ponessimo, poneste, ponessero
IMPERATIVO: poni, poniamo, ponete, ponga, pongano
PARTICIPIO PASSATO: posto
GERUNDIO: ponendo

	possedere *to own, to possess* (see **sedere**)
	potere *to be able*
INDICATIVO PRESENTE:	posso, puoi, può, possiamo, potete, possono
FUTURO:	potrò, potrai, potrà, potremo, potrete, potranno
CONDIZIONALE:	potrei, potresti, potrebbe, potremmo, potreste, potrebbero
CONGIUNTIVO PRESENTE:	possa, possa, possa, possiamo, possiate, possano
	prendere *to take*
PASSATO REMOTO:	presi, prendesti, prese, prendemmo, prendeste, presero
PARTICIPIO PASSATO:	preso
	prevedere *to foresee* (see **vedere**)
	produrre *to produce* (see **condurre**)
	promettere *to promise* (see **mettere**)
	promuovere *to promote, to pass* (see **muovere**)
	proporre *to propose* (see **porre**)
	proteggere *to protect*
PASSATO REMOTO:	protessi, proteggesti, protesse, proteggemmo, proteggeste, protessero
PARTICIPIO PASSATO:	protetto
	provvedere *to provide* (see **vedere**)
	raccogliere *to pick, to gather* (see **cogliere**)
	radere *to shave*
PASSATO REMOTO:	rasi, radesti, rase, rademmo, radeste, rasero
PARTICIPIO PASSATO:	raso
	raggiungere *to reach* (see **giungere**)
	reggere *to bear, to support, to carry*
PASSATO REMOTO:	ressi, reggesti, resse, reggemmo, reggeste, ressero
PARTICIPIO PASSATO:	retto
	rendere *to give back, to return*
PASSATO REMOTO:	resi, rendesti, rese, rendemmo, rendeste, resero
PARTICIPIO PASSATO:	reso
	resistere *to resist* (see **assistere**)
	richiedere *to require, to apply for* (see **chiedere**)

	ridere *to laugh*
PASSATO REMOTO:	risi, ridesti, rise, ridemmo, rideste, risero
PARTICIPIO PASSATO:	riso

---

ridurre *to reduce* (see **condurre**)

---

	riempire *to fill*
INDICATIVO PRESENTE:	riempio, riempi, riempie, riempiamo, riempite, riempiono
CONGIUNTIVO PRESENTE:	riempia, riempia, riempia, riempiamo, riempiate, riempiano
IMPERATIVO:	riempi, riempiamo, riempite, riempia, riempiano

---

rifare *to do again, to redo* (see **fare**)

---

	rimanere *to remain*
INDICATIVO PRESENTE:	rimango, rimani, rimane, rimaniamo, rimanete, rimangono
PASSATO REMOTO:	rimasi, rimanesti, rimase, rimanemmo, rimaneste, rimasero
FUTURO:	rimarrò, rimarrai, rimarrà, rimarremo, rimarrete, rimarranno
CONDIZIONALE:	rimarrei, rimarresti, rimarrebbe, rimarremmo, rimarreste, rimarrebbero
CONGIUNTIVO PRESENTE:	rimanga, rimanga, rimanga, rimaniamo, rimaniate, rimangano
IMPERATIVO:	rimani, rimaniamo, rimanete, rimanga, rimangano
PARTICIPIO PASSATO:	rimasto

---

riprendere *to resume, to start again* (see **prendere**)

---

	risolvere *to resolve*
PASSATO REMOTO:	risolsi, risolvesti, risolse, risolvemmo, risolveste, risolsero
PARTICIPIO PASSATO:	risolto

---

	rispondere *to answer*
PASSATO REMOTO:	risposi, rispondesti, rispose, rispondemmo, rispondeste, risposero
PARTICIPIO PASSATO:	risposto

---

ritenere *to retain* (see **tenere**)

---

riuscire *to succeed, to manage, to go out again* (see **uscire**)

---

rivedere *to see again* (see **vedere**)

---

rivolgere *to turn, to address* (see **volgere**)

---

	rompere *to break*
PASSATO REMOTO:	ruppi, rompesti, ruppe, rompemmo, rompeste, ruppero
PARTICIPIO PASSATO:	rotto

	salire *to get on, to go up, to come up*
INDICATIVO PRESENTE:	salgo, sali, sale, saliamo, salite, salgono
CONGIUNTIVO PRESENTE:	salga, salga, salga, saliamo, saliate, salgano
IMPERATIVO:	sali, saliamo, salite, salga, salgano

	sapere *to know*
INDICATIVO PRESENTE:	so, sai, sa, sappiamo, sapete, sanno
PASSATO REMOTO:	seppi, sapesti, seppe, sapemmo, sapeste, seppero
FUTURO:	saprò, saprai, saprà, sapremo, saprete, sapranno
CONDIZIONALE:	saprei, sapresti, saprebbe, sapremmo, sapreste, saprebbero
CONGIUNTIVO PRESENTE:	sappia, sappia, sappia, sappiamo, sappiate, sappiano
IMPERATIVO:	sappi, sappiamo, sappiate, sappia, sappiano

	scegliere *to choose*
INDICATIVO PRESENTE:	scelgo, scegli, sceglie, scegliamo, scegliete, scelgono
PASSATO REMOTO:	scelsi, scegliesti, scelse, scegliemmo, sceglieste, scelsero
CONGIUNTIVO PRESENTE:	scelga, scelga, scelga, scegliamo, scegliate, scelgano
IMPERATIVO:	scegli, scegliamo, scegliete, scelga, scelgano
PARTICIPIO PASSATO:	scelto

	scendere *to descend, to go down, to come down, to get off*
PASSATO REMOTO:	scesi, scendesti, scese, scendemmo, scendeste, scesero
PARTICIPIO PASSATO:	sceso

	sciogliere *to untie, to loosen, to dissolve, to melt*
INDICATIVO PRESENTE:	sciolgo, sciogli, scioglie, sciogliamo, sciogliete, sciolgono
PASSATO REMOTO:	sciolsi, sciogliesti, sciolse, sciogliemmo, scioglieste, sciolsero
CONGIUNTIVO PRESENTE:	sciolga, sciolga, sciolga, sciogliamo, sciogliate, sciolgano
IMPERATIVO:	sciogli, sciogliamo, sciogliete, sciolga, sciolgano
PARTICIPIO PASSATO:	sciolto

scomparire *to disappear* (see **apparire**)

scomporre *to decompose, to disarrange* (see **porre**)

	scoprire *to discover*
PARTICIPIO PASSATO:	scoperto

	scrivere *to write*
PASSATO REMOTO:	scrissi, scrivesti, scrisse, scrivemmo, scriveste, scrissero
PARTICIPIO PASSATO:	scritto

	scuotere *to shake*
PASSATO REMOTO:	scossi, scuotesti, scosse, scuotemmo, scuoteste, scossero
PARTICIPIO PASSATO:	scosso

sedere *to sit*
INDICATIVO PRESENTE: siedo (seggo), siedi, siede, sediamo, sedete, siedono (seggono)
CONGIUNTIVO PRESENTE: sieda (segga), sieda, sieda, sediamo, sediate, siedano (seggano)
IMPERATIVO: siedi, sediamo, sedete, sieda (segga), siedano (seggano)

---

soffrire *to suffer*
PARTICIPIO PASSATO: sofferto

---

sorgere *to rise*
PASSATO REMOTO: sorsi, sorgesti, sorse, sorgemmo, sorgeste, sorsero
PARTICIPIO PASSATO: sorto

---

sorridere *to smile* (see **ridere**)

---

sospendere *to suspend* (see **spendere**)

---

sostenere *to maintain, to support* (see **tenere**)

---

spargere *to scatter, to shed, to spread*
PASSATO REMOTO: sparsi, spargesti, sparse, spargemmo, spargeste, sparsero
PARTICIPIO PASSATO: sparso

---

spegnere *to turn off, to put out, to extinguish*
INDICATIVO PRESENTE: spengo, spegni, spegne, spegniamo, spegnete, spengono
PASSATO REMOTO: spensi, spengesti, spense, spegnemmo, spegneste, spensero
CONGIUNTIVO PRESENTE: spenga, spenga, spenga, spegniamo, spegniate, spengano
IMPERATIVO: spegni, spegniamo, spegniate, spenga, spengano
PARTICIPIO PASSATO: spento

---

spendere *to spend*
PASSATO REMOTO: spesi, spendesti, spese, spendemmo, spendeste, spesero
PARTICIPIO PASSATO: speso

---

spingere *to push*
PASSATO REMOTO: spinsi, spingesti, spinse, spingemmo, spingeste, spinsero
PARTICIPIO PASSATO: spinto

---

stare *to stay, to remain*
INDICATIVO PRESENTE: sto, stai, sta, stiamo, state, stanno
PASSATO REMOTO: stetti, stesti, stette, stemmo, steste, stettero
FUTURO: starò, starai, starà, staremo, starete, staranno
CONDIZIONALE: starei, staresti, starebbe, staremmo, stareste, starebbero
CONGIUNTIVO PRESENTE: stia, stia, stia, stiamo, stiate, stiano
CONGIUNTIVO IMPERFETTO: stessi, stessi, stesse, stessimo, steste, stessero
IMPERATIVO: sta' (stai), stiamo, state, stia, stiano
PARTICIPIO PASSATO: stato

	stendere *to spread out, to stretch out*
PASSATO REMOTO:	stesi, stendesti, stese, stendemmo, stendeste, stesero
PARTICIPIO PASSATO:	steso

---

	stringere *to press, to squeeze, to clasp, to tighten*
PASSATO REMOTO:	strinsi, stringesti, strinse, stringemmo, stringeste, strinsero
PARTICIPIO PASSATO:	stretto

---

supporre *to suppose* (see **porre**)

---

	tacere *to be silent, to keep silent, to hold one's tongue*
INDICATIVO PRESENTE:	taccio, taci, tace, taciamo, tacete, tacciono
PASSATO REMOTO:	tacqui, tacesti, tacque, tacemmo, taceste, tacquero
CONGIUNTIVO PRESENTE:	taccia, taccia, taccia, tacciamo, tacciate, tacciano
IMPERATIVO:	taci, taciamo, tacete, taccia, tacciano
PARTICIPIO PASSATO:	taciuto

---

	tenere *to keep, to hold*
INDICATIVO PRESENTE:	tengo, tieni, tiene, teniamo, tenete, tengono
PASSATO REMOTO:	tenni, tenesti, tenne, tenemmo, teneste, tennero
FUTURO:	terrò, terrai, terrà, terremo, terrete, terranno
CONDIZIONALE:	terrei, terresti, terrebbe, terremmo, terreste, terrebbero
CONGIUNTIVO PRESENTE:	tenga, tenga, tenga, teniamo, teniate, tengano
IMPERATIVO:	tieni, teniamo, tenete, tenga, tengano

---

	tingere *to dye*
PASSATO REMOTO:	tinsi, tingesti, tinse, tingemmo, tingeste, tinsero
PARTICIPIO PASSATO:	tinto

---

	togliere *to take away, to take off, to remove*
INDICATIVO PRESENTE:	tolgo, togli, toglie, togliamo, togliete, tolgono
PASSATO REMOTO:	tolsi, togliesti, tolse, togliemmo, toglieste, tolsero
CONGIUNTIVO PRESENTE:	tolga, tolga, tolga, togliamo, togliate, tolgano
IMPERATIVO:	togli, togliamo, togliete, tolga, tolgano
PARTICIPIO PASSATO:	tolto

---

tradurre *to translate* (see **condurre**)

---

	trarre *to draw, to pull*
INDICATIVO PRESENTE:	traggo, trai, trae, traiamo, traete, traggono
INDICATIVO IMPERFETTO:	traevo, traevi, traeva, traevamo, traevate, traevano
PASSATO REMOTO:	trassi, traesti, trasse, traemmo, traeste, trassero
CONGIUNTIVO PRESENTE:	tragga, tragga, tragga, traiamo, traiate, traggano
CONGIUNTIVO IMPERFETTO:	traessi, traessi, traesse, traessimo, traeste, traessero
IMPERATIVO:	trai, traiamo, traete, tragga, traggano
PARTICIPIO PASSATO:	tratto
GERUNDIO:	traendo

trascorrere *to spend (time)* (see **correre**)

---

trasmettere *to transmit* (see **mettere**)

---

trattenere *to hold back* (see **tenere**)

---

	udire *to hear, to listen to*
INDICATIVO PRESENTE:	odo, odi, ode, udiamo, udite, odono
FUTURO:	udrò (udirò), udrai (udirai), udrà (udirà), udremo (udiremo), udrete (udirete), udranno (udiranno)
CONDIZIONALE:	udrei (udirei), udresti (udiresti), udrebbe (udirebbe), udreste (udireste), udrebbero (udirebbero)
CONGIUNTIVO PRESENTE:	oda, oda, oda, udiamo, udiate, odano
IMPERATIVO:	odi, udiamo, udite, oda, odano

---

	uscire *to go out*
INDICATIVO PRESENTE:	esco, esci, esce, usciamo, uscite, escono
CONGIUNTIVO PRESENTE:	esca, esca, esca, usciamo, usciate, escano
IMPERATIVO:	esci, usciamo, uscite, esca, escano

---

	valere *to be worth*
INDICATIVO PRESENTE:	valgo, vali, vale, valiamo, valete, valgono
PASSATO REMOTO:	valsi, valesti, valse, valemmo, valeste, valsero
FUTURO:	varrò, varrai, varrà, varremo, varrete, varranno
CONDIZIONALE:	varrei, varresti, varrebbe, varremmo, varreste, varrebbero
CONGIUNTIVO PRESENTE:	valga, valga, valga, valiamo, valiate, valgano
PARTICIPIO PASSATO:	valso

---

	vedere *to see*
PASSATO REMOTO:	vidi, vedesti, vide, vedemmo, vedeste, videro
FUTURO:	vedrò, vedrai, vedrà, vedremo, vedrete, vedranno
CONDIZIONALE:	vedrei, vedresti, vedrebbe, vedremmo, vedreste, vedrebbero
PARTICIPIO PASSATO:	visto (veduto)

---

	venire *to come*
INDICATIVO PRESENTE:	vengo, vieni, viene, veniamo, venite, vengono
PASSATO REMOTO:	venni, venisti, venne, venimmo, veniste, vennero
FUTURO:	verrò, verrai, verrà, verremo, verrete, verranno
CONDIZIONALE:	verrei, verresti, verrebbe, verremmo, verreste, verrebbero
CONGIUNTIVO PRESENTE:	venga, venga, venga, veniamo, veniate, vengano
IMPERATIVO:	vieni, veniamo, venite, venga, vengano
PARTICIPIO PASSATO:	venuto

---

	vincere *to win*
PASSATO REMOTO:	vinsi, vincesti, vinse, vincemmo, vinceste, vinsero
PARTICIPIO PASSATO:	vinto

---

	vivere *to live*
PASSATO REMOTO:	vissi, vivesti, visse, vivemmo, viveste, vissero
FUTURO:	vivrò, vivrai, vivrà, vivremo, vivrete, vivranno
CONDIZIONALE:	vivrei, vivresti, vivrebbe, vivremmo, vivreste, vivrebbero
PARTICIPIO PASSATO:	vissuto

	volere *to want*
INDICATIVO PRESENTE:	voglio, vuoi, vuole, vogliamo, volete, vogliono
PASSATO REMOTO:	volli, volesti, volle, volemmo, voleste, vollero
FUTURO:	vorrò, vorrai, vorrà, vorremo, vorrete, vorranno
CONDIZIONALE:	vorrei, vorresti, vorrebbe, vorremmo, vorreste, vorrebbero
CONGIUNTIVO PRESENTE:	voglia, voglia, voglia, vogliamo, vogliate, vogliano
IMPERATIVO:	vogli, vogliamo, vogliate, voglia, vogliano

---

	volgere *to turn*
PASSATO REMOTO:	volsi, volgesti, volse, volgemmo, volgeste, volsero
PARTICIPIO PASSATO:	volto

Appendice F

Verbi ed espressioni che richiedono il congiuntivo

The following verbs and expressions usually require the subjunctive in the dependent clause when there is an explicit subject.

ESPRESSIONI IMPERSONALI

bisogna *it is necessary*
è bene *it is good*
è difficile *it is difficult*
è facile *it is easy*
è giusto *it is right*
è importante *it is important*
è impossibile *it is impossible*
è improbabile *it is improbable*
è incredibile *it is incredible*
è indispensabile *it is indispensable*
è meglio *it is better*
è naturale *it is natural*
è necessario *it is necessary*
è normale *it is normal*
è ora *it is time*
è peccato *it is a pity, too bad*
è possibile *it is possible*
è preferibile *it is preferable*
è probabile *it is probable*
è raro *it is rare*
è strano *it is strange*
occorre *it is necessary*
pare *it seems*
può darsi *it could be*
può essere *it may be*
sembra *it seems*
è utile/inutile *it is useful/useless*
è una vergogna *it is a shame*

EMOZIONI E SENTIMENTI

avere paura *to be afraid*
dispiacere *to be sorry*
essere contento/scontento *to be happy/unhappy*
essere felice/infelice *to be happy/unhappy*
essere sorpreso *to be surprised*
non vedere l'ora *to look forward to*
rallegrarsi *to be happy*
rincrescere *to mind*
temere *to be afraid*

DESIDERIO E VOLONTÀ

aspettare *to wait for*
aspettarsi *to expect*
augurarsi *to hope*
desiderare *to desire*
esigere *to demand*
insistere *to insist*
piacere *to like, to please*
preferire *to prefer*

pretendere *to demand*
richiedere *to require*
sperare *to hope*
volere *to want*

DUBBIO, OPINIONE E INCERTEZZA

credere *to believe*
dubitare *to doubt*
non essere sicuro *to be uncertain*
pensare *to think*
non sapere (se) *not to know (if)*
supporre *to suppose*

Text Credits

p. 12, Brunella Gasperini, «Diario di un figlio difficile» from *Storie d'amore e d'allegria* (Rizzoli: Milano, 1976), pp. 149–151.

p. 39, Gianni Rodari, «Promemoria» from *Il secondo libro delle filastrocche* (Trieste: Einaudi, 1985), p. 115. © Edizioni E. Elle. Reprinted by permission.

p. 49, Carlo Castellaneta, «Guardami all tivù» from *Rapporti confidenziali* (1989), pp. 171–175. Reprinted by permission of Arnoldo Mondadori Editore.

p. 84, Carlo Cassola, «Gita domenicale» from *La visita* (Milano: Rizzoli, 1989), p. 197.

p. 119, Piero Chiara, «La Pagella» from *40 storie negli elzeviri del «Corriere»*, pp. 167–170. Reprinted by permission of Arnoldo Mondadori Editore.

p. 153, Raffaele La Capria, «I consigli di papà» from *Fiori Giapponesi* (Mondadori, 1989), pp. 129–131. Reprinted by permission of Arnoldo Mondadori Editore.

p. 180, from *La repubblica*, 27 dicembre 1991, p. 8.

p. 187, Italo Calvino, «Marzo e il pastore» from *Fiabe Italiane* (Mondadori, 1986), vol. ii, pp. 677–678. Reprinted by permission of Arnoldo Mondadori Editore.

p. 207, Weather map from *La Stampa*, reprinted by permission of the publisher.

p. 216, Francesca Oldrini from *Panorama*, 21 aprile 1991, pp. 148–150. Reprinted by permission of Arnoldo Mondadori Editore.

pp. 222–223, from *Alpitour*, Mare Italia Edizione, 1990, pp. 9, 18a, 103, 172. Paolo Monte publisher.

p. 225, Italo Calvino, «La città tutta per lui» from *Marcovaldo*, pp. 114–117. Reprinted by permission of Arnoldo Mondadori Editore.

p. 252, Gianni Rodari, «Alberi di città e alberi di campagna» from *Il secondo libro delle filastrocche* (Trieste: Einaudi, 1985), p. 65. © Edizioni E. Elle. Reprinted by permission.

p. 258, Aldo Palazzeschi, «Rio Bo» from *Poeti italiani del novecento* (Mondadori, 1978), p. 356. Reprinted by permission of Arnoldo Mondadori Editore.

p. 264, Dino Buzzati, «Il problema dei posteggi» from *Sessanta racconti* (Mondadori, 1982), pp. 523–527. Reprinted by permission of Arnoldo Mondadori Editore.

p. 304, Luigi Malerba, «Allergia» from *Testa d'argento* (Mondadori, 1988), pp. 143–147. Reprinted by permission of Arnoldo Mondadori Editore.

pp. 325 and 327, Plates 12, 18, 24 from *C'era una volta il duce* (Savelli S.p.A., 1975).

p. 337, Alberto Moravia, «Romolo e Remo» from *Racconti romani* (Milano: Gruppo Editoriale Fabbri, Bompiani, Sonzogno, Etas S.p.A., 1954), pp. 320–332. Reprinted by permission of the publisher.

p. 364, © Altan / Quipos.

p. 396, Map of Italy from *La Repubblica*, 23 luglio 1992, p. 45.

p. 405, Gianni Celati, «La ragazza di Sermide» from *Narratori delle pianure* (Feltrinelli, 1985), pp. 81–85. Reprinted by permission of the publisher.

p. 428, Chart and text from *Marie Claire*, no. 12, 12 dicembre 1991. Reprinted by permission of the publisher.

p. 438, Leonardo Sciascia, «Western di cose nostre» from *Il mare colore del vino* (Einaudi, 1973), pp. 132–137. Reprinted by permission of Agenzia Letteraria Internazionale.

p. 489, Film frames from Cristina Balzano, *Testo e cinema* (Editoriale Paradigma, 1989), p. 344. Reprinted by permission of G. d'Anna casa editrice S.p.A., Firenze.

Photo Credits

p. 1, Hugh Rogers / Monkmeyer Press Photo; p. 2, *Ginevra de' Benci (obverse),* Leonardo da Vinci, Ailsa Mellon Bruce Fund, © National Gallery of Art, Washington, c. 1474, oil on panel, obverse: .388 x .367 (15 1 / 4 x 14 1 / 2); p. 4 (both), Stuart Cohen / COMSTOCK; p. 7, Armando Rotoletti / Grazia Neri; p. 38, Hugh Rogers / Monkmeyer Press Photo; p. 39, COMSTOCK; p. 44, Hugh Rogers / Monkmeyer Press Photo; p. 48, Palmer & Brilliant; p. 73, Stuart Cohen / COMSTOCK; p. 74, Hugh Rogers / Monkmeyer Press Photo; p. 75 (both), Andrew Brilliant; p. 79, Stuart Cohen / COMSTOCK; p. 80 (left), Hugh Rogers / Monkmeyer Press Photo; p. 80 (right), C. Dogliani / MARKA; p. 83, Kevin Galvin; p. 108, Courtesy of Irene Marchegiani Jones; p. 109, *Marie,* Modigliani, Private Collection, Switzerland / Giraudon / Art Resource; p. 110, Andrew Brilliant; p. 113, C. Dogliani / MARKA; p. 115, Napi / MARKA; p. 140, Julie Marcotte / fotograffia / Stock, Boston; p. 141, Andrew Brilliant; p. 142, T. Conti / MARKA; p. 147, S. Cerio / MARKA; p. 152, Fornass / Grazia Neri; p. 176, Julie Houck / Stock, Boston; p. 177, G. DeBesanez / MARKA; p. 179, G. Sosio / MARKA; p. 182, Kevin Galvin; p. 186, Andrew Brilliant; p. 212, Peter Menzel / Stock, Boston; p. 213, T. Conti / MARKA; p. 218, Jeanetta Baker / Leo de Wys, Inc.; p. 219, G. Puppini / MARKA; p. 224 (left), Armando Rotoletti / Grazia Neri; p. 224 (right), Luigi Mennella / Grazia Neri; p. 251, Stuart Cohen / COMSTOCK; p. 252, P. Siccardi / MARKA; p. 253, Hugh Rogers / Monkmeyer Press Photo; p. 258, COMSTOCK; p. 259, Fridmar Damm / Leo de Wys, Inc.; p. 289, Andrew Brilliant; p. 290, Stuart Cohen / COMSTOCK; p. 297, Jon Feingersh / Stock, Boston; p. 299, R. Gropuzzo / MARKA; p. 303, Ken Kaminsky / Leo de Wys, Inc.; p. 324, UPI / Bettmann; p. 331, The Kobal Collection; p. 332, The Kobal Collection; p. 333, Archive Photos; p. 357, Andrew Brilliant; p. 358, Franco Origlia / SYGMA; p. 362, M. Martino / MARKA; p. 369, Frank Siteman / Stock, Boston; p. 391, MARKA; p. 392, M. Cristofori / MARKA; p. 394 (top left), Chris Brown / Stock, Boston; p. 394 (bottom left), Andrew Brilliant; p. 394 (right), Julio Donoso / Sygma; p. 399, Chris Brown / Stock, Boston; p. 401, George Steinmetz; p. 425, A. Ramella / MARKA; p. 426, N. Affer / MARKA; p. 431, Sestini Agency / Gamma-Liaison; p. 433 (left), P. S. Oncaro / SYGMA; p. 433 (right), Gianni Giansanti / SYGMA; p. 437, Alberto Pizzoli / SYGMA; p. 460, Macduff Everton / The Image Works; p. 461, Alex Majoli / Grazia Neri; p. 468, P. Siccardi / MARKA; p. 474, A. Ramella / MARKA

Vocabolario italiano-inglese

This Italian-English vocabulary contains all active vocabulary that appears in the student text and selected passive vocabulary. Identified by chapter number, the active vocabulary includes words and expressions from the lists in the *Strutture* sections and the *Parole ed espressioni chiave* sections at the end of each chapter. Passive vocabulary consists of words and expressions that are given an English gloss in the exercises, instruction lines, and the *Leggiamo* and *Itinerario letterario* readings. It also includes certain key terms from the *Parole in contesto* sections. For words with multiple definitions, only the meaning used in this text is provided.

The gender of nouns is indicated by the abbreviations *m.* or *f.* only when it is not evident from the noun ending, and only irregular plural forms are given. Adjectives are listed under the masculine singular form. An asterisk (*) after a verb indicates that it is irregular and included in Appendix E. For irregular verbs not listed in Appendix E, the past participle and **passato remoto** forms are provided. Verbs followed by **(isc)** are third-conjugation verbs that insert **-isc-** in some forms of the present indicative, subjunctive, and imperative.

The following abbreviations are used in this vocabulary:

adj.	adjective	*inv.*	invariable	*p.p.*	past participle
adv.	adverb	*m.*	masculine	*p.r.*	**passato remoto**
f.	feminine	*pl.*	plural		

A

abbassare to lower
abbassato lowered
abbigliamento clothes, clothing 1
abbonarsi a to subscribe to 14
abbronzarsi to get a tan 7
abbronzato tanned 1
abbuffata binge
abitante (*m.* or *f.*) inhabitant 8, resident 10
abitato settled area
abiti (*m. pl.*) clothes; **gli abiti estivi** summer clothes 6
abituarsi to get used to 2, 10
abituato accustomed 10
abitudinario predictable, set in one's ways 2
abitudine (*f.*) habit 2
abolire (isc) to abolish 10, 11
accadere* to occur, to happen 5
accanito dogged
accantonare to put aside
accecato blinded
accendere* to light, to turn on 3, 6
acciaio steel
accingersi a (*p.p.* **accinto**; *p.r.* **accinsi**) to be about to
accogliente warm, cozy, inviting 14
accogliere* to receive 2
accorciare to shorten
accorgersi* di to notice 2, 3, 6; to realize 4, 10
accumulatore (*m.*) storage battery
acquistare to acquire
acuire (isc) to sharpen 14
addentare le viscere to gnaw at one's guts
addestrato trained
addetta female staff member, female member of work force 12; person in charge
addetto male staff member, male member of work force 12; person in charge; **addetto televisivo** member of the TV crew
addobbare to decorate 6
addobbo decoration 6
addormentarsi to fall asleep 2
addosso on
addurre (*p.p.* **addotto**; *p.r.* **addussi**) to lead

adempimento fulfillment
adolescenza adolescence 4
adulterato processed 9
aereo airplane 7; **in aereo** by airplane 13
aerobica aerobics; **fare aerobica** to do aerobics 2
aeroporto airport 7
afa mugginess
affabile amiable 1
affacciarsi to appear, to face
affacciato leaning out
affatto completely; **non affatto** not at all 3
afferrare to understand; to seize, to grasp
affetto affection 4
affettuoso affectionate 2
affidare to entrust
affinare to refine
affinché in order to, in order that, so that 7
affittare to rent
affitto rent; **in affitto** rented
affliggere* to afflict 13
affollamento crowd
affollare to crowd 7
affollato crowded
affrettarsi to hurry 10
affrontare to face 5, to confront 12, to cope with 13
affusolato tapered 1
afoso muggy
agente immobiliare (*m.*) real estate agent
agenzia agency; **agenzia di collocamento** employment agency 5
aggiornare to bring up-to-date
aggirarsi to roam around
aggiungere* to add 3, 9
aggressione (*f.*) aggression 10
aggressivo aggressive 10
agguato ambush
agguerrito violent
agile agile 1
agio ease; **a suo agio** at ease
agnellino lamb
agosto August 6
agreste rural, rustic
agricolo agricultural 12
agricoltura agriculture 12
aguzzo pointed, sharp
aiutare to help 2, 10
alba dawn
albergo (*pl.* **gli alberghi**) hotel 7
albero di Natale Christmas tree 6
alcuni some people, a few people 13
alcuni (*adj.*) some, a few 13
alcuno any
alimentazione (*f.*) diet, food 9
alimento food 9
all'ingrosso wholesale 3
allarme aereo (*m.*) air-raid siren 10
alleanza alliance 10
alleato ally 10
allegria cheerfulness 4
allenarsi to train, to practice, to get in shape 2
allestire (isc) to erect 6; to prepare
alloggio (*pl.* **gli alloggi**) lodging 7
allora then
allorché when 6
alludere to allude 5
altissimo very high 8
alto high, tall 1; **più alto** higher 8; **il più alto** the highest 8
altolocato well-connected
altopiano elevation
altri others 13
altrimenti otherwise
altro something (anything) else 13
altro (*adj.*) other 13
altruista altruistic, unselfish 1
alzarsi to get up 2
amare to love 10
ambedue (*inv.*) both
ambientare to be located 10; to set, to place
ambiente (*m.*) atmosphere, environment, surroundings 3, 14
ambizioso ambitious 1, 3
amica female friend; **amica d'infanzia** female childhood friend 4; **amica intima** female close friend 2; **la migliore amica** female best friend 4
amichevole friendly 2
amicizia friendship; **fare amicizia** to make friends
amico male friend; **amico d'infanzia** male childhood friend 4; **amico intimo** male close friend 2; **il migliore amico** male best friend 4
ammazzare to murder 13
amministratore delegato (*m.*) managing director
ammuffito moldy
ammutolito dumbstruck
amoreggiare to flirt
anca (*pl.* **le anche**) hip
anche also, even, too 2; **anche se** even if
ancora again; **non ancora** not yet 3
andare* to go 2, 10; **andare a cavallo** to go horseback riding 3, 7, 13; **andare a piedi** to go by foot 13; **andare a spasso** to go for a walk 2; **andare a teatro** to go to the theater 3; **andare al mare** to go to the sea 7; **andare alla spiaggia** to go to the beach 7; **andare bene/male a scuola** to do well/badly in school 4; **andare d'accordo con una persona** to get along with someone 2; **andare fulmineamente in bestia** to suddenly go crazy; **andare in bicicletta** to go bicycle riding 3; **andare in campagna** to go to the country 7; **andare in discoteca** to go to the discotheque 3; **andare in falli-**

mento to go bankrupt 12; **andare in montagna** to go to the mountains 7; **andare in onda** to go on the air 14; **andare in palestra** to go to the gym 2; **andare in pensione** to retire 5; **andare in vacanza** to go on vacation 7; **non gli è andato di fare** didn't feel like doing; **andarsene** to leave, to take off 4
anima soul
animatore (*m.*) activities director, recreation director 7
animazione (*f.*) activities center
animo soul; heart
annerito blackened
anniversario (*pl.* **gli anniversari**) anniversary 6; **Buon Anniversario!** Happy Anniversary! 6
anno year; **avere... anni** to be . . . years old 1; **Buon Anno!** Happy New Year! 6; **Felice Anno Nuovo!** Happy New Year! 6
annoiarsi to get bored 2, 3
annuale annual 14
annuncio (*pl.* **gli annunci**) advertisement, job listing 5
anomia lawlessness
anonimo anonymous
antietà antiaging
antipatico disagreeable 4
anzi rather; in fact; better still
anzianità advanced age
apertura openness, opening 12
appalto contract 11, 13
apparecchiare to set
apparecchio (*pl.* **gli apparecchi**) airplane; apparatus; set
apparenza appearance 13
apparire* **(isc)** to appear 6, 14
apparso appeared
appartenente (*m.* or *f.*) participant 13; member
appassionato fond; **essere appassionato di qualcosa** to be fond of something 3
appello appeal; **fare appello** to appeal
appena as soon as 6, 10
appoggiare to support
appoggio (*pl.* **gli appoggi**) connection, support
appollaiato perched
apprestarsi to get ready
appuntamento date 2
aprile (*m.*) April 6
aprire* to open 2, 3
arcano mysterious
architetta female architect 5
architetto male architect 5
argomento topic, subject 14
arnese (*m.*) tool
arrangiarsi to manage 13
arrecato inflicted; brought
arredamento interior furnishings
arredato furnished 7
arrendersi to surrender
arretrato backward, underdeveloped 8
arricchito enriched
arrugginito rusty
articolo article 11, 14
artigiano artisan 5
artistico artistic 1, 8
ascensore (*m.*) elevator
asciugacapelli (*m.*) hairdryer 2
asciugamano towel 2
asciugarsi i capelli to dry one's hair 2
asciutto very dry wine
ascoltare to listen 13, to listen to 3; **ascoltare musica classica** to listen to classical music 3; **ascoltare musica leggera** to listen to pop music 3; **ascoltare musica rock** to listen to rock music 3
asilo nursery school 4; **asilo nido** day-care center
asino ass
aspettare to expect 7, to wait 10, to wait for 3; **aspettarsi** to expect 7; **aspettarsi qualcosa da** to expect something from 2; **fare aspettare** to keep someone waiting 14
aspirare to aspire 14
aspirazione (*f.*) aspiration 5
assaggiare to taste 9
assegnazione (*f.*) allotment, allocation 13
assegno check
assenza absence 13
assessore (*m.*) councilman
assicurazione (*f.*) insurance company; insurance
assistenza sanitaria health care 12; health service
assistere* to witness; to attend
associazione (*f.*) association 13
assoluto absolute 11
assordante deafening 8
assumere* to hire, to take on 3; **assumere una persona** to hire a person 5
astro heavenly body 5; star; planet
astrologia astrology 5
astrusità absurdity; obscurity; mystery
astuccio (*pl.* **gli astucci**) pencil box 4
atleta (*m.* or *f.*) athlete 1
attanagliare to grip
atteggiamento attitude 1, 3, 13
attentato alla vita attempt on someone's life 13
attento careful 10
attenuare to mitigate, to weaken
atterrito terrified
attesa wait; **attesa straziante** agonizing wait; **in attesa** waiting
attimo moment
attività activity 7, 12; **attività impegnativa** demanding job
attore (*m.*) male actor 1
attraversare to cross 8
attrezzature (*f. pl.*) facilities, amenities 7

attrice (*f.*) female actor 1
attuale contemporary, current 3, 13
attualità current events 14
attuare to carry out 12
augurare to wish; **augurare Buon Natale** to wish someone a Merry Christmas 6; **augurarsi** to hope 7
auguri! greetings! 6; **Tanti auguri!** Best wishes! 6
aula classroom
aumentare to increase 12, 14
autenticità authenticity 10
autista (*m.* or *f.*) driver 8
auto (*f.*) (*pl.* **le auto**) car 1, 7
autobus (*m.*) bus 1, 8; **autobus stracolmo** overloaded bus 8; **in autobus** by bus 13
autoinvitarsi to invite oneself
automobile (*f.*) car 1, 7
automobilista (*m.* or *f.*) motorist 8
autonomia autonomy 13
autonomo self-employed 12; autonomous
autorità authority 10
autoritario authoritarian 1
autrice (*f.*) female writer
autunno (*m.*) autumn, fall 6
avanguardia avant-garde
avanti di almeno quindici anni at least 15 years ahead
avanzato developed 12; advanced
avarizia miserliness
avaro stingy 1
avere* to have 1; **avere... anni** to be . . . years old 1; **avere bisogno di** to need 1, 4; **avere caldo** to be hot 1; **avere fame** to be hungry 1; **avere freddo** to be cold 1; **avere fretta** to be in a hurry 1; **avere intenzione di** to intend to do something 3; **avere paura di** to be afraid of, to fear 4, 7; **avere ragione** to be right; **avere sete** to thirst, to be thirsty 1; **avere sonno** to be sleepy 1; **avere torto** to be wrong 1; **averle tutte vinte** to always have his/her way; **avere voglia di** to feel like doing or having something 1, to want 4; **avercela con** to be angry at 4; **averci** to have 4
avvelenato poisoned
avvenimento event 5
avvenire* to happen 2, 5
avventizio stray; temporary
avventore (*m.*) customer, patron
avverarsi to come true 5
avversità adversity 5
avvertire (isc) to inform, to warn 2
avvocatessa female lawyer 5; **fare l'avvocatessa** to be a lawyer 5
avvocato male lawyer 5; **fare l'avvocato** to be a lawyer 5
avvocatuccio insignificant lawyer 14
avvolto wrapped
azienda company 12, firm; **azienda agricola** agricultural firm 5; **azienda commerciale** commercial firm 5; **azienda industriale** industrial firm 5; **azienda privata** private firm 5; **azienda pubblica** public firm 5
azione (*f.*) share, stock 12; action; deed
azionista (*m.* or *f.*) stockholder 12
azzurro blue, azure

B

babau (*m.*) monster
Babbo Natale Santa Claus 6
babbo dad 1
bacheca (*pl.* **le bacheche**) showcase
bagliore (*m.*) flash; **bagliore accecante** blinding flash
bagnato fradicio soaking wet 8
bagno bathroom 4; **farsi il bagno** to bathe 2
balbettare to stammer
balía power; **in balia** at the mercy of
balletto ballet 3
ballo in maschera masked ball 6
balsamo hair conditioner 2
balzare to jump
bancarella booth, stall 6
banco (*pl.* **i banchi**) classroom desk 4; counter
banda band 6
bar (*m.*) bar
barattolo jar
barba beard; **farsi la barba** to shave 2
barca (*pl.* **le barche**) boat; **barca a vela** sailboat 13; **in barca** by boat 13
barrare to cross out
barriera doganale customs barrier 12
barrito blaring
basarsi su to be based on 9
bassissimo very low 8
basso low, lower part, short 1; **più basso** lower 8; **il più basso** the lowest 8; **da basso** downstairs
bastare to be enough, to suffice 4; **basta che** as long as
bastonato beaten
bastoncino short stick
Befana kind old witch 6
bello beautiful 10, pretty 1
benché although, in spite of, even though, even if 7
benessere (*m.*) well-being, affluence 8
benestante affluent 8
beni di consumo (*m. pl.*) consumer goods
benissimo very good, excellent 8
benone great 8
benzinaio (*pl.* **i benzinai**) gas station attendant
bere* to drink 3

berretto cap
biblioteca (*pl.* **le biblioteche**) library; **in biblioteca** at/to the library 13
bici(cletta) bicycle 1; **in bicicletta** by bicycle 13
bidone (*m.*) jug; garbage can
biglietto bank note; ticket; **biglietto di auguri** greeting card 6; **bigliettoni** (*m. pl.*) money (large bills)
bignè (*m.*) pastry
biondo blonde 1
bisnonna great-grandmother 1
bisnonni (*m. pl.*) great-grandparents 1
bisnonno great-grandfather 1
bisognare to have to, to be necessary 1; **bisogna** it is necessary 7
bisogno need; **avere bisogno di** to need 1
bisticciare to quarrel
bocca mouth 1
boccone (*m.*) mouthful
boh who knows?
boia d'un mondo! wow!
bollire to boil 9; **fare bollire** to boil something
bomba bomb 10
bombardamento bombardment 10
bombardare to bomb 10
bonario good-natured
borghese (*m.*) bourgeois
borghese (*adj.*) civilian, middle-class 4
borgo (*pl.* **i borghi**) village 8; suburb
borsa stock market 12; bag; handbag
borsone (*m.*) large bag, travel bag 14
bottega (*pl.* **le botteghe**) shop
botteghino box office 14
bracciante (*m.*) day laborer
braccio (*pl.* **le braccia**) arm 1
brindisi (*m.*) toast (honor) 1
brioso lively
brughiera heath
brutto ugly 1, 10; **brutto da morire** unbearably ugly
bucato laundry
buio dark, darkness
bungalow (*m.*) cabin 7
buono good 1, 10
bustarella bribe 11
buttarsi to throw oneself; **buttarsi giù dal letto** to throw oneself out of bed; **non buttarsi via così** not to sell oneself short

C

caccia (*pl.* **le cacce**) hunt; **dare la caccia a qualcuno** to hunt someone down
cacciare to hunt; to send away
cadere* to fall 6; **caderci** to fall for it 4
caldo hot; **avere caldo** to be hot 1
calmo calm 1
calo drop, reduction 12
calvo bald 1
calzare to fit; to wear; to put on
calzatura shoe; footwear
cambiamento change
cambiare to change 3; **cambiarsi** to change one's clothes 2
cambio della valuta currency exchange rate 12
camicia da notte (*pl.* **le camicie da notte**) nightgown 2
camion (*m.*) truck
camionista (*m. or f.*) truck driver
camminare to walk 3
camorristi dai tratti domestici (*m. pl.*) gangsters with familiar features
campagna countryside 7; **in campagna** in the country 2, to the country 13
campagna elettorale political campaign 11
campeggio (*pl.* **i campeggi**) campsite 7, camping; **fare il campeggio** to camp 7
campicello sweet little field 14
campiello small field
campo field (in every sense) 12; **campo di golf** golf course 7
canale (*m.*) channel, network 14
cancellare to cancel, to erase
cancellatura erasure
candidata female candidate 11
candidato male candidate 11
canone (*m.*) fee 14
cantante (*m.* or *f.*) singer 1
canto song; way; **dal canto suo** for his/her part
caos (*m.*) chaos 8
caotico chaotic 7, 8
capace capable 10; large, capacious
capelli (*m. pl.*) hair 1
capire (isc) to understand 2; **farsi capire** to make oneself understood 14
capitale (*m.*) capital; **a capitale misto** mixed capital (public and private) 12
capo article, head, manager, top; **capo firmato** designer item; **in capo a** after
Capodanno New Year's Day 6
capoluogo (*pl.* **i capoluoghi**) main town of province or district 8
caporeparto department/office manager 5
cappone (*m.*) capon
capufficio (*pl.* **i capiufficio**) supervisor 5
carattere (*m.*) character, personality 1
caratteristica (*pl.* **le caratteristiche**) characteristic 1
carburante (*m.*) fuel
carenza deficiency 13
caricarsi to load oneself
carico burden, responsibility; **carico fiscale** financial burden; **farsi carico** to take responsibility
carico (*adj.*) full

carnagione (*f.*) complexion 1
Carnevale (*m.*) Carnival 6
carriera career; **fare carriera** to advance in one's career 5, to be successful 3; **di gran carriera** quickly
carro wagon; **carro armato** tank; **essere l'ultima ruota del carro** to count for nothing
cartaccia (*pl.* **le cartacce**) paper
cartella schoolbag 4
cartello sign 8; **cartello di divieto di sosta** no-parking sign 8
cartellone (*m.*) poster
cartomante (*m.* or *f.*) fortune teller 6
casa home, house; **a casa** at home 13; **casa discografica** record company; **casa stregata** haunted house 6
cascarci to fall for it 4
casella space, box
casello tollbooth
casettina cute little house 14
caso case; **nel caso che** in case 7
cassetto drawer
cassettone (*m.*) bureau
castano chestnut-colored 1
castello castle; **fare castelli in aria** to build castles in the air
castigo (*pl.* **i castighi**) punishment
casual (*inv.*) casual 3
catalogo (*pl.* **i cataloghi**) catalogue 7
catena di montaggio assembly line 5
cateratta cataract
cattedra teacher's desk 4
cattivissimo very bad 8
cattivo bad 1, 10; **più cattivo** worse 8; **il più cattivo** the worst 8
catturare to capture 10
cavalcare to ride, to go on horseback
cavare to get; **cavarsela** to get by 5
cavo cable; **via cavo** on cable 14
cedere to give up
celibe (*m.*) single, unmarried 1
cellulare (*m.*) cellular phone 8
cena dinner 9
cenare to have dinner 9
cenno gesture; **fare cenno a** to gesture at (someone)
cenone di Capodanno (*m.*) New Year's Eve dinner party 6
censura censorship 10
centrale central 4
centro downtown 8, middle; **di centro** centrist 11
ceppo natalizio Yule log
cercare to look for 2, 3; **cercare un lavoro** to look for a job 5
cereale (*m.*) cereal 9
certezza certainty
certo a certain person 13
certo (*adj.*) certain 13
certo (*adv.*) certainly
ceto social class; **ceto subalterno** lower class 10
che what, what . . . !, what a . . . !, how . . . ! 14; what kind of 12; who, whom, that, which, when 11; **che cosa** what 12
chi he who, she who, those who, people who, one who, who, whoever, whom 12; whomever 11; **di chi** whose 12
chiacchierare to talk, to chat
chiacchierona (*f.*) female chatterbox 1
chiacchierone (*m.*) male chatterbox 1
chiarezza clarity 14
chiaro light 1
chic (*inv.*) stylish 3
chiedere* to ask 3, 6, 10
chiesa church 8; **in chiesa** at/to church 13
chiromante (*m.* or *f.*) palm reader, palmist 6
chiromanzia palm reading, palmistry 6
chirurgia plastica plastic surgery 9
chirurgo (*pl.* **i chirurghi**) surgeon 5
chiudere* to close 3, 6; **chiudere a chiave** to lock
chiunque anyone, anybody, no matter who, whoever 7, 13
ciabatta slipper
ciascuno each one 13
ciascuno (*adj.*) each, every 13
cibo food 9
ciclico cyclical 6
cieco blind
cifra vertiginosa astronomical figure
cifre da capogiro (*f. pl.*) outrageous sums
ciglio (*pl.* **le ciglia**) eyelash 1
cigolio (*pl.* **i cigolii**) squeal
cima top; **in cima a** on top of 2
ciminiera smokestack
cinema(tografo) movie theater 1; **al cinema** at the movies 13
cinquantina about fifty; **sulla cinquantina** in his/her fifties
cintura seat belt; **allacciare la cintura** to fasten one's seat belt
ciò this thing, that thing 11; **ciò che** that which, what 11
ciondolare to hang around, to loaf
ciotola bowl
cipria powder 9
circo circus 6
circolare (*f.*) memo
circolare to circulate, to move 8
circolo club
circondare to surround
città city 1; **città metropoli** metropolis 8; **città ultramoderna** extremely modern city 8; **in città** in/to the city 13

cittadina female city dweller 8, female citizen 11, 13; small city 8
cittadinanza people, citizenry 11
cittadino citizen 12, male city dweller 8, male citizen 11, 13
cittadino (*adj.*) urban
civiltà civilization
clamoroso surprising
clandestino clandestine 13
classe (*f.*) classroom; lower class 10; **in classe** in/to the classroom 13
clientelismo system of exchanging political or economic favors 13
clima (*m.*) climate 1
coalizione (*f.*) coalition 11
coda di macchine line of cars 7
codesto that 11
codice d'avviamento postale (CAP) (*m.*) zip code
coerente consistent, coherent
coetanea female contemporary, female person of the same age 3
coetaneo male contemporary, male person of the same age 3
coetaneo (*adj.*) contemporary
cogliere* to pick 2; to grasp 6
cognata sister-in-law 1
cognato brother-in-law 1
coinvolto involved
colazione (*f.*) breakfast, lunch 9; **fare colazione** to have breakfast 9
colei that one 11; that woman; she
colera (*m.*) cholera
colf (*f.*) housekeeper
collaborare to collaborate 13
collaboratore (*m.*) male assistant 5; male collaborator
collaboratrice (*f.*) female assistant 5; female collaborator
collega (*m. or f.*) (*m. pl.* **i colleghi;** *f. pl.* **le colleghe**) colleague 1
collegio (*pl.* **i collegi**) boarding school
colletti bianchi (*m. pl.*) white-collar workers 12
collettivo collective 13
colletto collar
colloquio (*pl.* **i colloqui**) interview, job interview 5; talk
colmo full
colomba dove 6
colore (*m.*) color 1; **i colori autunnali** fall colors 6
colorito rosy 1; colored; vivid
coloro those 11
colpire (isc) to hit 2
colpito hit; **più colpito dalla cinese** hardest hit by the Chinese flu
colpo blow; **di colpo** suddenly; **colpo di fulmine** love at first sight 2
colui that one 11; that man; he
combattere to fight 10
combinazione (*f.*) chance; **per combinazione** by chance
come how, how . . . !, how much . . . ! 14, like what 12; **come mai?** how come?, how on earth? 12; **come se** as if 8
cominciare to begin 2, 10, to start 3
comitiva group of friends 3
comizio (*pl.* **i comizi**) political meeting 11
commerciale commercial 12, 14
commercialista (*m.* or *f.*) tax, business consultant, accountant
commerciante (*m.*) merchant
commercio commerce 12
commessa saleswoman 5
commesso salesman 5
commettere* to commit, to execute 13
commissione (*f.*) committee, errand; **fare una commissione** to run an errand 2
commuovere* to move 4; to move emotionally 10; **commuoversi** to be moved 4
comodo comfortable 8, 14
compaesano person from the same town
compagna female school friend 4; **compagna di stanza** female roommate 2
compagno male school friend 4; **compagno di stanza** male roommate 2
comparire (isc) (*p.p.* **comparso**) to appear
compassione (*f.*) compassion 13
compenso compensation; **in compenso** as compensation, in return
competitività competitiveness 12
compianto sympathy; regretted
compiere to finish, to complete, to undertake; **compiere gli anni** to be one's birthday
compito homework; **fare i compiti** to do homework 2
compleanno birthday 6; **Buon Compleanno!** Happy Birthday!
complesso (inferiority) complex
complotto scellerato wicked conspiracy
comportamento behavior 1, 3
comportarsi to behave
comprare a credito to buy on credit 13
comprare a rate to buy in installments 13
comprensivo understanding 1; comprehensive, inclusive
comunicare to communicate 2
comunicazione (*f.*) communication 14
comunque no matter how, however 7
concedersi to allow oneself
concerto concert 3
concesso given, allowed
concetto concept; **di concetto** white-collar
concludere* to conclude 3
concorrente (*m.* or *f.*) competitor

concorrenza competition 14; **fare concorrenza** to compete with
concorrenzialità competition 14
concorso exam, competition; **fare un concorso** to take a (civil service) exam 5
condannare to condemn 10
condimento dressing, seasoning 9
condire (isc) to season 9
condividere (*p.p.* **condiviso;** *p.r.* **condivisi)** to share 3
condizionare to modify, to influence 2
condizione (*f.*) condition; **a condizione che** provided that, on the condition that 7
condurre* to lead 7
conduttore (*m.*) anchorman, male emcee 14
conduttrice (*f.*) anchorwoman, female emcee 14
confessare to confess 10
confine (*m.*) border
confino confinement 10
conformista (*m.* or *f.*) conformist 3
confronto comparison; **nei confronti di** to, in front of
congratularsi to congratulate 6
congratulazioni! (*f. pl.*) congratulations! 6
coniare to coin (a phrase) 11
coniglio (*pl.* **i conigli)** rabbit
coniugato married
coniuge (*m.* or *f.*) spouse 1
connazionale (*m.* or *f.*) fellow citizen 13
connesso connected, affiliated with
conoscente (*m.* or *f.*) acquaintance 2
conoscere* to know 2, 3, 6; **conoscere una persona** to meet, to know a person 2; **conoscersi** to know each other 2
conosciuto well-known 2
conquistare to conquer 12, 14
consapevolezza awareness
consegna delivery
conseguire to obtain
consenso consent 10
consentire to allow, to permit
conservante (*m.*) preservative 9
conservatore (*m.*) male political conservative 3
conservatrice (*f.*) female political conservative 3
consigliare to advise 3, 10
consiglio di amministrazione board of directors
consorte (*m.* or *f.*) mate
consueto usual
consuetudine (*f.*) custom, habit
consulente (*m.* or *f.*) consultant 5; **consulente aziendale** (*m.*) business consultant
consumarsi to be eaten 9; to consume; to waste away
contabile (*m.* or *f.*) bookkeeper 5
contabilità accounting, bookkeeping
contare così poco to matter so little
contemporaneamente simultaneously
contendersi to contend 13, to fight over 13
contento content 10
contestare to dispute
contesto context, framework
contestualmente at the same time
contingente immediate; contingent
continuare to continue 10
continuo continuous 14
conto account; **conto corrente** checking account; **far di conto** to do sums, to do bookkeeping; **per proprio conto** under one's own name
contorno side dish 9
contraddire (*p.p.* **contraddetto;** *p.r.* **contraddissi)** to contradict 2
contraltare counterbalance
contrariare to vex
contravvenzione (*f.*) ticket
contribuire (isc) to contribute 14
controllare to control 10, to check 12
convenire* to meet; to be better to; **conviene diffidare** it is better to distrust
convincere* to persuade 2; to convince 14
convolare a nozze to be united in matrimony
coordinare to coordinate 12
coppia couple 1, 2
coprifuoco curfew 10
coraggioso brave 1
cordiale cordial 2
coricarsi to go to bed 2
corpo body 1
corporatura build 1
correggere (*p.p.* **corretto;** *p.r.* **corressi)** to correct, to edit 14
correre* to run 3, 6
corriera bus
corruzione (*f.*) corruption 11, 13
corsa run; **di corsa** in a hurry
corso collettivo group lesson
cortile (*m.*) courtyard 4
cosa what 12
cosca unit of the Mafia 13
coscienza civile civic-mindedness 13
così thus
cosicché in order to, in order that, so that 7
cosiddetto so-called 12
cosmetici (*m. pl.*) cosmetics 9
coso what's-his-name
cospicuo considerable, large 11
costei this one 11; this woman; she; her
costituire (isc) to comprise 14
costo cost, price; **costo del lavoro** labor costs 12; **costo della vita** cost of living 8
costoro these people 11; they; them
costoso expensive 7
costretto constrained, forced, obligated

costringere (*p.p.* **costretto;** *p.r.* **costrinsi**) to compel 2, to constrain 10, to force
costruire* (isc) to build 1; to construct 2
costui this one 11; this man; he; him
costume (*m.*) costume 6; custom 13
cotesto that 11
cotica thick skin
cottura cooking; **a rapida cottura** quick cooking 9
creare to create 12
creatività creativity 13
creativo creative 13
creazione (*f.*) creation 14
credenza belief 6; cupboard
credere to believe 2, 7, 10; **credere nei fantasmi** to believe in ghosts 6
credo creed
crema cream; **crema abbronzante** suntan lotion 7; **crema da giorno** day cream 9; **crema da notte** night cream 9; **crema idratante** moisturizing cream 9
crepitio (*pl.* **i crepitii**) crackling
crescere* to grow 6; to grow up 2
cresta crest; **sulla cresta dell'onda** famous
criminale (*m.* or *f.*) criminal
criminale (*adj.*) criminal 13
criminalità criminality 13
crimine (*m.*) crime 8
crisi (*f.*) crisis 1
critica criticism 14
crocevia (*m.*) crossroad 8
crociera cruise 7; **fare una crociera** to take a cruise 7
crollare to collapse
crollato collapsed
cronaca (*pl.* **le cronache**) news 14
cronista (*m.* or *f.*) reporter 14
cucina cuisine 9; kitchen 4
cucinare to cook 9
cugina female cousin 1
cugino male cousin 1
cui whom; *article* + **cui** whose 11; **in cui** where; when 11
culinario culinary 9
culturale cultural 8
cuoca female cook 9
cuocere* to cook; **cuocere al forno** to bake 9; **fare cuocere** to cook something 14
cuoco male cook 9
cuoio (*pl.* **i cuoi**) leather
cura care; **con cura** carefully 2
cura cure; **cura dimagrante** weight-loss diet 9; **fare la cura delle acque** to take the waters 9
curare to care for, to look after; to cure, to treat; **curare il proprio corpo** to take care of one's body 9
curriculum (*m.*) resume

D

da VIP VIP-style
danneggiare to damage 9
dappertutto everywhere
dare* to give 2; **dare ai nervi** to get on the nerves; **dare le dimissioni** to resign 5; **dare un esame** to take an exam 4; **dare un'occhiata** to take a look at
dati anagrafici (*m. pl.*) personal data
dato che since 10
datore di lavoro (*m.*) male employer 5
datrice di lavoro (*f.*) female employer 5
davanti a in front of 2
debito debt 12
debole weak 1, 11
debolezza weakness
debordante brimming
decennio (*pl.* **i decenni**) decade
decidere* to decide 3, 6, 10
decollo takeoff
dedicare to dedicate 2
deficit (*m.*) deficit 12
degenerazione (*f.*) degradation
delicatezza delicacy 9
delinquente (*m.* or *f.*) delinquent 13
delusione (*f.*) disappointment 4
democratico democratic 11
denti stretti (*m. pl.*) gritted teeth
dentifricio (*pl.* **i dentifrici**) toothpaste 2
dentista (*m.* or *f.*) dentist 1, 5
dentro inside 7
denunciare to charge, to accuse, to indict; to declare
deodorante (*m.*) deodorant 2
dépliant (*m.*) brochure
derivare to derive 1
desiderare to desire, to want 7, to wish 10
destino destiny 5
destra right; **di destra** right-wing 11
determinare to determine 5
determinato specific, particular 13
detto saying 6
dì (*m.*) day
dialetto dialect 13
diamine damn it
diavoleria contrivance
dibattito debate 11
dicembre (*m.*) December 6
didascalia caption 14
dieta diet; **essere a dieta** to be on a diet 9
dietro behind 7; **dietro a** behind 2
dietrofront about-face
difendere* to defend 6
difetto defect 1
difficile difficult 10
diffondere (*p.p.* **diffuso;** *p.r.* **diffusi**) to spread 14

diffusione (*f.*) diffusion, circulation 14
digiuno fasting; **a digiuno** hungry
dimagrire (isc) to lose weight 9
dimenticare to forget 2, 4, 10; **dimenticarsi di** to forget 4
dimesso abandoned (*fig.*); shabby, humble
dimettersi (*p.p.* **dimesso;** *p.r.* **dimisi**) to resign 5
dimezzato halved
dinamico dynamic 1
dinamo (*f.*) dynamo 1
dinanzi in front
dio (*pl.* **gli dei**) god
dipendente (*m.* or *f.*) employee 5, 12; dependent
dipingere* to paint 6
diploma (*m.*) diploma 4
diplomarsi to graduate from high school 4
dire* to say 3
diretto direct; **in diretta** live
direttore (*m.*) male director 1; male manager 5
direttrice (*f.*) female director 1; female manager 5
direzione (*f.*) direction 11; management
dirigente (*m.* or *f.*) executive 5
dirigere (*p.p.* **diretto;** *p.r.* **diressi**) to direct; **dirigere il traffico** to direct traffic 8
diritti civili (*m. pl.*) civil rights 10
diritto right 11
diritto (*adj.*) straight
disagio (*pl.* **i disagi**) discomfort 4; hardship 7
disavanzo deficit 12
disciplinato disciplined 3, 13
discreto pretty good
discriminazione (*f.*) discrimination 13
discutere* to discuss 3, 6
diseredati (*m. pl.*) disinherited (the poor)
disgrazia accident
disilluso disillusioned 13
disimpegnato uncommitted 3
disintegrarsi to disintegrate
disinvolto casual, carefree 1, 3
disobbediente disobedient 3
disoccupato unemployed 5
disoccupazione (*f.*) unemployment 10, 12
disordinato untidy 3
dispiacere* to be sorry 4, 7; **non dispiacere** to not mind 4
dispiacere (*m.*) sorrow 4
disponibile available 7
disporre (*p.p.* **disposto;** *p.r.* **disposi**) to have
disposizione (*f.*) disposal; **a disposizione** available 12
disposto inclined 10, willing
disprezzare to criticize, to scorn
disprezzo contempt
distaccato detached
distante distant 2
distinguersi da (*p.p.* **distinto;** *p.r.* **distinsi**) to distinguish oneself from 3
distinzione (*f.*) distinction 11
distogliere (*p.p.* **distolto;** *p.r.* **distolsi**) to detach, to turn away
distrarre* to amuse 7; to distract 10; **distrarsi** to amuse oneself 7
distruggere* to destroy 2, 12
disturbo inconvenience
dito (*pl.* **le dita**) finger 1
ditta business 12; company, firm 5
dittatore (*m.*) dictator 10
diva female (film) star 14
divario (*pl.* **i divari**) difference, gap 12
diventare to become
diverso different, various 14
divertente enjoyable, fun 7
divertimento amusement 3; fun 7; pastime
divertirsi to have fun 7, to have a good time 2
dividere* to divide 6
divieto prohibition
divinare to guess; to foresee
divisione (*f.*) division 13
divo male (film) star 14
divorziare to divorce, to get divorced 2
divorziato divorced
divulgare to spread 14
doccia (*pl.* **le docce**) shower; **farsi la doccia** to shower 2
dogana customs 12
dolce (*m.*) dessert 9
dolce (*adj.*) sweet 1
dolcezza mildness; sweetness
domanda question; application; **fare domanda** to apply
domandare to ask 3, 10
domani tomorrow
domenica (*pl.* **le domeniche**) Sunday 6
dominio domination 10
donnone (*m.*) big woman 14
dopo after 7
dopobarba (*m.*) aftershave lotion 2
dopodiché after that
dopoguerra (*m.*) postwar period 10
doposhampoo hair conditioner 2
doppiare to dub 14; to double
dormigliona female late riser 2
dormiglione (*m.*) male late riser 2
dormire to sleep 3
dotato equipped; gifted, endowed
dottore (*m.*) male doctor 5
dottoressa female doctor 5
dove where 12; **dove sbattere la testa** which way to turn
dovere (*m.*) duty 11

dovere* to have to 2, 3, 5, 10
dovunque wherever 7
droga (*pl.* **le droghe**) drug, drugs 13
dubitare to doubt 7
duca (*m.*) (*pl.* **i duchi**) duke 1, leader 10
dunque then, so, therefore
duro hard, tough 1

E

eccellere to excel 1
ecco here is, here are 3
eccovi la giunta there is more
eco (*f.*) (*pl.* **gli echi**) echo 1
ecologia ecology 3
economico economic 7, 10, 11, 12
edizione (*f.*) edition 14
educazione (*f.*) manners, upbringing 1
efficiente efficient 8, 14
efficienza efficiency 13
egoista selfish, egotistical 1
elaborato elaborate 9
elegante elegant 1, 3
elettorale electoral 11
elettricista (*m.* or *f.*) electrician 5
elezione (*f.*) election 11
elidere to discontinue; to annul
eliminare to eliminate 12
elzeviro literary article
emergere* to emerge 6
emittente (*f.*) channel, network 14
emotivo emotional 1
emozione (*f.*) emotion 4
energetico energy-related, energetic 12
energico energetic 1
ente (*m.*) business 12, company, organization 5
entrambi (*m.*) (*f.* **entrambe**) both
entrare to enter, to go into; **entrare in vigore** to go into effect 11; **entrarci** to have to do with something 4; **cosa c'entra** what's that got to do with it
entrata revenue 12; entrance
entusiasmarsi to get excited 5
Epifania Epiphany 6
episodio (*pl.* **gli episodi**) episode 14
eppure and yet
equilibrato balanced 9
equiparato made equal
equitazione (*f.*) horseback riding 3
equivoco (*pl.* **gli equivoci**) misunderstanding; **equivoco** shady
erba (aromatica) herb
eredità inheritance; heritage
erogare to allocate
esame di maturità (*m.*) exam taken at the end of high school 4
esaudire (isc) to grant
esaurimento nervoso nervous breakdown, exhaustion 9
esaurito exhausted; **tutto esaurito** sold out, full 7
escogitato devised
eseguire (isc) to execute
esempio per capire example to understand 10
esemplare (*m.*) sample
esercito army 10
esigente demanding, hard to please 13
esigenza demand, need
esigere (*p.p.* **esatto**) to demand 7
esiguo small
esito outcome
esodo exodus 7
espansione coloniale (*f.*) colonial expansion
espansivo demonstrative 1
espellere to expel
esplodere* to explode 6, 10
esporre (*p.p.* **esposto;** *p.r.* **esposi**) to display; **esporsi** to expose oneself
esportazione (*f.*) export 12
espressione (*f.*) expression 1
espressivo expressive 1
esprimere* to express 3, 6
essere* to be 1, 3; **essere a dieta** to be on a diet 9; **essere abituato a** to be used to 2; **essere appassionato di qualcosa** to be fond of something 3; **essere assunto** to be hired 5; **essere bocciato** to fail 4; **essere bravo in una materia** to be good in a subject 4; **essere contento/scontento** to be happy/unhappy 7; **essere dotato/portato per** to be gifted at 4; **essere felice/infelice** to be happy/unhappy 7; **essere in bilico** to waver; **essere in ferie** to be on vacation 7; **essere in testa alle classifiche** to rank at the top; **essere l'ultima ruota del carro** to count for nothing; **essere legato** to be tied; **essere licenziato** to be fired 5; **essere promosso** to pass 4; **essere rimandato in una materia** to fail a course 4; **essere soggetto a** to be subjected to 10; **essere sorpreso** to be surprised 7; **non essere sicuro** to be uncertain 7; **c'è/ci sono** there is/there are 4; **è bene** it is good 7; **è difficile** it is unlikely 7; **è facile** it is likely 7; **è giusto** it is right 7; **è importante** it is important 7; **è improbabile** it is improbable 7; **è meglio** it is better 7; **è necessario** it is necessary 7; **è ora** it is time 7; **è peccato** it is too bad, it is a pity 7; **è possible** it is possible 7; **è preferibile** it is preferable 7; **è probabile** it is probable 7; **è strano** it is strange 7
estate (*f.*) summer 6
estemporaneo spontaneous 2
estendersi to extend 11
estensione (*f.*) extent 11
esterno exterior 10

estero foreign 14, foreign countries 12; **all'estero** abroad 13
esteso extended; **a legami estesi** extended family
estetica aesthetics 13
estirpare to eliminate
estorsione (*f.*) extortion 13
estraneo outsider
estremo extreme 11
estroverso extroverted 1
evasione (*f.*) escape; **d'evasione** escapist 10
evasivo evasive 10
evasore fiscale (*m.*) tax evader 12
evento event
evitare to avoid 8, to evade 12

F

fabbrica (*pl.* **le fabbriche**) factory 5, 12
fabbricato structure
faccenda chore; matter
faccendiere (*m.*) busybody
faccia face 1
facciata facade 8
facile easy 10
fagotto bundle
faida feud
fallimento failure
fallire (isc) to fail 12
fame (*f.*) hunger; **avere fame** to be hungry 1
familiare (*m.*) relative 1
fanciullezza childhood 4
fantasioso imaginative 1
fantasma (*m.*) ghost 6
fard (*m.*) blusher 9
fare* to do, to make 2, 3, 10; **fare a meno** to do without; **fare aerobica** to do aerobics 2; **fare amicizia** to make friends 1; **fare appello** to appeal; **fare aspettare** to keep someone waiting 14; **fare bella figura** to cut a fine figure 13; **fare bene a una persona** to be good for someone 9; **fare bollire** to boil something 14; **fare brutta figura** to cut a poor figure 13; **fare carriera** to advance in one's career 5, to be successful 3; **fare caso** to pay attention; **fare castelli in aria** to build castles in the air 5; **fare cenno a** to gesture at (someone); **fare colazione** to have breakfast/lunch 9; **fare concorrenza** to compete with; **fare cuocere** to cook something 14; **fare da sfondo** to serve as background 10; **fare degli scherzi** to play tricks 4; **fare dello sport** to play a sport 2, 3; **fare di conto** to do sums, to do bookkeeping; **fare dispetti a una persona** to torment or insult someone 4; **fare domanda** to apply 5; **fare fatica** to have trouble; **fare finta** to pretend; **far fronte a** to cope with 12; **fare fuori** to kill; **fare ginnastica** to work out 2, to exercise; **fare giochi da tavolo** to play board games 3; **fare i compiti** to do homework 2; **fare il campeggio** to camp 7; **fare il footing** to jog 2; **fare il ponte** to take a long weekend 7; **fare il surf** to surf 3, 7; **fare il tifo per** to be a fan of 3; **fare il trekking** to hike 7; **fare il windsurf** to windsurf 7; **fare l'avvocato/l'avvocatessa** to be a lawyer 5; **fare l'ingenuo** to play dumb; **fare la cura delle acque** to take the waters 9; **fare la/una partita** to play cards; **fare la spesa** to go grocery shopping 2; **fare la vela** to sail 3, 7; **fare le compere** to shop 2; **fare le spese** to shop 2; **fare lo sci d'acqua** to water-ski 3; **fare male a una persona** to be bad for someone 9; **far pagare** to charge someone 14; **far parte di** to be part of 3; **fare pettegolezzi** to gossip; **fare ritorno** to return; **fare sacrifici** to make sacrifices 3; **farla saltare in aria** to blow it up; **far sapere** to let someone know something 14; **fare un concorso** to take a (civil service) exam 5; **fare un pisolino** to take a nap 2; **fare un regalo** to give a gift 6; **fare un sonnellino** to take a nap 2; **fare un viaggio (all'estero)** to take a trip (abroad) 7; **fare una commissione** to run an errand 2; **fare una crociera** to take a cruise 7; **fare una gita** to go on an excursion 3; **fare una multa** to give a ticket 8; **fare una passeggiata** to take a walk 2; **fare una scalata** to climb 7; **far vedere** to show (someone) 14; **farcela** to manage 5, to succeed; **farsi capire** to make oneself understood 14; **farsi carico** to take charge; **farsi cavar le parole con l'uncino** to make someone drag words out of oneself; **farsi il bagno** to bathe 2; **farsi imprestare** to borrow something 14; **farsi la barba** to shave 2; **farsi la doccia** to shower 2; **farsi le unghie, farsi la/il manicure** to do one's nails, to manicure 9; **farsi triturare** to be ground up; **farsi vedere** to show oneself 14; **farsi vivo** to show up 14; **non fare su di essi alcuna presa** to have no influence on them
farfalla butterfly
faro beacon
fasci (*m. pl.*) fasces (symbol of authority in ancient Rome and adopted by Mussolini as a symbol of the Fascist Party) 10
fastidio (*pl.* **i fastidi**) annoyance 8, inconvenience
fastidioso annoying 4
fatica (*pl.* **le fatiche**) hard work; **fare fatica** to have trouble
fatti (*m. pl.*) news, events 14
fatturato invoice
favola fable 6
favore (*m.*) favor 11, 13
favorevole favorable 5
favorire (isc) to aid, to favor 2, to promote 11
fazzoletto handkerchief, scarf

febbraio February 6
febbre del fieno (*f.*) hay fever
febbrone (*m.*) high fever 14
fedele seguace (*m.*) loyal follower
felice happy 10
felicità happiness 4
feltro felt
fenomeno phenomenon 11
ferie (*f. pl.*) paid vacation 5; **essere in ferie** to be on vacation
ferire (isc) to wound 2
ferita wound
fermare to stop 8; **fermarsi** to stop 8
fermezza certainty, steadfastness
fermo still
ferraglia scrap iron
Ferragosto mid-August vacation 7
fesseria nonsense
fesso stupid
festa holiday 6; **Buone Feste!** Happy Holidays! 6
festeggiare to celebrate 6
fettina steak; thin slice
feudale feudal 13
fiaba fairy tale 6
fianco hip
ficcare to put, to thrust
fidanzarsi to get engaged 2
fidarsi to trust 5, 10
fiera fair 6
figli (*m. pl.*) children 1
figlia daughter 1; **figlia unica** only child 1
figliastra stepdaughter 1
figliastro stepson 1
figlio (*pl.* **i figli**) son 1; **figlio unico** only child 1
figura figure; **fare bella figura** to cut a fine figure; **fare brutta figura** to cut a poor figure
fila di macchine line of cars 7
filare to spin
filato yarn
film (*m.*) film 1
filmare to film 10
finalmente at last, finally
Finanza Revenue Office
finanziamento financing 11
finché as long as 7; **finché (non)** until 6, 7
fine (*f.*) end; **alla fine** in the end; **infine** in the end; **fine a se stesso** as an end in itself
fine (*adj.*) refined 3
finestrino small window (of car, train, or plane) 14
fingere* to pretend 6
finire (isc) to finish 3, 10
fino in fondo all the way down
fiorato flowered
firma signature; **grande firma** famous name
firmare to sign
fiscale fiscal 12
fischiare to whistle 8
fischiettare to whistle
fischietto little whistle
fisico physique 1
fisso fixed 5, firm 2, permanent
flirt (*m.*) flirtation
folla crowd 7
fon (*m.*) hairdryer 2
fondamentale fundamental 11
fondato founded
fondere to burn out; to melt; to mold
fondo bottom, end; **in fondo** after all, at the end; **in fondo a** at the bottom, at the end of 2
fondotinta (*m.*) foundation, makeup 2
footing (*m.*) jogging 2; **fare il footing** to jog 2
forestierismo foreign word
forma shape; **in forma** in good shape
formale formal 2
fornello camp stove 7; stove
fornire (isc) to equip, to furnish 2, to supply, to provide
fornitura supply
forno oven 9; **forno a legna** wood-burning oven; **forno a microonde** microwave oven 9
forse perhaps; **in forse** in doubt
forsennatamente furiously
forte strong 1; *adv.* loudly, fast
forza power; **forza lavoro** work force 12
forze (*f. pl.*) strength
fra among 8; **fra l'altro** among other things 13
fradicio rotten, soaked 1
frammentazione (*f.*) fragmentation 11
frastuono noise
fratello brother 1
frazione (*f.*) fraction 6
freddo cold; **avere freddo** to be cold
frenare to brake; **frenare di colpo** to brake suddenly
frenesia frenzy
frequentare una persona to go out with someone, to hang out with someone 2
frequenza obbligatoria mandatory attendance 4
fretta hurry; **avere fretta** to be in a hurry 1
friggere* to fry 9
frigo(rifero) refrigerator 1
fronte (*f.*) forehead
fronte (*m.*) front; **fare fronte a** to cope with 12
frugare to rummage
frullare to beat, to blend 9
frullatore (*m.*) blender
frusta whip
fucilare to shoot
fuga (*pl.* **le fughe**) escape
fuggire to flee 2
fulmineamente like lightning
funzionamento functioning, operation 12

funzionario (*pl.* **i funzionari**) government official, manager
funzione (*f.*) function 14
fuochi d'artificio (*m. pl.*) fireworks 6
fuori out, outside 2, 7; **fare fuori** to kill
fuoriserie scoperta (*f.*) custom-built convertible
furbo sly 1, shrewd 1
furgone (*m.*) delivery van
furia fury, rush; **a furia di** by means of
furto theft
futuro the future 5

G

gamba leg; **essere in gamba** to be in good shape, to be on the ball, to be alive and kicking
gara bid, competition 6, race
garantire (isc) to guarantee 11
garanzia collateral; guarantee, warranty
gareggiare to compete
gatto cat 6
gemello twin 1
genere (*m.*) kind, sort, type
genero son-in-law 1
generosità generosity 13
generoso generous 1
genitore (*m.*) parent 1
gennaio January 6
gente (*f.*) people
genuino genuine, natural 9
gerarchia hierarchy
gergo (*pl.* **i gerghi**) slang, jargon 10
gestione (*f.*) management 12
gesto action, gesture 1, 2
giardino garden 4
ginnastica gymnastics; **fare ginnastica** to work out 2, to exercise
ginocchio (*pl.* **le ginocchia; i ginocchi**) knee 1
giocare to play 2; **giocare a calcio** to play soccer 3; **giocare a carte** to play cards 3; **giocare a dama** to play checkers 3; **giocare a golf** to play golf 3, 7; **giocare a pallacanestro** to play basketball 3; **giocare a pallavolo** to play volleyball 3; **giocare a scacchi** to play chess 3; **giocare a tennis** to play tennis 3
giocatore (*m.*) male player 3
giocatrice (*f.*) female player 3
giocattolo toy 6
gioco (*pl.* **i giochi**) game; **fare giochi da tavolo** to play board games 3
giogo (*pl.* **i gioghi**) yoke
gioia joy 4
giornale (*m.*) newspaper; **sul giornale** in the paper 2
giornaliero daily 2, 10; everyday
giornalista (*m.* or *f.*) journalist 1
giorno day; **cento di questi giorni!** many happy returns of the day! 6; **i giorni della settimana** the days of the week 2, 6; **i primi giorni** the first days; **il giorno dopo** the day after; **il primo giorno** the first day
giostra merry-go-round 6
giovane young 1
giovani (*m. pl.*) young people 3
giovarsi to take advantage of
giovedì (*m.*) Thursday 6
gioventù (*f.*) youth 3, 4
giovinezza youth 4
girare un film to film, to shoot 10
girarsi to spin, to turn around
gita excursion; **fare una gita** to go on an excursion 3
giudicare to judge 2
giudice (*m.*) judge 13
giugno June 6
giungere* to arrive, to join 6
giunta city council
glutei (*m. pl.*) buttocks
gnaulio (*pl.* **i gnaulii**) whine
gobbo hunchback
godere to enjoy
godereccio pleasure-loving
gommone (*m.*) rubber boat 7
governare to govern 11
governo government 11
gradasso braggart
gradevole agreeable, pleasant 4
grafico (*pl.* **i grafici**) chart
grande large, great, big 1, 8; **più grande** bigger 8; **il più grande** the biggest 8
grandine (*f.*) hail 6
grandissimo very big, very great 8
grasso fat 1, 9
grassoccio plump
grattacielo skyscraper
grattugiare to grate 9
gravità seriousness 11
gregario (*pl.* **i gregari**) Mafia soldier
gregge (*m.*) (*pl.* **le greggi**) flock
grembiule (*m.*) pinafore, smock, apron 4
gremito full
gridare to scream, to yell
grigio gray 1
gru (*f.*) crane 1
guadagno earnings 3, profit
guaio (*pl.* **i guai**) difficulty
guai! woe!

guardare to look, to look at 3, to watch 2, 13; **guardare una partita** to watch a game, a match 3; **guardare fisso negli occhi** to look straight at (someone); **guardare la televisione** to watch television 2, 3; **guardarsi** to look at oneself, to be wary of, to take care; **guardarsi allo specchio** to look at oneself in the mirror 2; **guardarsi da** to protect oneself from 9
guarire (isc) to heal 2
guerra war 10
guscio (*pl.* **i gusci**) shell
gusto taste 9, 13

H

hobby (*m.*) hobby 3
hotel (*m.*) hotel 7

I

idealizzato idealized 10
idealizzazione (*f.*) idealization 10
ideato conceived
ideologia (*pl.* **le ideologie**) ideology 10, 11; **ideologia di destra** right-wing ideology 3; **ideologia di sinistra** left-wing ideology 3
idioma (*m.*) language
idratare to moisturize 9
idraulico (*pl.* **gli idraulici**) plumber 5
iena hyena
iettatura evil eye 6
igiene (*f.*) hygiene
ignavia laziness
ignoto unknown
illegale illegal 13
illustrare to represent, to illustrate 14
imbarazzo embarrassment 4
imbrogliarsi to get confused
immagine (*f.*) image 3, 14
immaturo immature 3
immediato immediate, quick 14
impacciato awkward, ill-at-ease 1
impalcatura scaffolding
imparare to learn 10
impastare to knead
impatto impact 14
impedire (isc) to prevent 11
impegnarsi to commit oneself
impegnato committed 3, 13, engaged 10
impegno commitment 13, obligation; **con impegno** with diligence
imperialismo imperialism 10
imperialista imperialist 10
impermalito offended
impermeabile (*m.*) raincoat
impersonale (*m.*) impersonal construction 12; impersonal
impiantistica installation
impianto installation 14, plant, structure
impiegata female clerk 5
impiegato male clerk 5
impiegato (*adj.*) employed 5, 12
impiego (*pl.* **gli impieghi**) job, position 5
importazione (*f.*) import 12
imposta tax 12
impotenza impotence, weakness 13
imprenditore (*m.*) male entrepreneur 5, 11; **imprenditore edile** male building contractor 5
imprenditrice (*f.*) female entrepreneur 5, 11; **imprenditrice edile** female building contractor 5
impresa enterprise, undertaking 12; **impresa edile** construction company 5
imprestare to lend; **farsi imprestare** to borrow something 14
imprevisto unforeseen event 5
imprevisto (*adj.*) unforeseen 13
improvvisamente suddenly 2
impulsivo impulsive 2
imputata female accused, female defendant 11
imputato male accused, male defendant 11
inafferrabile incomprehensible, elusive
inaffidabile unreliable
inalienabile inalienable 11
inappetenza loss of appetite
inappuntabile irreproachable
incalzare to press
incapacità incapacity 13
incarico (*pl.* **gli incarichi**) task, duty 5
incassare to collect
incasso receipts, profit 14
incastro insertion
incertezza uncertainty 4
incerto uncertain 5
inchiesta investigation, survey 14
incidente (*m.*) accident; **incidente stradale** traffic accident 7
incognita the unknown, uncertainty 5
inconsueto unusual
incontrarsi to meet
inconveniente (*m.*) inconvenience 7; drawback, snag
incrementare to increase 14, to promote 12
incrocio (*pl.* **gli incroci**) crossroad 8, intersection
incubo nightmare
incupirsi (isc) to become gloomy
indagare to investigate 11
indagata female suspect 11

indagato male suspect 11
indagine (*f.*) investigation
indicare to indicate 2
indice (*m.*) table of contents 14; **indice d'ascolto** ratings 14
indifferente indifferent 3
indifferentismo indifference
indifferenza indifference 13
individualismo individualism 13
individuare to single out, to specify 13
individuo individual 11
indizio (*pl.* **gli indizi**) sign, clue, evidence
indomani (*m.*) morrow; **l'indomani** the next day
indossare to put on (clothes) 2; to wear
indovina female fortuneteller 6
indovinare to guess
indovinello riddle
indovino male fortuneteller 6
indugiare to stop, to linger, to delay
indurre (*p.p.* **indotto;** p.r. **indussi**) to induce, to persuade 10
industria industry 12
industriale industrial 12
industrializzato industrialized 12
inedito unpublished
inferiore lower 8
infilarsi to enter; to slip on; **infilarsi i vestiti** to slip on one's clothes; **infilarsi le scarpe** to slip on one's shoes 2
infimo very low 8; **l'infimo** the lowest 8
influenza influence 11; flu
influenzare to influence 5, 12, 14
influsso influence 6
informatica computerization; computer science
informazione (*f.*) information 14
ingegnere (*m.*) engineer 5
ingenuo naive person; **fare l'ingenuo** to play dumb
ingiustizia injustice 10
ingorgo (*pl.* **gli ingorghi**) traffic jam 7
ingrassare to get fat 9
ingrediente (*m.*) ingredient 9
ingurgitare to gulp
ininterrotto uninterrupted 11
iniziativa initiative 12, 13
inizio beginning; **all'inizio** at first
innalzarsi to rise up
innamorarsi to fall in love 2
innamorato cotto madly in love
inno hymn
innovazione (*f.*) innovation 12, 14
inoltre besides, furthermore 8
inquadratura frame
inquinamento pollution 3, 8
inquinare to pollute 8
inquinato polluted 8
insegna sign 6
insegnante (*m.* or *f.*) teacher 4, 10
insegnare to teach 3, 10
inseguire to pursue, to chase
inserire (isc) to insert 2
inserzione (*f.*) advertisement, job listing 5
insipido insipid, bland 9
insistere to insist 7
insulare insular, including islands 13
intasato obstructed 8, stopped up
intendere to mean, to intend 2
intento purpose, aim, goal
intenzione (*f.*) intent; **avere intenzione di** to intend to do something 3
interessarsi di qualcosa to be interested in something 3
interesse (*m.*) interest 3, 11
internazionale international 12
interno interior 10
intero entire 12
interpersonale interpersonal 13
interpretare to play a role, to interpret 14
interprete (*m.* or *f.*) actor 14; interpreter
interrogazione (*f.*) oral exam 4; interrogation
intervallo break 4; interval, pause
intervenire* to intervene 11, 12
interventista interventionist 12
intestare to put under one's name; to address
intolleranza intolerance 13
intraprendenza initiative 13
intrattenere (*p.r.* **intratenni**) to entertain 10; to linger
intraversato angry
intrecciarsi to interweave
intrinseco intrinsic 11
introverso introverted 1
intuito intuition 5
invadere to invade 10
invasione (*f.*) invasion 10
invece instead
inverno (*m.*) winter 6
investimento investment 14; **investimento a perdere** losing investment 10
investire to invest 12, to run into
inviare to send 2, 7
inviata female correspondent 14
inviato male correspondent 14
invidia envy 6
invidioso envious, jealous 6
invivibile unlivable 8
involtino parcel
ipocrita (*m.* or *f.*) hypocrite 1
ipotesi (*f.*) hypothesis 1
irreale imaginary 6
irrespirabile unbreathable 8
irrisorio ridiculous

irrobustirsi to grow stronger
iscritto member
iscriversi a un partito to become a member of a political party 10
isola pedonale area closed to traffic 8
isolato (city) block 8
istituire (isc) to institute, to enact 10
istituto department
istituzioni (*f. pl.*) institutions, structures 13
istruzione (*f.*) education 1

L

là there; **al di là** aside from, on the other side
labbro (*pl.* **le labbra**) lip 1
ladra female thief 13
ladro male thief 13
lager (*m.*) prison camp
laggiù down there, over there
laico secular
lampo (*f.*) zipper
lampo (*m.*) flash, lightning 6
lana wool
lanciato launched
largo wide 1, broad
lasciare to allow, to leave 2, to let 10, to permit 14; **lasciar perdere** to forget about it
lato side
lattina can 9
laurea university degree 4
laurearsi to graduate from college 4
lauto sumptuous
lavaggio moquette carpet cleaning
lavarsi to wash oneself; **lavarsi i denti** to brush one's teeth 2; **lavarsi il corpo** to wash one's body 2; **lavarsi le mani** to wash one's hands 2
lavastoviglie (*f.*) dishwasher
lavativo idle, lazy bones
lavoratore (*m.*) male worker 12
lavoratrice (*f.*) female worker 12
lavoretto temporary job, small job
lavoro job; **lavoro a tempo pieno** full-time job 5; **lavoro part-time** part-time job 5; **lavoro saltuario** temporary job 5
legato connected, tied
legge (*f.*) law 11; **legge razziale** (*f.*) racially restrictive law 10
leggere* to read 2, 3, 6; **leggere la mano** to read one's palm 6; **leggere le carte** to read one's cards 6; **leggere un giornale** to read a newspaper 3; **leggere un libro** to read a book 3; **leggere una rivista** to read a magazine 3
leggerezza lightness
leggero light 9
lento slow 1, 8
lettura reading 3
libertà freedom 1, 11, liberty 10
libertario (*pl.* **i libertari**) anarchist, libertarian
librettino nice little book 14
libriccino cute little book 14
licenziamento dismissal
licenziare to fire 5
liceo high school 4
lieto happy
lievitare to rise, to leaven
limitare to limit 12
lindo tidy, clean
lineamenti (*m. pl.*) features 1
liquidare to pay off, to liquidate
liscio smooth 1, straight 1
listare to border, to edge; **listato a lutto** edged in black (for mourning)
listino prezzi price list 12
litigare to argue 2
livello level 12; **livello di guardia** safety limits
locale local 14
località turistica vacation resort 7
logoramento wasting away
logorio strain
look (*m.*) the look 3
loquace talkative
Loro (*m.* or *f.*) (*pl.* **i Loro; le Loro**) your (formal plural) 1
loro (*m.* or *f.*) (*pl.* **i loro; le loro**) their 1
lotta battle, struggle 10; **in lotta fra loro** fighting among themselves 13
lottare to struggle, to fight
lucrativo lucrative, profitable 13
luglio July 6
luminoso bright, shining 1
Luna Park (*m.*) amusement park 6
luna moon; **luna di miele** honeymoon
lunario (*pl.* **i lunari**) almanac
lunedì (*m.*) Monday 6
lungo long 1
luogo comune cliché, commonplace saying 13
luogo (*pl.* **i luoghi**) place 1, 4
lusso luxury; **di lusso** elegant 4, deluxe 7
lussuoso deluxe 7
lutto loss, mourning, grief

M

ma but
macchina car 7; **macchina cinematografica/macchina da presa** movie camera 10; **macchina da scrivere** typewriter 13; **in macchina** by car
macerie (*f. pl.*) ruins, rubble 10

macinino grinder (slang for jalopy)
macrodato di rilievo major fact
madre (*f.*) mother 1
maestoso majestic 8
maestra female elementary school teacher 4
maestranza workers
maestro male elementary school teacher 4
maga (*pl.* **le maghe**) female magician, wizard 6
magari maybe, I wish it were so, if only
magazziniere (*m.*) warehouseman
magazzino warehouse
maggio May 6
maggioranza majority 11; **maggioranza relativa** plurality 11
maggiore bigger 8; **il maggiore** the biggest 8
magia magic 6
magistrato magistrate 13
magnifico magnificent 1
mago (*pl.* **i maghi**) male magician, wizard 6
magro thin 1
mai never; **non... mai** never 3
maiale (*m.*) pork
malanno ailment
malavita criminal underworld 13
maleducato rude, ill-mannered 1
malefico harmful 6; evil
malessere (*m.*) malaise
malfamato disreputable 4
malgrado although, in spite of, even though, even if 7
malinconia melancholy 4
malloppo bundle, loot
malocchio evil eye 6
maluccio not so great 8
mancanza lack
mancare to be out of 4, to lack 2, to miss, to need; **ci mancherebbe altro** that would be the limit
mancia (*pl.* **le mance**) tip
manco not even
mandare to send 10
mandorla almond; **a mandorla** almond-shaped
manica (*pl.* **le maniche**) sleeve
manicaretto domenicale special Sunday dish, delicacy
manifestare to display 14, to express 11, to manifest
manifesto poster, placard 11
mano (*f.*) (*pl.* **le mani**) hand 1
manovale (*m.*) laborer
manovella starter handle
mantenere* to maintain 2, 12, to support; **mantenersi in forma** to stay in shape 2, 9
manufatto manufactured product
marca (*pl.* **le marche**) brand name 3
marchio (*pl.* **i marchi**) label, trademark
marciapiede (*m.*) sidewalk 8
mare (*m.*) sea 7; **al mare** at the beach 13
marinaio (*pl.* **i marinai**) sailor
marinare to marinate; **marinare la scuola** to cut school
marito husband 1
martedì (*m.*) Tuesday 6
martello hammer
marzo March 6
mascara (*m.*) mascara 2
masserizie (*f. pl.*) household goods
massiccio massive
massimo very big, very great 8
materia course, subject 4; **essere bravo in una materia** to be good at a subject
materialista materialistic 3
materie prime (*f. pl.*) raw materials 12
matrigna stepmother 1
matrimonio (*pl.* **i matrimoni**) wedding 6, marriage
mattina morning; **la mattina** in the morning 2
mattinata morning
mattiniera female early riser 2
mattiniero male early riser 2
mattone (*m.*) brick
maturità middle age 4, maturity
maturo mature 3
mazzetta bribe 11; bundle
meccanico (*pl.* **i meccanici**) mechanic 5
medesimo same
medico (*pl.* **i medici**) doctor 5
medio average 1, 12, medium
meglio better 8; **il migliore** the best 8
membruto stocky
memoria memory; **memoria di ferro** good memory 4
menata scene
meno less 3, minus; **fare a meno** to do without; **il meno** the least 7
mensa cafeteria, canteen, dining hall 2; soup kitchen
mensile monthly 14
mento chin
mercato market 12
merce (*f.*) goods, merchandise 12
mercoledì (*m.*) Wednesday 6; **mercoledì delle ceneri** Ash Wednesday 6
merenda snack 4
meridionale southern 13
meridione (*m.*) South (southern Italy) 13
mescolare to mix 9
mese (*m.*) month; **i mesi dell'anno** the months of the year 6
mestiere (*m.*) occupation, trade 5
meta destination, goal
metro(politana) (*f.*) subway 8
mettere* to place 6, to put 3; **mettere a disposizione** to make available 14; **mettere a punto** to complete; **mettere fine a** to put an end to 11; **mettere la sveglia** to set the alarm 2; **mettere una persona in cassa integrazione** to lay off someone 5; **mettersi** to put on 2; **mettersi a** to start 10; **met-**

tersi a dieta to go on a diet 9; **mettersi a fare una cosa** to start to do something 2; **mettersi alla prova** to test oneself; **mettersi i vestiti** to put on one's clothes 2; **mettersi il profumo** to put on perfume 2; **mettersi in aspettativa** to take a leave of absence 5; **mettersi in sciopero** to go on strike
mezzanotte (*f.*) midnight 3
mezzi di trasporto (*m. pl.*) means of transportation 7
mezzo half past (the hour) 3
mezzogiorno noon 3; South (southern Italy) 13
mia (*f.*) (*pl.* **le mie**) my 1
miele (*m.*) honey
mietitura harvest 6
migliorare to improve 12
militarista militarist 10
minaccia (*pl.* **le minacce**) threat
minacciare to threaten 13
minacciato threatened 8
minerale (*m.*) mineral 9
miniappartamento small apartment 7
minimo very small 8, least
minore smaller 8; **il minore** the smallest 8
mio (*m.*) (*pl.* **i miei**) my 1
miscuglio (*pl.* **i miscugli**) mixture
miseria poverty 13
mistificare to mystify 10
misura size 1; **a misura d'uomo** on a human scale 8; **su misura** custom-made, appropriate
mitragliatrice (*f.*) machine gun
moda fashion; **di moda** in fashion
modo manner, way; mood 7; **in modo che** in order to, in order that, so that 7; **modo congiuntivo** subjunctive mood 7; **modo indicativo** indicative mood 7
moglie (*f.*) (*pl.* **le mogli**) wife 1
molesto bothersome 4
molteplice multiple
molti many, many people 13
molto (*adj.*) much, a lot 13
monarchia monarchy 11
monodose single-serving
montagna mountain 7; **in montagna** in the mountains, to the mountains 13
montare to climb, to install, to rise; **montarla contro di me** to turn her against me
montone (*m.*) ram
monumento monument 8
morbido soft, smooth 1
morire* to die 3; **gliene morisse qualcuna** one of them could die
moschetto rifle
mostra d'arte art exhibit 3
motivo motive, reason
motoscafo motorboat 7
motto motto, saying 6
mucchio pile, a lot
muffa mold
multa ticket; **fare una multa** to give a ticket 8
multinazionale multinational 5
multisale (*f.*) multiscreen theater 14
munizione (*f.*) ammunition
muovere* to move 3, 6
mutare to change 13

N

nascere* to be born 2, 3, 6; **nascere con la camicia** to be born with a silver spoon in one's mouth
nascondere* to hide 3, 6, 10
nascosto hidden 14
naso nose 1
Natale (*m.*) Christmas 6; **Buon Natale!** Merry Christmas! 6
naturale natural 9
naturista (*m.* or *f.*) nature lover
nave (*f.*) ship, boat 7
nazionale national 12
nazionalismo nationalism 10
né nor; **non... né... né** neither . . . nor 3
neanche not even, neither 2; **non... neanche** not even, not either 3
nefasto ill-omened
negato a scrivere not gifted at writing
nemico enemy 10
nemmeno not even, neither 2; **non... nemmeno** not even, not either 3
neorealismo neorealism 10
neorealista (*adj.*) neorealist 10
neppure not even, neither 2; **non... neppure** not even, not either 3
nero black 1
nessuno nobody 13; **non... nessuno** no one, not anyone 3
nessuno (*adj.*) any 13, none 13, not any 9
nettezza cleanliness
neve (*f.*) snow 6
niente nothing 13; **non... niente** nothing 3
nipote (*m.* or *f.*) grandson, nephew 1; granddaugher, niece 1
nocciola (*adj.*) hazel
nocivo harmful 9
nodale crucial
noia boredom
non... che only 3
non... mica not at all, not in the least 3
nonché also; let alone
nonna grandmother 1
nonni grandparents 1
nonno grandfather 1
nonostante although, even if 7, even though, in spite of
norma measure, principle 11, rule; **con apposite norme** by appropriate measures

nostalgia nostalgia 4
nostra (*f.*) (*pl.* **le nostre**) our 1
nostro (*m.*) (*pl.* **i nostri**) our 1
notare to notice 13
notizia piece of news 14
notizie (*f. pl.*) news 14
notte (*f.*) night; **la notte** at night 2
novembre (*m.*) November 6
nubile (*f.*) single, unmarried 1
nulla nothing 13; **nulla a che spartire** nothing in common; **nulla di fatto** nothing resolved; **non... nulla** nothing 3
numero number; **numeri cardinali** cardinal numbers 6; **numeri ordinali** ordinal numbers 6
nuocere (*p.p.* **nociuto;** *p.r.* **nocqui**) to injure, to harm
nuora daughter-in-law
nuotare to swim 3, 7; **nuotare al mare** to swim in the ocean 3; **nuotare in piscina** to swim in the pool 3
nuotata swim
nuovo new 1
nutrirsi to feed, to nourish oneself 9

O

oasi (*f.*) oasis
obbediente obedient 3
obbedire (isc) to obey 2
obbligare to force 10
obbligatorio compulsory, obligatory 10
obbligo fiscale (*pl.* **gli obblighi fiscali**) tax obligation
obbrobrioso shameful, dreadful
obliare to forget 7
oblio forgetting
occasione (*f.*) opportunity, bargain; **d'occasione** used
occhio (*pl.* **gli occhi**) eye 1; **costare un occhio** to cost a fortune
occorrere to be needed 4, to have to, to need; **occorre** it is necessary 7
occulto concealed 14, occult
occupare to occupy 10; **occuparsi di** to attend to, to devote oneself to 13
occupazione (*f.*) occupation 10
oculista (*m.* or *f.*) eye doctor 5, ophthalmologist
odiare to hate; **odiare una persona** to hate someone 2
odio hate, hatred 4
odioso detestable, hateful, repulsive 4
odori (*m. pl.*) herbs 9
offendere* to offend 3
offerta promozionale promotional offer, special 12
offrire* to offer 2, 3
ogni each, every 13
Ognissanti (*m.*) All Saints' Day
ognuno everybody, everyone 13
olio abbronzante (*pl.* **gli oli abbronzanti**) suntan oil 7
olivastro olive-colored 1
oltre beyond, farther
omaggio (*pl.* **gli omaggi**) respect, homage; free gift
ombra shade, shadow 7; **in ombra** shadowed
ombrellone (*m.*) beach umbrella 7
ombretto eyeshadow 2
omertà law of silence 13
omicida (*m.* or *f.*) murderer 1
ondulato wavy 1
onesto honest 1
onomastico saint's day, name day 6; **Buon Onomastico!** Happy Saint's Day! 6
onorevole honorable
opera opera 3
operaia female worker 5
operaio male worker 5
opinione (*f.*) opinion 1; **opinione pubblica** public opinion 14
opportunità opportunity 8; **opportunità economica** economic opportunity 8
opposizione (*f.*) opposition 10
opuscolo pamphlet 7
ora time, hour; **ora di pranzo** mealtime 2; **ora di punta** rush hour 8; **a cento all'ora** 100 kilometers an hour; **a che ora** at what time 3; **Che ora è?/Che ore sono?** What time is it?; **d'ora in avanti** from now on; **le ore libere** free time 2
orario schedule 2; **orario di lavoro** work hours 5
ordinamento system 11
ordinare to order 10
ordinazione (*f.*) order 12
ordine (*m.*) command, order
organizzarsi to get organized 7
orgoglio pride 12
orgoglioso haughty, proud 1
oroscopo horoscope 5
orsacchiotto cute (stuffed) bear 14
orso bear
ortografia spelling
osare to dare
oscuro dark, obscure
ossa rotte (*f. pl.*) broken bones
ossequioso respectful 3
osservare to observe, to watch 13
osso (*pl.* **le ossa**) bone 1
ostacolo obstacle 11
osteria tavern
ottenere (*p.r.* **ottenni**) to obtain 2, 14
ottimista optimistic 1
ottobre (*m.*) October 6
ovunque wherever 7, everywhere
ovvero in other words, that is

P

pacco (*pl.* **i pacchi**) bag 9; package

pace (*f.*) peace 7
padellone (*m.*) big pan; **padellone di riflettore** a big reflector pan
padre (*m.*) father 1
paesello sweet little village 14
pagare to pay for 2, 3; **far pagare** to charge someone 14; to make someone pay
pagella report card 4
paio (*pl.* **le paia**) pair 1
paladino proponent; **esagitati paladini** overexcited proponents
palazzo building 4
palla ball; **palla di vetro** glass ball (Christmas tree decoration) 6
pallido pale 1
panettone (*m.*) traditional Christmas cake 6
panino sandwich 9; roll
panni (*m. pl.*) clothes
panorama (*m.*) (*pl.* **i panorami**) panorama
papa (*m.*) pope 1
parapiglia (*m.*) confusion
parcheggiare to park 8
parcheggio (*pl.* **i parcheggi**) parking 8; **parcheggio custodito** attendant parking
parecchi several people 13
parecchio (*adj.*) several 13, a lot
pareggio balance, settlement; **in pareggio** at cost 12
parente (*m.* or *f.*) relative 1; **parenti acquisiti** in-laws 1
parere* to seem; **pare** it seems 7
pari (*inv.*) equal, even; **ad armi pari** on equal terms
parlamento parliament 11
parlare to speak 3; **parlare ad alta voce** to speak loudly 13
parola word 9; **farsi cavar le parole con l'uncino** to make someone drag words out of oneself
parolaccia (*pl.* **le parolacce**) vulgar word 14
parrucchiere (*m.*) hairdresser
parte (*f.*) part; **a parte** except; **far parte di** to be part of 3
particolare particular 11
particolaristico single-issue, narrow 11
partigiano partisan 10
partire to leave 2
partita game; **fare una partita di carte** to play a game of cards
partito party 11
partitocrazia partyocracy 11
pascolare to graze
Pasqua Easter 6; **Buona Pasqua!** Happy Easter! 6
passaggio pedonale (*pl.* **i passaggi pedonali**) pedestrian crossing 8; pedestrian underpass
passare to spend time, to pass by 3
passatempo pastime 3
passeggiare to stroll 3, to take a walk 2; **passeggiare per la strada** to walk along the street 2
passeggiata walk; **fare una passeggiata** to take a walk 2
pasto meal 9
pastore (*m.*) shepherd
patrigno stepfather 1
patriottico patriotic 10
patriottismo patriotism 10
pattinare to skate 3
patto condition; **a patto che** provided that, on the condition that 7
pattuito agreed upon
pattumiera trash can
paura fear; **avere paura di** to be afraid of 1
pazzesco absurd, crazy
peccare to sin
peccato sin
pecora sheep
pediatra (*m.* or *f.*) pediatrician 1
pedone (*m.*) pedestrian 8
peggiore worse 8; **il peggiore** the worst
pelle (*f.*) skin 1
pelo fur
pendolare (*m.*) commuter 8
penna feather; pen
pensare to think 1, 7; **pensare a** to think about, to take care of 10; **pensare di** to think of, to intend to do 10
pensierino remembrance
pensiero thought 1
pensieroso pensive, worried 1
pensione (*f.*) room and board; **pensione completa** full room and board 7; **mezza pensione** room and partial board 7
pentirsi to repent 10
pentito informer 13
pentito (*adj.*) repentant
penultimo next-to-last
per in order to, in order that, so that 7
peraltro besides
percepire (isc) to collect; to become aware of; to perceive
perché because, in order to, in order that, since, so that 7; why 12
percorso route
perdere* to lose 3, 6, 12; **perdere dei chili** to lose some pounds 9
perdita loss; **in perdita** at a loss 12
perfino also, even, too 2
pericolo danger
periferia outskirts, suburbs 8
periferico in the outskirts 4; peripheral
periodico periodical 14

periodo sentence, time; **periodo di punta** busiest time 7
permesso leave of absence; permission; **permesso di scrivere** permission to write 10
permettere* to permit 10
permissivo permissive 1
però but
perso lost
persona person; **fare bene a una persona** to be good for someone 9; **fare dispetti a una persona** to torment or insult someone 4
personalità personality 1
persuasione (*f.*) persuasion 14; conviction
pesante heavy 9
peso burden, weight 1
pessimista pessimistic 1
pessimo very bad 8
pestare to pound
pettegolezzo gossip; **fare pettegolezzi** to gossip
pettinarsi i capelli to comb one's hair 2
pettinatura hairstyle
pettine (*m.*) comb 2
petto chest (heart)
piacere* to be pleasing 3, 10, to be pleasing to 4, to like 6, 7; **non piacere** to not like, to be displeasing 4
piaga (*pl.* **le piaghe**) sore
pianeta (*m.*) planet
piangere* to cry 3, 6
piastrella tile
piatto dish 9; **primo piatto** first course 9; **secondo piatto** second course, main course 9
piazza square 8
piazzare to display, to place, to put
piazzato placed
picchiare to bang, to hit, to strike
picco peak; **a picco** vertically
piccoletto cute little 14
piccolissimo very small 8
piccolo small 1; **più piccolo** smaller 8; **il più piccolo** the smallest 8
piede (*m.*) foot; **a piedi** on foot, by foot; **in piedi** on foot, standing up 2; **sui due piedi** on the spur of the moment
piedistallo pedestal
pieno full; **in pieno** fully 11; **pieno di verde** full of vegetation 4
pienone (*m.*) huge crowd, full house
pigiama (*m.*) pajamas 2
pigro lazy 1
pilastro pillar
pioggia (*pl.* **le piogge**) rain 6; **le piogge primaverili** spring rains 6
piscina pool; **in piscina** in/to the swimming pool 13
pisolino nap; **fare un pisolino** to take a nap 2
pista ski slope; **piste abbondantemente innevate** snow-covered ski slopes
più more; **più tardi** later; **più... di quanto** more . . . than that which 8; **più... di quello che** more . . . than that which 8; **il più** the most 7; **non... più** no longer, no more 3
piuma feather
pizzo lace
planare to glide
plusvalore (*m.*) added value
pochino a little bit 8
poco a little; **in pochi** few in number; **pochi** few people
poco (*adj.*) little 13; **un po'/poco di** a bit of, some 9
poeta (*m.*) (*pl.* **i poeti**) poet 1
poetastro inferior poet 14
poi after, moreover
poiché since 10
politica politics 11, public policy
politicizzato politicized 13
politico political 10, 11
polmone (*m.*) lung
poltrire to be idle, to be lazy
poltrona easy chair, seat 14; **poltrona da dirigente** executive chair
polvere (*f.*) dust
ponderatamente carefully
ponte (*m.*) deck, bridge; **fare il ponte** to take a long weekend 7
popolare popular 11
popolo public
porre* to impose, to place 3, 4, 7, to put
portafoglio (*pl.* **i portafogli**) wallet
portamento gait, bearing 1
portare to bring; **portare a** to lead to 10; **portare alla luce** to bring to light 11; **portare bene** to bring good luck 6; **portare fortuna** to bring good luck 6; **portare male** to bring bad luck 6; **portare sfortuna** to bring bad luck 6
portata importance; **di grande portata** of major importance 14
porto port 7
portoncino small door
portone (*m.*) large front door of a building 14
posteggio parking space 8
posto place 4; **posto di lavoro** workplace 5
potente (*m.*) powerful person
potere (*m.*) power 11, 13
potere* to be able 10, to be able to 2, 5; **può darsi** it could be 7; **può essere** it may be 7; **me la potevo prendere comoda** I could take it easy
povero poor 4
povertà poverty 10
pranzare to have lunch 2, 9
pranzo lunch 9

praticare uno sport to play a sport 3
praticello tiny lawn
pratico practical 5
precoce precocious 3
preconcetto preconception 13
predire (*p.p.* **predetto;** *p.r.* **predissi**) to predict; **predire il futuro** to predict the future 5
predominio preeminence, domination 13
preferire (isc) to prefer 2, 7, 10
prefiggere (*p.p.* **prefisso;** *p.r.* **prefissi**) to determine
pregare to pray 2; to beg 10
pregiato valuable
pregiudizio (*pl.* **i pregiudizi**) prejudice 6, 13
prelibato exquisite
premuroso eager
premuto pressed
prendere* to take 3; **prendere un abbaglio** to be mistaken; **prendere appunti** to take notes 2; **prendere bei/brutti voti** to get good/bad grades 4; **prendere il sole** to sunbathe 7; **prendere il sopravvento** to get the upper hand; **prendere il treno** to take the train 2; **prendere in giro una persona** to make fun of a person 4; **prendere l'autobus** to take the bus 2; **prendere la metropolitana** to take the subway 2; **prendere la tessera** to become a member of a political party 10; **prendere le ferie** to take one's vacation 7; **prendere un aperitivo** to have a drink 2; **prendere (qualcuno) a botte** to beat (someone) up
prenotare to make a reservation 7
preoccuparsi to worry 10; **preoccuparsi (di)** to worry (about) 3
preparazione (*f.*) preparation; **a preparazione rapida** quick to prepare 9
preparare to prepare 9; **preparare un curriculum** to prepare a resume 5
prepotente overbearing, arrogant 1
presa grasp, hold; influence; **non fare su di essi alcuna presa** to have no influence on them
presentare to present 14
presentatore (*m.*) male emcee 14
presentatrice (*f.*) female emcee 14
presentimento foreboding, presentiment 5
presepe (*m.*) Nativity scene, crèche 6
presepio Nativity scene, crèche 6
preside (*m.*) school principal
presidiato supervised
pressoché almost, nearly
prestarsi to lend oneself
prestazione (*f.*) performance
prestito loan
presunto presumed
prete (*m.*) priest
prevedere* to foresee; **prevedere il futuro** to foresee the future 5
prezzo price 12
prigione (*f.*) prison 10
prima premiere
prima (*adj.*) first; **prima che** before 7; **prima di** before 7; **prima di tutto** first of all
primavera spring 6
primo first 7; **il primo** the first day of the month 6
princípio (*pl.* **i princípi**) principle 11; beginning, start; **principio della savana** the beginning of the savannah; **al principio** at first
privatizzazione (*f.*) privatization 12
privato private 5, 12
privo di lacking in 8
problema (*m.*) (*pl.* **i problemi**) problem 1
pro-capite per capita 12
processione (*f.*) procession 6
processo trial 13
prodotto product 9; **i miei prodotti** my product line
produrre* (*p.p.* **prodotto;** *p.r.* **produssi**) to produce 3, 12
produttore (*m.*) male producer 14
produttrice (*f.*) female producer 14
produzione (*f.*) production 12, 14
professionale professional 2
professione (*f.*) profession 5
professore (*m.*) male professor 4
professoressa female professor 4
profeta (*m.*) prophet 1
profitto profit 12
profumo perfume 2; **profumarsi** to put on perfume 2
programma (*m.*) (*pl.* **i programmi**) program 1, 14; platform 11
programmare to plan 12
programmazione (*f.*) programming 14
proibire (isc) to prohibit 2
proibito prohibited 8
proiettare to project 13, 14
promettere* to promise 10
promulgare to promulgate 10
promuovere* to promote 11
pronome (*m.*) pronoun
pronto ready 10
propaganda propaganda 10
propizio favorable
proporre* to propose 2; **proporsi** to propose, to offer oneself
proposito intention
proposizione (*f.*) clause; **proposizione dipendente** dependent clause 7
proprietà fondiaria land, real estate
proprietaria female owner 12
proprietario (*pl.* **i proprietari**) male owner 12
proprio one's, one's own 1; **in proprio** self-employed 12
protagonista (*m.* or *f.*) protagonist 1

proteggere* to protect 12; **proteggersi** to protect oneself 9; **proteggersi la pelle** to protect one's skin 7
provare to experience (an emotion) 4, to feel, to try 10
provenire to emerge; **provenire da** to originate in 6
proverbio (*pl.* **i proverbi**) proverb 6
provincia (*pl.* **le province**) province 8; **di provincia** provincial 8
provinciale (*m.* or *f.*) provincial person 8
provinciale (*adj.*) provincial 8
provocare to provoke 6
provvidenza opportunity
provviste (*f. pl.*) supplies
psicologo (*pl.* **gli psicologi**) psychologist 1
pubblicare to publish 14
pubblicazione (*f.*) publication 14
pubblicità advertisement, publicity 12
pubblico public 5, 12, 13; audience 14
pugnale (*m.*) dagger
pugno fist
pulire (isc) to clean 2
pullman (*m.*) bus 8
punta point; **di punta** important
puntare to aspire
puntata episode 14; **a puntate** serialized 14
punto di vista point of view 14
pur although, even though 10
purché provided that, on the condition that 7
pure also, although, even, even though 10, too 2
pussista member of the Partito Unitario Socialista

Q

quadro d'autore original painting
quadrotto autoaderente self-stick carpet tile
qualche some, a few 13; **qualche volta** sometimes, at times 4
qualcheduno someone, some people, some 13
qualcosa something 7, 13
qualcuno anyone 7, some 13, some people, someone
quale which, what, which one 12
quali which ones 12
qualifica (*pl.* **le qualifiche**) qualification 5
qualità quality 12; **qualità della vita** quality of life 8
qualsiasi (*inv.*) any, any sort of, ordinary 13; whatever, whichever 7
qualunque (*inv.*) any, any sort of, ordinary 13; whatever, whichever 7
quando when 12
quanti everyone who, all those who 11; how many people 13
quanto how . . . !, how much . . . ! 14, how much, how many 12, 13; that which, what 11; **in quanto** because, since, in so far as
quantunque although, in spite of, even though, even if 7
Quaresima Lent 6
quartiere (*m.*) neighborhood 4, section of a city 8
quarto quarter past (the hour) 3; fourth
quattrini (*m. pl.*) money
quegli that one 11
quello that thing, the former 11; **quello che** that which, what 11
quesito problem
questi this one 11
questione (*f.*) problem 13
questo this thing, the latter 11
quietato abated
quindi therefore
quota quota 14; **quota di mercato** market share 12
quotato listed, quoted 12
quotidiano everyday, daily 10, 14, daily newspaper 11, 14

R

rabbia anger, rage 4
raccattare to pick up, to collect
racchiuso enclosed
raccogliere to gather 2; **raccogliersi** to gather, to assemble
raccolta harvest 6
raccolto harvest 6
raccolto (*adj.*) gathered, assembled
raddoppiare to double
raddoppiato doubled
radersi to shave 2
radicato deep-seated 13, rooted 6
radio(telefonia) (*pl.* **le radio**) radio 1; **alla radio** on the radio 2, 13
radiotelefono veicolare car phone
rado rare; **di rado** seldom
radura meadow; **a non tocche radure** to untouched meadows
raffinato refined 9
ragazzino small boy 14
raggio (*pl.* **i raggi**) radius; ray
raggiungere* to achieve, to arrive at 8, to gain, to reach 2
raggiunto reached
ragguardevole considerable
ragione (*f.*) reason 1; **avere ragione** to be right 1
ragioniera female accountant 5, bookkeeper
ragioniere (*m.*) male accountant 5, bookkeeper
ragnatela web
rallegrarsi to be happy 7, to rejoice
rallentamento slowdown 7
rametto stem
rammaricarsi to be sorry, to complain, to regret

rammentare to recall 4; **rammentarsi di** to recall 4
rampa flight, ramp
rampante aspiring, pushy 1; ambitious 3
rapinare to rob 13
rapire to abduct 13
rapporto relationship 2; **rapporto interpersonale** interpersonal relationship 8
rappresentante (*m.* or *f.*) representative 11
rappresentativo representative 13
raschio rasping
rasoio elettrico (*pl.* **i rasoi elettrici**) electric razor 2
rassegnazione (*f.*) resignation 13
ravvivato brightened up
razza breed, race 11, 13
re (*m.*) king 1
reagire (isc) to react 2
reale real 12
realismo realism 10
realista realistic 5
realistico realistic 10
realizzarsi to realize oneself 11
realizzazione (*f.*) realization, achievement 11
realtà reality 10
reazione (*f.*) reaction 10
recare to cause, to bear; to bring
recarsi to go
recidivo fallen back
reclamare to complain, to protest
recuperare to recover
recupero recovery
redattore (*m.*) male editor 14
redattrice (*f.*) female editor 14
redazione (*f.*) editorial staff 14
reddito income 5, 12; **redditi** earnings
referendum (*m.*) referendum 11
regalare to give a gift 6
regalo gift 6; **fare un regalo** to give a gift 6
reggere (*p.p.* **retto;** *p.r.* **ressi**) to carry, to hold
regía direction 14
regime (*m.*) regime 10; **il Regime Fascista** the Fascist Regime 10
regionale regional 14
regionalismo regionalism 13
regione (*f.*) region 13
regista (*m.* or *f.*) director 1, 14; film director 10
registrare to register, to score 14
regnare to reign, to rule 13
relativo relative 11
relatore della tesi (*m.*) thesis adviser
relazione (*f.*) report
religione (*f.*) religion 11
rendere* to make 14; to give back; **rendersi conto di** to notice, to realize 4, 10
rendita income
reparto department, unit 5; **reparto selleria** seat-making department
repubblica republic 11
repubblicano republican 11
residence (*m.*) apartment hotel 7
resistente long-lasting
resistenza resistance 10
respinto rejected
respirare to breathe
restare to remain 4, to stay
restío reluctant 1
restituire (isc) to give back 2
rete (*f.*) channel, network 14; **rete metallica** *(f.)* chain-link fence
retribuito paid
retribuzione (*f.*) pay
riabbassare to lower again
riaffiorare to reemerge
ribellarsi to rebel 3
ribelle (*m.* or *f.*) rebel 3
ribelle (*adj.*) rebellious 13
ricatto blackmail
ricavare to get
ricavato proceeds; fruit
riccio (*pl.* **ricci**) curly 1
ricco rich 4; **ricco sfondato** filthy rich
ricerca (*pl.* **le ricerche**) search, query; **ricerca di lavoro** job-hunting 5; **ricerca di mercato** marketing survey
ricetta recipe 9
richiamare to recall
richiedere* to require 7
riciclaggio money laundering 13; recycling
riconoscenza gratitude
riconoscere (*p.p.* **riconosciuto;** *p.r.* **riconobbi**) to recognize 11
ricordare to remember 4, 10; **ricordarsi di** to remember 4
ricordo memory 4, recollection
ricorrenza anniversary, festivity; recurrence
ricorrere (*p.p.* **ricorso;** *p.r.* **ricorsi**) to appeal, to apply, to have recourse, to resort
ricostruire (isc) to reconstruct, to rebuild
ricostruzione (*f.*) reconstruction 10
ridente smiling 1
ridere* to laugh 3, 6
ridire (*p.p.* **ridetto;** *p.r.* **ridissi**) to criticize; to object
ridurre* to reduce 2, 9, 12
riduzione (*f.*) reduction 12
riempire* to fill out, to fill up; **riempire un modulo** to fill out a form
rientrare to go home 2; **rientrare nel quadro** to fit the picture
rievocare to evoke 4, 10
riferire (isc) to relate, to refer 2; to report

rifiatare to breathe
riflessivo thoughtful 1
riflusso reversion to the past
riforma reform 11
rifugiarsi to take shelter 10
riguardare to concern, to regard
riguardo regard; **nei riguardi di** in regards to 13
rilassarsi to relax 2, 7
rilassato relaxed 1
rilevare to take over; to notice
rilevazione (*f.*) survey; **all'ultima rilevazione** at last count
rimanere* to remain 3, 6; **rimanere di stucco** to be dumbfounded
rimescolatina shuffle
rimmel (*m.*) mascara
rimpiangere (*p.p.* **rimpianto;** *p.r.* **rimpiansi**) to regret 4
rimpianto regret 4, 5
rimuovere (*p.p.* **rimosso;** *p.r.* **rimossi**) to remove 11
rinascita rebirth, reawakening 6
rinato reborn
rincasare to go home, to return home 2
rincrescere (*p.p.* **rincresciuto;** *p.r.* rincrebbe) to mind 7; to be sorry
rinfacciare to reproach
ringhiera railing; **ringhiera panciuta** round banister
rinnovare to renew 11
ripartizione (*f.*) division
ripetente held back; repeating
ripiegamento falling back; folding
riporre (*p.p.* **riposto;** *p.r.* **riposi**) to put back, to put away
riportare to report 14; to bring back
riposarsi to rest 2, 7
riposo rest 7
ripostiglio (*pl.* **i ripostigli**) storeroom
ripresa scene; shot, take 10
risalire a to hark back, to originate 13
risanamento cure, recovery
risarcimento indemnity
riscatto ransom 13
rischio (*pl.* **i rischi**) risk 12
riscossa redemption
risentire to experience, to feel the effects of; **risentirsi** to resent
risorgere (*p.p.* **risorto;** *p.r.* **risorsi**) to rise again
risorse (*f. pl.*) resources 12
risparmiare to save, to spare
risparmio (*pl.* **i risparmi**) savings
rispecchiare to reflect 10
rispetto respect; **rispetto alla media** than the average
rispondere* to answer 3, to respond 6; **rispondere picche** to refuse flatly
ristoratore (*m.*) restaurant owner
risucchiato nel vortice sucked back into the whirlpool
ritagliare to cut out
ritmo di vita rhythm of life, pace 8
rito rite 6
ritorno return; **fare ritorno** to return
ritratto portrait
ritrovarsi con to get together with 2
rituale (*m.*) ritual 6
rituffarsi to dive again
riunione (*f.*) meeting
riuscire* (isc) to succeed 4, 10, 12
riva shore
rivelare to reveal 13
rivista magazine 14
rivolgersi (*p.p.* **rivolto;** *p.r.* **rivolsi**) to turn to, to apply to
rombo rumble
rompere* to break 6
ronzare to buzz
rossetto lipstick 2
rosso red 1
routine giornaliera (*f.*) daily routine 2
rovesciamento overturning
rovesciare to knock over, to overturn
rubare to steal 13
rubrica (*pl.* **le rubriche**) column 14
ruggente roaring
rugoso wrinkled 1
rumore (*m.*) noise 8
rumoroso noisy 8
rumorosi di battute witty remarks
ruolo role, part 14
ruscello brook

S

sabato (*m.*) Saturday 6
sabbia sand
sacco a pelo (*pl.* **i sacchi a pelo**) sleeping bag
sacrificarsi to sacrifice oneself 3
sacrificio (*pl.* **i sacrifici**) sacrifice; **fare sacrifici** to make sacrifices 3
saggio (*pl.* **i saggi**) essay
sagra village feast 6
sala movie theater 14; **sala da pranzo** dining room 4
salario (*pl.* **i salari**) salary 5
salire* to ascend, to climb 3, 7
salone di estetica (*f.*) beauty salon
salotto living room 4
salpare to take off
saltare to jump, to skip 3; **farla saltare in aria** to blow it up
saltellare to skip
saltuario temporary, irregular 5

salute (*f.*) health 9
salvaguardare to safeguard, to protect 12
sancire (isc) to sanction
sangue di bue (*m.*) oxblood
sano healthy 9
Santissimo Holy Sacrament
santo holy, saintly 1; **Santo** Saint 1
sapere* to know 2, 6, 10; **sapere di** to taste of 9; **non sapere** not to know 7; **far sapere** to let someone know something 14
sapone (*m.*) soap 2
saporito tasty 9
saracinesca (*pl.* **le saracinesche**) garage door; rolling shutter
sardo Sardinian
sassolino small pebble 14
sbadigliare to yawn
sbagliare to make a mistake 2
sbalordimento amazement
sbarazzarsi to get rid of
sbarrato wide open
sbattere to beat 9; to slam, to bang
sbrigarsi to hurry up
sbucare to emerge
sbucato emerged
scala ladder 6; scale
scalata climbing; **fare una scalata** to climb 7
scalmanarsi to exert oneself
scalpitare to paw the ground
scambiare due chiacchiere con to chat with 2; **scambiare regali** to exchange gifts 6
scambio (*pl.* **gli scambi**) trade, exchange 12, 13
scamiciato in shirt-sleeves
scampanellata ring of the doorbell
scandalo scandal 11
scandire (isc) to measure, to scan
scansarsi to move out of the way
scantonare to sneak away
scappare to go, to run
scaramanzia superstitious practice 6
scaricare to unload
scarpe da tennis (*f. pl.*) tennis shoes 13
scarpone (*m.*) hiking boot 7
scarto second
scatola box, can 9
scatoletta can
scatolame (*m.*) canned goods 9
scatto outburst
scegliere* to choose 2, 3, 6, 7, 10
scelta choice 14; **non c'era che l'imbarazzo della scelta** the only problem was choosing
scena scene 10; **scena da girare** scene to film 10; **le scene invernali** winter scenes 6
scendere* to descend, to get off, to go down 3
sceneggiatore (*m.*) male screenwriter 14
sceneggiatrice (*f.*) female screenwriter 14
sceneggiatura script, screenplay 14
scetticismo skepticism 13
scettico skeptic 13
schermo screen 14
scherzare to joke 4; **scherzarci sopra** to joke about it
scherzo joke, trick; **fare degli scherzi** to play tricks 4
schiacciare to run over, to crush, to squash
schiaffo slap
schiavitù (*f.*) slavery
schiena back
schiera squadron; formation
schietto natural
schiuma da barba shaving cream 2
sci d'acqua (*m.*) water ski; **fare lo sci d'acqua** to water-ski 3
sciacquare to rinse
sciare to ski 2, 3, 7
sciogliere* to melt, to untie 2
sciolto loose
sciopero work strike
scisso divided
scivolare to slip
scoccare (*m.*) darting away
scoglio (*pl.* **gli scogli**) reef
scolare to drain
scomparire (isc) (*p.p.* **scomparso;** *p.r.* **scomparvi**) to disappear
sconfiggere (*p.p.* **sconfitto;** *p.r.* **sconfissi**) to defeat 10, 13
sconosciuto stranger
scontrarsi to clash 14, to run into
sconvolgere (*p.p.* **sconvolto;** *p.r.* **sconvolsi**) to put in turmoil
scopa broom, broomstick
scopo purpose 13
scoppiettare to crackle
scoprire* to discover 2, 3
scorgere (*p.p.* **scorto;** *p.r.* **scorsi**) to discern 13, to perceive, to see; **non si scorge** you can't see
scorrere (*p.p.* **scorso;** *p.r.* **scorsi**) to flow, to look over, to look through, to glance 14; to move 8
scostare to move
scricchiolio (*pl.* **gli scricchiolii**) creaking
scrivere* to write 3, 6; **scrivere a macchina** to type 2; **scrivere in stampatello** to print
scrutare to scrutinize, to scan
scuderia stable
scuola school 4; **a scuola** at school 13; **scuola elementare** elementary school 4; **scuola materna** nursery school 4; **scuola media** junior high, middle school 4
scuotere* to shake
scuro dark 1
sdegnarsi to get angry, to be offended

sdraiarsi to lie down 2; **sdraiarsi sulla spiaggia** to lie on the beach 7
se if, whether, how about, what if 9; **se no** or else
sebbene although, in spite of, even though, even if 7
secco dry, blunt; **a secco** in the lurch
secolo century 6
seconda second; **a seconda di** according to 11; **Seconda Guerra Mondiale** Second World War 10
sedentario sedentary 3
sedia a sdraio chaise longue 7
seggio (*pl.* **i seggi**) seat 11
seggiola chair
segnalare to signal 8
segnale stradale (*m.*) traffic sign 8
segno symbol; **segno zodiacale** sign of the zodiac 5
segretaria female secretary 5
segretario (*pl.* **i segretari**) male secretary 5, 11
seguire to follow 2; **seguire l'intuito** to follow one's intuition 5
séguito following, series; **di seguito** in a row; **in seguito** after
selciato pavement
sella saddle 7
semaforo traffic light 8
sembrare to appear, to seem 10; **sembra** it seems 7
semestrale every semester 14
seminare to spread
semplice simple 9
semplificare to simplify 11
sensazione (*f.*) sensation 4
sentimento feeling 4
sentire to experience an emotion 4; to feel, to hear 2, 13; **sentirci** to be able to hear 4; **sentirsi a proprio agio** to feel comfortable 2; **sentirsi in dovere** to feel it is one's duty; **sentirsi in grado di affrontare** to feel up to facing (something); **sentirsi saltare la mosca al naso** to get upset; **sentirsi soli** to feel alone 2
senza without; **senza che** without 7
senzatetto (m. pl.) homeless
separarsi to separate 2
separato separated 1
sequestrare to kidnap, to confiscate 13; to seize
sequestro kidnapping 13
serie (*f.*) series 1
servire to be useful, to be necessary 4; to serve 2; **servirsi** to make use of, to use 14
servizievole obliging 3
servizio (*pl.* **i servizi**) report 14, service 7, 8, 12; (*pl.*) bathroom and kitchen
sesso sex 11
sete (*f.*) thirst; **avere sete** to be thirsty 1
settembre (*m.*) September 6
settentrionale northern 13
settentrione (*m.*) North, northern Italy 13
settimana week; **settimana bianca** winter ski vacation 7; **Settimana Santa** Holy Week 6; **la prima settimana** the first week
settimanale weekly 14
settore (*m.*) sector 12
severo strict 1
sfaticato lazy
sfavorevole unfavorable 5
sfida challenge 12
sfiducia distrust 13
sfiduciato discouraged 13
sfilacciato frayed
sfilarsi i vestiti to slip off one's clothes 2; **sfilarsi le scarpe** to slip off one's shoes 2
sfilata parade 6; row
sfilatino loaf of bread
sfoggiare to show off
sfogliare to leaf through 14
sfollamento evacuation 10
sfollare to evacuate 10
sfondato broken, worn out, bottomless
sfondo setting, background 10; **fare da sfondo** to serve as background 10
sforzo effort
sfrigolio (*pl.* **gli sfrigolii**) sputtering
sfruttamento exploitation
sfruttare to exploit
sfuggire to get away from
sghignazzare to laugh scornfully
sgomento dismay
sgradevole unappealing 4
sgridare to scold
sguardo look, glance 1
shampoo shampoo 2
siccome since 10
sicuro certain, sure 10
siepe (*f.*) hedge
sigillare to seal
signorile refined
simpatico pleasant 1
sin d'ora from now on
sin troppo even too much
sincope (*f.*) blackout
sindacato labor union
sindaco (*pl.* **i sindaci**) mayor
sinistra left; **a sinistra di** to the left of 2; **di sinistra** left-wing 11
sintomo symptom 9
sintonia agreement, harmony; **in sintonia** in sync
sistema (*m.*) system 12
sistemarsi to get settled 7, to find a job, to settle down
sistemazione (*f.*) accommodations 7
sito place
slealtà disloyalty
smalto nail polish 9

smania longing
smarrimento bewilderment
smarrire (isc) to mislay 12
smettere (*p.p.* **smesso;** *p.r.* **smisi)** to quit 10
smog (*m.*) smog 8
snello slender 1
snervante exhausting
sobborgo (*pl.* **i sobborghi)** suburb 4
sociale social 10, 11
società company 5, firm 12; society
socievole friendly, sociable 1
socioeconomico socioeconomic 11
soddisfatto satisfied 10
sodo hard, solid; **al sodo** to the point
soffriggere (*p.p.* **soffritto;** *p.r.* **soffrissi)** to sauté 9
soffrire* to suffer 2, 3
sofisticato sophisticated 13, 14
soggetto subject; **essere soggetto** to be subjected
soggiorno family room 4, living room; stay, sojourn 7
soglia threshold
sognare to dream; **sognare ad occhi aperti** to daydream 5
sogno dream 5
solaio (*pl.* **i solai)** attic
solamente only 2
soleggiato sunny 4
solidale supportive 13
solidarietà solidarity 13
solito usual; **di solito** usually 4
solitudine (*f.*) loneliness 2
sollecitare to urge
sollevare to comfort, to relieve; to lift, to raise; **sollevare pesi** to lift weights 2
sollievo relief
solo only 2, 7, 10; **non solo... ma** not only . . . but
soltanto only 2
somigliare to resemble 3
sommario (*pl.* **i sommari)** summary, table of contents 14
sommessamente softly
sonnellino nap; **fare un sonnellino** to take a nap 2
sonno sleep; **avere sonno** to be sleepy 1
sopprimere to suppress 10
sopra on, on top of, above 7
sopracciglio (*pl.* **le sorpacciglia)** eyebrow 1
sopralluogo (*pl.* **i sopralluoghi)** on-the-spot investigation
soprannaturale (*m.*) supernatural 6
soprattutto especially
sopravvenire (*p.p.* **sopravvenuto;** *p.r.* **sopravvenni)** to jump in; to turn up
sopravvivenza survival
sopravvivere (*p.p.* **sopravvissuto;** *p.r.* **sopravvissi)** to survive 13
sorella sister 1
sorellastra stepsister 1
sorgere* to arise, to rise
sorpassato outdated
sorridere (*p.p.* **sorriso;** *p.r.* **sorrisi)** to smile 3
sorta kind; **non c'era sorta** there wasn't any kind
sorte (*f.*) fate 5
sortire to draw (as in a lottery)
sospingere più in là (*p.p.* **sospinto;** *p.r.* **sospinsi)** to push further away
sostantivo noun
sostare to stop 8
sostenere* to support, to have; **sostenere un colloquio** to have a job interview 5
sotto under 7; **sotto le armi** in the army
sottomesso submissive 13
sottopassaggio (*pl.* **i sottopassaggi) pedonale** pedestrian underpass
sottoporre (*p.p.* **sottoposto;** *p.r.* **sottoposi)** to subject, to expose
sottosopra topsy-turvy, upside down
sottotitolo subtitle 14
sottrarsi (*p.p.* **sottratto;** *p.r.* **sottrassi)** to escape, to resist
sovente often
sovvenzione (*f.*) subsidy 12
spaccato broken, cracked, split
spalla shoulder
spalmare to smear, to spread
spalto fortification
spargere* to spread; **spargersi** to scatter
sparire (isc) to disappear 2
sparo shot
sparso scattered
spasso walk, stroll; amusement, diversion; **andare a spasso** to go for a walk 2; **essere a spasso** to be out of work
spaventare to frighten, to scare; **spaventarsi** to get scared
spavento fear, terror
spazzar via to sweep away
spazzola hairbrush 2
spazzolarsi i capelli to brush one's hair 2
spazzolino da denti toothbrush 2
specchio (*pl.* **gli specchi)** mirror 1, 2, 6
specialità specialty 9
specie especially
spegnere* to extinguish, to put out 7, to turn off 3, 6; **spegnersi** to wind down
speme (*f.*) hope (*poetic*)
spendere* to spend 3, 6
spensieratezza carefreeness, lightheartedness 7
speranza hope 5
sperare to hope 7, 10
sperdersi (*p.p.* **sperso;** *p.r.* **spersi)** to get lost
sperimentato experienced

spesa expense, expenditure 12, shopping; **fare la spesa** to go grocery shopping 2; **fare le spese** to shop 2; **a spese di** at the expense of
spettacolo performance 3
spettare to be due
spettatore (*m.*) male viewer 14
spettatrice (*f.*) female viewer 14
spezia spice 9
spiacevole unpleasant 4
spiaggia (*pl.* **le spiagge**) beach 7
spider (*f.*) sportscar
spigliato self-confident 1
spigolo sharp corner
spinato herringbone
spingere* to push 2, 6
spirito ghost 6, spirit; **spirito d'iniziativa** enterprising spirit 13
spogliarsi to get undressed 2
sporgersi in fuori (*p.p.* **sporto;** *p.r.* **sporsi**) to lean out
sport (*m.*) sport 1; **fare dello sport** to play a sport 2, 3; **practicare uno sport** to play a sport 3
sportivo sporty, athletic 3; casual 1; sports fan
sposarsi to get married 2
sposato married 1
spostare to move
spot (*m.*) advertisement, commercial 14
sprecare to waste 12
sprecato wasted
spruzzarsi il profumo to splash on perfume 2
sputare il nocciolo to spit it out
squadra team 3
squallido bleak 4
squilibrio imbalance
stabile stable 5, 11
stabilimento plant 5, 12
stabilire (isc) to establish 2, 11
stabilito settled, decided, fixed 2
staccare gli occhi da qualcuno to take one's eyes off someone
stagione (*f.*) season 6
stampa press 10, 14; print
stancarsi to get tired 2
stanco tired 1, 10; **stanco morto** dead tired 8
stanotte tonight 11
stanza room 4
stare* to be; to stay 2; **stare bene con una persona** to be at ease with someone 2; **stare in agguato** to lie in wait; **stare insieme** to go with someone 3; **stare zitto** to be quiet
stasera this evening 11
statale state 12, state-owned 14, state-run 5
statico static, unchanging 6
stato civile marital status 1
statura height 1; stature
stavolta this time 11
stecche delle persiane (*f. pl.*) slats of the shutters
stella star 5
stendere* to stretch out 3
stento effort, difficulty; **a stento** with difficulty
stereotipo stereotype 13
sterzare to swerve, to steer
stesso same, self; very
stesura draft
stilare to draft
stima esteem 1, respect
stimato admired
stimolo stimulus 8
stingere* to fade
stipendio (*pl.* **gli stipendi**) salary, stipend 5, wages 12
stirare to iron
stiva hold
stivale (*m.*) boot 7; **dei miei stivali** third-rate
stoffa fabric
stoffetta cloth
stoppia stubble
stordito disoriented, stunned
storico historical 8
storto crooked
strabismo crossed eyes
straccio (*pl.* **gli stracci**) rag
stracolmo overcrowded 8
strada street 8
straduzza laterale small side street
stancarsi to grow tired 10
strangolare to choke; **a strangolone** choked down
strattone (*m.*) sharp tug; **a gran strattoni** in big bursts of effort
strega witch
stregato haunted
stress (*m.*) stress 8, 9
stressante stressful 8
stringere* to hold tightly; **stringersi nelle spalle** to shrug
striscia (*pl.* **le strisce**) line, strip
strizzare to wink
strumento instrument
strutto lard
studiare to study 2
studio (*pl.* **gli studi**) office 5; **studi cinematografici** (*m. pl.*) movie studios 10
stupefacente (*m.*) narcotic 13
stupefacente (*adj.*) amazing
su about 13; on, upon
Sua (*f.*) (*pl.* **le Sue**) your (formal) 1
sua (*f.*) (*pl.* **le sue**) his, hers, its 1
subappalto subcontract 11
subire (isc) to undergo
succedere (*p.p.* **successo;** *p.r.* **successe**) to happen, to occur 3, 5, 6
successivo successive

successo success 14
sudato sweaty
suggerire (isc) to suggest 2
suicida (*m.* or *f.*) suicide 1
Suo (*m.*) (*pl.* **i Suoi**) your (formal) 1
suo (*m.*) (*pl.* **i suoi**) his, hers, its 1
suocera mother-in-law 1
suocero father-in-law 1
suonare to play 1; **suonare il clacson** to blow the horn 8
superare to overcome 5, 13
superficiale superficial 2
superiore higher 8
superstizione (*f.*) superstition 6
superstizioso superstitious 6
supporre* to suppose 7
supremo very high 8; **il supremo** the highest 8
surf (*m.*) surfing; **fare il surf** to surf 3, 7
surgelato frozen food 9
surrogazione (*f.*) substitute, substitution
svagarsi to enjoy oneself, to amuse oneself
svago (*pl.* **gli svaghi**) amusement 3, diversion 7, relaxation
svantaggio (*pl.* **gli svantaggi**) disadvantage 8
sveglia alarm clock 2
svegliarsi to wake up; **svegliarsi presto** to wake up early 2; **svegliarsi tardi** to wake up late 2
svelare to reveal
svelto quick 1
svenire (*p.p.* **svenuto;** *p.r.* **svenni**) to faint
sventramento demolition
sventura misfortune
sviluppare to develop
sviluppato developed 8
sviluppo development 11; **sviluppo economico** economic development 8; **in via di sviluppo** developing 12
svogliato unwilling; listless
svolgere (*p.p.* **svolto;** *p.r.* **svolsi**) to carry on, to carry out 2, 3, 12; to unfold
svolta turning point

T

tabù (*m.*) taboo
taccuino ticket pad; notebook
taglia size 1
tagliare to cut 9
tale (*m.* or *f.*) someone, a certain person 13; **quel tale** that person
tale (*adj.*) such 13
talismano amulet, charm 6
tamponamento collision 7
tangente (*f.*) bribe 11
Tangentopoli Bribe City 11
tanti so many people 13
tanto so much 13; **tanto duramente conquistato** so hard won; **tanto più che** especially since; **tanto... quanto** as many as, as much as 8; **tanto quanto** as much as
tanto (*adj.*) so much, so many 13
tappa della vita phase of life 4
tappetino mat
tappezzeria upholstery
targa (*pl.* **le targhe**) license plate
tarocchi (*m. pl.*) tarot cards 6
tassa tax 12
tassì (*m.*) taxi 8
tasso rate 12; **tasso di natalità** birthrate
taxi (*m.*) taxi 8
teatro theater; **a teatro** at the theater 2, 13
tecnologia (*pl.* **le tecnologie**) technology 12
tecnologico technological 12, 14
telefilm (*m. inv.*) television film, sitcom 14
telefonare to call 3
telefonino portable phone 8
telefono telephone; **telefono portatile** portable phone 8; **al telefono** on the telephone 2
telegiornale (Tg) (*m.*) (television) news 2, 14
telegramma (*m.*) (*pl.* **i telegrammi**) telegram 1
telelavoro electronic commuting
telenovella soap opera 14
teleromanzo novel serialized on TV 14
telespettatore (*m.*) male viewer 14
telespettatrice (*f.*) female viewer 14
televisione (*f.*) television; **alla televisione** on television 2, 13
tema (*m.*) (*pl.* **i temi**) theme 1, composition
temere to be afraid 7, to fear 10
temperamento disposition 1
tempesta storm 6
tempio (*pl.* **i templi**) temple 1
tempo time 2; **tempo libero** free time 3
temporale (*m.*) storm 6
temporaneo temporary 5
tenaglia pincers, pliers
tenda tent 7
tenebre (*f. pl.*) darkness
tenebroso dark
tenere* to hold, to keep 2, 6, 7; **tenerci a** to care about 3, 13, to value; **tenerci molto** to care a lot
tenerezza tenderness 4
tenore (*m.*) tenor; **tenore di vita** standard of living 8
tentare di fare l'indiano to pretend not to understand
terreno site 13; ground
terrorizzare to terrorize 13
terziario service sector 12
teso tense 1
testa head 1; **essere in testa alle classifiche** to rank at the top

testata heading 14
testimone oculare (*m.*) eyewitness
tifo fan; **fare il tifo per** to be a fan of 3
tifosa female fan 3
tifoso male fan 3
timido shy 1
tirare to pull; **tirare fuori** to bring out, to lay out; **tirare per le lunghe** to take a long time
tiratura circulation
tiro a bersaglio target-shooting
tirocineo apprenticeship 5
titolare (*m.* or *f.*) owner 12
titolo bond, stock 12; title; **titolo di studio** degree, diploma 5
toast (*m.*) sandwich 9
toccare to be (someone's) turn; to strike, to touch 2; **toccare a qualcuno** it's up to someone; **toccare ferro** to touch iron (for good luck) 6; **guai toccargliela** God forbid anyone touch it
togliere* to take off 2, 3; **togliersi** to take off 2; **togliersi i vestiti** to take off one's clothes 2; **togliersi le scarpe** to take off one's shoes 2
tolleranza tolerance 13
torcere (*p.p.* **torto;** *p.r.* **torsi**) to wring, to twist; **torcere un capello a qualcuno** to touch a hair on someone's head
torneo tournament
torrone (*m.*) nougat 6
torto wrong; **avere torto** to be wrong 1
tot so much
totalitario totalitarian 10
tra among 8
traccia outline; trace, trail
tradimento betrayal, treachery
tradire (isc) to betray
tradizione (*f.*) tradition 6
tradurre* to translate 4
traghetto ferry 7
tragitto trip
trainante pulling (the economy) forward
tram (*m.*) tram 8
trama plot, story 10
tramezzino sandwich 9
tramortito stunned
tranello trick
tranne except
tranquillità quiet, tranquillity 7
trapelare to leak out
trarre* to draw 4
trascinare to drag
trascorrere (*p.p.* **trascorso;** *p.r.* **trascorsi**) to spend
trascurare to neglect
trascurato slovenly 3
trasferirsi to move 8
traslocare to move 8; **traslocarsi** to move 8
trasmettere* to broadcast 14
trasporto transportation 12
trattare to address, to be about 14
tratti (*m. pl.*) features, traits 1
tratto part, piece; **a un tratto** suddenly
travaglio usato usual work
trave (*f.*) beam
traversato crisscrossed
traversia problem
traverso transverse; **di traverso** sideways
travolgere to sweep away; **travolto come sono** swept along as I am
trekking (*m.*) hiking; **fare il trekking** to hike 7
treno train; **treno superveloce** extremely fast train 8; **in treno** by train 13
trentino from Trento
trespolo stool
trimestrale every trimester 14
triste sad 1, 10
tristezza sadness 4
tritare to mince 9
triturare to grind
troppi too many people 13
troppo too much 13
troppo (*adj.*) too much, too many 13
trovarsi to be located 7; **trovarsi bene con una persona** to be at ease with someone 2
truccare to make up; **truccarsi** to put on makeup 2, 9
trucco makeup
truffa swindle
tua (*f.*) (*pl.* **le tue**) your (familiar) 1
tuffo dive
tuo (*m.*) (*pl.* **i tuoi**) your (familiar) 1
tuono thunder 6
tuta overalls; sweatsuit
tutelare to safeguard 11
tuttavia nevertheless
tutti everyone 13; **tutti quanti** everyone who, all those who 11; **tutti quelli che** everything that, all that 11
tutto everything 13; **tutto ciò che** everything that, all that 11; **tutto** all; **tutti i tuoi** all of your 1; **tutto quanto** everything that, all that 11; **tutto quello (quel) che** everything that, all that 11
tutto (*adj.*) all, whole, every 13; **tutte le carte in regola** all the necessary qualifications

U

ubicazione (*f.*) location
ubriaco drunk

uccidere (*p.p.* **ucciso;** *p.r.* **uccisi)** to kill 10, 13
udire to hear 13
ufficio (*pl.* **gli uffici)** office 5; **ufficio acquisti** purchasing department
uguaglianza equality 11
uguale same, the same, equal 2
ulivo olive tree
ulteriore further
ultimo last 7, 10
umano human 11
umore (*m.*) mood 1; **di buon umore** in a good mood 1; **di cattivo umore** in a bad mood 1
un che di something
unghie (*f. pl.*) fingernails; **fare le unghie** to do one's nails 9
unico one, only 7, 10, 12
unire (isc) to unite 2
università university 1, 4
uno one 13
uomo (*pl.* **gli uomini)** man 6
uovo (*pl.* **le uova)** egg 1; **uovo di Pasqua** Easter egg 6
urbanistica town planning
urbano urban 8
urlare to scream, to shout; **urlare ingiuriosi epiteti** to yell outrageous insults
urlata scene; yell
urlo scream
uscire* to go out 2; to emerge
uscita expense 12; exit

V

vacanza vacation 7; **vacanza intelligente** carefully thought-out vacation 7; **vacanze scaglionate/a scaglione** staggered vacations 7
vagare to wander
valanga (*pl.* **le valanghe)** avalanche
vale a dire that is to say
valere* to be worth 7
valico (*pl.* **i valichi)** mountain pass
validità validity 13
valore (*m.*) value 3
vantaggio (*pl.* **i vantaggi)** advantage 8
vantare to boast, to extol 12
variante (*f.*) variation; **con legittime varianti** with legitimate variations
variare to change, to vary
varietà (*m.*) variety show 14
vassoio (*pl.* **i vassoi)** plate, tray
vecchiaia old age 4
vedere* to see 3, 6, 13; **vederci** to be able to see 4; **non vedere l'ora di** to look forward 10; **far vedere** to show someone 14; **farsi vedere** to show oneself 14
vedova widow 1; (*adj.*) widowed (female)
vedovo widower 1; (*adj.*) widowed (male)
vegetale vegetable-based 9
veglia evening party, dance
veglione (*m.*) ball, large party 6
vela sail; **fare la vela** to sail 3, 7
veloce fast 8
velocità speed; **a due velocità** at two different speeds 13
vendere to sell 12
vendita sale 14
venerdì (*m.*) Friday 6
veneto Venetian
venire* to come 3, 6; **venire a patti** to come to terms
ventennio (*pl.* **ventenni)** twenty-year period
vento wind 6
verde green 1
verdura vegetables 9
veridicità truthfulness, accuracy 10
vernice (*f.*) paint
versare to deposit, to pour
verso toward 7
vestire to dress 2; **vestirsi** to get dressed 2
vettura car
via street 8
viaggiare to commute, to travel 3, 8
viaggio (*pl.* **i viaggi)** trip 7; **fare un viaggio (all'estero)** to take a trip (abroad) 7
viatico comfort
vicenda event 10, experience, succession; **a vicenda** each other; in turn
vicina female neighbor 4
vicino male neighbor 4
vicino (*adv.*) close, near 2; **vicino a** next to, near 2
vicolo cieco blind alley
videoregistratore (*m.*) VCR 14
vietato prohibited 8; **vietato fumare** no smoking 9
vigile urbano (*m.*) male traffic cop 8
vigilessa urbana female traffic cop 8
vigilia eve 6
vigliacco coward
vigliacco (*adj.*) cowardly 1
vigneto vineyard
villaggio turistico (*pl.* **i villaggi turistici)** resort 7
villeggiatura holiday 7, vacation
villetta little house, bungalow 7
vincere* to win 6; **averle tutte vinte** to always have his/her way
vincolo bond
viola (*inv.*) purple 1
violenza violence 10

virtù (*f.*) virtue 1
viso face 1
visone (*m.*) mink coat
vitamina vitamin 9
vivere* to live 3, 6
vivibile livable 8
vivo alive 10; **farsi vivo** to show up 14
viziato spoiled 1
vizio (*pl.* **i vizi**) vice
vocío concitato excited shouting
voglia (*pl.* **le voglie**) birthmark, desire, wish; **avere voglia di** to feel like doing or having something 1, to want 4
volare to fly 3
volere* to want 6, 7, 10, to want to 2, 3, 5; **volere bene ad una persona** to love someone 2; **ci vuole/ci vogliono** it takes, one needs 4; **volersi bene** to love each other 2
volitivo willful 1
volpe (*f.*) fox
volta once, time; **una volta tanto non resa faticosa** for once not made difficult; **di una volta** of long ago; **due volte** twice; **la prima volta** the first time
voltarsi to turn around
volto face 1
vostra (*f.*) (*pl.* **le vostre**) your (familiar plural) 1
vostro (*m.*) (*pl.* **i vostri**) your (familiar plural) 1
votare to vote 11
voto grade; **bel voto** good grade 4; **brutto voto** bad grade 4; vote 11

W

windsurf (*m.*) windsurfing; **fare il windsurf** to windsurf 7

Z

zia aunt 1
zio (*pl.* **gli zii**) uncle 1
zona area, neighborhood 4, region 8, section; **zona blue/verde** area closed to traffic 8
zoppo lame person

Indice alfabetico

A

B

C

D

E

F

G

H

I

L

M

N

O

P

Q

R

S

T

U

V

W

Y